2026 최신판

세무회계 1급
기출문제집

김영철 지음

도서출판
어울림
www.aubook.co.kr

머리말

회계는 매우 논리적인 학문이고, 세법은 회계보다 상대적으로 비논리적이나, 세법이 달성하고자 하는 목적이 있으므로 **세법의 이면에 있는 법의 취지를 이해하셔야 합니다.**

회계와 세법을 매우 잘하시려면
왜(WHY) 저렇게 처리할까? 계속 의문을 가지세요!!!
1. 회계는 이해하실려고 노력하세요.
2. 세법은 법의 제정 취지를 이해하십시오.
3. 이해가 안되시면 동료들과 전문가에게 계속 질문하십시오.

회계를 잘하시는 분이 세무회계도 잘합니다. 세무회계도 회계입니다. **특히 법인세는 회계이론이 정립된 상태에서 공부하셔야 합니다. 법인세는 세무회계의 핵심입니다. 법인세는 회계나 마찬가지입니다. 법인세는 세법의 꽃입니다. 법인세를 모르면 세법을 안다고 할 수 없을 정도로 우리나라의 가장 중요한 세법입니다.**

또한 부가가치세법과 소득세법도 회계에서 나왔을 정도로 회계는 세법의 뿌리입니다. 마냥 암기하는게 세무회계가 아닙니다. 회계라고 생각하시면서 공부하시면 됩니다.

세법은 우리들의 실생활과 밀접한 관계가 있습니다. 그리고 세법은 매년 변경됩니다. 이러한 변경은 수험생들에게 짜증날 정도입니다. 그러나 **큰 틀에서 세법은 똑같습니다. 뼈대를 공부하십시오.** 지엽적인 것에 너무 깊게 공부하지 마시고, 큰 흐름에서 세법의 흐름을 이해하십시오.

마지막으로 기출문제를 100분안에 푸는 연습을 하시면 세무회계1급 자격증을 취득함으로서 여러분들은 세법의 전문가가 되는 것입니다.

회계와 세법은 여러분 자신과의 싸움입니다. 자신을 이기십시오!!!

마지막으로 이 책 출간을 마무리해 주신 도서출판 어울림 임직원에게 감사의 말을 드립니다.

2026년 2월
김 영 철

[2026년 세무회계 자격시험(국가공인) 일정공고]

1. 시험일자

회차	종목 및 등급	원서접수	시험일자	합격자발표
121회	세무회계1,2,3급	01.02~01.08	01.31(토)	02.26(목)
122회		03.05~03.11	04.04(토)	04.23(목)
123회		04.30~05.06	06.06(토)	06.25(목)
124회		07.02~07.08	08.01(토)	08.20(목)
125회		08.27~09.02	10.03(일)	10.29(목)
126회		11.05~11.11	12.05(토)	12.24(목)
127회		2027년 2월 시험은 2026년 세법기준으로 출제		

2. 시험종목 및 평가범위

세무회계 1급 (100분)	• 세법1부 : 법인세법, 부가가치세법, 조세특례제한(법인세 관련)	각각 객관식 15문항 주관식 5문항 약술형 2문항
	• 세법2부 : 국세기본법, 소득세법, 조세특례제한법(소득세 관련)	

3. 시험방법 및 합격자 결정기준

1) 시험방법 : 객관식과 약술형 서술이 가능한 OMR용지에 기재
2) 응시자격 : 제한없음(**신분증 미소지자는 응시할 수 없음**)
3) **합격자 결정기준** : 세법 1,2부로 구분하여 각각 40점 이상 합산평균 60점 이상

4. 원서접수 및 합격자 발표

1) 접수기간 : 각 회별 원서접수기간내 접수
   (수험원서 접수 첫날 00시부터 원서접수 마지막 날 18시까지)
2) 접수 및 합격자발표 : 자격시험사이트(http://www.license.kacpta.or.kr)

차 례

Ⅰ. 기출문제

[로그인 시리즈]			
전기	당기	차기	차차기
20x0	**20x1**	20x2	20x2
2025	**2026**	2027	2028

I. 기출문제

20**년 **월 **일 시행
제***회 세무회계자격시험

1교시 　　A형

종목 및 등급 : **세무회계1급** - 제한시간 : 100분

(0 9 : 3 0 ～ 1 1 : 1 0) - 페이지수 : **p

수 험 번 호 　_____

성 　　　명 　_____

▶시험 시작 전 문제를 풀지 말 것◀

〈응시자 주의사항〉

① 시험지가 본인이 응시하고자 하는 종목인지, 페이지 수가 맞는지를 확인합니다.

　※ 응시 종목과 파본 여부를 확인하지 않은 것에 대한 책임은 수험자 본인에게 있습니다.

② 답안지(OMR카드)의 앞면에 응시 종목과 급수, 시험지 유형, 수험번호, 생년월일을 반드시 컴퓨터용 사인펜으로 정확히 표기하십시오.

　※ 컴퓨터용 사인펜 외의 다른 필기구를 사용하거나 수험정보 오기재 및 중복 표기로 인한 채점 누락 등에 대한 책임과 불이익은 수험자 본인에게 있습니다.

③ 객관식 문항은 반드시 컴퓨터용 사인펜을 사용하여 표기하십시오.

④ 주관식(단답형 및 약술형) 문항은 반드시 흑색 또는 청색 사인펜(연필 종류 일체 사용 금지)을 사용하여 작성하십시오.

　※ 주관식(단답형 및 약술형) 답안 작성 시 컴퓨터용 사인펜을 사용할 경우, 정상적인 채점이 불가할 수 있으며, 이로 인한 채점 오류 발생에 대한 책임은 수험자 본인에게 있습니다.

　※ 또한 수정테이프 사용(번짐, 떼임 등으로 인한 판독 오류 등)에 대한 책임은 수험자에게 있으며 수정액 사용은 불가합니다.

⑤ 시험을 마친 후 답안지의 감독관확인 여부를 다시 확인하고 제출하십시오.

　※ 감독관확인을 받지 않은 답안지는 무효 처리됩니다.

◎ 한국세무사회

제120회 세무회계1급

합격율	시험년월
14%	2025.12

세법1부 법인세법(조세특례제한법 포함)·부가가치세법

객관식 : 문항당 4점

01. 다음 자료를 이용하여 당기말 자본금과 적립금조정명세서(을)표에 기록되는 유보소득 기말잔액의 합계액을 계산하면 얼마인가?

> 1. 전기 말 자본금과적립금조정명세서(을)의 내역
>   (1) 건물(A) 300,000원
>   (2) 토지(B) 100,000원
>   (3) 퇴직급여충당부채 500,000원
>
> 2. 당기 세무조정 내역은 다음과 같다.
>   (1) 당기 중 토지(B)를 처분하고 처분손실 200,000원을 영업외비용으로 계상하였다.
>   (2) 당기 퇴직급여충당부채 한도초과액은 300,000원이다.
>   (3) 당기 기업업무추진비 한도초과액은 100,000원이다.
>   (4) 당기 새로 가입한 국내 정기예금(2년 만기)의 기간경과분 미수이자 500,000원을 부인하였다.
>   (5) 당기 건물(A)와 관련하여 감가상각비 한도초과액 200,000원이 발생하였다.

① 800,000원   ② 900,000원   ③ 1,300,000원   ④ 1,400,000원

02. 다음은 제조업을 영위하는 ㈜국세의 제15기 사업연도(20x1.1.1.~20x1.12.31.) 중 취득 및 처분한 가상자산의 내역이다. ㈜국세가 제15기 가상자산의 거래에 대한 세무상 이익을 계산하면 얼마인가?

---

1. 20x1.3.31. ㈜국세는 가상자산(A) 100개를 단기투자목적으로 취득하고 다음과 같이 회계처리하였다.
   (차) 가상자산A   10,000,000원   (대) 현금   10,000,000원
2. 20x1.6.30. ㈜국세는 가상자산(A)의 가치상승분에 따라 다음과 같이 회계처리하였다(투자자산평가이익은 손익계산서상 영업외수익으로 인식하였다).
   (차) 가상자산A   1,000,000원   (대) 투자자산평가이익   1,000,000원
3. 20x1.8.31. ㈜국세는 보유하고 있는 가상자산(A) 중 50개를 처분하고 다음과 같이 회계처리하였다.
   (차) 현금   6,000,000원   (대) 가상자산A   5,500,000원
                                            투자자산처분이익   500,000원
4. 20x1.12.31. ㈜국세는 보유하고 있는 가상자산(A) 잔여분에 대하여 다음과 같이 평가, 회계처리하였다.
   (차) 가상자산A   3,000,000원   (대) 투자자산평가이익   3,000,000원

---

① 0원   ② 1,000,000원   ③ 1,500,000원   ④ 3,000,000원

03. 다음은 중소기업인 ㈜세무의 제25기 사업연도(20x1.1.1.~20x1.12.31.) 계상된 수입배당금과 관련한 자료이다. 법인세 부담을 최소화하도록 하는 세무조정으로 옳은 것은? 단, 해당 자료 외의 세무조정사항은 없는 것으로 가정한다.

구분	배당지급법인	㈜세무의 지분율	㈜세무의 주식취득일	배당기준일
1	영리 내국법인 A	60%	20x0.11.15.	20x0.12.27.
2	영리 내국법인 B	20%	2023.12.26.	20x0.12.27.
3	영리 내국법인 C	50%	20x0.08.20.	20x0.11.29.

(1) A, B, C 법인에 대한 주식은 취득한 이후 주식수, 장부가액, 지분율의 변동이 없다.
(2) A, B, C 법인은 지급배당에 대한 소득공제, 「조세특례제한법」상 감면규정 및 동업기업과세특례를 적용받지 않는다.
(3) A법인은 20x1년 2월 21일 배당을 결의하였고, ㈜세무가 수령한 배당금액은 80,000,000원이다. 이는 다음 달 10일에 지급되었다.
(4) B법인은 20x1년 2월 20일 배당을 결의하였고, ㈜세무가 수령한 배당금액은 50,000,000원이다. 이는 같은 달 28일에 지급되었다.
(5) C법인은 20x1년 2월 21일 배당을 결의하였고, ㈜세무가 수령한 배당금액은 100,000,000원이다. 해당 배당금액은 상법에 따라 자본준비금을 감액하여 받은 배당금이고, 그 원천은 적격합병차익중 3% 재평가세율이 적용된 재평가 적립금을 감액한 상당액이다.

① 익금불산입 40,000,000원
② 익금불산입 80,000,000원
③ 익금불산입 100,000,000원
④ 익금불산입 120,000,000원

04. 다음 중 법인세법상 대손금 및 일시상각충당금에 대한 설명으로 옳지 않은 것은?
① 회수할 수 없는 부가가치세 매출세액 미수금(부가가치세법에 따라 대손세액공제를 받지 아니한 것임)은 대손금의 범위에 포함된다.
② 법인세법에 따라 손금산입한 대손금 중 회수한 금액은 회수한 날이 속하는 사업연도의 소득금액 계산시 익금에 산입한다. 그러나 손금불산입한 대손금을 회수한 경우에는 익금에 산입하지 아니한다.
③ 국고보조금에 대한 일시상각충당금은 국고보조금을 지급받은 사업연도까지 자산을 취득·개량하지 않은 법인이 그 사업연도의 다음 사업연도의 개시일부터 2년 이내에 이를 취득·개량하려는 경우에도 해당 금액을 손금에 산입하고 설정할 수 있다.
④ 손금산입한 일시상각충당금은 감가상각과정이나 처분과정을 통해 익금에 산입되나 소정기한 내에 국고보조금을 사업용자산의 취득·개량에 사용하지 않은 경우에는 전액 익금에 산입한다.

05. 다음은 제조업을 영위하는 ㈜국세의 제15기 사업연도(20x1.01.01.~20x1.12.31.)에 대한 감가상각비 계산 관련 자료이다. 세부담 최소화를 가정하여 세무조정을 하는 경우 손금산입하여야 하는 금액을 구하시오.

1. ㈜국세의 감가상각자산은 다음과 같다.

자산명	취득일	취득가액	회계상 상각방법	장부상 감가상각비
기계장치	20x0.1.1.	50,000,000원	–	0원

2. 기계장치에 대해서 20x0년, 20x1년에 장부상 감가상각비를 계상하지 아니하였다.
3. 기계장치의 내용연수는 각각 5년이며, 감가상각방법에 대해서 신고하지 아니하였다.
4. 기계장치의 상각률은 정률법 0.451, 정액법 0.200이다.
5. ㈜국세는 제14기에 법인세 감면을 적용하지 아니하였으나, 제15기 법인세 신고에는 조세특례제한법에 따라 법인세 감면을 적용하였다.
6. ㈜국세는 과거 세무조정을 적절하게 처리하였다.

① 0원   ② 10,170,050원
③ 10,000,000원   ④ 22,550,000원

06. 다음은 내국법인 ㈜세무가 각 사업연도에 지출한 기부금 명세이다. 해당 기부금 중 법인세법에 따른 특례기부금의 지출액 합계는 얼마인가?

(1) 국방헌금 : 40,000,000원
(2) 국립대학병원 설치법에 따른 국립대학병원에 시설비로 지출하는 기부금 : 30,000,000원
(3) 영유아보육법에 따른 어린이집에 지출하는 기부금 : 50,000,000원
(4) 의료법에 따른 의료법인에 대한 기부금 : 10,000,000원
(5) 사립학교법에 따른 사립학교가 운영하는 병원에 지출하는 교육비 : 20,000,000원

① 70,000,000원   ② 90,000,000원
③ 100,000,000원   ④ 150,000,000원

07. 다음 중 법인세법 및 그와 관련된 조세특례제한법상 최저한세에 대한 설명으로 옳지 않은 것은?

① 최저한세가 적용되는 감면 등과 최저한세가 적용되지 않는 감면 등이 동시에 적용되는 경우 그 적용순위는 최저한세가 적용되는 감면 등을 먼저 적용하여 공제하고, 최저한세가 적용되지 않는 감면 등을 나중에 공제한다.

② 최저한세 세액 계산 시 해당 사업연도에 공제할 세액공제 금액과 이월된 미공제금액이 중복되는 경우에는 이월된 미공제금액을 먼저 공제하고 그 이월된 미공제금액간에 중복이 있는 경우에는 먼저 발생한 것부터 차례대로 공제한다.

③ 최저한세 비교대상이 되는 "각종 감면 후의 법인세"란 법에서 열거된 특별상각비, 손금산입 · 익금불산입, 소득공제액, 비과세소득, 세액공제액, 법인세의 세액감면을 받은 후의 세액을 말한다.

④ 중소기업이었던 회사의 경우 최초로 중소기업에 해당하지 아니하게 된 경우에는 그 최초로 중소기업에 해당하지 아니하게 된 과세연도의 개시일부터 4년간 유예기간에 따른 단계적 인상 최저한세율을 적용한다.

08. 다음 중 비영리법인의 각 사업연도 소득에 대한 법인세에 대한 설명으로 옳지 않은 것은?

① 비영리내국법인은 원천징수된 이자소득에 대해서 과세표준신고를 하지 않고 원천징수납부로 과세를 종결할 수 있지만, 비영업대금의 이익에 대해서는 반드시 과세표준신고를 해야 한다.

② 비영리내국법인은 일정한 수익사업에서 발생하는 소득에 대한 법인세와 토지 등 양도소득에 대한 과세특례규정에 의한 법인세를 납부할 의무가 있다.

③ 사회복지사업법에 따라 설립된 비영리내국법인이 고유목적사업준비금을 손비로 계상한 경우에는 손금산입범위액의 80%를 곱한 금액의 범위 내에서 고유목적사업준비금을 손금에 산입할 수 있다.

④ 비영리내국법인의 수익사업에서 발생한 소득에 대하여 「법인세법」 또는 「조세특례제한법」에 따른 비과세 · 면제, 준비금의 손금산입, 소득공제 또는 세액감면(세액공제 제외)을 적용받는 경우에는 고유목적사업준비금의 손금산입 규정을 적용하지 않는다.

09. ㈜갑은 과세사업에 사용하던 다음 자산을 20x2.7.1.부터 과세사업과 면세사업에 공통으로 사용하기로 하였다. 다음 자료를 이용하여 ㈜갑의 20x2년 제2기(20x2.7.1~12.31) 부가가치세 확정신고시 면세 전용과 관련한 부가가치세 과세표준을 계산하면 얼마인가?

---

(1) 20x2.7.1. 현재 자산 보유내역은 다음과 같다.
  • 취득 시 매입세액은 모두 공제 되었다.
  • 제시된 취득가액은 취득시 장부상 계상금액으로 모두 부가가치세 과세표준에 해당하는 금액이다.

종류	취득일	취득가액	시가
건물	20x0.04.01.	70,000,000원	100,000,000원
기계장치(A)	20x1.11.01.	30,000,000원	20,000,000원
기계장치(B)	20x1.01.21.	20,000,000원	30,000,000원

  • 위 기계장치(A)의 취득 시 다음과 같이 회계처리 하였다. (부가가치세 회계처리는 고려하지 말것)

(차) 기계장치(A)	30,000,000원	(대) 장기미지급금	41,800,000원
현재가치할인차금	8,000,000원		
부가가치세 대급금	3,800,000원		

(2) ㈜갑의 공급가액 관련 자료는 다음과 같다.

과세기간	과세사업 공급가액	면세사업 공급가액	합계
20x2년 제1기	50,000,000원	30,000,000원	80,000,000원
20x2년 제2기	80,000,000원	20,000,000원	100,000,000원

---

① 3,800,000원 ② 10,500,000원
③ 14,300,000원 ④ 15,300,000원

10. 다음은 부가가치세법상 매입자발행세금계산서에 대한 설명이다. 옳지 않은 것을 고르시오.

① 부가가치세법상 세금계산서 발급의무가 있는 사업자가 재화 또는 용역을 공급하고 세금계산서 발급시기에 세금계산서를 발급하지 아니한 경우 그 재화 등을 공급받은 자가 관할세무서장의 확인을 받아 세금계산서를 발행 할 수 있다.

② 매입자발행세금계산서를 발행하려는 자는 해당 재화등의 공급시기가 속하는 과세기간의 종료일 로부터 1년 이내에 신청서에 거래사실을 객관적으로 입증 할 수 있는 서류를 첨부하여 신청인 관할세무서장에게 신청하여야 하며, 신청대상이 되는 거래는 공급대가의 제한이 없다.

③ 사업자의 부도 · 폐업, 공급계약의 해제 · 변경의 사유로 인해 사업자가 수정세금계산서 또는 수정 전자세금계산서를 발급하지 아니한 경우에도 매입자발행세금계산서를 발행할 수 있다.

④ 공급자 관할 세무서장은 신청일의 다음 달 말일까지 거래사실 여부를 확인한 후 거래사실 확인통 지 또는 거래사실 확인불가 통지를 공급자와 신청인 관할세무서장에게 하여야 한다.

11. 다음 중 부가가치세법상 환급에 대한 설명으로 가장 옳지 않은 것은?

① 예정신고를 한 사업자는 확정신고 및 납부 시 예정신고한 과세표준과 납부한 납부세액 또는 환급 받은 환급세액은 제외하여 신고하여야 한다.

② 조기환급을 받고자 하는 영세율 적용 대상 사업자가 부가가치세 예정신고 또는 확정신고와 함께 법령에 정한 서류를 제출한 경우에는 조기환급에 관하여 신고한 것으로 본다.

③ 사업장 관할세무서장은 각 과세기간별로 그 과세기간에 대한 환급세액을 확정신고한 사업자에게 그 확정신고일로부터 1개월 이내에 환급하여야 한다.

④ 사업장 관할세무서장은 사업자가 사업설비를 신설한 경우에 발생하는 환급세액을 신고하는 경우 확정신고기한이 지난 후 15일 이내, 예정신고기한이 지난 후 15일 이내 또는 영세율 등 조기환 급신고기한이 지난 후 15일 이내에 사업자에게 환급하여야 한다.

12. 다음은 부가가치세법상 일반과세자에게 적용되는 가산세에 관한 설명이다. ( )에 들어갈 숫자의 합은?

---

① 전자세금계산서를 발급하여야 할 의무가 있는 자가 전자세금계산서를 발급하지 아니하고 세금계산 서의 발급시기에 전자세금계산서 외의 세금계산서를 발급한 경우 : 그 공급가액의 (   )퍼센트

② 재화 또는 용역을 공급하고 실제로 재화 또는 용역을 공급하는 자가 아닌 자 또는 실제로 재화 또 는 용역을 공급받는 자가 아닌 자의 명의로 세금계산서등을 발급한 경우 : 그 공급가액의 (   )퍼 센트

③ 매출처별 세금계산서합계표를 제출하지 아니한 경우 : 매출처별 세금계산서합계표를 제출하지 아니 한 부분에 대한 공급가액의 (   )퍼센트

---

① 4.5   ② 3.5   ③ 3   ④ 2

13. 다음은 도소매업을 영위하는 중소기업인 ㈜세무의 재화의 공급에 대한 내역이다. ㈜세무의 20x1년 제1기 부가가치세 확정신고시 대손세액공제를 신청할 수 있는 세액을 구하시오. 단, 확정신고와 함께 법령으로 정하는 바에 따라 대손금액이 발생한 사실을 증명하는 서류를 제출하고 채권금액에는 부가가치세가 포함된 금액으로 가정한다.

- 20x0.11.30.에 부도발생한 ㈜갑에 대한 외상매출금 : 16,500,000원(부도발생일 이후의 매출채권 5,500,000원이 포함되어 있다.)
- 2023.03.05.에 발생한 외상매출금으로 회수기일이 2년 지난 채권(비특수관계인과의 과세재화 거래에서 발생) : 5,500,000원
- 20x1.04.10.에 채무자의 파산으로 인하여 회수할 수 없는 채권(20x1.02.15.에 공급한 재화의 외상매출금임) : 16,500,000원(채권미회수에 따른 지연이자 2,200,000원 포함)

① 2,200,000원
② 2,700,000원
③ 2,800,000원
④ 3,000,000원

14. 다음 중 부가가치세법상 간이과세자에 대한 설명으로 옳지 않은 것은?
① 직전 연도의 공급대가의 합계액이 1억 4백만원 미만인 개인사업자는 간이과세자의 적용 범위에 해당한다.
② 음식점업을 경영하는 간이과세자가 일반과세자에 관한 규정을 적용받는 도매업 사업장을 신규로 개설하는 경우에는 해당 사업개시일이 속하는 과세기간의 다음 과세기간부터 음식점업을 영위하는 사업장도 간이과세를 적용하지 아니한다.
③ 휴업 또는 사업부진 등으로 인하여 예정부과기간의 공급대가 또는 납부세액이 직전 과세기간의 공급대가 또는 납부세액의 1/2에 미달하는 간이과세자는 예정부과기간의 과세표준과 세액을 예정부과기한까지 사업장 관할세무서장에게 신고 · 납부할 수 있다.
④ 간이과세자가 다른 사업자로부터 세금계산서 등을 발급받아 매입처별 세금계산서합계표를 제출하는 경우에는 발급받은 재화와 용역의 공급대가에 0.5퍼센트를 곱한 금액을 납부세액에서 공제한다.

15. 다음 중 부가가치세법상 재화공급에 대한 설명으로 옳지 않은 것은?

① 사업자가 매입세액공제를 받은 취득재화를 사업과 직접적인 관계없이 자기의 개인적인 목적이나 그 밖의 다른 목적을 위하여 사용·소비한 것으로서 그 대가를 받지 아니한 경우 재화의 공급으로 본다.

② 사업자가 종업들에게 실비변상적이거나 복리후생적인 목적으로 지출한 직장 경조사비와 체육비, 직장연예비와 관련된 재화에 대해서는 재화의 공급으로 보지 않는다.

③ 동일사업장 내에서 2이상의 사업을 영위하다가 그 중 일부의 사업을 폐지하는 경우 해당 폐지한 사업과 관련된 재고재화는 폐업시 재고재화로서 과세하지 않는다.

④ 경매, 수용, 현물출자 및 법률에 따라 조세를 물납하는 것은 재화의 공급으로 본다.

주관식(단답형) : 문항당 4점 ※ 반드시 OMR 카드 앞면의 주관식 답안란에 답안을 작성하시오(연필 또는 컴퓨터용 사인펜 사용 금지).

16. 다음은 중소기업인 내국법인 ㈜국세의 제11기 사업연도(20x1.1.1.~20x1.12.31.)의 토지등 양도와 관련된 자료이다. 이를 토대로 토지 등 양도소득에 대한 법인세 산출세액을 구하시오.

(1) ㈜국세의 20x1년 토지등 양도 및 양도차익에 대한 내역은 다음과 같다.

구분	용도	양도가액	취득(장부)가액	비고
주택A	투자용	400,000,000원	280,000,000원	(주1)
토지A	투자용	120,000,000원	150,000,000원	(주2)
상가A	업무용 사옥	650,000,000원	350,000,000원	

(주1) 2013년 이후에 취득한 비사업용 주택으로써 국민주택규모에 해당함

(주2) 토지A의 취득가액은 120,000,000원이나, 제9기 사업연도말 감정평가액으로 하여 장부가액은 150,000,000원으로 평가증 하였다.

(2) 해당 자산에 대하여 감가상각비를 계상한 내역은 없으며, 모두 등기된 자산이다.

17. 20x1년 초에 ㈜갑은 ㈜을을 흡수합병하였으며, 합병시 과세이연요건을 충족하지 못하였다. 다음 자료를 이용하여 ㈜을의 합병에 따른 양도손익을 구하시오.

---

(1) 합병 직전 ㈜을의 재무상태표는 다음과 같다.

재무상태표

자산	6,000,000원	부채	4,000,000원
		자본금	1,500,000원
		자본잉여금	500,000원
합계	6,000,000원	합계	6,000,000원

(2) ㈜을의 자본금과 적립금조정명세서(을)상의 세무상 유보 잔액은 600,000원이다.

(3) ㈜갑은 합병일 현재 ㈜을의 주식 75주를 보유하고 있다.

(4) 합병대가로 ㈜을의 주식 1주에 대해 ㈜갑의 주식 1주(액면가액 1,000원, 시가 3,000원)의 비율을 적용하여 1,425주를 발행 및 교부하였다(㈜갑이 보유하고 있는 ㈜을의 주식에 대해서는 주식을 교부하지 않음).

---

18. 다음은 제조업을 영위하는 영리내국법인인 ㈜에이의 제3기(20x1.1.1.~20x1.12.31.) 기업업무추진비 세무조정에 관한 자료이다. 다음 자료를 이용하여 법인세법상 시부인대상 기업업무추진비 해당액을 계산하시오.

---

(1) 포괄손익계산서상 기업업무추진비는 83,500,000원이다.

(2) 포괄손익계산서상 복리후생비 계정에는 거래처 식사비로 지출한 금액 5,000,000원(신용카드 사용분)이 있는데, 그 금액에는 대표이사가 업무와 관련 없이 개인적인 용도로 지급한 금액 2,000,000원이 포함되어 있다.

(3) 거래처에 제품(원가 4,000,000원, 시가 6,000,000원)을 증정하고 다음과 같이 처리하였다.

(차)	판매촉진비	4,600,000원	(대)	매출액	4,000,000원
				매출세액	600,000원
(차)	매출원가	4,000,000원	(대)	제품	4,000,000원

(4) 당기말에 기업업무추진비 4,000,000원을 지출하고 이를 선급비용으로 계상하였다.

(5) 거래관계 개선을 위해 약정에 따라 매출채권 15,000,000원을 대손상각비로 회계처리하였다(거래상대방은 특수관계자외의 자에 해당함).

---

19. 다음은 제조업(과자점)과 도소매업을 겸영하고 있는 개인사업자(중소기업임)인 갑에 대한 20x1년 1기(1월~6월) 확정 부가가치세 신고관련 자료이다. 이를 토대로 20x1년 1기(1월~6월) 확정신고시 의제매입세액공제액을 구하시오.

---

(1) 20x1년 1기(1월~6월) 공급가액 집계내역

구분	공급가액
제조업(과세)	250,000,000원
도소매업(면세)	150,000,000원

(2) 20x1년 1기(1월~6월) 면세농산물등 의제매입세액 공제대상 매입금액은 다음과 같다(증빙 구비).

구분	매입금액
제조업 사용	80,000,000원
도소매업 사용	65,000,000원
공통 사용	12,000,000원

(3) 제시된 자료 외에는 별도의 매입이 없으며, 세법상 공제 관련 제출서류는 적법하게 제출한 것으로 가정한다.

---

20. 다음은 수출관련 영업을 영위하는 ㈜세무의 20x1년 1기 확정신고(20x1.4.1.~20x1.6.30.) 자료이다. 제시된 상황에서의 영세율 신고가 가능한 공급가액을 구하시오.

---

(1) 캐나다 대사관에 제품을 공급하고 원화로 수령한 금액 : 5,000,000원
(2) 내국신용장을 통하여 수출업자에게 제공한 제품 : 12,000,000원
(3) 수출업자와 직접 도급계약에 의하여 수출재화를 임가공하는 수출재화임가공용역으로서 공급가액과 부가가치세를 별도로 기재한 세금계산서를 발행한 공급가액 : 7,000,000원
(4) 국제선 항공기에 공급하는 기내 물품 : 20,000,000원
(5) 관광진흥법 시행령에 따른 종합여행업자가 외국인 관광객에게 관광가이드 용역을 제공하고 직접 수령한 현금(원화) : 1,000,000원
(6) 관광객 모집을 위하여 해외에서 제공한 모집용역 : 2,500,000원

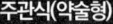

21. 다음은 영리내국법인 ㈜갑(중소기업)의 제10기 사업연도(20x1.01.01.~20x1.12.31.)의 세무조정에 대한 자료이다. 다음 자료를 참고하여 각 물음에 따라 세무조정을 하고, [답안양식]에 따라 소득금액조정 합계표를 작성하시오. [10점]

1. ㈜갑이 당기중에 임직원 등에게 제공한 사택 내역은 다음과 같다.
   (1) 사택제공 현황표

구분	제공대상자	사택의 시가	임대보증금	임대료 수령액	유지관리비 합계 (7월~12월)
사택A	출자임원(지분율2%)	500,000,000원	67,500,000원	월 200,000원	1,000,000원
사택B	비출자임원	200,000,000원	56,200,000원	-	300,000원
사택C	직원	100,000,000원	-	-	200,000원

   (2) 사택제공기간 : 20x1.07.01.~20x2.06.30.
   (3) 국세청이 고시한 정기예금이자율은 8%이다. 1년은 365일로 가정한다.

2. ㈜갑의 차입금 및 대여금의 내역은 다음과 같다.
   (1) 손익계산서상 이자비용

차입일	이자율	이자비용	차입금	비고
x1.04.01.	20%	150,000원	3,000,000원	자회사로부터의 차입금 이자
x0.10.01.	15%	600,000원	4,000,000원	공장신축관련 시설자금차입금에 대한 이자
x1.07.01.	10%	1,850,000원	36,000,000원	기간경과분 미지급이자 50,000원 포함

   (2) 사업연도 종료일 현재의 업무무관가지급금 내역

구분	지급일자	대여액	비고
대표이사	x1.05.01.	20,000,000원	대표이사에 대해서는 약정 없이 무상으로 대여하였으며, 별도의 약정이 없는 가수금이 있고 해당 가수금 적수는 242,150,000원이다.
직원A	x1.01.01.	3,500,000원	전세자금 대출액
직원B	x1.10.01.	2,000,000원	직원B에 대한 대여금은 연 5%의 이자율로 매년 1월 1일에 이자수령을 약정하였고, 당기 사업연도 말에 25,000원의 미수이자를 계상하였다.

   ※ **기획재정부령으로 정하는 당좌대출이자율은 4.6%이며 회사는 금전대차거래의 시가에 대해 신고한바 없다.**

   ※ **가중평균차입이자율 및 인정이자 계산금액은 소수점 첫째자리에서 반올림한다(1년은 365일로 가정).**
   (예시) 이자율 7.56%인 경우 8%로 계산

3. ㈜갑의 국고보조금 취득과 관련한 내역은 다음과 같다.

   (1) 20x1.01.01.에 보조금 관리에 관한 법률에 따라 국고보조금 20,000,000원을 수령하고 동일자로 기계장치(취득가액 40,000,000원)를 취득하여 사업에 사용하고 있다.

   (2) ㈜갑은 국고보조금을 기계장치에서 차감하는 형식으로 표시하고, 국고보조금을 감가상각비와 상계하는 회계처리를 하고 있다.

   (3) 세부담 최소화를 위해 국고보조금과 관련하여 일시상각충당금을 설정하고자 한다.

   (4) 감가상각과 관련하여 (주)갑은 다음과 같이 회계처리 하였다.

        (차) 감가상각비   4,000,000원   (대) 감가상각누계액(기계장치)   4,000,000원

        (차) 국고보조금(자산차감)   2,000,000원   (대) 감가상각비   2,000,000원

   (5) 기계장치에 대한 내용연수 및 감가상각방법은 10년, 정액법(상각률 0.100)으로 신고하였다.

〈물음 1〉 위 1.의 자료를 이용하여 (주)갑의 사택제공과 관련하여 세무조정을 하시오.

〈물음 2〉 위 2.의 자료를 이용하여 (주)갑의 지급이자 및 가지급금인정이자 관련 세무조정을 하시오.

〈물음 3〉 위 3.의 자료를 이용하여 (주)갑의 국고보조금 취득과 관련한 세무조정을 하시오.

[답안양식] (단, 물음 1~3에 대한 공통 양식임)

익금산입 및 손금불산입			손금산입 및 익금불산입		
과목	금액	소득처분	과목	금액	소득처분

22. 제조업을 영위하는 ㈜국세는 20x1.10.1. 과세사업과 면세사업의 공통으로 사용할 기계장치를 매입하였다. 다음 자료를 토대로 각 기수별 납부세액 재계산을 하여 [답안양식]에 따라 작성하되 납부세액에 가산하는 금액은 (+)로 납부세액에 차감할 금액은 (−)로 작성하시오. 단, 정산을 하지 않는 경우에는 0원으로 표시하시오.

---

(1) ㈜국세는 20x1.10.1. 공급가액 500,000,000원에 기계장치를 매입하였으며, 이와 동시에 설치비 50,000,000원(공급가액)이 추가로 발생하였다. 해당 설치비는 기계운용을 위하여 반드시 필요한 작업이므로, ㈜국세는 해당 원가를 취득원가에 가산하였다.

(2) ㈜국세는 20x1.9.8. 사업자등록을 하였으며, 과세기간별 매출액(공급가액)은 다음과 같다.

구분	20x1년 제2기	20x2년 제1기	20x2년 제2기
과세매출	250,000,000원	210,000,000원	134,000,000원
면세매출	150,000,000원	90,000,000원	66,000,000원
합계	400,000,000원	300,000,000원	200,000,000원

(3) ㈜국세는 사업부진으로 20x3.1.8. 자진 폐업하였으며, 20x3년 제1기는 매출액이 없다.

[답안양식]

구분	20x1년 제2기	20x2년 제1기	20x2년 제2기	20x3년 제1기
납부세액 재계산액				

세법2부 국세기본법 · 소득세법(조세특례제한법 포함)

객관식 : 문항당 4점

01. 다음 중 국세기본법상 납세의무 성립시기에 관한 내용으로 옳은 것을 모두 고른 것은?

> ㄱ. 인지세 : 과세문서를 작성한 때
>
> ㄴ. 수입재화에 대한 부가가치세 : 입항하여 수입재화가 도착한 때
>
> ㄷ. 원천징수하는 소득세 · 법인세 : 소득금액 또는 수입금액을 지급하는 때
>
> ㄹ. 증여세 : 증여계약일
>
> ㅁ. 부가가치세 : 과세기간이 끝나는 때
>
> ㅂ. 금융 · 보험업자의 수익금액에 부과되는 교육세 : 본세가 확정 되는 때
>
> ㅅ. 중간예납하는 소득세 · 법인세 또는 예정신고기간 · 예정부과기간에 대한 부가가치세 : 중간예납기간 또는 예정신고기간 · 예정부과기간이 끝나는 때

① ㄱ, ㄴ, ㅂ, ㅅ   ② ㄱ, ㄷ, ㅁ, ㅅ

③ ㄱ, ㄹ, ㅁ, ㅂ   ④ ㄱ, ㄴ, ㄹ, ㅂ

02. 다음 중 국세기본법상 기한과 기간에 대한 설명으로 가장 옳지 않은 것은?

① 정전, 통신상의 장애, 프로그램의 오류, 그 밖의 부득이한 사유로 국세정보통신망의 가동이 정지되어기한만료일에 전자신고 또는 전자납부를 할 수 없게 되는 경우 그 장애가 복구되어 신고 또는 납부할 수 있게 된 날을 기한으로 한다.

② 우편으로 과세표준신고서, 과세표준수정신고서, 경정청구서 또는 과세표준신고 · 과세표준수정신고 · 경정청구와 관련된 서류를 제출한 경우 우편날짜도장이 찍힌 날에 신고되거나 청구된 것으로 본다.

③ 과세표준신고서, 과세표준수정신고서, 경정청구서 또는 과세표준신고 · 과세표준수정신고 · 경정청구와 관련된 서류 등을 국세정보통신망을 이용하여 제출하는 경우에는 해당 신고서 등이 국세청장에게 전송된 때에 신고되거나 청구된 것으로 본다.

④ 전자신고 또는 전자청구된 경우 과세표준신고 또는 과세표준수정신고와 관련된 서류 중 대통령령으로 정하는 서류에 대해서는 10일의 범위에서 제출기한을 연장할 수 있다.

03. 다음 중 국세환급금의 소멸시효에 대한 설명으로 옳지 않은 것은?

① 국세환급가산금의 결정원인이 되는 국세환급금의 소멸시효가 완성한 때에는 국세환급가산금의 소멸시효도 완성하는 것으로 본다.

② 국세환급금과 국세환급가산금에 대한 소멸시효는 세무서장이 환급청구를 촉구하기 위해 납세자에게 하는 환급청구의 안내, 통지하는 경우 중단된다.

③ 국세환급금 및 국세환급가산금의 소멸시효의 중단과 정지에 관하여는 민법 제168조내지 제182조의 규정을 준용한다.

④ 납세자의 국세환급금과 국세환급가산금에 관한 권리는 행사할 수 있는 때부터 5년간 행사하지 아니하면 소멸시효가 완성된다.

04. 다음 중 국세기본법상 심사청구에 대한 설명으로 옳지 않은 것은?

① 심사청구는 해당 처분이 있음을 안 날(처분의 통지를 받은 때에는 그 받은 날)부터 90일 이내에 제기하여야 한다.

② 국세청장은 심사청구의 내용이나 절차가 세법에 적합하지 아니하나 보정할 수 있다고 인정되면 14일 이내의 기간을 정하여 보정할 것을 요구할 수 있다.

③ 심사청구에 대한 결정은 심사청구를 받은 날부터 90일 이내에 하여야 한다.

④ 재조사 결정이 있는 경우 처분청은 재조사 결정일로부터 60일 이내에 결정서 주문에 기재된 범위에 한정하여 조사하고, 그 결과에 따라 취소·경정하거나 필요한 처분을 하여야 한다.

05. 다음 중 국세기본법상 국세의 우선권에 대한 설명으로 옳지 않은 것은?

① 법정기일 전에 저당권이 설정된 재산을 매각하여 그 매각대금액에서 해당 재산에 대하여 부과된 증여세를 징수하는 경우 그 증여세 및 강제징수비는 그 저당권에 의하여 담보된 채권에 우선한다.

② 파산 절차 등 강제집행에 따라 재산을 매각할 때 그 매각금액 중에서 국세 및 강제징수비를 징수하는 경우 그 강제집행에 든 비용은 국세 및 강제징수비에 우선한다.

③ 주택임대차보호법이 적용되는 임대차관계에 있는 주택을 매각할 때 그 매각금액 중에서 국세를 징수하는 경우 임대차에 관한 보증금 중 임차인이 우선하여 변제받을 수 있는 금액에 관한 채권은 국세보다 우선하여 징수한다.

④ 납세자가 국세 및 강제징수비를 체납한 경우에 그 국세의 법정기일 전에 담보의 목적이 된 양도담보재산이 있을 때에는 양도담보재산으로써 국세 및 강제징수비를 징수할 수 있다.

06. 다음 중 국세기본법상 납세자의 권리에 대한 설명으로 옳지 않은 것은?

① 세무공무원은 납세자가 상습적인 체납을 하는 경우에는 정기선정에 의한 조사 외에 수시선정에 의한 조사를 할 수 있다.

② 세무공무원은 세무조사의 중지기간 중에는 납세자에 대하여 국세의 과세표준과 세액을 결정 또는 경정하기 위한 질문을 하거나 장부 등의 검사·조사 또는 그 제출을 요구할 수 없다.

③ 세무공무원은 납세자가 장부·서류 등을 은닉하거나 제출을 지연하거나 거부하는 등 조사를 기피하는 행위가 명백한 경우에는 세무조사기간을 연장할 수 있다.

④ 세무공무원은 납세자에 대한 구체적인 탈세 제보가 있는 경우에는 조사 목적에 필요한 최소한의 범위에서 납세자, 소지자 또는 보관자 등 정당한 권한이 있는 자가 임의로 제출한 장부등을 납세자의 동의를 받아 세무관서에 일시 보관할 수 있다.

07. 다음 중 소득세법상 이자 및 배당소득에 대한 설명으로 옳지 않은 것은?

① 법인으로 보는 단체로부터 받는 배당금 또는 분배금은 배당가산액(Gross-up 금액) 대상이며 조건부 종합과세대상이다.

② 잉여금처분에 의한 배당의 수입시기는 당해 법인의 잉여금처분결의일이다.

③ 보통예금·정기예금 등에 따른 이자소득은 원칙적으로 실제로 이자를 지급받은 날이 수입시기이며, 원본전입 특약이 있는 이자는 원본전입일이 수입시기가 된다.

④ 거주자가 일정기간 후에 같은 종류로서 같은 양의 주식을 반환받는 조건으로 주식을 대여하고 해당 주식의 차입자로부터 지급받은 해당 주식에서 발행하는 배당에 상당하는 금액은 이자소득에 해당한다.

08. 다음 중 소득세법상 납세지에 대한 설명으로 옳지 않은 것은?

① 거주자의 납세지는 원칙적으로 주소지로 한다.

② 주민등록이 직권말소된 자로서 실제의 주소지 및 거소지가 확인되지 아니하는 거주자의 납세지는 말소 당시 주소지로 한다.

③ 국내에 2 이상의 사업장이 있는 비거주자의 경우 그 주된 사업장을 판단하기가 곤란한 때에는 국세청장이 지정하는 사업장을 납세지로 한다.

④ 거주자로 보는 법인격없는 단체에 대한 소득세납세지는 동 단체의 대표자 또는 관리인의 주소지로 한다.

09. 다음 중 소득세법상 원천징수에 대한 설명으로 옳지 않은 것은?

① 원천징수대상 근로소득으로서 그 발생된 소득이 지급되지 아니함으로써 소득세가 원천징수되지 아니한 소득이 종합소득에 합산되어 과세된 경우에 해당 소득을 지급하는 때에는 소득세를 원천 징수하지 아니한다.

② 원천징수세액을 계산할 때 이자소득, 배당소득에 대해서 외국에서 외국소득세액을 납부한 경우 에는 원천징수세액에서 그 외국소득세액을 뺀 금액을 원천징수세액으로 한다.

③ 직전연도(신규사업개시자의 경우 신청일이 속하는 반기)의 상시고용인원이 20명 이하인 금융·보험업자로서 원천징수관할세무서장으로부터 승인을 얻은 자는 원천징수한 소득세를 그 징수일이 속하는 반기의 마지막 달의 다음달 10일까지 납부할 수 있다.

④ 근로소득을 지급하여야 할 원천징수의무자가 1월부터 11월까지의 근로소득을 해당 과세기간의 12월 31일까지 지급까지 아니하는 경우에는 그 근로소득을 12월 31일에 지급한 것으로 보아 소득세를 원천징수한다.

10. 다음 중 소득세법상 부당행위계산의 부인에 대한 설명으로 옳지 않은 것은?

① 납세지 관할 세무서장 또는 지방국세청장은 이자소득, 사업소득 또는 기타소득이 있는 거주자의 행위 또는 계산이 그 거주자와 특수관계인과의 거래로 인하여 그 소득에 대한 조세 부담을 부당 하게 감소시킨 것으로 인정되는 경우에는 그 거주자의 행위 또는 계산과 관계없이 해당 과세기간 의 소득금액을 계산 할 수 있다.

② 출자금 또는 사업에서 발생한 이익금을 인출하여 그 금액을 특수관계법인에게 무상대여한 경우 에는 부당행위계산의 대상이 되지 않는다.

③ 직계존비속에게 주택을 무상으로 사용하게 하고 직계존비속이 그 주택에 실제로 거주하는 경우 는 부당행위계산 부인의 대상에서 제외된다.

④ 사업상 업무를 수행하기 위하여 초청된 외국인에게 사택을 무상으로 제공한 때에는 부당행위계 산 부인대상이 아니다.

11. 다음 중 소득세법상 퇴직소득에 대한 설명으로 가장 옳지 않은 것은?

① 국민연금법에 따른 일시금과 건설근로자의 고용개선 등에 관한 법률에 따라 받는 퇴직공제금의 퇴직소득 수입시기는 소득을 지급받는 날로 한다.

② 해당 과세기간의 퇴직소득금액이 퇴직소득공제금액에 미달하는 경우에는 그 퇴직소득금액을 공 제액으로 한다.

③ 계속근로기간 중 근로자 퇴직급여 보장법에 따라 퇴직연금제도가 폐지되어 퇴직급여를 미리 지 급받은 경우에는 현실적인 퇴직으로 보지 않는다.

④ 법인의 상근임원이 비상근임원이 되었지만 퇴직급여를 실제로 받지 않은 경우에는 퇴직으로 보 지 않을 수 있다.

12. 다음은 거주자 갑의 20x1년도 종합소득세 납부세액 계산과 관련된 자료이다. 갑의 20x1년도 종합소득 결정세액으로 옳은 것은?

> (1) 은행예금 이자소득 총수입금액은 5,000,000원이며, 비영업대금의 이익은 5,000,000원이다.
> (2) ㈜A로부터 받은 현금배당금은 40,000,000원 이다.
> (3) 종합과세되는 근로소득금액은 20,000,000원 이다.
> (4) 종합과세되는 공적연금소득금액은 5,000,000원이다.
> (5) 종합소득공제는 10,000,000원이다.
> (6) 근로소득세액공제액은 500,000원으로 가정한다.
> (7) 특별세액공제는 300,000원이다.
> (8) 세액공제·감면의 적용은 배당세액공제, 근로소득세액공제, 특별세액공제만을 적용하고 배당가산율은 10%로 가정한다.

① 4,240,000원   ② 7,220,700원
③ 7,465,000원   ④ 7,740,000원

13. 다음은 주택임대업을 영위하고 있는 거주자 갑의 20x1년 귀속 주택임대 내역이다. 이를 토대로 20x1년 귀속 주택임대에 대한 총수입금액을 계산하면 얼마인가?

> (1) 거주자 갑의 주택임대 내역은 다음과 같다.

구분	임대기간	임대보증금	월세
주택 A	20x0.7.1.~20x2.6.30.	300,000,000원	–
주택 B	20x0.7.1.~20x3.6.30.	150,000,000원	1,000,000원
주택 C	20x0.9.1.~20x2.8.31.	400,000,000원	600,000원

> ※ 거주자 갑은 장부를 기장하고 있으며, 소유한 주택의 면적은 모두 60㎡이다.
> (2) 거주자 갑은 본인이 거주하고 있는 주택 D가 추가로 있다.
> (3) 주택 C의 보증금으로 발생한 배당금은 2,000,000원이 있다.
> (4) 20x1년은 360일로, 정기예금이자율은 4%로 가정한다.

① 19,200,000원   ② 30,400,000원
③ 31,000,000원   ④ 37,600,000원

14. 다음은 도소매업을 영위하는 거주자 갑(소득세법 상 간편장부대상자임)의 20x1년 종합소득세 신고와 관련한 자료이다. 이에 따른 기장세액공제액을 계산하면 얼마인가?

> (1) 사업소득금액은 28,000,000원, 기타소득금액은 5,000,000원이다.
> (2) 거주자 갑(50세)은 부양가족이 없으나, 본인은 지병에 의하여 평상시 치료를 요하고 취학, 취업이 곤란한 상태로 인정(장애인)받았다(언급한 내용 외의 종합소득공제액은 없는 것으로 한다).
> (3) 거주자 갑은 복식부기에 의하여 종합소득세 신고를 하였다.

① 537,090원   ② 588,000원
③ 633,000원   ④ 1,000,000원

15. 다음 중 소득세법상 가산세에 대한 설명으로 옳지 않은 것은?
① 신용카드가맹점이 신용카드에 의한 거래를 거부하여 세무서장으로부터 1건에 대한 차액분 90,000원을 통보받은 경우 5,000원을 가산세로 하여 종합소득 결정세액에 더하여 납부하여야 한다.
② 성실신고확인대상자가 그 과세기간의 다음 연도 6월 30일까지 성실신고확인서를 납세지 관할 세무서장에게 제출하지 아니한 경우에는 산출세액의 5%만큼 가산세를 부과한다.
③ 복식부기의무자가 장부를 기록하지 아니한 경우 종합소득산출세액에서 100분의 20을 가산세로 하여 해당 과세기간의 종합소득 결정세액에 더하여 납부하여야 한다(사업소득만 있다고 가정한다).
④ 주택임대사업자가 사업개시일로부터 20일 이내 사업자등록을 신청하지 아니한 경우 사업개시일 부터 등록신청일 직전일까지의 주택임대수입금액의 1천분의 2를 종합소득 결정세액에 더하여 납부하여야 한다.

주관식(단답형) : 문항당 4점 ※ 반드시 OMR 카드 앞면의 주관식 답안란에 답안을 작성하시오(연필 또는 컴퓨터용 사인펜 사용 금지).

16. 다음은 국세기본법상 송달에 대한 설명이다. 괄호 안에 들어갈 숫자를 적으시오.

- 납부의 고지 · 독촉 · 강제징수 또는 세법에 따른 정부의 명령과 관계되는 서류의 송달을 우편으로 할 때에는 등기우편으로 하여야 한다. 다만, 「소득세법」 제65조제1항에 따른 중간예납세액의 납부고지서, 「부가가치세법」 제48조제3항에 따라 징수하기 위한 납부고지서 및 제22조제2항 각 호의 국세에 대한 과세표준신고서를 법정신고기한까지 제출하였으나 과세표준신고액에 상당하는 세액의 전부 또는 일부를 납부하지 아니하여 발급하는 납부고지서로서 **"대통령령으로 정하는 금액"** 미만에 해당하는 납부고지서는 일반우편으로 송달 할 수 있다.
- **"대통령령으로 정하는 금액"이란 (   )만원을 말한다.**

---

17. 다음은 국세기본법상 국선대리인 제도에 대한 설명이다. 괄호 안에 들어갈 숫자를 적으시오.

- 이의신청인, 심사청구인, 심판청구인 및 과세전적부심사 청구인은 재결청에 다음 각 호의 요건을 모두 갖추어 변호사, 세무사 또는 세무사법에 따른 세무사등록부 또는 공인회계사 세무대리업무등록부에 등록한 공인회계사를 대리인으로 선정하여 줄 것을 신청할 수 있다.
- 이의신청인등이 다음 각 목의 어느 하나에 해당할 것
  - 가. **개인**인 경우 : **소득세법에 따른 종합소득금액이 (   )원 이하**이고, 소유재산의 합계액이 5억 원 이하일 것
  - 나. 법인인 경우 : 수입금액이 3억원 이하이고, 자산가액이 5억원 이하일 것

---

18. 다음은 거주자 갑에게 귀속되는 20x1년도 종합소득과 관련된 자료이다. 다음 자료를 이용하여 소득세 원천징수세액을 계산하시오.

---

1. 20x1년도의 종합소득과 관련된 내역은 다음과 같으며, 비과세 되는 소득은 없다.
   ① 영리내국법인으로부터 받은 비영업대금의 이익 5,000,000원
   ② 비상장영리내국법인 ㈜을로부터 받은 현금배당 10,000,000원
   ③ 프리랜서로서 갑이 인적용역(부가가치세가 면세됨)을 공급하고 내국법인으로부터 받은 대가(사업소득임) 30,000,000원
   ④ 골동품(갑의 보유기간은 30년임, 제작일로 180년 지난 골동품) 1개를 영리내국법인에 양도하고 받은 대가(기타소득임) 90,000,000원(실제 필요경비는 확인되지 않음)
2. 위 소득들에 대해서는 소득세법에 따라 적법하게 원천징수가 이루어졌으며, 위의 모든 금액들은 원천징수세액을 차감하기 전의 금액이다.

---

19. 다음은 거주자 갑씨의 20x3 금융소득자료이다. 다음 자료를 이용하여 종합소득 과세표준 확정신고시 포함될 금융소득금액을 구하시오.

---

(1) 갑씨는 ㈜A의 주식 10,000주를 보유하고 있었는데 ㈜A가 20x3.5.31. 해산으로 소멸하면서 잔여재산 분배로서 1주당 8,000원의 현금을 분배받고, 토지(시가 10,000,000원, 장부가 7,000,000원)를 인도받았다.
(2) 갑씨의 ㈜A의 주식(1주당 액면가액 5,000원) 보유 현황은 다음과 같다.

취득일	주식수	비고
20x0.2.3.	7,000주	1주당 10,000원 매입
20x2.8.31.	2,000주	주식발행초과금의 자본금 전입으로 인해 취득
20x2.9.30.	1,000주	이익준비금의 자본금 전입으로 인해 취득

※ ㈜A는 채무의 출자전환은 없었다.
(3) 20x3.4.1. 정기예금이자 6,000,000원을 수령하였다.

---

20. 부동산매매업을 영위하는 거주자 갑의 다음 자료에 의하여 상가매매차익에 대한 예정신고시 산출세액을 계산하시오.

> • 국내에 상가 4개를 보유하고 있는 거주자 갑은 20x1.4.6.에 그 중 매매용 상가(미등기) 1개를 양도하였다.
> • 해당 상가의 보유기간은 8년이며, 보유기간 8년인 경우 적용되는 장기보유특별공제액은 16%이다.
> ① 양도가액 : 400,000,000원
> ② 취득가액 : 300,000,000원
> ③ 자본적 지출액 : 50,000,000원
> ④ 기타 필요경비 : 20,000,000원

주관식(약술형) ※ 반드시 OMR 카드 뒷면의 약술형 답안란에 답안을 작성하시오(연필 또는 컴퓨터용 사인펜 사용 금지).

21. 다음의 자료를 통해 거주자 김세무씨(성실신고대상자 아님)의 소득세와 관련한 다음 물음에 답하시오. [10점]

> • 김세무는 20x0년 귀속 종합소득세 신고와 관련하여 매출누락 2천만원(부가세별도)이 발생하였음을 발견하였다(단, 부정행위에 의한 매출누락은 아님). 이에 따라 20x1년 7월 10일에 과소신고한 종합소득세를 수정신고 및 납부하려고 한다(20x1년 5월 31일은 공휴일이 아님).
> • 김세무의 수정신고 전 과세표준은 5천만원으로 이 금액에 대해 종합소득세를 법정신고기한 내에 신고 및 납부하였으며, 가산세 감면을 제외한 그 외 세액공제 및 세액감면은 고려하지 않는다
> • 기본세율
>
> | 과세표준 | 세율 |
> |---|---|
> | 1,400만원 초과 5,000만원 이하 | 과세표준×15% - 1,260,000원 |
> | 5,000만원 초과 8,800만원 이하 | 과세표준×24% - 5,760,000원 |
>
> • 납부지연가산세 계산시 1일 2.2/10,000로 가정한다.

〈물음 1〉 수정신고로 인해 추가되는 종합소득세 본세는 얼마인가?

〈물음 2〉 수정신고로 인한 종합소득세 과소신고 가산세는 얼마인가?

〈물음 3〉 수정신고로 인한 종합소득세 납부지연 가산세는 얼마인가?

22. 다음은 제조업을 영위하는 중소기업인 거주자 갑(소득세법상 공동사업자)의 20x1년 귀속 사업소득에 관한 내용이다. 이를 이용하여 제시하는 [답안양식]에 따라 답을 구하시오.

---

(1) 거주자 갑이 운영하는 사업장의 20x1년 손익계산서는 다음과 같다.

(단위 : 원)

매출원가	900,000,000	매출액	1,200,000,000
인건비	100,000,000	이자수익	13,000,000
소모품비	10,000,000		
감가상각비	25,000,000		
이자비용	30,000,000		
당기순이익	148,000,000		
합계	1,213,000,000	합계	1,213,000,000

(2) 사업장의 사업소득금액을 구하기 위한 자료는 다음과 같다.
- 이자수익은 사업자금의 예치에 따른 정기예금이자이며, 원천징수 전의 금액이다.
- 감가상각비는 20x1.7.1. 취득한 기계장치(취득가액 100,000,000원)에 대한 감가상각비로 감가 상각방법을 신고하지 아니하였으며, 신고내용연수는 5년(정액법 0.200, 정률법 0.451)이다.
- 이자비용은 공동사업에 출자하기 위하여 빌린 차입금에 대한 이자비용이다.

(3) 거주자 갑과 그 외 사업자의 약정 손익분배비율은 다음과 같다.

구분	관계	약정 손익분배비율	비고
거주자 갑	본인	70%	
을	아들	10%	생계를 같이 함
병	형제	10%	
정	친구	10%	

(4) 병의 경우 거주자 갑과 생계를 같이 하던 중 20x1.10월부터 생계를 같이 하지 아니한다.

〈물음 1〉 공동사업장의 사업소득금액을 [답안양식]에 따라 작성하시오.

[답안양식]

구분	금액(원)
당기순이익	
총수입금액 불산입	
필요경비 불산입	
사업소득금액	

〈물음 2〉 공동사업자 갑이 소득세법상 공동사업자 합산과세가 적용되는 경우와 적용되지 않는 경우의 소득금액의 차이금액은 얼마인가? 단, 물음 1의 사업소득금액이 210,000,000원이라고 가정한다.

제120회 세무회계1급 답안 및 해설

세법1부 – 법인세법(조세특례제한법 포함)·부가가치세법

1	2	3	4	5	6	7	8	9	10	11	12	13	14	15
①	②	①	③	④	②	④	③	④	②	③	②	③	③	④

16	24,000,000원	17	1,900,000원	18	112,100,000원
19	4,952,829원	20	39,500,000원	21/22	별도 표기

01. 기말잔액(유보) = 기초잔액(300,000 + 100,000 + 500,000) − 토지처분(100,000)

　　　　　+ 퇴충한도초과(300,000) − 미수이자(500,000) + 감가상각비한도 초과(200,000)

　　　　= 800,000원

- 자본금과 적립금조정명세서(을)표

과목 또는 사항	기초잔액	당기중증감		기말잔액
		감소	증가	
건물(A)	300,000		200,000	500,000
토지(B)	100,000	100,000		−
퇴직급여충당부채	500,000		300,000	800,000
미수이자	−	500,000		△500,000
합계	900,000	600,000	500,000	800,000

02. • 처분손익 = [단위당 처분단가(120,000) − 단위당 취득원가(100,000)] × 50 = 1,000,000원(이익)
- **가상자산에 대한 평가를 인정하고 있지 아니하므로** 처분에 대한 이익에 대해서만 세무상 이익으로 본다.

03. 〈수입배당금액의 익금불산입〉

배당지급법인	주식취득일	배당기준일	대상여부
영리 내국법인 A	20x0.11.15.	20x0.12.27.	배당기준일 전 3개월 이내 취득주식이므로 대상 제외
영리 내국법인 B	2023.12.26.	20x0.12.27.	대상
영리 내국법인 C	20x0.08.20.	20x0.11.29.	적격합병차익 중 **3% 재평가세율이 적용된 재평가적립금을 감액하여 받은** 수입배당금으로 대상에서 제외

수입배당금액(B)의 익금불산입 = 배당금(50,000,000) × 익금불산입률(80%) = 40,000,000원

04. 국고보조금은 **다음 사업연도의 개시일부터 1년 이내에 이를 취득·개량**하여야 한다.

05. · 감가상각비(정률법, 무신고) = 장부가액(50,000,000) × 상각률(0.451) = 22,550,000원(손금산입)

☞ 20x0년은 법인세 감면을 적용받지 아니하였으므로 감가상각비 계상을 하지 아니하여도 무방하나, 20x1년은 법인세 감면을 적용하므로 법인세법상 감가상각비를 계상하여 손금(신고조정)으로 인식하여야 한다.

06. · 특례기부금 = 국방헌금(40,000,000) + 국립대학병원에 대한 시설비(30,000,000)

+ 사립학교 운영 병원 교육비(20,000,000) = 9천만원

☞ 어린이집 및 의료법인에 대한 기부금은 일반기부금임.

07. 최초로 중소기업에 해당하지 아니하게 된 경우에는 그 최초로 중소기업에 해당하지 아니하게 된 과세연도의 개시일부터 3년이 끝나는 과세연도에는 8%, 이후 2년이 끝나는 과세연도에는 9%의 최저한세율을 적용하여 **총 5년간 유예기간에 따른 단계적 인상 최저한세율을 적용**한다.

08. 사회복지사업법에 따른 사회복지법인은 **고유목적사업준비금을 손금산입범위액의 100% 손금에 산입할** 수 있다.

09. x2. 2기 면세공급가액비율 = 면세사업(20,000,000) ÷ 총공급가액(100,000,000) = 20%

	취득일	경과된 과세기간			
		20x0	20x1	20x2. 1기	계
1. 건물	20x0.04.01	2	2	1	5
2. 기계(A)	20x1.11.01.	-	1	1	2
3. 기계(B)	20x1.01.21.	-	2	1	3

〈과세표준〉

	계산근거	과세표준
1. 건물	70,000,000원 × (1 - 5% × 5) × 면세공급가액비율(20%)	10,500,000
2. 기계(A)	38,000,000원 × (1 - 25% × 2) × 20%	3,800,000
3. 기계(B)	20,000,000원 × (1 - 25% × 3) × 20%	1,000,000
계		15,300,000

10. 거래사실의 확인신청 대상이 되는 거래는 **거래 건당 공급대가가 5만원 이상인 경우**로 한다.

11. 사업장 관할세무서장은 각 과세기간별로 그 과세기간에 대한 환급세액을 확정신고한 사업자에게 그 **확정신고기한이 지난 후 30일 이내에 환급**하여야 한다.

12. 미발급(1%) + 위장발급(2%) + 매출처별 세금계산서 합계표 미제출(0.5%) = 3.5%

13. 대손세액공제 = 부도발생 후 6개월 지난 외상매출금(1,000,000) + 회수기일이 2년 지난 중소기업 채권(500,000) + 파산(1,300,000) = 2,800,000원

(1) 부도발생 후 6개월 지난 외상매출금(부도발생일 이후 매출채권 제외) :

11,000,000원 × 10/110 = 1,000,000원

(2) 회수기일이 2년 지난 중소기업 채권 : 5,500,000원 × 10/110 = 500,000원

(3) 파산(지연이자분은 제외) : (16,500,000원 - 2,200,000원) × 10/110 = 1,300,000원

14. 휴업 또는 사업부진 등으로 인하여 예정부과기간의 공급대가 또는 납부세액이 **직전 과세기간의 공급대가 또는 납부세액의 1/3에 미달**하는 간이과세자는 예정부과기간의 과세표준과 세액을 예정부과기한까지 사업장 관할세무서장에게 신고·납부할 수 있다.

15. 법률에 따라 조세를 물납하는 것은 재화의 공급으로 보지 않는다.

16. 〈양도소득 계산〉

	양도가액	장부가액	양도소득	비고
1. 주택A	400,000,0000	280,000,000	120,000,000	주택 및 별장에 대한 세율은 20%
2. 토지A	120,000,000	120,000,000	0	임의 평가증이므로 평가전 가액이 장부가액이다.
3. 상가A	-	-	-	업무용 사옥이므로 토지등 양도차익에 대한 법인세 계산 대상은 아님

산출세액 = 과세표준(120,000,000) × 세율(20%, 주택 및 별장) = 24,000,000원

17. 1. 양도가액(=합병대가) = 1,425주 × 시가(3,000) + 간주지급액(225,000) = 4,500,000원

☞ 간주지급액(합병포합주식) = 1,425주 × 시가(3,000) × 5%(75주/1,500주) / 95% = 225,000원

※ 합병포합주식이 있는 경우 합병포합주식에 대하여 합병교부주식을 교부하지 않더라도 지분비율에 따라 합병교부주식을 교부한 것으로 보아 합병교부주식가액을 계산한다.

2. 순자산 장부가액 = 자산(6,000,000) + 유보(600,000) - 부채(4,000,000) = 2,600,000원

3. 양도손익 = 양도가액(4,500,000) - 순자산 장부가액(2,600,000) = 1,900,000원(이익)

18. 기업업무추진비 = 손익계산서(83,500,000) + 복리후생비 계정(5,000,000) - 사적경비(2,000,000)

                 + 판매촉진비(6,600,000) + 선급비용(4,000,000) + 대손상각비(15,000,000)

                 = 112,100,000원

19. 〈의제매입세액 - 개인사업자〉

업종	매입가액	공제율	의제매입세액	비 고
중소제조업	80,000,000	6/106 (과자점)	4,528,301	개인사업자 중 과자점업, 도정업, 제분업 등은 6/106
도소매(면세)	면세매출에 해당하므로 대상아님			
공통사용분	7,500,000	6/106	424,528	12,000,000 × 250,000,000/400,000,000
합계			**4,952,829**	

공제한도 : 제조업(250,000,000) × 55%(과세표준 2억 초과) × 6/106 = 7,783,018원

20. 공급가액(영세율) = 한국주재 외교 공관(5,000,000) + 로칼수출(12,000,000)

                       + 국제선 항공기(20,000,000) + 해외 제공용역(2,500,000) = 39,500,000원

☞ 수출업자와 직접 도급계약에 의하여 수출재화를 임가공하는 수출재화임가공용역은 영세율을 적용한다. 다만, **부가가치세를 별도로 적은 세금계산서를 발급한 경우는 제외**한다.

☞ 관광객 모집을 위하여 해외에서 제공한 모집용역은 국외에서 제공되고 외화를 획득하는 용역이라면 부가가치세 영세율 적용대상이다.

21. **〈물음 1〉 사택제공 [2점]**

(1) 사택A 적정임대료 = [시가(500,000,000×50%) - 임대보증금(67,500,000)]×8%×184일/365일

        = 7,360,000원

(2) 시가미달 임대료 = 적정임대료(7,360,000) - 수령임대료(1,200,000) = 6,160,000원

(3) [시가(7,360,000) - 수령액(1,200,000)]/시가(7,360,0000) = 83%≥5% → 부당행위

익금산입 및 손금불산입			손금산입 및 익금불산입		
과목	금액	소득처분	과목	금액	소득처분
사택제공이익(사택A)	6,160,000원	상여(1점)			
업무무관비용 (사택유지비)	1,000,000원	상여(1점)			

☞ 비출자임원, 직원에 대한 사택제공이익 및 유지비에 대한 세무조정은 없음.

〈물음 2〉 지급이자 손금불산입외 [6점]

1. 지급이자 손금불산입 세무조정

    (1) 건설자금이자 : 〈손금불산입〉 건설자금이자 600,000원(유보) [1점]

    (2) 업무무관자산 등 이자

      ① 업무무관 가지급금 적수

대상자	금 액	일수	가지급금적수(A)	가수금 적수(B)	A-B
대표이사	20,000,000	245일	4,900,000,000	242,150,000	4,657,850,000
직원 B	2,000,000	92일	184,000,000	-	184,000,000
계					4,841,850,000

☞ 중소기업 직원에 해당하는 직원A의 전세자금 관련 대출대여금은 업무무관 가지급금에 해당하지 않음.

      ② 지급이자 및 차입금적수계산

연이자율	지급이자	차입금	일수	차입금적수
20%	150,000	3,000,000	275일	825,000,000
10%	1,850,000	36,000,000	184일	6,624,000,000
합 계	2,000,000	-	-	**7,449,000,000**

      ③ 지급이자 손금불산입액 계산 및 세무조정

        이자비용(2,000,000)×업무무관가지급금 적수(4,841,850,000)/차입금적수(7,449,000,000)

        = 1,300,000원(손금불산입, 기타사외유출) [2점]

2. 가지급금인정이자 관련 세무조정

(1) 가중평균차입이자율

① 대표이사 : 15%(대여당시 이자율)

☞ 인정이자를 계산함에 있어 동일인에 대하여 가지급금과 가수금이 함께 있는 경우에는 이를 상계한 금액으로 계산한다. 다만, 가수금에 대하여 별도로 상환기간 및 이자율 등에 관한 약정이 있어 가지급금과 상계할 수 없는 경우에는 이를 상계하지 않고 인정이자를 계산한다.

② 직원B : (15%×4,000,000+10%×36,000,000)/차입금 계(40,000,000)=10.5%

→ 반올림 11%

(2) 인정이자 계산

① 대표이사 = 적수(4,657,850,000)×15%/365일 = 1,914,185원

② 직원B = 적수(184,000,000)×11%/365일 = 55,452(인정이자) – 25,000(수령이자)

= 30,452원

[인정이자(55,452) – 수령이자(25,000)]÷인정이자(55,452) = 55%≥5% → 부당행위

익금산입 및 손금불산입			손금산입 및 익금불산입		
과목	금액	소득처분	과목	금액	소득처분
건설자금이자(1점)	600,000	유보	미수이자(1점)	25,000	△유보
업무무관자산 관련이자(2점)	1,300,000	기타사외유출			
가지급금인정이자(대표이사)(1점)	1,914,185	상여			
가지급금인정이자(직원B)(1점)	30,452	상여			

〈물음 3〉 국고보조금 관련 [2점]

1. 국고보조금 수령과 기계장치 취득관련 세무조정 [1점]

〈익금산입〉 국고보조금(기계장치)　　　　20,000,000원 (유보)

〈손금산입〉 일시상각충당금　　　　　　　20,000,000원 (△유보)

2. 감가상각 관련 세무조정 [1점]

상각범위액 = 취득가액(40,000,000)×상각율(0.1) = 4,000,000원 → 상각부인액 및 시인부족액은 없음.

환입할 금액 = 감가상각비(4,000,000)×국고보조금(20,000,000)/취득가액(40,000,000)

= 2,000,000원

〈손금산입〉 국고보조금(기계장치)　　　　2,000,000원 (△유보)

〈손금불산입〉일시상각충당금　　　　　　 2,000,000원 (유보)

익금산입 및 손금불산입			손금산입 및 익금불산입		
과목	금액	소득처분	과목	금액	소득처분
국고보조금	20,000,000원	유보	일시상각충당금	20,000,000원	△유보
일시상각충당금	2,000,000원	유보	국고보조금	2,000,000원	△유보

22. 〈납부·환급세액 재계산〉

구분	x1년 제2기	x2년 제1기	x2년 제2기	x3년 제1기
과세매출	250,000,000원	210,000,000원	134,000,000원	폐업
면세매출	150,000,000원	90,000,000원	66,000,000원	
합계	400,000,000원	300,000,000원	200,000,000원	
면세비율	37.5%	30%	33%	
재계산여부	–	재계산(7.5%)	×	×

구분	납부세액	계산근거
x1년 제2기	(–)34,375,000	매입세액(55,000,000)×과세비율(1 – 37.5%)=34,375,000원(공제) [3점]
x2년 제1기	(–)3,093,750	매입세액(55,000,000)×(1 – 25%×1)×면세비율 변동(7.5%) =3,093,750원(공제) [3점]
x2년 제2기	0	면세매출 변동비율이 5% 미만이므로 매입세액 정산을 하지 아니함[2점]
x3년 제1기	0	간주공급(폐업)에 해당하므로 매입세액공제에 대한 재계산은 없다.[2점]

구분	20x1년 제2기	20x2년 제1기	20x2년 제2기	20x3년 제1기
납부세액 재계산액	(–)34,375,000원	(–)3,093,750원	0원	0원

세법2부 – 국세기본법 · 소득세법(조세특례제한법 포함)

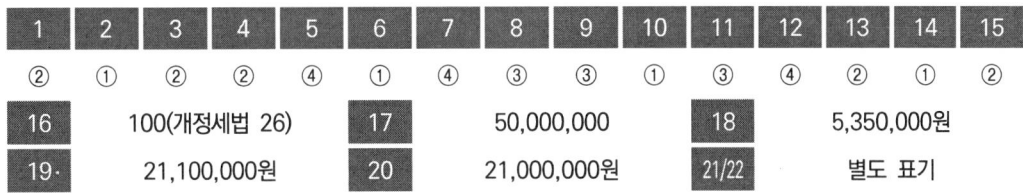

1	2	3	4	5	6	7	8	9	10	11	12	13	14	15
②	①	②	②	④	①	④	③	③	①	③	④	②	①	②

16	100(개정세법 26)	17	50,000,000	18	5,350,000원
19·	21,100,000원	20	21,000,000원	21/22	별도 표기

01. • ㄴ 수입재화에 대한 부가가치세 : **세관장에게 수입신고**를 하는 때

    • ㄹ. 증여세 : **증여에 의하여 재산을 취득**하는 때

    • ㅂ. 금융·보험업자의 수익금액에 부과되는 교육세 : **과세기간이 끝나는 때**

02. 신고기한 만료일 또는 납부기한 만료일에 국세정보통신망이 장애로 가동이 정지되어 전자신고나 전자납부를 할 수 없는 경우에는 그 **장애가 복구되어 신고 또는 납부할 수 있게 된 날의 다음 날**을 기한으로 한다.

03. 환급청구를 촉구하기 위해 납세자에게 하는 환급청구의 안내, 통지 등으로 인하여 중단되지 아니한다.

04. 국세청장은 심사청구의 내용이나 절차가 세법에 적합하지 않거나 보정할 수 있다고 인정되면 **20일 이내의 기간을 정하여 보정할 것을 요구**할 수 있다.

05. 납세자가 국세 및 강제징수비를 체납한 경우 그 **국세의 법정기일 이후에 담보의 목적이 된 그 납세자 의 양도담보재산으로써 국세 및 강제징수비를 징수**할 수 있다.

06. **상습적인 체납은 수시선정에 의한 조사 사유에 해당되지 않는다.**

07. 거주자가 일정 기간 후 동일한 종류·수량의 주식을 반환받는 조건으로 주식을 대여하는 경우, 이는 **주식대여거래**로 본다. 이때 차입자가 주식에서 발생하는 **배당에 상당하는 금액을 대여자에게 지급하 면, 이는 실제 배당소득에 해당**한다.

08. 국내에 2이상의 사업장이 있는 비거주자의 경우 그 주된 사업장을 판단하기가 곤란한 때에는 당해 **비거주자가 납세지로 신고한 장소를 납세지**로 한다.

09. **금융·보험업을 경영하는 자에 대해서는 반기별 납부 특례를 적용하지 않는다.**

10. 부당행위계산의 부인은 사업소득·기타소득 또는 출자공동사업자에 대한 배당소득이 있는 거주자에 대하여만 적용되므로 **이자소득 감소는 부당행위계산의 부인대상이 아니다.**

11. 근로자 퇴직급여 보장법에 따라 **퇴직연금 제도가 폐지되어 퇴직급여를 미리 받은 경우에는 그 지급 받은 날에 퇴직한 것**으로 본다.

12. (1) 종합소득금액 = 이자소득(10,000,000) + 배당소득(40,000,000) + 배당가산액(30,000,000 × 10%)
$\qquad\qquad$ + 근로소득(20,000,000) + 연금소득(5,000,000) = 78,000,000원

$\quad$ (2) 과세표준 = 종합소득금액(78,000,000) − 소득공제(10,000,000) = 68,000,000원

$\quad$ (3) 산출세액 : Max(①, ②) = 8,740,000원

$\qquad$ ① {(68,000,000 − 20,000,000) × 15% − 1,260,000} + 20,000,000원 × 14% = 8,740,000원

$\qquad$ ② {(68,000,000 − 53,000,000) × 15% − 1,260,000} + 이자소득(5,000,000) × 14%

$\qquad\quad$ + 비영업대금이익(5,000,000) × 25% + 현금배당(40,000,000) × 14% = 8,540,000원

$\quad$ (4) 배당세액공제 : Min(①, ②) = 200,000원

$\qquad$ ① 귀속법인세(배당가산액) = 300,000원(10%로 가정)

$\qquad$ ② 한도액 = 종합소득산출세액(8,740,000) − 비교산출세액(8,540,000) = 200,000원

$\quad$ (5) 결정세액 = 산출세액(8,740,000) − 근로세액공제(500,000) − 배당세액공제(200,000)
$\qquad\qquad$ − 특별세액공제(300,000) = 7,740,000원

13. (1) 월세의 총 수입금액 : 19,200,000원

$\qquad$ 주택 B = 1,000,000 × 12개월 = 12,000,000원

$\qquad$ 주택 C = 600,000 × 12개월 = 7,200,000원

$\quad$ (2) 간주임대료 : 11,200,000원

$\qquad$ 주택 C = [보증금(4억) − 3억] × 360일 × 60% × 정기예금이자율(4%)/360

$\qquad\qquad$ − 배당금(2,000,000) = 400,000원

$\qquad$ 주택 A = 보증금(3억) × 360일 × 60% × 4%/360 = 7,200,000원

$\qquad$ 주택 B = 보증금(1.5억) × 360일 × 60% × 4%/360 = 3,600,000원

$\quad$ (3) 총수입금액 = 월세(19,200,000) + 간주임대료(11,200,000) = 30,400,000원

14. 〈기장세액공제〉

 (1) 종합소득금액 = 사업소득금액(28,000,000) + 기타소득금액(5,000,000)원 = 33,000,000원

 (2) 종합소득공제 = 기본공제(1,500,000, 본인) + 장애인공제(2,000,000) = 3,500,000원

 (3) 종합소득과세표준 = 종합소득금액(33,000,000) − 소득공제(3,500,000) = 29,500,000원

 (4) 종합소득산출세액 = 840,000원 + (29,500,000원 − 14,000,000원) × 15% = 3,165,000원

 (5) 기장세액공제의 계산 : Min (①, ②) = 537,090원

  ① 산출세액(3,165,000) × 사업소득금액(28,000,000)/종합소득금액(33,000,000) × 20%

   = 537,090원

  ② 한도 = 1,000,000원

15. 성실신고확인대상자가 성실신고확인서를 제출하지 아니한 경우 가산세는 다음과 같다.

 미제출가산세 = **MAX(산출세액의 5%, 수입금액의 0.02%)**

16. 납부의 고지 · 독촉 · 강제징수 또는 세법에 따른 정부의 명령과 관계되는 **서류의 송달을 우편으로 할 때에는 등기우편으로 하여야 한다.** 다만, 「소득세법」 따른 중간예납세액의 납부고지서, 「부가가치세법」에 따라 징수하기 위한 납부고지서 및 국세에 대한 과세표준신고서를 법정신고기한까지 제출하였으나 과세표준 신고액에 상당하는 세액의 전부 또는 일부를 납부하지 아니하여 발급하는 납부고지서로서 **100만원(개정세법 26) 미만에 해당하는 납부고지서는 일반우편으로 송달**할 수 있다.

17. **개인**인 경우 : **종합소득금액이 50,000,000원 이하**이고, 소유재산의 합계액이 5억원 이하일 것

18. 〈원천징수세액〉

구 분	필요경비	세율	원천징수세액	계산내역
비영업대금의 이익	–	25%	1,250,000	5,000,000 × 25%
현금배당	–	14%	1,400,000	10,000,000 × 14%
인적용역(사업소득)	–	3%	900,000	30,000,000 × 3%
골동품 양도	90%	20%	1,800,000	90,000,000 × (1 − 90%) × 20%
합 계			5,350,000	

19. 〈금융소득금액〉

 (1) 해산으로 받은 재산가액 : 10,000주 × 8,000원 + 10,000,000원(토지) = 90,000,000원

 (2) 소멸 주식취득가액 : 7,000주 × 10,000원 + 1,000주(이익준비금) × 5,000원 = 75,000,000원

 (3) 의제배당금액 : (1) − (2) = 15,000,000원

 (4) 금융소득금액 = 의제배당금액(15,000,000) + 이자소득(6,000,000)

   + 배당가산액(1,000,000 × 10%) = 21,100,000원

20. • 매매차익 = 양도가액(4억) − 취득가액(3억) − 자본적지출액(0.5억) − 필요경비(0.2억) = 0.3억

 • 예정신고 산출세액 = 매매차익(0.3억) × 세율(70%, 미등기 자산) = 21,000,000원

 ☞ 부동산매매업자의 토지등 매매차익 예정신고시에는 양도소득기본공제를 적용하지 않으며, 미등기 자산의 경우 장기보유특별공제를 미적용 및 70%의 양도소득세율 적용

21. 〈소득세 수정신고〉

〈물음 1〉 4,800,000원 [3점]

- 수정후 과세표준 = 수정전 과세표준(50,000,000) + 매출누락(20,000,000) = 70,000,000원
- 수정후 산출세액 = 수정 후 과세표준(70,000,000) × 24% – 5,760,000 = 11,040,000원
- 수정전 산출세액 = 수정 전 과세표준(50,000,000) × 15% – 1,260,000 = 6,240,000원
- 추가되는 종합소득세 = 수정후 산출세액(11,040,000) – 수정전 산출세액(6,240,000) = 4,800,000원

〈물음 2〉 120,000원 [4점]

- 과소신고가산세 = 추가(4,800,000) × 10%(과소신고 가산세율) × (1 – 75%) = 120,000원

☞ 법정신고기한이 지난 후 1개월 초과 3개월 이내에 수정신고한 경우 75% 감면

〈물음 3〉 42,240원 [3점]

- 납부지연가산세 = 과소납부세액(4,800,000) × 40일(6.1.~7.10.) × 0.022%(가정) = 42,240원

22. **〈물음 1〉 공동사업자의 사업소득금액**

- 총수입금액불산입 = 이자수익(13,000,000)
- 필요경비불산입 = 이자비용(30,000,000) + 감가상각비한도초과액(2,450,000) = 32,450,000원

① 감가상각비 한도(상각방법 무신고) = 취득가액(1억) × 상각률(0.451) × 6/12 = 22,550,000원

② 회사계상감가상각비(25,000,000) – 감가상각비 한도(22,550,000) = 2,450,000원(한도초과)

구분	금액(원)
당기순이익	148,000,000
총수입금액 불산입	13,000,000
필요경비 불산입	32,450,000
사업소득금액	167,450,000 [1점]

〈물음 2〉 공동사업자 합산 과세

- 공동사업장의 사업소득 특례 적용시 특수관계라 함은 생계 또한 함께하여야 하고, 그 여부는 과세 **기간 종료일 현재의 상황에 의하므로 병은 제외**한다.
- 공동사업에 출자하기 위하여 차입한 금액에 대한 지급이자는 **해당 공동사업장의 사업과 관련한 차입금 지급이자로 볼 수 없으므로 필요경비에 산입할 수 없다.**

① 공동사업자 합산과세가 적용되는 경우 갑의 소득금액

사업소득금액(210,000,000) × [본인(70%) + 을(10%)] = 168,000,000원

② 공동사업자 합산과세가 적용되지 않는 경우 갑의 소득금액

사업소득금액(210,000,000) × 70% = 147,000,000원

③ 소득금액의 차이금액 : ① – ② = 21,000,000원 [5점]

제119회 세무회계1급

합격율	시험년월
15%	2025.09

세법1부 　법인세법(조세특례제한법 포함) · 부가가치세법

객관식 : 문항당 4점

01. 다음 중 법인세법상 손금에 대한 설명으로 옳지 않은 것은?

① 비영리내국법인이 각 사업연도의 결산을 확정할 때 그 법인의 고유목적사업에 지출하기 위하여 고유목적사업준비금을 손비로 계상하는 경우에 이를 손금산입 항목으로 인정한다.

②「채무자 회생 및 파산에 관한 법률」에 따른 회생계획인가의 결정 또는 법원의 면책결정에 따라 회수불능으로 확정된 채권은 당해 채권을 손금으로 계상한 날이 속하는 사업연도의 손금으로 본다.

③ 법인이 임원 또는 직원이 아닌 지배주주 등(특수관계에 있는 자를 포함한다)에게 지급한 여비 또는 교육훈련비는 해당 사업연도의 소득금액 계산에 있어서 이를 손금에 산입하지 아니한다.

④ 법인이 직원에게 이익처분에 의하여 지급하는 상여금은 이를 손금에 산입한다.

02. 다음 중 법인세법상 외국납부세액의 공제에 대한 설명으로 옳지 않은 것은?

① 외국납부세액을 이월공제기간 내에 공제받지 못한 경우 그 공제받지 못한 외국법인세액은 이월 공제기간의 종료일 다음 날이 속하는 사업연도의 소득금액을 계산할 때 손금에 산입할 수 있다.

② 외국정부의 국외원천소득에 대한 법인세의 결정의 지연, 과세기간의 상이 등의 사유로 기한 내에 외국납부세액공제세액계산서를 제출할 수 없는 경우에는 외국정부의 국외원천소득에 대한 법인 세 결정통지를 받은 날부터 3개월 이내에 외국납부세액 공제세액계산서에 증빙서류를 첨부하여 제출할 수 있다.

③ 외국자회사 수입배당금액의 익금불산입이 적용되는 수입배당금에 대해서는 외국납부세액공제를 적용하지 아니한다.

④ 외국법인세액이 해당 사업연도의 공제한도금액을 초과하는 경우 그 초과하는 금액은 해당 사업 연도의 다음 사업연도 개시일부터 15년 이내에 끝나는 각 사업연도로 이월하여 그 이월될 사업 연도의 공제한도금액 내에서 공제받을 수 있다.

03. 다음 중 법인세법상 세액감면과 세액공제의 적용 순위를 순서대로 옳게 나열한 것은?

> (가) : 이월공제가 인정되는 세액공제
>
> (나) : 이월공제가 인정되지 아니하는 세액공제
>
> (다) : 사실과 다른 회계처리로 인한 경정에 따른 세액공제
>
> (라) : 세액감면

① (라) → (나) → (가) → (다)   ② (라) → (가) → (나) → (다)

③ (라) → (다) → (가) → (나)   ④ (라) → (다) → (나) → (가)

04. 다음 중 법인세법상 납세지에 대한 설명으로 옳지 않은 것은?

① 외국법인의 법인세 납세지는 법인 등기부에 따른 본점이나 주사무소의 소재지로 한다.

② 법인은 납세지가 변경된 경우에는 그 변경된 날부터 15일 이내에 변경 후의 납세지 관할 세무서 장에게 이를 신고하여야 한다.

③ 법인으로 보는 단체의 납세지는 당해 단체의 사업장 소재지로 하되, 주된 소득이 부동산임대소득 인 단체의 경우에는 그 부동산의 소재지를 말한다.

④ 내국법인의 법인세 납세지는 그 법인의 등기부에 따른 본점이나 주사무소의 소재지로 하되, 국내에 본점 또는 주사무소가 있지 아니하는 경우에는 사업을 실질적으로 관리하는 장소의 소재지로 한다.

05. 다음은 ㈜갑의 제10기 사업연도(20x1.01.01.~20x1.12.31.)의 자료이다. 다음의 자료를 이용하여 ㈜ 갑의 제10기 각 사업연도 소득금액을 계산하면 얼마인가?

> 1. 세무조정 내역(기부금 관련 세무조정은 제외)
>   (1) 손익계산서상 당기순이익 : 20,000,000원
>   (2) 익금산입 · 손금불산입 : 5,000,000원
>   (3) 손금산입 · 익금불산입 : 4,000,000원
> 2. 손익계산서상의 기부금 내역
>   (1) 수해이재민 구호금품 : 4,000,000원 (현금지급)
>   (2) 국방헌금 : 2,000,000원 (현금지급)
>   (3) 아동복지시설 기부금 : 1,000,000원 (어음지급)^(주1)
>   **(주1)어음결제일은 20x2.02.21.이다.**
>   (4) 사내근로복지기금에 출연한 금액 : 5,000,000원 (현금지급)
>   (5) 종교단체 기부금 : 3,000,000원 (현금지급)
> 3. ㈜갑의 이월결손금 및 기부금 관련 이월액은 없고, 사회적기업에도 해당하지 않는다.

① 20,000,000원   ② 21,500,000원   ③ 22,500,000원   ④ 23,500,000원

06. 다음 중 법인세법상 손익의 귀속시기에 대한 설명으로 옳지 않은 것은?

① 자산을 타인에게 위탁하여 매매·양도·양수함으로써 생긴 익금과 손금의 귀속사업연도는 수탁자에 의한 해당 자산의 매매·양도·양수일이 속하는 사업연도로 한다.

② 중소기업인 법인이 장기할부조건으로 자산을 판매하거나 양도한 경우에는 그 장기할부조건에 따라 각 사업연도에 회수하였거나 회수할 금액과 이에 대응하는 비용을 각각 해당 사업연도의 익금과 손금에 산입할 수 있다.

③ 자재를 외국으로부터 연지급수입하면서 연지급수입에 따른 이자를 취득가액과 구분하여 결산서에 지급이자로 비용계상한 경우 비용계상한 해당 금액은 당해 수입 자재의 법인세법상 취득가액에 포함한다.

④ 중소기업인 법인이 용역을 수행하는 계약기간이 1년 미만인 건설 등의 경우 그 목적물의 인도일이 속하는 사업연도의 익금과 손금에 산입할 수 있다.

07. 다음 중 법인세법상 자산의 취득 및 평가에 대한 설명으로 옳지 않은 것은?

① 자기가 제조·생산·건설, 기타 이에 준하는 방법에 의하여 취득한 자산의 취득가액은 원재료비·노무비·운임·하역비·보험료·수수료·공과금(취득세와 등록세를 포함한다)·설치비, 기타 부대비용의 합계액으로 한다.

② 건설업 또는 부동산매매업을 영위하는 법인이 건물 신축을 목적으로 재고자산(용지 포함)의 취득 시 국·공채를 의무매입하는 경우 해당 채권의 매각에 따른 손실금액은 취득 관련 부대비용으로서 재고자산의 원가에 산입한다.

③ 법인이 재고자산의 평가방법을 신고하지 아니하여 법인세법 시행령 제74조 제4항에 따른 평가방법을 적용받는 경우에 그 평가방법을 변경하려면 변경할 평가방법을 적용하려는 사업연도의 종료일 전 3개월이 되는 날까지 변경신고를 하여야 한다.

④ 재고자산으로서 파손·부패 등의 사유로 정상가격으로 판매할 수 없는 것은 해당 사유가 발생한 사업연도 종료일 현재 처분가능한 시가로 평가한 가액으로 감액하고 그 감액한 금액을 해당 연도에 손비로 계상할 수 있다.

08. 다음은 비상장법인이며 영리내국법인인 ㈜갑의 제10기 사업연도(20x1.01.01.~20x1.12.31.)의 증자
와 관련된 자료이다. 다음의 자료를 이용하여 ㈜A가 익금에 산입할 금액을 계산하면 얼마인가?

> 1. ㈜갑은 신주발행을 결의하고, 주주 지분비율에 따라 1,000주를 증자하였다. 그러나 주주들 중 일
> 부가 인수를 포기하여 다음과 같이 신주를 추가 배정하였다.
>
> | 주주 | 증자 전 | 신주배정 | 추가배정 | 증자 후 |
> |---|---|---|---|---|
> | ㈜A | 800주 | 400주 | 400주 | 1,600주 |
> | ㈜B | 400주 | 포기 | – | 400주 |
> | ㈜C | 600주 | 포기 | – | 600주 |
> | 개인D | 200주 | 100주 | 100주 | 400주 |
> | 합계 | 2,000주 | 500주 | 500주 | 3,000주 |
>
> 2. ㈜A는 ㈜B의 대주주에 해당한다.
> 3. ㈜갑의 증자 전 1주당 평가액은 15,000원이며, 증자 시 1주당 발행가액은 6,000원이다.

① 960,000원　　　② 1,200,000원　　　③ 1,600,000원　　　④ 1,920,000원

09. 다음 중 부가가치세법상 면세의 포기에 대한 설명으로 옳지 않은 것은?

① 영세율이 적용되는 재화 또는 용역의 공급이 조세특례제한법에 따라 면세되는 경우 해당 재화
또는 용역의 공급에 대하여 면세포기신고를 하는 때에는 영세율을 적용한다.

② 면세의 포기를 신고한 사업자는 신고한 날부터 3년간 부가가치세를 면제받지 못한다.

③ 면세되는 2 이상의 사업 또는 종목을 영위하는 사업자는 면세포기대상이 되는 재화 또는 용역의
공급 중에서 면세포기하고자 하는 재화 또는 용역의 공급만을 구분하여 면세포기할 수 있다.

④ 영세율 적용대상이 되는 것만을 면세포기한 사업자는 면세되는 재화 또는 용역을 국내에 공급하
는 때에도 면세포기의 효력이 있다.

10. 다음 중 부가가치세법상 납세의무자에 대한 설명으로 옳지 않은 것은?

① 사업자로서 개인, 법인(국가 · 지방자치단체와 지방자치단체조합을 포함), 법인격 없는 사단 · 재단 또는 그 밖의 단체는 부가가치세를 납부할 의무가 있다.

② 신탁재산과 관련된 재화 또는 용역을 공급하는 때에는 수탁자가 신탁재산별로 각각 별도의 납세의무자로서 부가가치세를 납부할 의무가 있다.

③ 법령으로 정하는 신탁재산과 관련된 재화 또는 용역은 「신탁법」에 따른 위탁자 명의로 공급하는 경우에는 「신탁법」에 따른 수탁자가 부가가치세를 납부할 의무가 있다.

④ 신탁의 수익자가 제2차 납세의무를 지는 경우에 신탁의 수익자에게 귀속된 재산의 가액은 신탁재산이 해당 수익자에게 이전된 날 현재의 시가(時價)로 한다.

11. 다음은 재활용폐자원을 수집하는 일반과세자(중소기업)인 김세무의 20x1년 제1기(1.1~6.30) 부가가치세 신고와 관련한 자료이다. 이를 토대로 재활용폐자원에 대한 의제매입세액 공제액을 계산하면 얼마인가?

(1) 김세무의 20x1년 제1기 매출액(공급가액)은 300,000,000원이다.
(2) 김세무의 20x1년 제1기 재활용폐자원 매입액은 다음과 같다.
　① 비사업자로부터 매입한 영수증분 : 280,000,000원
　② 세금계산서 수취분 : 12,000,000원(공급가액)
　③ 면세사업자로부터 매입한 계산서분 : 12,000,000원

① 6,640,776원　　　② 6,990,291원　　　③ 8,190,291원　　　④ 8,621,359원

12. 다음 중 부가가치세법상 대리납부에 대한 설명으로 옳지 않은 것은?

① 국내사업장이 없는 국외사업자로부터 국내에서 용역(매입세액공제 대상임) 등을 공급받는 사업자가 그 공급받은 용역 등을 과세사업에 제공하는 경우에는 대리 납부 의무가 없다.

② 면세사업자는 부가가치세법상 납세의무자가 아니므로 대리 납부 의무가 없다.

③ 대리납부 적용 요건을 충족하는 용역 등을 공급받는 사업자는 용역의 공급시기에 관계없이 그 대가를 지급하는 때에 부가가치세액을 징수한다.

④ 사업의 양도와 관련하여 법소정 절차에 따라 대리납부한 사업의 양수자는 사업의 양도거래에 대한 매입세액 공제를 받을 수 있다.

13. 다음 중 부가가치세법상 수정세금계산서에 대한 설명으로 옳지 않은 것은?

① 처음 공급한 재화가 환입된 경우 재화가 환입된 날을 작성일로 적고 비고란에 처음 세금계산서 작성일을 덧붙여 적은 후 붉은색 글씨로 쓰거나 음의 표시를 하여 발급한다.

② 계약의 해제로 재화 또는 용역이 공급되지 아니한 경우 계약이 해제된 때에 그 작성일은 계약해제일로 적고 비고란에 처음 세금계산서 작성일을 덧붙여 적은 후 붉은색 글씨로 쓰거나 음의 표시를 하여 발급한다.

③ 계약의 해지 등에 따라 공급가액에 추가되거나 차감되는 금액이 발생한 경우 증감 사유가 발생한 날을 작성일로 적고 추가되는 금액은 검은색 글씨로 쓰고, 차감되는 금액은 붉은색 글씨로 쓰거나 음의 표시를 하여 발급한다.

④ 착오로 전자세금계산서를 이중으로 발급한 경우 처음에 발급한 세금계산서의 내용대로 세금계산서를 붉은색 글씨로 쓰거나 음의 표시를 하여 발급하고, 수정하여 발급하는 세금계산서는 검은색 글씨로 작성하여 발급한다.

14. 다음 중 부가가치세법상 과세표준에 대한 설명으로 옳지 않은 것은?

① 재화의 수입에 대한 부가가치세의 과세표준은 그 재화에 대한 관세의 과세가격과 관세, 개별소비세, 주세, 교육세, 농어촌특별세 및 교통·에너지·환경세를 합한 금액으로 한다.

② 금전 외의 대가를 받는 경우 자기가 공급한 재화 또는 용역의 시가를 과세표준으로 한다.

③ 금전으로 대가를 받는 경우 자기가 공급한 재화 또는 용역의 시가를 과세표준으로 한다.

④ 거래의 대가를 외국통화나 그 밖의 외국환으로 받은 경우 공급시기가 되기 전에 원화로 환가(換價)하였다면 그 환가한 금액을 과세표준으로 한다.

15. 다음은 음식점업을 영위하는 간이과세자인 김세무씨의 20x1년(1월~12월) 부가가치세 신고와 관련된 자료이다. 이를 토대로 20x1년(1월~12월) 부가가치세 차가감 납부세액(지방소비세 차감 전)을 계산하면 얼마인가?

> (1) 20x1년 중 매출(공급대가) 내역은 다음과 같다.
>   ① 신용카드 및 현금영수증 매출 : 7,500,000원
>   ② 영수증 발급 현금매출 : 114,100,000원
> (2) 20x1년 중 매입 내역은 다음과 같다.
>   ① 세금계산서 교부분(공급가액) : 28,000,000원(이 중 1,000,000원은 직원의 사기 진작을 위하여 야유회를 개최하면서 지출한 비용이다.)
>   ② 계산서 교부분 : 10,000,000원(식자재 매입액이다.)
>   ③ 신용카드 사용분(부가가치세 포함) : 3,300,000원(이 중 1,100,000원은 세금계산서를 교부받았다.)
> (3) 업종별 부가율은 15%로 가정하며, 김세무씨는 직접 전자신고방법으로 신고하였다.
> (4) 관할세무서장이 예정부과기간에 납부세액으로 고지하여 징수한 세액은 600,000원이었다.

① 956,500원   ② 1,049,000원   ③ 1,551,500원   ④ 1,561,500원

주관식(단답형) : 문항당 4점   ※ 반드시 OMR 카드 앞면의 주관식 답안란에 답안을 작성하시오(연필 또는 컴퓨터용 사인펜 사용 금지).

16. 다음은 영리내국법인 ㈜국세의 제11기 사업연도(20x1.1.1.~20x1.12.31.)의 배당금수익과 관련된 자료이다. 수입배당금에 대한 익금불산입 세무조정을 하시오.

> (1) ㈜국세는 20x0.1.1. 비상장내국법인 ㈜세무의 주식을 100,000,000원에 취득하였다(주식수 8,000주, 지분율 80%에 해당).
> (2) ㈜세무는 20x1.6.30. 주주별로 균등하게 유상감자를 실시하였고, ㈜국세는 감자대가로 200,000,000원을 수령하였다(소각주식수는 2,000주이다).
> (3) ㈜세무의 감자에 대한 재원은 다음과 같다.
>
> | 구분 | 금액 |
> | --- | --- |
> | 주식발행초과금 | 250,000,000원 |
> | 이익잉여금 | 150,000,000원 |
> | 합계 | 400,000,000원 |
>
> (4) ㈜국세는 20x1년 발생 경과 이자분 10,000,000원이 있으나, 손익계산서상에는 별도로 회계처리 하지 아니하였다(㈜국세의 20x1년 자산 적수는 365,000,000,000,000,000원이다).

17. 다음은 영리내국법인 ㈜갑의 제10기(20x1.01.01.~20x1.12.31.) 퇴직급여에 대한 자료이다. 제10기 세무조정 시 유보(△유보)로 소득처분 되는 금액의 합계액을 구하시오.

※ 답안 작성 요령 :

〈익금산입, 손금불산입〉 2,000원, 〈손금산입, 익금불산입〉 2,000원인 경우 합계액은 0원

---

(1) 당기 퇴직급여충당금 내역은 다음과 같다.

퇴직급여충당금

당기지급	10,000,000원	기초	50,000,000원
기말	60,000,000원	당기설정	20,000,000원

(2) 기초잔액에는 한도초과로 부인되어 손금불산입된 금액이 50,000,000원 포함되어 있다.

(3) 당기지급액 중에는 임기 만료 후 연임된 임원에 대한 퇴직급여 5,000,000원이 포함되어 있다.

(4) 퇴직급여 지급 대상 임직원의 총 급여액은 280,000,000원이다(연임된 임원급여 포함).

(5) 보험수리적기준 퇴직급여추계액은 58,000,000원이고, 일시퇴직기준 퇴직급여추계액은 60,000,000원이다.

(6) 당기말 현재 재무상태표에는 퇴직금전환금 잔액은 없다.

---

18. 다음은 영리법인인 ㈜세무의 제25기 사업연도(20x1.1.1.~20x1.12.31.) 자료이다. 제시된 상황에서 기계장치의 세법상 감가상각비 한도초과액(+) 혹은 한도부족액(−)을 계산하시오.

※ 답안 작성 요령 : 한도초과 시 (+)1,000,000원, 한도부족 시 (−)1,000,000원

---

(1) ㈜세무는 20x1.05.01.에 기계장치를 취득하였고 해당 자산의 계약금액은 1,200,000,000원이다.

(2) ㈜세무는 기계를 취득하면서 취득과 관련된 세금 18,000,000원을 판매관리비의 세금과공과 계정으로 회계처리 하였다.

(3) ㈜세무는 해당 자산의 계약금액을 장기 할부로 지급하며 이와 관련된 현재가치할인차금을 장부상 취득금액에서 차감하여 5월 1일 장부에 인식하였다. 해당 현재가치할인차금은 120,000,000원이다(기업회계기준에 따라 현재가치로 평가하여 장부에 계상하였음).

(4) 당기 감가상각비 계상액은 160,000,000원이다.

(5) 상각방법 : 정액법, 내용연수 : 5년

---

19. 다음은 도소매업을 영위하는 개인사업자 갑의 20x1년 제1기(1.1~6.30) 부가가치세 신고와 관련한 자료이다. 이를 토대로 20x1년 제1기에 신고하여야 할 공급가액을 구하시오(특별한 언급이 없는 경우 모두 공급가액이다).

> (1) 갑은 20x1.6.30.에 상품 A를 인도하고 이에 대한 대가인 10,000,000원을 20x1.7.3.에 수령하였다.
>
> (2) 갑은 20x1.1.31.에 상품 B를 15,000,000원에 인도하고 20x1.1.31.에 5,000,000원, 20x1.6. 30.에 5,000,000원 그리고 20x1.7.5.에 5,000,000원을 수령하였다.
>
> (3) 갑은 20x1.4.30.에 갑이 취급하는 상품 C(시가 30,000,000원 상당액) 및 상품 C의 판매권을 포함하여 40,000,000원에 양도하였다(사업의 포괄 양수도가 아님).
>
> (4) 갑은 광고선전을 목적으로 불특정 다수인에게 상품 D를 무상으로 배포하였는데, 해당 상품 D의 시가는 3,000,000원이다.

20. 다음은 주사업장 총괄납부를 하는 일반과세자 ㈜갑의 20x1년 제1기 예정신고(1.1~3.31) 부가가치세 와 관련한 자료이다. 20x1년 제1기 예정신고 시 부가가치세 과세표준을 계산하시오.

> (1) 1월 7일 : 제품 A를 30,000,000원에 판매하고, 매출할인 1,000,000원과 매출에누리액 1,500,000원을 차감한 금액을 현금으로 수령하였다.
>
> (2) 2월 8일 : 제품 B를 5,000,000원에 할부로 판매하고, 동일자에 제품을 인도하였다. 그 대금은 인 도일이 속하는 달부터 매달 말에 1,000,000원씩 5회 받기로 하였다.
>
> (3) 3월 2일 : 시가 7,000,000원(원가 5,000,000원)의 제품 C를 판매하기 위해 세금계산서 발급 없 이 직매장으로 반출하였다.
>
> (4) 3월 15일 : 시가 8,000,000원(원가 6,000,000원)의 제품 D를 직원 '을'에게 결혼 축하 선물로 증정하였다.
>
> (5) 3월 17일 : ㈜갑의 제품 E(시가 불분명)를 거래처 ㈜병의 제품 F(시가 불분명)와 교환하였다. 각 제품의 평가액은 다음과 같다.
>
> | 구분 | 감정가액 | 「상속세 및 증여세법」상 보충적 평가액 |
> |---|---|---|
> | 제품 E | 30,000,000원 | 25,000,000원 |
> | 제품 F | 35,000,000원 | 33,000,000원 |
>
> (6) 3월 31일 : 특수관계인에게 사무실 일부를 20x0년부터 임대하고 있으며, 매월 1,000,000원씩 총 3,000,000원의 임대료를 수령하였다(특수관계 없는 자에게 임대한 경우 받을 수 있는 3개월간 임대료는 총 6,000,000원이다).
>
> (7) 위 금액에는 부가가치세가 포함되지 않았으며, 관련 매입세액은 모두 공제되었다.

주관식(약술형) ※ 반드시 OMR 카드 뒷면의 약술형 답안란에 답안을 작성하시오(연필 또는 컴퓨터용 사인펜 사용 금지).

21. 다음은 제조업 및 부동산임대업을 영위하는 ㈜국세의 제20기(20x1.01.01.~20x1.12.31.) 귀속 법인세 신고 관련 자료이다. 법인세법에 따라 추계신고할 경우 법인세 산출세액을 구하시오. [10점]

(1) ㈜국세는 다음과 같이 부동산을 임대하고 있다.

구분	취득일	취득원가	임대보증금 적수	월 임대료	임대기간
건물 A	2023.01.01.	확인불가	36,500,000,000원	1,000,000원	20x0.07.01.~ 20x2.06.30.
건물 B	2022.07.30.	확인불가	56,757,500,000원	500,000원	20x0.07.01.~ 20x1.06.30.

(2) 임대사업용 건물 B는 20x1.06.30. 특수관계가 없는 개인에게 500,000,000원에 매도하였으며, 취득가액은 확인되지 않는다.

(3) ㈜국세의 제조업 관련한 내역은 다음과 같다.

 ① 20x1년 매출액 : 800,000,000원

 ② 20x1년 매입액 : 670,000,000원(사업용 기계장치 매입액 100,000,000원 포함됨)

 ③ 추가로 직원의 임금 및 퇴직금지급액이 37,000,000원이 있으며, 증명서류(지급명세서 및 이체 내역등)에 의하여 확인된다.

(4) ㈜국세는 20x1년 중간예납으로 20,000,000원을 납부하였다.

(5) 20x0년 귀속 법인세 신고 시 120,000,000원의 결손금이 발생하였으며, 2023년에 발생한 이월 세액공제액은 13,000,000원(연구인력개발비세액공제)이 있다.

(6) 정기예금이자율은 1천분의 35이며, 적용되는 기준경비율은 10%로 가정하며, ㈜국세는 소기업에 해당하지 않는 중기업이다(1년은 365일임).

(7) ㈜국세는 장부상 당기순이익이 확인되지 아니하며, 천재지변 등 부득이한 사유에 해당하지 아니한다.

(8) 법인세율 : 2억 이하 10%, 200억 이하 20%로 가정한다.

22. 다음은 일반과세자인 ㈜갑의 20x1년 제2기 확정신고(20x1.10.01.~20x1.12.31.) 부가가치세 관련 자료이다. 20x1년 제2기 확정신고 부가가치세 과세표준을 계산하여 아래 [답안양식]에 따라 작성하시오. 단, 제시된 금액은 별도의 언급이 없는 한 부가가치세가 포함되지 아니한 금액이며, 세금계산서는 공급시기에 적법하게 발급 및 수취된 것으로 가정한다. [10점]

(1) 20x1.12.01.에 제품 A를 할부조건으로 30,000,000원(회계기준에 따른 현재가치는 25,000,000 원임)에 판매하고 인도하였다. 대금은 인도일에 10,000,000원을 수령하고, 나머지는 4회로 분할하여 6개월마다 5,000,000원씩 수령하기로 하였다.

(2) 20x1.11.01.에 직매장에 전시할 목적으로 원가 3,000,000원(시가 5,000,000원)의 제품 B(매입세액 공제를 받음)를 반출하였고 세금계산서는 발급하지 아니하였다.

(3) 20x1.11.20.에 업무용 소형승용차(배기량 2,000cc, 취득 시 매입세액 불공제됨)를 9,000,000원에 3개월 할부조건으로 매각하고 인도하였다. 대금은 20x1.11.30.부터 매월 말에 3,000,000원씩 수령하기로 하였다.

(4) 제품 C를 20x2.01.10.에 인도할 예정이나 20x1.12.31.에 거래처의 요청으로 5,000,000원에 대하여 전자세금계산서를 발급하였다. 거래내역은 다음과 같으며, 대금청구시기 및 지급시기에 관한 약정 등은 없다.

구분	세금계산서 발급일	제품인도일	대금수령일	금액
제품 C	20x1.12.31.	20x2.01.10.	20x2.01.05.	5,000,000원

(5) 20x1.11.01.에 거래처에 제품 D(판매가액 20,000,000원)를 5개월 이내 대금결제조건으로 외상판매하고, 해당 제품 D를 인도하였다. 거래처가 20x2.01.06.에 약정기일보다 조기에 외상대금을 변제하였으므로 1,000,000원을 할인하였다.

(6) 제품 E를 다음과 같이 중간지급조건부로 직수출하기로 하였다. 총공급가액은 $40,000이며, 선적일에 잔금을 수령한다(계약금, 1차 및 2차 중도금을 지급받아 환전한 가액은 31,500,000원이다).

일자	20x1.5.20. (계약일)	20x1.7.20. (1차 중도금)	20x1.09.20. (2차 중도금)	20x1.12.20. (선적일)
수령금액	$10,000	$10,000	$10,000	$10,000
기준환율	1,000원/$	1,050원/$	1,100원/$	1,150원/$

(7) 제품 F를 다음과 같이 국내 거래처에 내국신용장에 의하여 공급하였다.

매출처	거래금액	제품인도일	내국신용장 개설일
㈜A	9,000,000원	20x1.10.02.	20x1.06.30.
㈜B	8,000,000원	20x1.11.15.	20x2.01.20.
㈜C	7,000,000원	20x1.12.05.	20x2.06.30.

(8) 국내사업장이 없는 비거주자가 지정하는 국내사업자에게 $10,000의 제품 G를 20x1.11.10.에 인 도하고 그 대금은 20x1.12.13.에 미화($)로 수령하였다(당해 사업자의 과세사업에 사용되는 재화임).

일자	20x1.11.10.	20x1.12.13.
기준환율	1,000원/$	1,100원/$

(9) 20x1.11.11.에 동종업종의 다른 사업자에게 제품 H의 원재료(수량 50개, 장부가액 8,000,000 원, 시가 10,000,000원)를 대여하고 20x1.12.09.에 동일한 원재료(수량 50개, 시가 13,000,000원) 를 반환받았다.

[답안양식]

자료	과세표준(단위 : 원)	
	과세	영세율
1		
2		
· · ·		
9		

세법2부 국세기본법·소득세법(조세특례제한법 포함)

객관식 : 문항당 4점

01. 다음 중 국세기본법상 서류의 송달에 대한 설명으로 옳지 않은 것은?

① 교부에 의한 서류 송달은 해당 행정기관의 소속 공무원이 서류를 송달할 장소에서 송달받아야 할 자에게 서류를 교부하는 방법으로 하나, 송달을 받아야 할 자가 송달받기를 거부하지 않으면 다른 장소에서 교부할 수 있다.

② 연대납세의무자에게 서류를 송달할 때 대표자가 없으면 연대납세의무자 중 국세를 징수하기에 유리한 자를 명의인으로 하고, 납세의 고지와 독촉에 관한 서류는 그 연대납세의무자 1인에게 송달하여야 한다.

③ 50만원 이상인 세액의 경우, 납부의 고지·독촉·강제징수 또는 세법에 따른 정부의 명령과 관계되는 서류의 송달을 우편으로 할 때에는 등기우편으로 하여야 한다.

④ 송달받아야 할 사람이 교정시설 또는 국가경찰관서의 유치장에 체포·구속 또는 유치된 사실이 확인된 경우에는 해당 교정시설의 장 또는 국가경찰관서의 장에게 송달한다.

02. 다음 중 국세기본법상 국세 부과제척기간의 기산일에 대한 설명으로 옳지 않은 것은?

① 과세표준과 세액을 신고하는 국세의 경우 해당 국세의 과세표준과 세액에 대한 신고기한 또는 신고서 제출기한의 다음 날

② 종합부동산세 및 인지세의 경우 해당 국세의 과세표준과 세액에 대한 신고기한의 다음 날

③ 원천징수의무자에 대하여 부과하는 국세의 경우 해당 원천징수세액의 법정 납부기한의 다음 날

④ 과세표준신고기한 또는 법정 납부기한이 연장되는 경우 그 연장된 기한의 다음 날

03. 다음 중 국세기본법상 세법 해석에 관한 질의회신에 대한 설명으로 옳지 않은 것은?

① 기획재정부장관 및 국세청장은 세법의 해석과 관련된 질의에 대하여 세법해석의 기준에 따라 해석하여 회신하여야 한다.

② 국세청장은 질의에 대하여 회신한 문서의 사본을 해당 문서의 시행일 이후 15일 이내에 기획재정부장관에게 송부하여야 한다.

③ 국세청장은 질의가 국세예규심사위원회의 심의가 필요한 경우에는 기획재정부장관에게 의견을 첨부하여 해석을 요청하여야 한다.

④ 기획재정부장관에게 제출된 세법 해석과 관련된 질의는 국세청장에게 이송하고 그 사실을 민원인에게 통지하여야 한다.

04. 다음 중 국세기본법상 양도담보권자의 물적 납세의무에 대한 설명으로 가장 옳지 않은 것은?

① 양도담보재산이란 당사자간의 계약에 의하여 납세자가 그 재산을 양도하였을 때에 실질적으로 양도인에 대한 채권담보의 목적이 된 재산을 말한다.

② 동산, 유가증권, 채권 등과 그 이외에 법률상으로 아직 권리로 인정되어 있지 않은 것이라도 양도 할 수 있는 것은 모두 양도담보의 목적물이 되나, 예외적으로 비상장주식에 대해서는 인정되지 아니한다.

③ 납세자가 국세를 체납한 경우에 그 납세자에게 양도담보재산이 있을 때에는 그 납세자의 다른 재산에 대하여 강제징수를 하여도 징수할 금액에 미치지 못하는 경우에만 그 양도담보재산으로 써 납세자의 국세를 징수할 수 있다.

④ 국세의 법정기일 전에 저당권에 의하여 담보된 채권이라 하더라도 담보로 제공된 해당 재산의 부과된 상속세, 증여세, 종합부동산세에는 우선하지 못한다.

05. 다음 중 국세기본법상 세무조사권에 대한 설명 중 같은 세목 및 같은 과세기간에 대하여 재조사 할 수 있는 것으로 묶인 것은?

가. 조세탈루의 혐의를 인정할 만한 명백한 자료가 있는 경우
나. 납세자가 거래상대방에게 금품을 제공하거나 알선한 경우
다. 2개 이상의 과세기간과 관련하여 잘못이 있는 경우
라. 과세관청 이외 기관이 직무상 목적을 위해 작성하거나 취득해 과세관청에 제공한 자료의 처리를 위해 조사하는 경우

① 가, 나, 다   ② 가, 나, 라
③ 가, 다, 라   ④ 가, 나, 다, 라

06. 다음의 가산세 감면 사항들 중 감면율이 큰 순서대로 나열한 것은?

가. 법정신고기한이 지난 후 1개월 초과 3개월 이내에 기한 후 신고를 한 경우
나. 법정신고기한이 지난 후 1개월 초과 3개월 이내에 수정신고한 경우
다. 세법에 따른 제출, 신고, 가입, 등록, 개설의 기한이 지난 후 1개월 이내에 해당 세법에 따른 제출 등의 의무를 이행하는 경우
라. 법정신고기한이 지난 후 1년 초과 1년 6개월 이내에 수정신고한 경우

① 가 - 나 - 다 - 라   ② 나 - 다 - 가 - 라
③ 다 - 나 - 가 - 라   ④ 가 - 라 - 다 - 나

07. 다음 중 소득세법상 원천징수등의 납세지에 대한 설명으로 옳지 않은 것은?

① 원천징수하는 자가 거주자인 경우 : 그 거주자의 주된 사업장 소재지. 다만, 주된 사업장 외의 사업장에서 원천징수를 하는 경우에는 그 사업장의 소재지, 사업장이 없는 경우에는 그 거주자의 주소지 또는 거소지로 한다.

② 원천징수하는 자가 비거주자인 경우 : 그 비거주자의 주된 국내사업장 소재지. 다만, 주된 국내사업장 외의 국내사업장에서 원천징수를 하는 경우에는 그 국내사업장의 소재지, 국내사업장이 없는 경우에는 그 비거주자가 납세지로 신고한 장소를 납세지로 한다.

③ 납세조합이 소득세법 제150조에 따라 징수하는 소득세의 납세지는 그 납세조합의 소재지로 한다.

④ 원천징수하는 자가 법인인 경우 : 그 법인의 본점 또는 주사무소의 소재지로 한다.

08. 다음 중 소득세법상 부동산 임대소득에 대한 설명으로 옳지 않은 것은?

① 일반적인 자산의 임대에 대한 수입금액은 계약 또는 관습에 따라 정해진 지급일과 실제 지급받은 날 중에서 빠른 날을 수입시기로 한다.

② 부동산을 임대하는 경우에 미리 받은 임대료(선세금)에 대한 총수입금액은 월수에 따라 안분계산하여 각 과세기간에 귀속시킨다.

③ 주택임대소득이 과세되는 고가주택이라 함은 과세기간 종료일 현재 기준시가가 12억원을 초과하는 주택을 말한다.

④ 분리과세 임대주택에서 발생하는 소득은 원천징수의 대상이 아니기 때문에 소득 발생 시 원천징수하지 않고 별도로 계산한 세액을 종합소득세액에 포함하여 신고납부해야 한다.

09. 다음 중 소득세법상 공동사업장에 대한 설명으로 가장 옳지 않은 것은? 단, 손익분배비율을 거짓으로 정하는 등의 경우는 제외한다.

① 사업소득이 발생하는 사업을 공동으로 경영하고 그 손익을 분배하는 공동사업(경영에 참여하지 아니하고 출자만 하는 출자공동사업자가 있는 공동사업 포함)의 경우에는 해당 사업을 경영하는 장소를 1거주자로 보아 공동사업장별로 그 소득금액을 계산한다.

② 공동사업에서 발생한 소득금액은 해당 공동사업을 경영하는 각 거주자 간에 약정된 손익분배비율(약정된 손익분배비율이 없는 경우에는 지분비율)에 의하여 분배되었거나 분배될 소득금액에 따라 각 공동사업자별로 분배한다.

③ 대표공동사업자는 공동사업자들 중에서 선임된 자이며, 선임되어 있지 아니한 경우에는 손익분배비율이 가장 큰 자로 한다.

④ 공동사업에 성명 또는 상호를 사용하게 하며 공동사업의 경영에 참여하지 아니하고 출자만 하는 자는 출자공동사업자에 해당한다.

10. 다음 중 소득세법상 인적공제에 대한 설명으로 옳지 않은 것은?

① 거주자와 생계를 같이하는 자로서 배우자의 형제, 자매의 경우 나이요건, 소득요건을 모두 충족하면 기본공제대상자에 해당한다.

② 추가공제에는 경로우대자공제, 장애인공제, 부녀자공제, 한부모공제가 있으며, 모두 중복적용이 가능하다.

③ 기본공제는 기본공제대상자 1인당 150만원이 적용되고, 추가공제로 장애인공제는 200만원, 경로우대공제는 100만원, 부녀자공제는 50만원, 한부모공제는 100만원이 적용된다.

④ 기본공제 대상자 및 추가공제 대상자의 판정은 원칙적으로 과세기간 종료일인 12월 31일 현재의 상황에 의한다. 다만 과세기간 종료일 전에 사망한 사람 또는 장애가 치유된 사람에 대해서는 사망일 전날 또는 치유일 전날의 상황에 따른다.

11. 다음 중 소득세법상 결손금 및 이월결손금 공제에 대한 설명으로 옳지 않은 것은?

① 공동사업장에서 발생한 부동산임대소득·사업소득의 소득금액과 결손금은 먼저 공동사업자별로 각자의 손익분배비율에 따라 분배하며, 각 공동사업자는 그 분배된 부동산임대소득·사업소득의 소득금액 또는 결손금을 다른 사업장의 동일소득과 통산하여야 한다.

② 부동산 또는 부동산상의 권리를 대여하는 사업(주거용 건물 임대업 제외)에서 발생한 결손금에 대해서는 종합소득 과세표준을 계산할 때 다른 사업소득에서 먼저 공제한다.

③ 결손금 및 이월결손금을 공제할 때 해당 과세기간에 결손금이 발생하고 이월결손금이 있는 경우에는 그 과세기간의 결손금을 먼저 소득금액에서 공제한다.

④ 사업자(주거용 건물 임대업이 아닌 부동산임대업은 제외)가 비치·기록한 장부에 의하여 해당 과세기간의 사업소득금액을 계산할 때 발생한 결손금은 그 과세기간의 종합소득과세표준을 계산할 때 근로소득금액·연금소득금액·기타소득금액·이자소득금액·배당소득금액에서 순서대로 공제한다.

12. 다음 중 소득세 계산과 관련한 소득세법 및 조세특례제한법상 세액공제에 대한 설명으로 옳지 않은 것은?

① 재해손실세액공제 계산 시 상실 전의 사업용 자산총액에 토지는 제외되나, 상실한 타인 소유의 자산으로서 변상책임이 있는 것은 포함된다.

② 기부금 세액공제 대상에 해당하는 자원봉사용역의 가액 계산 시 합산되는 직접비용은 자원봉사 용역에 부수되어 발생하는 유류비(자원봉사 제공장소로의 이동을 위한 유류비 포함)·재료비 등 으로 해당 용역을 제공할 당시의 시가 또는 장부가액으로 하여 가산한다.

③ 사업소득(소매업)만 있는 거주자도 정치자금 및 고향사랑기부금에 대하여는 기부금 세액공제를 받을 수 있다.

④ 성실신고확인대상사업자가 종합소득 과세표준 확정신고를 할 때에 확정신고 시 첨부서류를 더하 여 세무사 등이 작성한 성실신고확인서를 납세지 관할세무서장에게 제출하는 경우 성실신고 확 인에 직접 사용한 비용의 60%와 120만원 중 작은 금액을 종합소득산출세액에서 공제한다.

13. 다음 중 소득세법상 퇴직소득에 대한 설명으로 옳지 않은 것은?

① 법인의 종업원이 임원이 되었지만 퇴직급여를 받지 아니한 경우 퇴직으로 보지 않을 수 있다.

② 소기업·소상공인 공제부금의 가입자(16.1.1 이후 가입한 경우)가 폐업을 사유로 소기업·소상 공인 공제에서 공제금을 수령하는 경우에는 공제금에서 실제 소득공제 받은 금액을 초과하여 납입한 금액의 누계액을 차감한 금액은 퇴직소득에 해당한다.

③ 종교 관련 종사자가 현실적인 퇴직을 원인으로 종교단체로부터 지급받는 소득은 퇴직소득에 해 당한다.

④ 「근로자퇴직급여 보장법」에 따라 퇴직연금제도가 폐지되어 퇴직급여를 미리 받는 경우에도 계속 근로를 제공하고 있다면, 그 지급을 받은 날에 퇴직한 것으로 보지 않는다.

14. 다음 중 소득세법상 중간예납에 대한 설명으로 옳지 않은 것은?

① 퇴직소득 및 양도소득이 있는 거주자는 중간예납의무가 없다.

② 납세조합이 중간예납기간 중 그 조합원의 해당 소득에 대한 소득세를 매월 징수하여 납부한 때에 는해당 소득에 대한 중간예납을 하지 아니한다.

③ 중간예납세액이 1천만원을 초과하는 자는 정기분 납부와 같은 방법으로 그 납부할 세액의 일부를 납부기한이 지난 후 2개월 이내에 분할납부 할 수 있다.

④ 중간예납세액이 1만원 미만의 단수가 있을 때에는 그 단수금액은 버린다.

15. 다음 중 소득세법상 양도소득에 대한 설명으로 옳지 않은 것은?

① 파산선고에 의한 처분으로 발생하는 소득에 대해서는 양도소득세를 과세하지 아니한다.

② 취득시기를 산정할 때 상속에 의하여 취득한 자산에 대하여는 상속등기일을 취득일로 한다.

③ 상속받은 주택과 그 밖의 주택(상속 개시 당시 보유하고 있는 주택)을 국내에 각각 1개씩 소유하고 있는 1세대가 일반주택을 양도하는 경우에는 국내에 1개의 주택을 소유하고 있는 것으로 보아 1세대 1주택 특례를 적용한다.

④ 배우자 또는 직계존비속으로부터 증여받은 토지를 그 증여일부터 10년(2023.1.1. 이후 증여분) 이내에 다시 타인에게 양도하는 경우 양도차익을 계산할 때 양도자산의 취득가액은 당초 증여자인 배우자 또는 직계존비속이 해당 자산을 취득할 당시의 금액으로 한다. 단, 증여자의 취득가액을 기준으로 계산한 양도소득 결정세액이 수증자의 취득가액을 기준으로 계산한 양도소득 결정세액보다 적은 경우에는 적용하지 않는다.

주관식(단답형) : 문항당 4점 ※ 반드시 OMR 카드 앞면의 주관식 답안란에 답안을 작성하시오(연필 또는 컴퓨터용 사인펜 사용 금지).

16. 다음의 자료를 이용하여 ㈜세무의 주주인 김세무씨가 국세기본법상 출자자 등의 제2차 납세의무자로서 납부해야 할 금액을 계산하면 얼마인가?

(1) ㈜세무의 당기말 현재 주주현황 : 김세무 70%, 기타 투자회사 등 30%(주주간 특수관계 거래 없음)
(2) ㈜세무의 모든 주식은 의결권이 있는 주식이다.
(3) 당기 지분변동 : 김세무는 11월 중 증자로 인하여 지분율이 60%에서 70%로 변경되었다.
(4) ㈜세무는 당기 제1기 부가가치세 50,000,000원 및 제2기 부가가치세 40,000,000원을 체납하였다.
(5) ㈜세무는 당기 귀속분 법인세 20,000,000원을 체납하였다.

17. 다음은 국세기본법상 이의신청의 청구에 대한 과세관청의 결정과 관련된 설명이다. 괄호 안에 들어갈 기간의 합계를 적으시오.

(1) 관할세무서장 또는 지방국세청장은 이의신청을 받은 날부터 (   )일 이내에 결정을 해야 한다.
(2) 다만, 이의신청인이 송부받은 의견서에 대하여 위 결정기간 내에 항변하는 경우에는 이의신청 받은 날로부터 (   )일 이내에 결정을 해야 한다.

18. 거주자 갑의 20x1년 귀속 기업업무추진비와 관련된 자료이다. 이를 토대로 기업업무추진비 한도초과액을 계산하시오.

> (1) 거주자 갑은 도소매업을 주업으로 하고 있으며, 사업장별 손익계산서상 수입금액 및 기업업무추진비는 다음과 같다(모든 사업장은 2023년에 사업을 개시하였다).
>
> | 구분 | 사업장 A | 사업장 B | 비고 |
> |---|---|---|---|
> | 수입금액 | 1,300,000,000원 | 700,000,000원 | 특수관계자에 대한 매출은 없다. |
> | 기업업무추진비 | 25,000,000원 | 31,000,000원 | |
>
> (2) 사업장 A의 3만원 초과 기업업무추진비 중 영수증 수취분 1,000,000원이 있다.
> (3) 사업장 B에서 지급수수료로 회계처리한 기업업무추진비 3,000,000원이 있다.
> (4) 사업장 B에서 20x2.1.2.에 지출한 1,500,000원의 기업업무추진비가 20x1.12.31.에 지출한 것으로 회계처리 되었다.
> (5) 거주자 갑이 영위하는 도소매업은 조세특례제한법상 중소기업에 해당하며, 소득세법상 적절하게 세무조정 하였다.

19. 다음은 제조업을 영위하는 거주자 갑의 20x1년 귀속 사업과 연관된 이자비용 관련 자료이다. 이를 토대로 필요경비 불산입되는 이자비용 금액을 계산하시오.

> (1) 20x1년도 손익계산서상 당기순이익은 250,000,000원이며, 손익계산서에 반영된 이자비용은 다음과 같다.
>
> | 이자율 | 이자비용 | 차입금적수 | 비고 |
> |---|---|---|---|
> | 연 20% | 5,000,000원 | 9,125,000,000원 | 채권자 불분명 |
> | 연 10% | 6,000,000원 | 21,900,000,000원 | 일반차입금 |
> | 연 5% | 10,000,000원 | 73,000,000,000원 | 일반차입금 |
>
> (2) 거주자 갑의 월 결산에 따라 사업용 부채가액이 사업용 자산가액을 초과한 달의 현황은 다음과 같다.
>
> | 월 | 사업용 자산 | 사업용 부채 |
> |---|---|---|
> | 7월 | 500,000,000원 | 600,000,000원 |
> | 11월 | 600,000,000원 | 650,000,000원 |

20. 다음은 거주자 갑의 20x1년도 소득자료이다. 다음 자료를 바탕으로 갑의 사업소득 총수입금액을 구하시오. 정기예금이자율은 3%라고 가정하고 원 단위 미만은 절사한다.

> ※ 20x0.7.1.에 600,000,000원(토지 원가 400,000,000원)에 취득한 상가를 다음과 같은 조건으로 20x1년 4월 10일부터 2년간 임대하고 있다.
> ① 임대보증금 500,000,000원(수령일 : 20x1년 3월 30일)
>   (임대보증금 운용수익은 이자수익 2,000,000원이 있는데, 전액 당기 발생 정기예금 미수이자이다.)
> ② 2년분 임대료 96,000,000원을 20x1년 4월 10일에 일시에 수령하기로 하였다.
> ③ 매월 말일에 월 관리비를 400,000원씩 받기로 하였다(4월 관리비는 일할계산 없이 400,000원 가정).
> ④ 갑은 임대업 사업소득에 대하여 장부를 기장하여 비치하고 있다.
> ⑤ 1년은 365일이다.

21. 국세기본법상 세무공무원은 업무상 취득한 자료 등을 타인에게 제공 또는 누설하거나 목적 외의 용도로 사용해서는 안 되지만 사용 목적에 맞는 범위에서 납세자의 과세정보를 제공할 수 있다. 해당 사유를 5가지 이상 서술하시오. [10점]

22. 다음은 거주자 갑(40세, 여성)의 20x1년도 종합소득 관련 자료이다. 이 자료를 이용하여 아래 물음에 답하시오. [10점]

> 1. 갑의 종합소득금액 내역은 다음과 같다.
>   (1) 이자소득금액 : 10,000,000원(정기예금이자)
>   (2) 배당소득금액 : 21,000,000원(배당가산액 1,000,000원 포함으로 가정)
>   (3) 근로소득금액 : 28,750,000원(총급여액은 40,000,000원임)
> 2. 생계를 같이하는 부양가족의 현황은 다음과 같다.
>   (1) 배우자(43세) : 일용직 소득 8,000,000원이 있다.
>   (2) 모친(71세) : 장애인이며, 소득은 없다.
>   (3) 장남(12세) : 초등학생이며, 소득은 없다.
>   (4) 차남(5세) : 유치원생이며, 소득은 없다.

3. 보험료 등의 납입 내역은 다음과 같다.
  (1) 「국민연금법」에 따라 본인이 부담하는 연금보험료 납입액 : 4,000,000원
  (2) 연금저축계좌 납입액 : 7,000,000원, 퇴직연금계좌 납입액 : 2,000,000원(※ 연금계좌 납입액 중 이연퇴직소득과 연금계좌에서 다른 연금계좌로 계약을 이전함으로써 납입되는 금액은 없다.)
  (3) 「국민건강보험법」에 따라 본인이 부담하는 건강보험료 납입액 : 2,000,000원(※ 장기요양보험료 400,000원 포함)
  (4) 본인을 피보험자로 하는 자동차 종합보험료(보장성 보험료) 납입액 : 1,200,000원
  (5) 모친을 피보험자로 하는 장애인전용 보장성 보험료 납입액 : 1,500,000원
4. 의료비의 지출내역은 다음과 같다.

지출대상	금액	비고
본인	1,000,000원	시력보정용 안경구입비 700,000원 포함
배우자	700,000원	전액 의료비공제가 가능한 건강진단비에 해당함.
모친	5,000,000원	재활치료비 1,000,000원 포함
차남	800,000원	건강증진 보약 구입비 200,000원 포함

5. 교육비의 지출 내역은 다음과 같다.

지출대상	금액	비고
본인	6,000,000원	전액 야간 대학원 등록금(교육비 중 50%는 회사에서 지원받은 금액으로 소득세가 비과세 되는 금액이다.)
장남	2,000,000원	전액 초등학교 수업료
차남	3,500,000원	유치원비 2,400,000원, 체육시설 수강료 1,100,000원임.

6. 갑은 무주택 세대주이며, 주거용 오피스텔(전용면적 85㎡)을 임차하여 12,000,000원의 월세를 지급하였다(근로자의 월세액 세액공제 대상임).

〈물음 1〉 거주자 갑의 종합소득공제액을 계산하고 아래의 [답안양식]에 따라 작성하시오.
[답안양식]

항목	금액
인적공제 (기본공제 및 추가공제)	
연금보험료 공제 및 특별소득공제	

〈물음 2〉 거주자 갑의 종합소득공제액이 14,750,000원이라고 가정하고, 종합소득 산출세액과 배당세액공제액을 계산하고 아래의 [답안양식]을 작성하시오(배당소득은 비상장법인 ㈜A로부터 받은 현금배당이다).
[답안양식]

항목	금액
산출세액	
배당세액공제액	

〈물음 3〉 거주자인 갑의 결정세액 계산 시 반영할 근로소득세액공제액 이외의 적용가능한 모든 세액공제액을 계산하되 아래 [답안양식]에 따라 작성하시오(세액공제액의 합계액에 대하여 근로소득 산출세액 및 공제기준 산출세액을 한도로 하는 규정은 고려하지 않는다).
[답안양식]

항목	금액
자녀세액공제	
연금계좌세액공제	
특별세액공제(보험료세액공제)	
특별세액공제(의료비세액공제)	
특별세액공제(교육비세액공제)	
월세세액공제	

제119회 세무회계1급 답안 및 해설

세법1부 – 법인세법(조세특례제한법 포함) · 부가가치세법

1	2	3	4	5	6	7	8	9	10	11	12	13	14	15
④	④	①	①	③	③	②	①	④	③	①	②	④	③	①

16	〈익금불산입〉 수입배당금 67,500,000원 (기타)	17	15,000,000원	18	(+)31,600,000원
19	65,000,000원	20	76,400,000원	21/22	별도 표기

01. 법인이 직원에게 이익처분에 의하여 지급하는 상여금은 이를 손금에 산입하지 아니한다.

02. 외국납부세액의 이월은 **다음 사업연도 개시일부터 10년 이내에 끝나는 각 사업연도**(10년간)까지 이월이 가능하다.

03. 세액감면에 관한 규정과 세액공제에 관한 규정이 동시에 적용되는 경우 아래의 순서를 따른다.
   • (라) : 세액감면
   • (나) : 이월공제가 인정되지 아니하는 세액공제
   • (가) : 이월공제가 인정되는 세액공제
   • (다) : 사실과 다른 회계처리로 인한 경정에 따른 세액공제

04. 외국법인의 법인세 납세지는 **국내사업장의 소재지**로 한다.

05. 〈기부금 한도 계산〉

(1) 기부금의 구분

기부금 내역	특례기부금	일반기부금	기타
수해이재민 구호금품	4,000,000	–	
국방헌금	2,000,000	–	
아동복지시설(내년도)		–	1,000,000(손不, 유보)
사내근로복지기금	–		5,000,000(전액 손금)
종교단체 기부금	–	3,000,000	
합계	6,000,000	3,000,000	

(2) 차가감소득금액 = 당기순이익(20,000,000) + 가산(5,000,000) – 차감(4,000,000)
   + 어음기부금(1,000,000) = 22,000,000원

(3) 기준소득금액 = 차가감소득금액(22,000,000) + 특례(6,000,000) + 일반(3,000,000) = 31,000,000원

(4) 기부금 한도계산

① 특례기부금	㉠ 해당액 = 6,000,000원
	㉡ 한도액 = 기준소득금액(31,000,000) × 50% = 15,500,000원
	㉢ 한도초과액 : ㉠ – ㉡ = –9,500,000원(한도이내)
② 일반기부금	㉠ 해당액 : 3,000,000원
	㉡ 한도액 = [31,000,000 – 특례(6,000,000)] × 10% = 2,500,000원
	㉢ 한도초과액 : ㉠ – ㉡ = 500,000원(손금불산입 – 기타사외유출)

(5) 각 사업연도 소득금액 = 차가감소득금액(22,000,000) + 기부금 한도초과(500,000)
   = 22,500,000원

06. 연지급수입이자를 취득가액과 구분하지 않고 취득가액에 포함하여 회계처리한 경우는 취득가액에 포함한다. 그러나 **연지급수입이자를 취득가액과 구분하여 비용계상한 경우에는 취득가액에 포함하지 아니한다.**

07. 건물 신축을 목적으로 재고자산(용지 포함)의 취득 시 국·공채를 의무 매입하는 경우 자산의 취득가액에 명목가액으로 하며(**재고자산은 현재가치를 인정하지 않는다.**), 이 경우 유가증권인 **국·공채의 매각으로 인한 처분손실은 처분일이 속하는 사업연도에 손금으로 산입하는 것**이다.

08. 1. 증자 후 1주당 평가액 = [증자전 1주당 평가액(15,000) × 증자전 주식수(2,000)
   + 신주발행가액(6,000) × 신주발행주식수(1,000)] ÷ 주식총수(3,000)
   = 12,000원/주

2. 현저한 이익의 분여 요건 충족 여부 : **실권주를 재배정한 경우이므로 현저한 이익 분여 요건을 고려하지 않는다. → 이익분여가 명백**

3. 이익분여액(A) = [신주발행 후 평가액(12,000) – 신주발행가(6,000)] × 초과배정주식수(400)
   × B법인이 포기한 주식수(200)/총실권주수(500) = 960,000원

09. 영세율 적용대상이 되는 것만을 면세포기한 사업자가 면세되는 재화용역을 국내에 공급하는 경우에는 면세포기의 효력이 없다. 즉 **수출분은 영세율, 국내분은 면세가 적용**된다.

10. 신탁법에 따른 **위탁자 명의로 공급시 위탁자가 부가가치세를 납부할 의무가 있다.**

11. 재활용폐자원에 대한 의제매입세액 공제분이므로 **세금계산서 수취분은 제외**하여 계산한다.

    ㉮ 공제대상금액 = MIN(①,②) = 228,000,000원

        ① 재활용폐자원 취득가액 = 영수증(280,000,000) + 계산서분(12,000,000) = 292,000,000원

        ② 재활용폐자원 공급가액(3억)×80% – 세금계산서 수취분(12,000,000) = 228,000,000원

    ㉯ 재활용폐자원 매입세액 = 228,000,000×3/103 = 6,640,776원

12. **대리 납부 의무자는 사업자인지 여부와 관계가 없다.**

13. 착오로 전자세금계산서를 **이중으로 발급**한 경우 **처음에 발급한 세금계산서의 내용대로 음의 표시**를 하여 발급한다.

14. **금전으로 대가를 받는 경우 그 대가를 과세표준**으로 한다. 다만 그 대가를 외국통화나 그 밖의 외국환으로 받는 경우에는 별도로 환산한 가액을 과세표준으로 한다.

15. 〈간이과세자의 차가감 납부세액〉

    (1) 매출세액 = 과세표준(7,500,000 + 114,100,000)×부가율(15%)×세율(10%) = 1,824,000원

    (2) 매입세액 = [세금계산서 매입세액(2,800,000) + 신용카드 매입세액(300,000 – 100,000)]×5.5%

                = 165,000원

    (3) 전자신고세액공제 : 5,000원(개정세법 26)

    (4) 신용카드등 발행세액공제 = 7,500,000원×1.3% = 97,500원

    (5) 차가감 납부세액 = 매출세액(1,824,000) – 공제매입세액(165,000) – 전자신고(5,000)

                      – 신용카드 등(97,500) – 예정부과(600,000) = 956,500원

16. (1) 세무상 감자차익 : ① – ② = 67,500,000원

        ① 과세분 감자대가 = 감자대가(200,000,000)×이익잉여금(150,000,000)

                ÷감자재원(400,000,000) = 75,000,000원

        ② 소멸주식의 취득가액 = 소각주식수(2,000)×지분율(80%)

                    ×[취득가액(100,000,000)÷주식수(8,000)]×(이익잉여금 1.5억)÷재원(4억)

                = 7,500,000원

    (2) 수입배당금 익금불산입액 : 67,500,000원×100% = 67,500,000원(기타)

17. 1. 퇴직급여지급액에 대한 세무조정

① 〈손금산입〉 퇴직급여충당금 5,000,000원(△유보)

② 〈손금불산입〉 가지급금 5,000,000원(유보)

※ 연임된 임원은 현실적인 퇴직에 해당하지 않는다.

퇴직급여충당금(회계)

지 급	10,000,000원	기 초	50,000,000원	세무상 설정전 퇴충잔액
(손금불산입 5,000,000원)		(유보 50,000,000원)		
기말잔액	60,000,000원	설 정	20,000,000원	회사계상액
계	70,000,000원	계	70,000,000원	

2. 퇴직급여 충당금 한도초과액 계산

(1) 퇴직급여충당금 초과상계 : ③ 〈손금산입〉 퇴직급여충당금 5,000,000원 (△유보)

기초(50,000,000) - 전기유보(50,000,000) - 지급(10,000,000)

+비현실적 퇴직(5,000,000) = △5,000,000원(손금산입)

(2) 퇴직급여충당금 한도초과 : ④〈손금불산입〉 퇴직급여충당금 20,000,000원 (유보)

한도액 = Min(①, ②) = 0원

① 급여액기준 = 총급여액(280,000,000) × 5% = 14,000,000원

② 추계액기준 : 퇴직급여추계액(60,000,000) × 설정률(0%) + 퇴직금전환금잔액(0)

- 세무상 퇴직급여충당금 설정전 잔액(0) = 0원

(3) 세무조정 합계액 = ①(△5,000,000) + ②(5,000,000) + ③(△5,000,000) + ④(20,000,000)

= 15,000,000원

18. 기계취득가액 = 계약금액(12억) + 취득세금(18,000,000) - 현재가치할인차금(120,000,000)

= 1,098,000,000원

☞ 현재가치할인차금을 장부가액에서 차감하여 인식한 경우 취득가액에서 제외된다.

상각범위액 = 취득가액(1,098,000,000) × 상각율(0.2) × 8/12 = 146,400,000원

회사상각비 = 세금과공과금(18,000,000) + 감가상각비(160,000,000) = 178,000,000원

상각부인액 = 회사상각비(178,000,000) - 한도액(146,400,000) = 31,600,000원(한도초과)

☞ 취득 관련 세금은 자산 취득원가나 비용으로 인식시, 이는 즉시상각의제로 당기 상각비에 포함한다.

세무상취득가액(A)		상각범위액(B)	
= 기말 재무상태표상 취득가액 +즉시상각의제액(당기)	1,080,000,000 18,000,000	상각율	146,400,000 (8개월)
1,098,000,000		0.2	
회사계상상각비(C)	160,000,000(감가상각비) + 18,000,000(즉시상각) = 178,000,000		
시부인액(B - C)	부인액 31,600,000(손금불산입, 유보)		

19. 1기 공급가액 = 외상판매(10,000,000)+단기할부(15,000,000)+상품등(40,000,000)

$$= 65,000,000원$$

(1) 인도일이 속하는 20x1년 제1기 확정에 포함 : 10,000,000원

(2) 단기할부에 해당하므로 공급가액 전액 포함 : 15,000,000원

(3) 사업의 포괄적 양수도가 아니므로 공급가액에 포함됨 : 40,000,000원

(4) 광고선전물의 배포에 해당하여 과세표준에 산입하지 아니한다.

20. (1) 총판매액(30,000,000) - 매출할인(1,000,000) - 에누리(1,500,000) = 27,500,000원

(2) 단기할부금액 = 5,000,000원(단기 할부의 공급시기는 인도일이다.)

(3) 0원(주사업장 총괄납부 사업자가 세금계산서 발급 없이 판매목적으로 **직매장에 반출한 것은 과세되지 않는다.**)

(4) 7,900,000원

☞ 창립기념일 및 생일 등과 관련된 재화는 사용인 1명당 연간 10만원을 초과 부분만 재화의 공급으로 간주

(5) 30,000,000원(공급한 제품 E와 대가로 받은 제품 F의 시가가 불분명하므로 **공급한 제품 E의 감정가액이 과세표준**임)

(6) 6,000,000원(**특수관계인에게 부동산을 저가로 공급한 경우 시가를 공급가액**으로 한다.)

∴ 과세표준 = (1)+(2)+(4)+(5)+(6) = 76,400,000원

21. 〈법인세 추계신고〉

1. 수입금액

(1) 임대수입 = 건물A(1,000,000)×12+건물B(500,000)×6 = 15,000,000원

(2) 간주임대료 = 보증금적수(36,500,000,000+56,757,500,000)÷365×3.5%(이자율)

$$= 8,942,500원$$

(3) 건물 B 매도가액 : 500,000,000원

(4) 제조업 매출액 : 800,000,000원

총익금 = (1)+(2)+(3)+(4) = 1,323,942,500원

2. 과세표준 = 수입금액(1,323,942,500) - 매입액(570,000,000) - 인건비(37,000,000)

  \- 수입금액(1,323,942,500)×10% = 584,548,250원

☞ 기계장치매입액은 주요경비에서 제외되며, 인건비 등 확인되는 금액은 경비로 인정된다.

3. 산출세액 = 200,000,000원×10%+(584,548,250 - 200,000,000원)×20% = 96,909,650원

☞ 추계신고에 의하므로 이월결손금 적용과 연구인력개발비 세액공제가 배제된다.

22.

자료	과세표준(단위 : 원)		내용
	과세	영세율	
1 (1점)	10,000,000		장기할부매출은 **계약에 따라 받기로 한 부분**이 과세표준이다.
2 (1점)		0	직매장에 전시할 목적으로 반출하는 것은 재화의 공급에 해당하지 않는다.
3 (1점)	9,000,000		**단기할부매출은 인도일이 공급시기**이다.
4 (1점)	5,000,000		제품 A는 공급시기 도래 전에 세금계산서를 발급한 경우로서, **세금계산서 발급일로부터 7일 이내 대가를 수령**한다.
5 (1점)	20,000,000		매출할인은 조기대금결제일(20x2년)이 속하는 과세기간에 인식한다.
6 (1점)		43,000,000	직수출하는 재화는선적일을 공급시기로 한다. ⇒ 환가한 금액(31,500,000)+선적일($10,000)×1,150원 　 =43,000,000원
7 (2점)	7,000,000	17,000,000	재화 또는 용역을 공급한 **과세기간 종료 후 25일 이내에 개설한 내국신용장에 대해서는 영세율을 적용**한다. ⇒ 영세율＝A(9,000,000)+B(8,000,000)＝17,000,000원 ⇒ 과세＝C(7,000,000)
8 (1점)		10,000,000	국내사업장이 없는 비거주자가 지정하는 국내사업자에게 인도되는 재화로서 당해 사업자의 과세사업에 사용되는 재화는 영세율을 적용한다. ⇒ $10,000×1,000원＝10,000,000원 ※ 대금 수령 형태와 관련된 단서가 명확하게 제시되지 않았으므로 과세와 영세로 작성한 답안 모두 정답으로 인정한다.
9 (1점)	10,000,000		사업자간에 원재료 등의 재화를 소비대차하고 동종 또는 이종의 재화를 반환하는 경우에는 재화를 차용하거나 반환하는 것 각각은 재화의 공급에 해당하며, 금전 이외의 대가를 수령한 경우에 해당하므로 **공급한 재화의 시가를 공급가액**으로 한다.

세법2부 – 국세기본법 · 소득세법(조세특례제한법 포함)

1	2	3	4	5	6	7	8	9	10	11	12	13	14	15
②	②	②	②	③	②	②	①	④	②	②	②	④	④	②

16	72,000,000원	17	90	18	17,800,000원
19	6,260,273원	20	44,158,904원	21/22	별도 표기

01. 연대납세의무자에게 서류를 송달할 때 대표자가 없으면 연대납세의무자 중 국세를 징수하기에 유리한 자를 명의인으로 하고, **납세의 고지와 독촉에 관한 서류는 연대납세의무자 모두에게 각각 송달하여야 한다.**

02. 종합부동산세 및 인지세의 경우 해당 **국세의 납세의무가 성립한 날(종합부동산세 매년 6월 1일, 인지세 과세문서를 작성한 때)**이 국세부과제척기간의 기산일이 된다.

03. 회신한 문서의 사본을 해당 문서의 **시행일이 속하는 달의 다음 달 말일까지** 기획재정부장관에게 송부하여야 한다.

04. 비상장주식 또한 양도담보의 목적물이 될 수 있다.

05. 납세자가 세무공무원에게 직무와 관련하여 금품을 제공하거나 금품제공을 알선한 경우에는 재조사 사유가 아니다.

06. 가 : 법정신고기한이 지난 후 1개월 초과 3개월 이내에 기한 후 신고를 한 경우 → 해당 **가산세액의 100분의 30**에 상당하는 금액

나 : 법정신고기한이 지난 후 1개월 초과 3개월 이내에 수정신고한 경우 → 해당 **가산세액의 100분의 75**에 상당하는 금액

다 : 세법에 따른 제출, 신고, 가입, 등록, 개설의 기한이 지난 후 1개월 이내에 해당 세법에 따른 제출 등의 의무를 이행하는 경우 → **가산세액의 100분의 50**에 상당하는 금액

라 : 법정신고기한이 지난 후 1년 초과 1년 6개월 이내에 수정신고한 경우 → 해당 **가산세액의 100분의 20**에 상당하는 금액

07. 그 비거주자의 주된 국내사업장 소재지. 다만, 주된 국내사업장 외의 국내사업장에서 원천징수를 하는 경우에는 그 국내사업장의 소재지, **국내사업장이 없는 경우에는 그 비거주자의 거류지(居留地) 또는 체류지**로 한다.

08. 일반적인 자산의 임대에 대한 수입금액은 계약 또는 관습에 따라 **지급일이 정해진 경우**에는 그 **정해진 날을 수입시기**로 하고, 정해지지 않은 경우에는 **지급받은 날을 수입시기**로 한다.

09. "대통령령으로 정하는 출자공동사업자"란 **공동사업에 성명 또는 상호를 사용하게 한 자에 해당하지 아니하는 자 등**으로서 **공동사업의 경영에 참여하지 아니하고 출자만 하는 자**를 말한다.

10. 부녀자공제와 한부모공제는 중복적용 불가하다.

11. 부동산 또는 부동산상의 권리를 대여하는 사업(주거용 건물 임대업 제외)에 대해서는 **종합소득 과세표준을 계산할 때 공제하지 아니한다.**

12. 자원봉사용역에 부수되어 발생하는 유류비(**자원봉사용역 제공 장소로의 이동을 위한 유류비는 제외**) · 재료비 등의 직접비용을 가산하여 계산한다.

13. 계속근로기간 중에 「근로자퇴직급여 보장법」에 따라 **퇴직연금제도가 폐지되는 경우에는 현실적 퇴직으로 그 지급 받은 날에 퇴직한 것**으로 본다.

14. **중간예납세액이 1천원 미만의 단수가 있을 때에는 그 단수금액은 버린다.**

15. 취득시기를 산정할 때 상속에 의하여 취득한 자산에 대하여는 **상속개시일을 취득일**로 한다.

16. 〈2차 납세의무〉

구분	납세의무의 성립일	지분율	체납세액	2차납세의무
1기 부가가치세	과세기간의 끝나는때(6.30)	60%	50,000,000	30,000,000
2기 부가가치세	과세기간의 끝나는때(12.31)	70%	40,000,000	28,000,000
법인세	과세기간의 끝나는때(12.31)	70%	20,000,000	14,000,000
계			110,000,000	**72,000,000**

· 출자자에 대한 제2차 납세의무는 납세의무 성립일을 기준으로 하므로, 부가가치세는 제1기(6.30)와 제2기(12.31)의 부담비율이 달라진다. 법인세는 12월 31일 기준으로 판단한다.

17. **이의신청을 받은 날부터 30일 이내**에 하여야 한다. 다만, 이의신청인이 송부받은 의견서에 대하여 위 **결정기간 내에 항변하는 경우에는 이의신청을 받은 날부터 60일 이내**에 하여야 한다.

18. 〈기업업무추진비〉

구분		사업장A	사업장B
대상 기업업무추진비(①)		25,000,000 - 1,000,000(영수증) = 24,000,000원	31,000,000 + 3,000,000(지급수수료) - 1,500,000(차기분) = 32,500,000원
수입금액		13억	7억
사업장별 한도	기본	36,000,000 × 13억/20억 = 23,400,000원	36,000,000 × 7억/20억 = 12,600,000원
	수입금액	13억 × 30/10,000 = 3,900,000원	7억원 × 30/10,000 = 2,100,000원
	계②	27,300,000원	14,700,000원
한도초과(①-②)		△3,300,000원	**17,800,000원**

☞ 2 이상의 사업장에서 각 사업장별로 지출한 기업업무추진비가 기업업무추진비 한도액에 미달하는 경우와 초과하는 경우가 각각 발생하는 때에는 그 미달하는 금액과 초과하는 금액은 이를 통산하지 아니한다.

19. 〈이자비용 필요경비 불산입〉

1. 초과인출금 적수

구분	부채	자산	초과인출금	일수	초과인출금 적수
7월	600,000,000	500,000,000	100,000,000	31	3,100,000,000
8월	650,000,000	600,000,000	50,000,000	30	1,500,000,000
계					4,600,000,000

2. 초과인출금 이자 = 이자비용(6,000,000) × 초과인출금적수(4,600,000,000)

    ÷ 차입금적수(21,900,000,000) = 1,260,273원

☞ 서로 다른 이자율이 적용되는 이자가 함께 있는 경우 높은 이자율부터 적용한다.

3. 필요경비 불산입 = 채권자불분명(5,000,000) + 초과인출금 이자(1,260,273) = 6,260,273원

20. 〈간주임대료 – 상가〉

1. 임대료 = 선세금(96,000,000) × 9/24 = 36,000,000원(초월 산입, 말월 불산입)

2. 간주임대료 = [보증금(500,000,000) - 건설비(200,000,000)] × 3% × 266(4.10~12.31)/365

    - 금융수익(2,000,000) = 4,558,904원

3. 관리비 = 월 관리비(400,000) × 9개월 = 3,600,000원

4. 총수입금액 = 임대료(36,000,000) + 간주임대료(4,558,904) + 관리비(3,600,000) = 44,158,904원

21. 〈각 2점, 5가지 이상 작성 시 10점〉

1. 국가행정기관, 지방자체단체 등이 법률에서 정하는 조세, 과징금의 부과 · 징수 등을 위하여 사용할 목적으로 과세정보를 요구하는 경우

2. 국가기관이 조세쟁송이나 조세범 소추를 위하여 과세정보를 요구하는 경우

3. 법원의 제출명령 또는 법관이 발부한 영장에 의하여 과세정보를 요구하는 경우

4. 세무공무원 간에 국세의 부과 · 징수 또는 질문 · 검사에 필요한 과세정보를 요구하는 경우

5. 사회보험의 운영을 목적으로 설립된 기관이 관계 법률에 따른 소관 업무를 수행하기 위하여 과세정보를 요구하는 경우

6. 통계청장이 국가통계작성 목적으로 과세정보를 요구하는 경우

7. 국가행정기관, 지방자치단체 또는 공공기관이 급부, 지원 등을 위한 자격의 조사, 심사 등에 필요한 과세정보를 당사자의 동의를 받아 요구하는 경우

8. 조사위원회가 국정조사의 목적을 달성하기 위하여 조사위원회의 의결로 비공개회의에 과세정보의 제공을 요청하는 경우

22. 〈종합소득세 계산〉

〈물음 1〉 종합소득공제(2점)

(1) 인적공제

관계	요 건		기본 공제	추가 공제	판　　단
	연령	소득			
본인	–	–	○		
배우자	–	○	○		일용근로소득은 분리과세소득
모친(71)	○	○	○	경로,장애	
장남(12)	○	○	○		
차남(5)	○	○	○		

· **기본공제** = 1,500,000×5명 = 7,500,000원　　· **경로우대공제**(1명) = 1,000,000원
· **장애인공제**(1명) = 2,000,000원　　· **인적공제** = 10,500,000원

(2) 연금보험료 공제(국민연금) : 4,000,000원

(3) 특별소득공제(건강보험료) : 2,000,000원

항목	금액
인적공제 (기본공제 및 추가공제) (1점)	10,500,000원
연금보험료 공제 및 특별소득공제 (1점)	6,000,000원

〈물음 2〉 (2점)

(1) 종합소득금액 = 이자소득(10,000,000) + 배당소득(21,000,000) + 근로소득(28,750,000)
　　　　　　 = 59,750,000원

(2) 종합소득 과세표준 = 종합소득금액(59,750,000) − 소득공제(14,750,000) = 45,000,000원

(3) 종합소득 산출세액 : Max(①, ②) = 5,290,000원

　① 일반산출세액 = [(45,000,000 − 20,000,000)×15% − 1,260,000] + 20,000,000×14%
　　　　　　 = 5,290,000원

　② 비교산출세액 = (45,000,000 − 31,000,000)×6% + 30,000,000원×14% = 5,040,000원

(4) 배당세액공제 : Min(①, ②) = 250,000원

　① Gross up 금액 = 1,000,000원(배당가산액)

　② 한도액 = 일반산출세액(5,290,000) − 비교산출세액(5,040,000) = 250,000원

항목	금액
산출세액 (1점)	5,290,000원
배당세액공제액 (1점)	250,000원

〈물음 3〉(6점)

(1) 자녀세액공제 : 250,000원(8세 이상 자녀 1명(장남))

(2) 연금계좌세액공제 : Min(①, ②) = 8,000,000원 × 12%^{*1} = 960,000원

    *1. 종합소득금액 45백만원 초과자

  ① 납입액 : Min(7,000,000원, 6,000,000원) + 2,000,000원 = 8,000,000원

  ② 한도액 : 9,000,000원

(3) 특별세액공제

  ① 보험료세액공제 : 270,000원

    a. 일반 보장성보험료 = Min[납입액(1,200,000), 한도(1,000,000)] × 12% = 120,000원

    b. 장애인전용 보험료 = Min[납입액(1,500,000), 한도(1,000,000)] × 15% = 150,000원

  ② 의료비세액공제 : 885,000원(= 5,900,000원 × 15%)

    a. 특정 의료비 = 본인(800,000) + 모친 장애인(5,000,000) + 6세 이하(600,000)

             = 6,400,000원

    ☞ 본인 안경구입비 한도 50만원이고, 건강증진보약구입비는 제외

    b. 일반의료비 = 배우자(700,000)

    c. 공제대상 의료비 = 일반(700,000) - 총급여액(40,000,000) × 3% + 특정(6,400,000)

                = 5,900,000원

  ③ 교육비세액공제 : 1,200,000원(= 8,000,000원 × 15%)

    a. 본인(대학원) = 등록금(6,000,000) - 비과세 회사지원금(3,000,000) = 3,000,000원

    b. 장남(초등학교) = Min[수업료(2,000,000), 한도(3,000,000)] = 2,000,000원

    c. 차남(취학전 아동) = Min[유치원비 등(3,500,000), 한도(3,000,000)] = 3,000,000원

(4) 월세세액공제 : Min[월세액(12,000,000), 한도(10,000,000)] × 15%^{*1} = 1,500,000원

*1. 종합소득금액 45백만원 초과자

항목	금액
자녀세액공제 (1점)	250,000원
연금계좌세액공제 (1점)	960,000원
특별세액공제(보험료세액공제) (1점)	270,000원
특별세액공제(의료비세액공제) (1점)	885,000원
특별세액공제(교육비세액공제) (1점)	1,200,000원
월세세액공제 (1점)	1,500,000원

합격율	시험년월
9%	2025.08

세법1부 법인세법(조세특례제한법 포함)·부가가치세법

객관식 : 문항당 4점

01. 다음 중 법인세법상 소득처분에 대한 설명으로 옳은 것은?

① 내국법인이 수정신고기한 내에 세무조사의 통지를 받은 경우 등 특별한 사유를 제외하고, 매출누락 등 부당하게 사외유출된 금액을 회수하고 세무조정으로 익금에 산입하여 신고하는 경우에는 사내유보로 한다.

② 사외유출된 금액의 귀속이 불분명하여 대표자에 대한 상여로 처분을 한 경우의 대표자의 소득세 대납액을 법인이 결산서상 비용 계상한 경우 손금불산입 유보로 처분해야 한다.

③ 법인세법상 자기주식처분이익은 익금에 해당하나, 결산서에는 기업회계 기준에 따라 자본잉여금으로 계상한 경우 사외유출 된 금액이 아니므로, 익금산입 유보로 처분한다.

④ 비영리내국법인은 소득의 분배 개념이 없으므로, 법인세법상 소득처분도 적용하지 않는다.

02. 다음 중 법인세법상 익금과 익금불산입 항목에 대한 설명으로 옳지 않은 것은?

① 채무의 면제 또는 소멸로 인하여 생기는 부채의 감소액 중 이월결손금의 보전에 충당된 금액은 익금이 아니다.

② 고유목적사업준비금의 손금산입 여부와 관련없이 비영리 내국법인은 해당 법인이 출자한 다른 내국법인으로부터 받은 수입배당금액에 대한 익금불산입이 적용되지 않는다.

③ 내국법인의 외국자회사 수입배당금의 익금불산입액 계산에 있어서 당해 내국법인의 차입금이자는 공제하여 계산하지 않는다.

④ 법인이 불공정한 합병, 증자, 감자 등의 자본거래로 인하여 특수관계인으로부터 이익을 분여 받은 경우 그 이익은 익금이다.

03. 다음 중 법인세법상 기업업무추진비에 대한 설명으로 옳지 않은 것은?

① 사업연도 종료일 현재 지배주주의 지분율이 50%를 초과하면서, 해당 사업연도의 상시근로자수가 5명 미만이고, 당해 사업연도의 부동산 임대수입금액(간주임대료 포함)이 매출액의 50% 이상인 내국법인에게는 법인세법상 기업업무추진비 한도액의 50%를 초과하는 기업업무추진비는 손금불산입한다.

② 법인이 그 직원이 조직한 조합 또는 단체에 복리시설비를 지출한 경우 해당 조합이나 단체가 법인인 때에는 이를 기업업무추진비로 보며, 해당 조합이나 단체가 법인이 아닌 때에는 그 법인의 경리의 일부로 본다.

③ 기업업무추진비가 지출된 국외지역의 장소에서 현금 외에 다른 지출수단이 없어 증거자료를 구비하기 어려운 경우의 해당 국외지역에서의 지출에 대해서는 기업업무추진비로 손금에 산입한다.

④ 기업업무추진비 한도액 계산 시 수입금액이란 법인세법 시행령이 정하는 일정한 법인을 제외하고 기업회계기준에 따라 계산한 매출액[사업연도 중 중단된 사업부문의 매출액을 제외하며, 파생결합증권 및 파생상품거래의 경우 거래의 손익을 통산한 순이익(0보다 작으면 0으로 한다)]을 말한다.

04. 다음 중 법인세법상 손익의 귀속시기 및 취득원가에 대한 설명으로 옳지 않은 것은?

① 임대료 지급기간이 1년을 초과하는 경우 이미 경과한 기간에 대응하는 임대료 상당액과 비용을 각각 해당 사업연도의 익금과 손금으로 한다.

② 법인이 결산을 확정함에 있어 이미 경과한 기간에 대응하는 이자비용을 계상한 경우에는 세법상 이를 인정하지 않는다.

③ 자재를 외국으로부터 연지급수입하면서 연지급수입에 따른 이자를 취득가액과 구분하여 결산서에 지급이자로 비용계상한 경우 비용계상한 해당 금액은 당해 수입자재의 법인세법상 취득가액에 포함하지 않는다.

④ 특수관계인인 개인으로부터 유가증권을 시가보다 낮은 가액으로 매입함에 따라 익금산입한 시가와 매입가액의 차액은 그 유가증권의 취득가액에 포함되는 것으로 한다.

05. 다음은 제조업을 영위하는 ㈜국세의 제15기 사업연도(20x1.1.1.~20x1.12.31.)에 대한 법인세 신고를 위한 자료이다. 법인세법상 손금산입 가능한 보험차익을 계산하면 얼마인가?

---

1. 20x1.10.14. ㈜국세는 보유하고 있던 기계장치를 화재로 인하여 폐기하였으며, 다음과 같이 회계처리 하였다.

   (차) 감가상각누계액   25,000,000원   (대) 기계장치   33,500,000원
         유형자산폐기손실   8,500,000원

2. 20x1.10.31. 화재로 인하여 폐기한 기계장치에 대하여 보험사로부터 보험금을 수령하여 다음과 같이 회계처리 하였다.

   (차) 현금   18,000,000원   (대) 보험차익   18,000,000원

3. 20x1.11.05. 보험사로부터 수령한 보험금을 통하여 동종의 새로운 기계장치를 구입하여 다음과 같이 회계처리 하였다.

   (차) 기계장치   30,000,000원   (대) 현금   30,000,000원

4. 폐기한 기계장치에 대한 감가상각비한도초과누계액은 5,000,000원으로 법인세 신고 시 적절하게 세무조정 하였다.

---

① 1,500,000원   ② 4,500,000원   ③ 9,500,000원   ④ 16,500,000원

06. 다음 중 법인세법상 사업연도에 대한 설명으로 옳은 것은?

① 내국법인이 사업연도 중에 「상법」의 규정에 따라 조직변경을 한 경우에는 그 사업연도 개시일부터 조직변경일까지의 기간과 조직변경일의 다음날부터 그 사업연도 종료일까지의 기간을 각각 1사업연도로 본다.

② 내국법인이 사업연도 중에 연결납세방식을 적용받는 경우에는 그 사업연도 개시일부터 연결 사업연도 개시일 전날까지의 기간을 1사업연도로 본다.

③ 내국법인이 사업연도 중 합병에 따라 해산하는 경우 그 사업연도 개시일부터 합병등기일 전날까지의 기간을 그 해산한 법인의 1사업연도로 본다.

④ 사업연도를 변경하려면 직전 사업연도 종료일부터 3개월 이내 관할세무서장에게 신고하고 승인을 받아야 한다.

07. 다음 중 법인세법상 자산의 취득가액에 대한 설명으로 옳지 않은 것은?

① 「상법」 제462조의 2에 따른 주식배당으로 ㈜A 주식 1,000주(1주당 발행가액 10,000원, 1주당 액면가액 5,000원)을 수령한 경우 해당 무상주의 세무상 취득가액은 1천만원이다.

② 특수관계인인 개인으로부터 토지를 10억(시가 12억원)에 매입하고 실제지급액인 10억원을 장부상 취득원가로 계상한 경우, 해당 토지의 세무상 취득가액은 10억원이다.

③ 재고자산은 제품 및 상품, 반제품 및 재공품, 원재료 및 저장품으로 구분하여 평가할 수 있으나 영업장별로 다른 평가방법을 적용할 수 없다.

④ 매매를 목적으로 소유하는 부동산의 평가방법을 법령에 따른 기한 내에 신고하지 아니한 경우, 납세지 관할 세무서장은 개별법에 의하여 평가한다.

08. 다음은 제조업을 영위하는 영리내국법인 ㈜국세의 제10기(20x1.1.1.~20x1.12.31.)의 세무조정 시 지급이자에 대한 자료이다. 이와 관련하여 기타사외유출로 손금불산입 되는 세무조정 합계액은 얼마인가?

	(1) 손익계산서상 지급이자의 내역		
	이자율	이자비용	비고
	연 10%	10,000원	채권자 불분명 사채이자이다(소득세 및 지방세 4,950원을 적법하게 원천징수 하였음).
	연 5%	30,000원	당해 이자는 사옥의 건설과 관련된 이자이나, 이 중 5,000원은 일반차입금 이자이다.
	연 4%	20,000원	일반 운영자금 이자이다.

(2) 대표이사에 대한 업무무관 가지급금은 100,000원이고 이에 대한 적수는 21,900,000원이다.

(3) 일반차입금 이자는 자본화하지 않기로 하며, 이자비용 관련 차입금은 모두 제9기에 발생하였다.

(4) 1년은 365일이다.

① 7,450원　　　② 35,000원　　　③ 37,500원　　　④ 32,450원

09. 다음 중 부가가치세법상 재화의 공급에 대한 설명으로 옳지 않은 것은?

① 법인 또는 공동사업자가 출자지분을 현물로 반환하는 것은 재화의 공급에 해당한다.

② 사업자가 폐업 시 재고자산을 폐품 처리하여 장부가액을 소멸시킨 경우 해당 재화에 대해서는 재화의 공급으로 보지 아니한다.

③ 사업자가 자기의 사업과 관련하여 생산, 취득한 재화를 거래상대방의 재화와 교환하는 경우 교환하는 재화의 시가가 동일할 경우 재화의 공급으로 보지 아니한다.

④ 사업자가 건물 등을 신축하여 국가 또는 지방자치단체에 기부채납하고, 그 대가로 일정기간 동안 해당 건물 등에 대한 무상사용, 수익권을 얻는 경우 해당 건물 등의 공급거래는 과세대상이다.

10. 다음 중 부가가치세법상 대리납부제도에 대한 설명으로 옳지 않은 것은?

① 대리납부란 국내에 사업장이 없는 비거주자 또는 외국법인과 국내사업장이 있는 비거주자 또는 외국법인으로부터 용역 또는 권리(국내사업장과 관련 없는 용역 등을 제공하는 경우에 한함)를 공급받는 경우 해당 거래에 대한 공급을 받은 자(과세사업자로서 매입세액불공제 대상이거나 비사업자 또는 면세사업자의 해당하는 자)가 그 대가를 지급하는 시점에 국외의 공급자를 대리하여 부가가치세를 징수 및 납부하는 것을 의미한다.

② 부가가치세액의 징수 및 부담에 대하여 별도의 계약이 없이 용역대가의 전액을 지급하는 때에는 해당 용역대가에 부가가치세가 제외되어 있는 것으로 하여 계산한다.

③ 비거주자로부터 공급받은 용역을 과세사업과 면세사업에 공통으로 사용하여 실지 귀속을 구분할 수 없는 경우 대리납부 대상의 용역대가는 해당 용역의 총공급가액에서 대가의 지급일이 속하는 과세기간 전의 과세기간의 면세공급가액 비율로 계산한다.

④ 부가가치세 대리납부 시 과다하게 납부한 대리납부세액에 대하여 사업자가 국세기본법에 따른 환급청구나 경정청구를 한 경우 관할세무서장은 이를 확인하여 과다납부한 세액을 환급하여야 한다.

11. 다음 중 부가가치세법상 면세의 포기에 대한 설명으로 가장 옳지 않은 것은?

① 영세율이 적용되는 재화 또는 용역의 공급이 「조세특례제한법」에 따라 면세되는 경우 해당 재화 또는 용역의 공급에 대하여 면세포기신고를 하는 때에는 영세율을 적용한다.

② 영세율 적용대상이 되는 것만을 면세포기한 사업자가 면세되는 재화 또는 용역을 국내에 공급하는 때에는 면세포기의 효력이 없다.

③ 면세의 포기를 신고한 사업자는 신고한 날부터 3년간 부가가치세를 면제받지 못한다.

④ 면세 시 매입세액이 공제가 되지 않았을 경우 원가에 매입세액이 산입되었을 것이나, 면세를 포기함에 따라 해당 매입세액에 대한 공제를 받을 수 있으므로 그만큼 저렴하게 공급할 수 있다. 다만, 면세를 포기한 사업자로부터 공급받은 사업자는 면세사업자로부터 공급받는 것과 다르지 않으므로 부가가치세법상 면세의 포기는 공급하는 자에게만 유리한 제도로 볼 수 있다.

12. 다음 중 부가가치세법상 가산세 계산에 대한 설명으로 옳지 않은 것은?

① 세금계산서의 발급시기가 지난 후 해당 재화 또는 용역의 공급시기가 속하는 과세기간에 대한 확정신고 기한까지 세금계산서를 발급하지 아니한 경우 그 공급가액의 2%

② 둘 이상의 사업장을 가진 사업자가 재화 또는 용역을 공급한 사업장 명의로 세금계산서를 발급하지 아니하고 자신의 다른 사업장 명의로 세금계산서를 발급한 경우 그 공급가액의 2%

③ 재화 또는 용역을 공급받지 아니하고 세금계산서 등을 발급받은 경우 그 세금계산서 등에 적힌 공급가액의 4%

④ 재화 또는 용역을 공급받고 실제로 재화 또는 용역을 공급하는 자가 아닌 자의 명의로 세금계산서 등을 발급받은 경우 그 공급가액의 2%

13. 다음 중 부가가치세법상 조기환급에 대한 설명으로 옳지 않은 것은?

① 납세지 관할 세무서장은 사업자가 대통령령으로 정하는 재무구조 개선계획을 이행중인 경우 환급을 신고한 사업자에게 환급세액을 조기에 환급할 수 있다.

② 조기환급신고가 가능한 신설·취득·확장 또는 증축하는 사업설비 감가상각자산이 아니어도 조기환급을 받을 수 있다.

③ 조기환급을 신고할 때에는 조기환급신고서에 해당 과세표준에 대한 영세율 등 첨부서류와 매출·매입처별 세금계산서 합계표를 첨부하여 제출하여야 한다.

④ 관할 세무서장은 결정·경정에 의하여 추가로 발생한 환급세액이 있는 경우에는 지체없이 사업자에게 환급하여야 한다.

14. 다음 중 부가가치세법상 과세표준에 대한 설명으로 옳지 않은 것은?

① 재화의 수입에 대한 부가가치세의 과세표준은 그 재화에 대한 관세의 과세가격과 관세, 개별소비세, 주세, 교육세, 농어촌특별세 및 교통·에너지·환경세를 합한 금액으로 한다.

② 사업자가 재화 또는 용역을 공급하고 그 대가로 받은 금액에 부가가치세가 포함되어 있는지가 분명하지 아니한 경우에는 그 대가로 받은 금액에 110분의 100을 곱한 금액을 공급가액으로 한다.

③ 재화나 용역을 공급할 때 그 품질이나 수량, 인도조건 또는 공급대가의 결제방법이나 그 밖의 공급조건에 따라 통상의 대가에서 일정액을 직접 깎아 주는 금액은 공급가액에 포함한다.

④ 재화의 공급과 직접 관련된 국고보조금과 공공보조금은 과세표준에 포함된다.

15. 다음 중 부가가치세법상 영세율에 대한 설명으로 옳지 않은 것은?

① 내국신용장의 개설을 전제로 하여 재화나 용역이 공급된 후 그 공급시기가 속하는 과세기간이 끝난 후 25일(그 날이 공휴일 또는 토요일인 경우에는 바로 다음 영업일을 말한다) 이내 내국신용장이 개설된 경우에도 영세율이 적용된다.

② 사업자가 비거주자 또는 외국법인이면 그 해당 국가에서 대한민국의 거주자 또는 내국법인에 대하여 동일하게 면세하는 경우에만 영세율을 적용한다.

③ 외국인도수출로서 국내 사업장에서 계약과 대가 수령 등 거래가 이루어지는 것은 영세율을 적용한다.

④ 금지금을 내국신용장 또는 구매확인서에 의하여 공급하는 것은 영세율이 적용되는 수출로 본다.

주관식(단답형) : 문항당 4점 ※ 반드시 OMR 카드 앞면의 주관식 답안란에 답안을 작성하시오(연필 또는 컴퓨터용 사인펜 사용 금지).

16. 다음은 제조업을 영위하는 비상장 영리내국법인(한국채택국제회계기준을 적용하지 않음)인 ㈜국세의 제8기(20x0.1.1.~20x0.12.31.)와 제9기(20x1.1.1.~20x1.12.31.) 감가상각비 관련 자료이다. ㈜국세가 기계장치에 대해 신고한 감가상각방법이 정률법일 때 제9기 말 유보 잔액은 얼마인가?

- 20x0년 1월 6일에 신규 기계장치를 200,000,000원에 취득하여 사업에 직접 사용하고 있다.
- 손익계산서상 기계장치의 수선비 중 자본적 지출에 해당하는 금액은 제8기에 8,000,000원, 제9기에 1,000,000원이다.
- 손익계산서상 기계장치의 감가상각비는 제8기에 40,000,000원, 제9기에 36,000,000원이다.
- 정률법 상각률은 0.2이며, 모든 세무조정은 적정하게 이루어진 것으로 가정한다.

17. 제조업을 영위하고 있는 ㈜부산의 제10기(20x1.1.1.~20x1.12.31.) 대손충당금에 관한 자료는 다음 과 같다. 대손충당금 손금산입 한도초과액을 계산하면 얼마인가? 단, 별도의 언급이 없는 한 전기의 세무조정은 정상적으로 이루어진 것으로 가정한다.

> (1) ㈜부산의 제9기(20x0.1.1.~20x0.12.31.)와 제10기(20x1.1.1.~20x1.12.31.)의 재무상태표상 채권 및 대손충당금 금액은 다음과 같다.
>
> | 과목 | 기말 잔액 | |
> |---|---|---|
> | | 제9기 | 제10기 |
> | 매출채권 | 248,000,000원 | 220,000,000원 |
> | 대손충당금 | (26,000,000원) | (35,000,000원) |
>
> (2) 제10기 손익계산서상 대손상각비는 14,500,000원이다.
> (3) 20x1년 6월 3일에 채무자의 파산으로 회수가 불가능해 대손요건이 충족된 거래처 A에 대한 매출채권 5,500,000원을 결산서상 대손충당금과 상계하였다.
> (4) 제9기 자본금과 적립금조정명세서(을)의 기말 잔액은 다음과 같다.
>
> | 과목 또는 사항 | 기말 잔액 |
> |---|---|
> | 매출채권 대손부인액^(주1) | 2,000,000원 |
> | 대손충당금 한도초과액 | 10,000,000원 |
>
> (주1)거래처B에 대한 매출채권으로 20x1년 2월 22일에 상법에 따른 소멸시효가 완성되었다.
> (5) 모든 세무조정은 적정하게 이루어졌다.

18. 다음은 적격합병 요건에 대한 내용이다. 다음 괄호에 공통적으로 들어갈 숫자를 적으시오.

> (1) 사업목적성
>   합병등기일 현재 1년 이상 사업을 계속하던 내국법인간의 합병일 것
> (2) 지분의 연속성
>   ① 합병대가의 (   )% 이상이 주식에 해당할 것
>   ② 특정주주에게 합병교부주식×특정지배주주의 피합병법인에 대한 지분율 이상의 주식을 각각 배정할 것
> (3) 사업의 계속성
>   합병법인이 합병등기일이 속하는 사업연도의 종료일까지 피합병법인으로부터 승계받은 사업을 계속할 것.
> (4) 합병등기일 1개월 전 당시 피합병법인에 종사하는 근로자 중 합병법인이 승계한 근로자의 비율이 (   )% 이상이고, 합병등기일이 속하는 사업연도의 종료일까지 그 비율을 유지할 것

19. 다음은 부동산임대업을 영위하는 일반과세자인 개인의 20x1년 제1기(1.1~6.30) 부가가치세 확정신고 시 임대와 관련한 사항이다. 이를 토대로 사업장별 부가가치세법상 간주임대료의 합을 구하시오. 개인은 주사업장총괄납부를 적용하고 있다.

구분	임대물건	임대보증금	추가정보
사업장A	토지	8,000,000원	임차보증금 6,000,000원을 지급하고 임차한 토지를 전대하였음.
사업장B	겸용주택	150,000,000원	겸용주택의 토지의 총면적은 200㎡로 주택분은 80㎡, 상가분은 120㎡를 사용하고 있음.
사업장B	겸용상가	15,000,000원	
사업장C	상가	50,000,000원[주1]	20x0년 중 미납월세액 5,000,000원을 임대보증금에서 충당하였음.

(1) 개인의 부동산 임대현황은 다음과 같다.

(주1) 사업장C의 임대보증금 50,000,000원은 미납월세액에 충당하기 전 보증금 잔액임
(2) 사업장별 임대기간은 모두 20x0.6.30.부터 20x2.5.31.까지이다.
(3) 정기예금이자율은 4%로 가정하고, 1년은 365일이다.
(4) 계약서상 미납된 월세액은 임차보증금과 상계하기로 한다.

20. 20x0년에 사업을 개시한 일반과세자인 김국세씨는 20x5년 1월 1일부터 간이과세자로 변경되었다. 김 국세씨의 20x5년 제1기 재고납부세액은 얼마인가? 단, 김국세씨가 운영하는 업종의 부가율은 30%로 가정하며, 별도의 언급이 없는 경우 부가가치세를 적법하게 공제받은 것으로 가정한다.

- 건물 : 취득가격(5,000,000원), 취득시기(20x2년 11월 12일)
- 상품 : 취득가격(3,000,000원), 취득시기(20x3년 2월 2일)
- 비품 : 취득가격(4,000,000원), 취득시기(20x2년 3월 13일)

주관식(약술형)   ※ 반드시 OMR 카드 뒷면의 약술형 답안란에 답안을 작성하시오(연필 또는 컴퓨터용 사인펜 사용 금지).

21. 다음은 비상장 중소기업인 ㈜국세의 제5기(20x1.1.1.~20x1.12.31.)의 자료이다. 다음의 [답안양식]에 따라 소득금액 조정합계표를 작성하시오. [10점]

---

(1) 기업업무추진비 계상내역

구분	과목	금액
재무상태표	건설중인자산	3,000,000원
	건물	35,000,000원
손익계산서	판매관리비	35,000,000원

(2) 손익계산서상 판매관리비에는 다음의 금액이 포함되어 있다.
 ① 경조금(거래처 직원 조의금 1건) 3,000,000원(영수증 수취분)
 ② 대표이사의 개인 경비 1,500,000원
 ③ 간이영수증 수취분 2,000,000원(건당 3만원 초과분)

(3) ㈜국세의 기업업무추진비 한도는 30,000,000원으로 가정한다.

(4) 감가상각비 내역
 ① 위 건물은 20x0년 1월 15일 준공되었으며 재무상태표상 취득가격은 200,000,000원이다
 ② 당기 감가상각비 계상액은 20,000,000원(세법상 신고내용연수 20년, 정액법 상각률 5%)이다.

[답안양식]

구분	익금산입 및 손금불산입			손금산입 및 익금불산입		
	과목	금액(원)	소득처분	과목	금액(원)	소득처분
1						
2						
3						
:						
합계						

22. 다음은 제조업을 영위하는 ㈜세무의 자료이다. 아래의 [답안양식]에 따라 각 기수별 납부세액에 가산(또는 차감)할 매입세액을 계산하시오. 단, 납부세액에 가산하는 것은 (+), 납부세액에서 차감하는 것은 (-)로 표시하시오. [10점]

(1) ㈜세무는 20x0.10.1. 과세사업과 면세사업에 공통으로 사용할 기계장치를 공급가액 200,000,000원에 취득하였으며, 이와 동시에 설치비 10,000,000원(공급가액)이 추가로 발생하였다. 해당 설치비는 기계운용을 위하여 반드시 필요한 작업이므로, ㈜세무는 해당 원가를 취득원가에 가산하였다.

(2) ㈜세무는 20x0.9.8. 사업자등록을 하였으며, 과세기간별 매출액(공급가액)은 다음과 같다.

구분	x0년 제2기	x1년 제1기	x1년 제2기	x2년 제1기
과세매출	150,000,000원	120,000,000원	114,000,000원	200,000,000원
면세매출	0원	80,000,000원	86,000,000원	50,000,000원
합계	150,000,000원	200,000,000원	200,000,000원	250,000,000원

[답안양식]

구분	가산(차감)액	계산 근거
x0년 제2기		
x1년 제1기		
x1년 제2기		
x2년 제1기		

```
세법2부   국세기본법 · 소득세법(조세특례제한법 포함)
```

객관식 : 문항당 4점

01. 다음 중 국세기본법상 서류의 송달에 대한 설명으로 옳지 않은 것은?

① 상속이 개시된 경우 상속재산관리인이 있을 때에는 그 상속재산 관리인의 주소 또는 영업소에 송달한다.

② 서류를 교부하였을 때에는 송달서에 수령인이 서명 또는 날인하게 하여야 한다. 이 경우 수령인이 서명 또는 날인을 거부하면 그 사실을 송달서에 적어야 한다.

③ 전자송달의 신청을 철회한 자가 전자송달을 재신청하는 경우에는 철회 신청일로부터 14일이 지난날 이후에 신청할 수 있다.

④ 교부에 의한 서류 송달의 경우에 해당 행정기관의 소속 공무원은 송달을 받아야 할 자가 송달받기를 거부하지 아니하면 다른 장소에서 교부할 수 있다.

02. 다음 중 국세기본법상 국세부과의 원칙 및 세법 적용의 원칙에 대한 설명으로 옳지 않은 것은?

① 세무공무원이 국세의 과세표준을 조사 · 결정할 때에는 세법에 특별한 규정이 있는 것을 제외하고 해당 납세의무자가 계속하여 적용하고 있는 기업회계의 기준 또는 관행으로서 일반적으로 공정 · 타당하다고 인정되는 것은 존중하여야 한다.

② 국세를 조사 · 결정할 때 장부의 기록내용이 사실과 다르거나 장부의 기록에 누락된 것이 있을 때에는 해당 부분 외에 대해서 정부가 조사한 사실에 따라 결정할 수 있다.

③ 사업자등록의 명의자와 별도로 사실상의 사업자가 있는 경우에는 경제적 실질이 법적 형식에 우선하므로 사실상의 사업자를 납세의무자로 하여 세법을 적용한다.

④ 행정기관의 장은 해당 납세의무자 또는 그 대리인이 요구하면 결정서를 열람 또는 복사하게 하거나 그 등본 또는 초본이 원본과 일치함을 확인하여야 한다.

03. 다음 중 국세기본법상 국세우선권에 대한 설명으로 옳지 않은 것은?

① 지방세나 공과금의 체납처분 및 강제징수를 할 때 그 체납처분 또는 강제징수금액 중에서 국세 및 강제징수비를 징수하는 경우의 그 지방세나 공과금의 체납처분비 또는 강제징수비는 국세 및 강제징수비보다 우선하여 징수한다.

② 「주택임대차보호법」이 적용되는 임대차 관계에 있는 주택을 매각할 때 그 매각금액 중에서 국세 를 징수하는 경우 임대차에 관한 보증금 중 임차인이 우선하여 변제받을 수 있는 금액에 관한 채권은 국세보다 우선하여 징수한다.

③ 강제집행·경매 또는 파산 절차에 따라 재산을 매각할 때 그 매각금액 중에서 국세 및 강제징수 비를 징수하는 경우의 그 강제집행, 경매 또는 파산 절차에 든 비용은 국세 및 강제징수비보다 우선하여 징수한다.

④ 국세의 법정기일 전에 전세권에 의하여 담보된 채권의 경우 전세금이 아닌 위약금으로 등기된 금액은 국세에 우선하지 못한다.

04. 다음 중 국세기본법상 제2차 납세의무에 대한 설명으로 옳지 않은 것은?

① 과점주주 중 법인의 경영에 대하여 지배적인 영향력을 행사하고 있는 자의 배우자(사실상의 혼인 관계에 있는 자를 포함한다)는 제2차 납세의무를 진다.

② 정부가 국세의 납부기간 만료일 현재 법인의 과점주주인 출자자의 소유주식을 재공매하거나 수 의계약으로 매각하려 하여도 매수희망자가 없는 경우라도 출자자의 재산(그 법인의 발행주식은 제외한다)으로 그 출자자가 납부할 국세 및 강제징수비에 충당하여도 부족하지 않은 경우에는 그 법인은 그 출자자가 납부할 국세 및 강제징수비에 대한 제2차 납세의무를 부담하지 아니한다.

③ 제2차 납세의무를 지는 과점주주란 주주 또는 사원 1명(합자회사의 유한책임사원, 유한책임회사 의 사원, 유한회사의 사원 중 1명)과 그의 특수관계인 중 법령으로 정하는 자로서 그들의 소유주 식합계 또는 출자액 합계가 해당 법인의 발행 주식 총수 또는 출자총액의 50%를 초과하면서 그 법인의 경영에 대하여 지배적인 영향력을 행사하는 자들을 말한다.

④ 과점주주가 회사의 조세채무에 관하여 자신의 고유재산으로 책임을 져야 하는 경우, 그 책임의 한도는 해당 과점주주가 실질적으로 권리를 행사하는 주식수를 발행주식 총수로 나눈 비율(의결 권 없는 주식을 포함한다)에 비례한다.

05. 다음 중 국세환급금에 대한 설명으로 옳지 않은 것은?

① 세무서장은 납세의무자가 국세 및 강제징수비로서 납부한 금액 중 잘못 납부하거나 초과하여 납부한 금액이 있는 경우 즉시 잘못 납부한 금액, 초과하여 납부한 금액을 국세환급금으로 결정해야 한다.

② 체납된 국세(다른 세무서에 체납된 국세 포함)가 있는 납세자가 국세환급금이 발생한 경우 납세자의 신청에 의해 체납된 국세와 환급금을 충당할 수 있다.

③ 원천징수의무자가 원천징수하여 납부한 세액에서 환급받을 환급세액이 있는 경우, 그 원천징수의무자가 그 환급액을 즉시 환급해 줄 것을 요구하는 경우나 원천징수하여 납부하여야 할 세액이 없는 경우에는 즉시 환급한다.

④ 납세자가 상속세를 물납한 후 그 부과의 전부 또는 일부를 취소하거나 감액하는 경정결정에 따라 환급하는 경우에 해당 물납재산의 성질상 분할하여 환급하는 것이 곤란한 경우 금전으로 환급하여야 한다.

06. 다음 중 세무조사기간의 연장이 가능한 사유를 모두 고른 것은?

> ㄱ. 천재지변이나 노동쟁의로 조사가 중단되는 경우
> ㄴ. 금융회사 등 또는 체신관서의 휴무로 인하여 자료수집이 어려운 경우
> ㄷ. 거래처 조사, 거래처 현지확인 또는 금융거래 현지확인이 필요한 경우
> ㄹ. 납세자가 경영하는 사업에 현저한 손실이 발생하거나 부도 또는 도산의 우려가 있는 경우

① ㄱ, ㄴ   ② ㄱ, ㄷ   ③ ㄱ, ㄹ   ④ ㄴ, ㄹ

07. 다음은 거주자 A의 20x1년 금융거래에서 발생한 소득에 관련된 자료이다. A의 금융소득금액을 계산하면 얼마인가? 단, 별도의 언급이 없는 경우 원천징수는 적법하게 이루어졌고 제시된 금액은 원천징수 전의 금액이다.

> • 국내 상장법인으로부터 받은 현금배당 : 10,000,000원
> • 공개시장에서 통합발행한 국채(한국은행통화안정증권)의 매각가액과 액면가액과의 차액 : 5,000,000원
> • 국내은행으로부터 받은 정기예금이자 : 8,000,000원
> • 이자약정일은 20x1.7.25.인데 20x2.4.3.에 실제로 수령한 비영업대금의이익 : 2,000,000원
> • 외국법인이 발행한 채권이자 : 1,000,000원(해당 이자는 국내에서 원천징수 되지 않았고, 외국에서 외국소득세액을 납부하지 않았다.)
> • 배당가산율은 11%로 가정한다.

① 19,000,000원   ② 21,110,000원   ③ 24,400,000원   ④ 26,600,000원

08. 다음 중 소득세법상 사업소득에 대한 설명으로 옳지 않은 것은?

① 건설업을 경영하는 거주자가 자기가 생산한 물품을 자기가 도급받은 건설공사의 자재로 사용한 경우 그 사용된 부분에 상당하는 금액은 해당 과세기간의 소득금액을 계산할 때 총수입금액에 산입하지 아니한다.

② 일반적인 자산의 임대에 대한 수입금액은 계약 또는 관습에 따라 지급일이 정해진 경우에는 그 정해진 날을 수입시기로 하고, 정해지지 않은 경우에는 그 지급 받은 날을 수입시기로 한다.

③ 사업소득금액을 계산할 때, 해당 과세기간 전의 총수입금액에 대응하는 비용으로서 그 과세기간에 확정된 것에 대해서는 그 과세기간 전에 필요경비로 계상하지 아니한 것만 그 과세기간의 필요경비로 본다.

④ 공익사업과 관련이 없는 지상권(지하 또는 공중에 설정된 권리 포함)을 양도함으로써 발생하는 소득은 사업소득으로 한다.

09. ㈜A에 2023년 1월 1일에 입사하여 20x1년 11월 30일에 퇴사한 거주자 B의 20x1년 과세기간의 총급여액과 기타소득금액을 각각 계산하면 얼마인가? 별도의 언급이 없는 경우 필요경비는 없는 것으로 가정한다.

- ㈜A에서 받는 기본급 : 매월 4,000,000원
- ㈜A로부터 수령한 직무발명보상금 : 10,000,000원(20x1년 11월 30일 이전 수령액 4,000,000원, 퇴직 후 수령액 6,000,000원이며 비과세요건을 충족했다.)
- B가 보유하던 산업재산권을 20x1년 중 ㈜C에게 대여하고 받은 금액 : 3,000,000원
- ㈜A의 사내연수 강연수당 : 1,000,000원
- 일시적인 외부특강자료 : 2,000,000원(필요경비는 1,500,000원이다.)
- 자체 출간한 서적(정기 출판물)의 작가로서의 인세 수입 : 3,000,000원

	총급여액	기타소득금액
①	44,000,000원	4,600,000원
②	45,000,000원	4,700,000원
③	44,000,000원	7,700,000원
④	48,000,000원	4,700,000원

10. 다음 중 소득세법상 퇴직소득에 대한 설명으로 옳지 않은 것은?

① 합병·분할 등 조직변경, 사업양도, 직·간접으로 출자관계에 있는 법인으로의 전출이 이루어진 경우라도 퇴직급여를 실제로 받지 않는 경우는 퇴직으로 보지 않을 수 있다.

② 해당 과세기간의 퇴직소득금액이 퇴직소득공제금액에 미달하는 경우에는 그 퇴직소득금액을 공제액으로 한다.

③ 거주자의 퇴직소득금액에 국외원천소득이 합산되어 있는 경우로서 그 국외원천소득에 대하여 외국에서 외국소득세액을 납부하였거나 납부할 것이 있을 때에는 공제 한도 내에서 외국소득세액을 해당 과세기간의 종합소득 산출세액 또는 퇴직소득 산출세액에서 공제할 수 있다.

④ 원천징수의무자가 12월에 퇴직한 사람의 퇴직소득을 다음 연도 2월 말일까지 지급하지 아니한 경우에는 그 퇴직소득을 해당 연도 12월 말일에 지급한 것으로 보아 소득세를 원천징수 한다.

11. 다음 중 소득세법상 공동사업자에 대한 소득금액 계산 특례에 대한 설명으로 옳지 않은 것은?

① 소득금액 계산 시, 공동사업장을 1거주자로 보아 공동사업장별로 소득금액을 계산하고 손익분배비율(없는 경우에는 지분비율)에 따라 분배되었거나, 분배될 소득금액에 따라 각 공동사업자별로 분배한다.

② 갑이 2개의 공동사업장(구성원 비율 다름)과 1개의 단독사업장을 운영하는 경우 접대비 기초금액은 3번 부여된다.

③ 공동사업장의 구성원이 3명이고 공동사업장이 전문직 사업자에 해당하는 경우, 업무용승용차 3대에 한해서 업무전용자동차보험에 가입하지 않아도 업무사용비율금액에 대해서 필요경비가 인정된다.

④ 공동사업장에서 발생한 소득에 대한 원천징수 세액과 공동사업장의 사업 관련 가산세는 공동사업자의 손익분배비율에 따라 배분한다.

12. 거주자 갑은 20x1.1.1. 내국법인A가 발행한 채권을 매입하고 보유하고 있던 중 내국법인B에게 해당 채권을 양도하였다. 아래의 자료를 이용하여 내국법인B가 원천징수하여야 할 금액을 계산하면 얼마인가?

- 내국법인A의 채권 발행내역은 다음과 같다.
  - 채권의 액면가액 : 10,000,000원
  - 채권의 발행가액 : 8,800,000원(거주자 갑의 취득가액임)
  - 채권의 만기는 3년이며, 액면이자율은 8%이다.
  - 이자지급일은 매년 말일이다.
- 거주자 갑은 20x1년 중 내국법인B에 해당 채권을 9,800,000원(원천징수 전 금액)에 양도하였으며, 채권에 대한 이자상당액에 대하여 적절하게 원천징수된 금액을 수령하였다.
- 보유일수는 180일, 1년은 360일로 가정하여 계산한다.
---

① 56,000원 ② 80,000원 ③ 84,000원 ④ 150,000원

13. 다음 중 소득세법상 양도소득의 필요경비 계산 특례에 대한 설명으로 옳은 것은?

① 거주자가 양도일로부터 소급하여 10년 이내에 그 특수관계인으로부터 증여받은 토지·건물·부동산에 관한 권리·시설물이용권을 양도함에 따른 양도차익을 계산함에 있어서 그 취득가액은 그 자산을 증여한 그 특수관계인의 취득 당시를 기준으로 계산한다.

② 이월과세 규정을 적용할 경우 1세대 1주택 비과세 규정(비과세 요건 충족한 고가주택 포함)을 적용받는 양도에 해당하는 경우에는 이월과세 규정을 배제한다.

③ 거주자가 해당 자산에 대하여 납부하였거나 납부할 증여세 상당액이 있는 경우, 증여세는 부과 취소를 통해 환급한다.

④ 양도소득이 해당 수증자에게 실질적으로 귀속되는 경우에는 이월과세 규정을 적용하지 않는다.

14. 다음 중 소득세법상 종합소득세 납세절차에 대한 설명으로 옳지 않은 것은?

① 과세사업과 면세사업을 겸영하는 의료업 사업자가 부가가치세 신고 시에 면세사업 수입금액 등을 신고하는 경우에는 면세사업 수입금액에 대해서 사업장현황신고를 하지 않아도 된다.

② 중간예납기준액이 없는 거주자 중 복식부기의무자가 해당 과세기간의 중간예납기간 중 사업소득이 있는 경우에는 중간예납기간의 실적기준으로 중간예납세액을 신고하여야 한다.

③ 근로소득(일용근로소득 제외)만 있는 자라 하더라도 그 원천징수의무자가 연말정산에 의하여 소득세를 납부하지 않은 경우에는 확정신고의무가 면제되지 않는다.

④ 성실신고 확인대상사업자가 성실신고 확인서를 제출하는 경우에는 의료비세액공제, 교육비세액공제, 월세 세액공제와 표준세액공제는 중복 적용이 가능하다.

15. 다음 중 소득세법상 종교인소득의 과세방법에 대한 설명으로 옳은 것은?

① 종교인소득을 지급하는 자는 소득세법에 따라 원천징수하여야 한다.

② 종교인소득으로서 원천징수된 기타소득만 있는 경우 과세표준확정신고를 하지 아니할 수 있다.

③ 종교 관련 종사자가 현실적인 퇴직을 원인으로 종교단체로부터 지급받는 소득은 기타소득에 해당한다.

④ 종교인소득을 지급하는 자 중 원천징수를 하지 아니한 경우 지급명세서를 제출하지 않는다.

주관식(단답형) : 문항당 4점 ※ 반드시 OMR 카드 앞면의 주관식 답안란에 답안을 작성하시오(연필 또는 컴퓨터용 사인펜 사용 금지).

16. 국세기본법상 역외거래의 경우 납세자가 법정신고기한 내에 과세표준신고서를 제출하지 아니한 경우 부과제척기간을 적으시오.

17. 다음은 거주자인 나체납씨의 국세 미납액에 대한 자료이다. 이를 토대로 2026.12.31. 현재 나체납씨가 납부하여야 할 국세를 계산하시오.

> (1) 2018년 귀속 종합소득세 미신고분 30,000,000원 : 과세관청은 2024.12.8.에 납부고지하였음.
> (2) 2016년 제1기 부가가치세 미납분 15,000,000원 : 과세관청은 2021.1.1.에 압류해제하였음.
> (3) 2012년 상속세 미납분 18,000,000원 : 나체납씨 이외의 상속인이 상속세를 전액 납부하였음.

18. 다음은 근로소득이 있는 거주자 정회계씨(여성, 51세)의 부양가족에 대한 설명이다. 20x1년도 정회계씨의 인적공제액을 계산하시오.

구분	나이	비고
본인	47세	상장주식의 배당금 10,000,000원
배우자	46세	총급여액 5,000,000원(별거중)
장남	22세	장애인, 소득 없음
장녀	21세	소득 없음
부친	72세	국내은행 정기예금이자 1,500,000원
형	56세	소득 없음
위탁아동	12세	20x1.8.1.부터 직접양육
모친	68세	일용근로소득 6,000,000원

19. 다음은 거주자 갑(간편장부대상자, 남성)의 종합소득세신고와 관련된 자료이다. 이를 이용하여 갑의 종합소득세 관련 세액공제액의 합계를 구하시오.

> • 갑의 사업소득금액은 40,000,000원(국외소득 1,000,000원 포함, 국외소득에 대한 외국납부세액은 300,000원)이고, 종합소득산출세액은 2,000,000원이다. 사업소득금액은 모두 복식부기에 의해 비치・기장된 장부에 의하여 신고하고자 한다. 단, 사업소득 외의 다른 소득은 없다.
> • 갑의 부양가족은 영수(자, 10세), 영자(자, 5세), 영숙(자, 20x1년 출생자)
> • 갑은 당해 영숙의 출산비용으로 병원비 1,000,000원, 산후조리원비 200,000원을 지출하였다.
> • 갑은 영수의 교육비로 당해 1,000,000원을 지출하였다.
> • 갑은 성실신고대상자가 아니며 전자신고세액공제, 표준세액공제는 고려하지 않는다.

20. 다음은 서비스업을 주업으로 하는 중소기업인 거주자 갑(복식부기의무자)의 20x1년 귀속 사업소득과 관련된 내용이다. 다음 자료를 토대로 거주자 갑이 부담하여야 할 소득세법상 가산세를 구하시오.

> (1) 거주자 갑의 20x1년 사업소득 구성 내역 중 일부이다(복식부기로 장부 작성함).
>   • 매출액 : 530,000,000원
>   • 상용직 인건비 : 38,000,000원
>   • 해당 서비스업에 대한 사업소득금액은 120,000,000원이다.
> (2) 거주자 갑은 해당 사업소득 외에 사업소득지급명세서를 통하여 15,000,000원(원천징수 차감 전 금액)을 지급 받은 것이 확인되며, 이에 대한 사업소득금액은 5,000,000원이다(기준경비율적용).
> (3) 거주자 갑에게는 위의 언급한 소득 외의 소득은 없으며, 산출세액은 15,000,000원이다.
> (4) 거주자 갑은 성실신고의무대상자임에도 불구하고, 성실신고확인서를 제출하지 아니하였다.

주관식(약술형)   ※ 반드시 OMR 카드 뒷면의 약술형 답안란에 답안을 작성하시오(연필 또는 컴퓨터용 사인펜 사용 금지).

21. 다음은 갑씨의 각 세목별 체납액과 가산금을 징수하기 위해 갑씨의 토지를 경매한 내역이다. 이를 참고하여, 아래의 물음에 답하시오. [10점]

> (1) 갑씨는 부친으로부터 20x1년 4월 20일에 해당 토지를 증여받고 증여세를 신고납부하지 않았고, 관할 세무서장은 20x1년 11월 20일에 증여세 20,000,000원의 납세고지서를 발송하였다.
> (2) 토지의 경매대금은 90,000,000원이고, 경매와 관련된 비용은 3,000,000원이다.
> (3) 해당 토지에는 A은행의 대출금과 관련하여 10,000,000원의 저당권이 설정되어 있다.(설정일 20x1.05.13.)
> (4) 갑씨는 급격한 경기 부진으로 인해 20x1년 제1기 부가가치세를 20x1년 7월 23일에 신고는 하였으나, 체납하였고, 부가가치세 체납액은 10,000,000원이다.
> (5) 갑씨는 근로자들에게 임금을 지급하지 못하였고, 그 금액은 50,000,000원이다(최종 3개월분 30,000,000원 포함).

〈물음 1〉 부가가치세 체납액의 국세기본법상의 법정기일을 서술하시오(년, 월, 일로 표기).

〈물음 2〉 아래의 [답안양식]에 맞춰 국세기본법상 우선 변제 순서에 따라 토지 경락대금을 배분하시오.

[답안양식]

순서	채권내역	금액
1		
2		
3		
4		
5		
6		

22. 다음은 도소매업을 주업으로 하는 비중소기업인 ㈜세무(대표자 갑 나이 70세, 남성, 부양가족 없음)의 20x1.1.1.~20x1.12.31. 법인세 신고와 관련된 자료이다. 이를 토대로 물음에 답하시오. [10점]

(1) ㈜세무의 손익계산서는 다음과 같다.

구분	금액	비고
매출액	380,000,000원	
매출원가	220,000,000원	
매출총이익	160,000,000원	
직원급여	40,000,000원	직원급여 중 대표자인 거주자 갑의 급여 20,000,000원 포함
차량유지비	23,000,000원	업무전용 자동차보험에 가입하지 않음, 전액 업무 관련 비용
영업이익	97,000,000원	
이자수익	2,300,000원	
이자비용	3,900,000원	차입금 잔액은 78,000,000원으로 기중 변동 없었음
법인세차감전순이익	95,400,000원	

(2) ㈜세무의 20x0년 도소매업 매출액은 120,000,000원, 이월결손금은 87,000,000원이 있다.

(3) 1년은 365일로 가정한다.

〈물음 1〉 ㈜세무를 거주자 갑이 운영하는 개인사업자로 가정할 경우, 초과인출금에 대한 지급이자 필요경비 불산입액을 구하시오(초과인출금적수는 30,000,000,000원으로 가정한다).

〈물음 2〉 ㈜세무를 거주자 갑이 운영하는 개인사업자로 가정할 경우 종합소득세 과세표준을 구하시오.

제118회 세무회계1급 답안 및 해설

세법1부 – 법인세법(조세특례제한법 포함) · 부가가치세법

1	2	3	4	5	6	7	8	9	10	11	12	13	14	15
①	②	④	②	②	②	③	①	③	③	④	②	②	③	④

16	9,120,000원	17	28,400,000원	18	80
19	1,229,807원	20	637,875원	21/22	별도 표기

01. ② 소득세 대납액은 손금불산입 기타사외유출로 처분해야 한다.

　③ 자기주식처분손익은 결산서상 자산, 부채의 왜곡이 없으므로 세무조정상 익금산입 기타로 처분한다.

　④ 소득처분은 **비영리내국법인, 비영리외국법인에 대해서도 똑같이 적용**한다.

02. **고유목적사업준비금을 손금산입하는 비영리내국법인은 수입배당금 익금불산입 규정이 적용**되지 않는다.

03. **기업업무추진비 한도액 계산시 수입금액에 중단된 사업부문의 매출액을 포함**하여 계산한다.

04. 발생주의에 따라 **이미 경과한 기간에 대응하는 이자비용을 계상한 경우에는 세법상 이를 인정**한다.

05. 소실된 기계장치의 세무상장부가액 = 취득가액(33,500,000) − 누계액(25,000,000)

　　　　　　　　　　　　　　　　　　 + 유보추인(5,000,000) = 13,500,000원

　일시상각충당금 손금산입 : Min(①, ②) = 4,500,000원

　① 보험차익 = 보험금 수령액(18,000,000) − 소실된 기계장치의 세무상 장부가액(13,500,000)

　　　　　　 = 4,500,000원

　② 한도 = 대체건물 취득가액(30,000,000) − 소실된 기계장치의 세무상 장부가액(13,500,000)

　　　　 = 16,500,000원

06. ① 내국법인이 사업연도 중에 「상법」의 규정에 따라 **조직변경을 한 경우에는 조직변경전의 사업연도가 계속되는 것**으로 본다.

　③ 합병등기일 전날(X)까지의 기간 → **합병등기일까지의 기간**

　④ 사업연도의 변경은 **'승인'을 필요로 하지 않는다.**

07. 재고자산을 평가하는 때 **종류별·영업장별로 각각 다른 방법에 의하여 평가**할 수 있다.

08. 〈지급이자 손금불산입〉

  (1) 채권자불분명 사채이자

  〈 손 금 불 산 입 〉 채권자불분명사채이자   5,050원 (상   여)

  〈 손 금 불 산 입 〉 채권자불분명사채이자 원천징수세액   4,950원 (기 타 사 외 유 출)

  (2) 건설자금이자

  〈 손 금 불 산 입 〉 건설자금이자   25,000원 (유   보)

  (3) 업무무관가지급금 관련 지급이자

이자율	이자비용	차입금적수(이자비용÷이자율×365일)
5%	5,000원	36,500,000원
4%	20,000원	182,500,000원
계	25,000원	219,000,000원

  • 지급이자(25,000)×가지급금 적수(21,900,000)/차입금 적수(219,000,000)원＝2,500원

  〈 손 금 불 산 입 〉 업무무관자산관련이자   2,500원 (기 타 사 외 유 출)

  기타사외유출＝채권자불분명사채이자 원천징수세액(4,950)＋업무무관 자산 등에 대한 이자(2,500)
           ＝7,450원

09. 부가가치세법상 교환거래의 경우 원칙적으로 공급한 재화의 시가로 과세하는 것이며, **시가가 동일하**
   다고 하여 재화의 공급으로 보지 않는 것은 아니다.

10. 과세와 면세 공통으로 사용하여 안분하는 경우 대가의 **지급일이 속하는 과세기간의 면세공급가액**
   비율로 계산한다.

11. 공급받은 자가 최종소비자가 아니고 과세사업자의 경우 면세의 포기로 인하여 매입세액공제를 적용
   받을 수도 있으나 그에 따른 매출세액을 거래징수하므로 **반드시 공급하는 자에게만 유리한 제도로만**
   볼 수는 없다.

12. 둘 이상의 사업장을 가진 사업자가 재화 또는 용역을 공급한 사업장 명의로 세금계산서를 발급하지
   아니하고 **자신의 다른 사업장 명의로 세금계산서를 발급한 경우 그 공급가액의 1%**

13. **사업 설비는 감가상각자산**을 말한다.

14. 재화나 용역을 공급할 때 그 품질이나 수량, 인도조건 또는 공급대가의 결제방법이나 그 밖의 공급조
   건에 따라 **통상의 대가에서 일정액을 직접 깎아 주는 금액은 공급가액에 포함하지 아니한다.**

15. **금지금(99.5% 이상의 금으로 만든 금괴)**을 내국신용장 또는 구매확인서에 의하여 공급하는 것은 영
   세율이 적용되지 아니한다.

16. 〈기계장치(정률법)〉

(1) 제8기

세무상취득가액(A)		세무상 기초감가상각누계액(B)	
= 기말 재무상태표상 취득가액	200,000,000	기초 재무상태표상 감가상각누계액	0
+ 즉시상각의제액(당기)	8,000,000	(−) 전기상각부인누계액	0
208,000,000		0	
미상각잔액(C = A − B) = 208,000,000			
상각범위액(D)	세무상미상각잔액(C) × 상각률(0.2) = 41,600,000		
회사계상상각비(E)	40,000,000원(상각비) + 8,000,000원(즉시상각의제) = 48,000,000		
시부인액(D − E)	**부인액 6,400,000(손금불산입, 유보)**		

☞ 소액수선비 판단 = 수선비(8,000,000) > 6,000,000원이므로 소액수선비에 해당하지 않음.

(2) 제9기

세무상취득가액(A)		세무상 기초감가상각누계액(B)	
= 기말 재무상태표상 취득가액	200,000,000	기초 재무상태표상 감가상각누계액	40,000,000
+ 즉시상각의제액(당기)		(−) 전기상각부인누계액	6,400,000
200,000,000		33,600,000	
미상각잔액(C = A − B) = 166,400,000			
상각범위액(D)	세무상미상각잔액(C) × 상각률(0.2) = 33,280,000		
회사계상상각비(E)	36,000,000원(상각비)		
시부인액(D − E)	**부인액 2,720,000(손금불산입, 유보)**		

(3) 제9기 말 유보 잔액 = 8기(6,400,000) + 9기(2,720,000) = 9,120,000원

17.

대손충당금

대손	5,500,000	기 초	26,000,000
	(시인액)		(유보 10,000,000)
기말잔액	**35,000,000**	설 정	14,500,000

① 회사설정액 : 35,000,000원

② 대손실적률 = [파산(5,500,000) + 소멸시효완성(2,000,000)]
　　　　　　　÷ [전기말 매출채권(248,000,000) + 전기말 채권 유보(2,000,000)] = 3%

③ 세법상 한도 = 매출채권(220,000,000) × Max[1%, 3%] = 6,600,000원

④ **한도초과액 : ① − ② = 28,400,000원**

19. 사업장A(임대보증금) = 임대보증금(8,000,000) - 임차보증금(6,000,000) = 2,000,000원

사업장B(상가만 대상) = 15,000,000원(주택은 원칙적으로 간주임대료 계산 대상에서 제외)

사업장C(임대보증금) = 임대보증금(50,000,000) - 미납월세액(5,000,000) = 45,000,000원

☞ 임대보증금을 임대료에 충당하였을 때에는 그 금액을 제외한 가액을 임대보증금으로 본다.

사업장	임대보증금	계산내역(1.1~6.30)	간주임대료
A	2,000,000	2,000,000×181일×정기예금이자율(4%)/365	39,671원
B	15,000,000	15,000,000×181일×4%/365	297,534원
C	45,000,000	45,000,00×181일×4%/365	892,602원
합계	50,000,000		1,229,807원

20. 〈재고납부세액〉20x5년 1기 납부세액

내역	취득일	취득가액 (공급가액)	매입세액	경과된 과세기간	재고납부세액
건물	x2.11.12	5,000,000	500,000	5	500,000×(1-5%×5)×(1-5.5%) =354,375원
상품	x3.02.02	3,000,000	300,000	-	300,000×(1-5.5%)=283,500원
비품	x2.03.13	4,000,000	400,000	6	취득일로부터 2년이 지나 재고납부세액 계산대상이 아니다.
					637,875원

☞ 건물의 경과된 과세기간 수=x2(1기)+x3(2기)+x4(2기)=5기
비품의 경과된 과세기간 수=x2(2기)+x3(2기)+x4(2기)=6기

21. 〈소득금액 합계표〉

1. 기업업무추진비 한도초과액 계산

(1) 해당액 = 계상액(73,000,000) - 경조금 적격증빙미수취(3,000,000) - 개인경비(1,500,000)
   - 3만원 초과분 적격증빙 미수취(2,000,000) = 66,500,000원

(2) 기업업무추진비 한도초과액 = 해당액(66,500,000) - 한도액(30,000,000)(가정)
   = 36,500,000원(기타사외유출)

(3) 한도초과액(36,500,000) 배분 :

① 비용계상분 = 판관비(35,000,000) - 직부인(6,500,000) = 28,500,000원

② 건설중인자산 : 3,000,000원(손금산입, △유보)

③ 건물 : 5,000,000원(손금산입, △유보)

2. 건물 감가상각비 시부인 계산

(1) △유보분 감가상각비 = 감가상각비(20,000,000)×△유보분(5,000,000)/장부가액(200,000,000)
   = 500,000원(손금불산입, 유보)

(2) 감가상각비 해당액 = 감가상각비(20,000,000) - △유보분 감가상각비(500,000)
   = 19,500,000원

(3) 한도액 = [취득가액(2억) − △유보 자산(5,000,000)] × 5%(20년) = 9,750,000원
(4) 한도초과액 = 해당액(19,500,000) − 한도액(9,750,000) = 9,750,000원(손금불산입, 유보)

구분	익금산입 및 손금불산입			손금산입 및 익금불산입		
	과목	금액(원)	소득처분	과목	금액(원)	소득처분
1	적격증빙 미수령 기업업무 추진비(1점)	3,000,000	기타사외 유출	건설중인자산 (1점)	3,000,000	△유보
2	대표이사 개인경비(1점)	1,500,000	상여	건물(1점)	5,000,000	△유보
3	적격증빙 미수취(1점)	2,000,000	기타사외 유출			
4	기업업무추진비 한도초과(1점)	36,500,000	기타사외 유출			
5	감가상각비(2점)	500,000	유보			
6	건물 감가상각비 한도초과(2점)	9,750,000	유보			
합계		53,250,000			8,000,000	

22. 〈납부·환급세액 재계산〉

구분	x0년 제2기	x1년 제1기	x1년 제2기	x2년 제1기
과세매출	150,000,000원	120,000,000원	114,000,000원	200,000,000원
면세매출	0원	80,000,000원	86,000,000원	50,000,000원
합계	150,000,000원	200,000,000원	200,000,000원	250,000,000원
면세비율	0%	40%	43%	20%
재계산여부	−	재계산(40%)	×	재계산(20%)

구분	가산(차감)액	계산근거
x0년 제2기	(−)21,000,000(2점)	과세매출 100%이므로 전액 매입세액 공제한다.
x1년 제1기	(+)6,300,000(2점)	매입세액(21,000,000) × (1 − 25% × 1) × 40% = 6,300,000원 납부
x1년 제2기	0원(2점)	면세비율 변동이 5%미만이므로 재계산하지 않음.
x2년 제1기	(−)1,050,000(4점)	21,000,000 × (1 − 25% × 3) × 면세비율변동(40% − 20%) = 1,050,000원 공제

세법2부 – 국세기본법 · 소득세법(조세특례제한법 포함)

1	2	3	4	5	6	7	8	9	10	11	12	13	14	15
③	②	④	④	②	②	②	④	②	④	③	③	②	④	②

16	10년	17	30,000,000원	18	11,000,000원
19	1,400,000원	20	870,000원	21/22	별도 표기

01. 전자송달의 신청을 철회한 자가 전자송달을 재신청하는 경우에는 **철회 신청일로부터 30일이 지난날 이후에 신청**할 수 있다.

02. 국세를 조사 · 결정할 때 장부의 기록내용이 사실과 다르거나 장부의 기록에 누락된 것이 있을 때에는 **그 부분에 대해서만 정부가 조사한 사실에 따라 결정**할 수 있다.

03. 전세권에 의하여 담보되는 채권액의 범위는 전세금 외에 **위약금이나 배상금 등으로 등기된 금액을 포함**한다.

04. 과점주주가 회사의 조세채무에 관하여 자신의 고유재산으로 책임을 져야 하는 경우, 그 책임의 한도는 해당 과점주주가 실질적으로 권리를 행사하는 주식수를 발행주식 총수로 나눈 비율(**의결권 없는 주식은 제외**한다)에 비례한다.

05. 세무서장은 **국세환급금으로 결정한 금액을 체납된 국세 및 강제징수비에 충당**하여야 한다.

06. ㄴ. 국세신고 등에 대한 기한연장 사유임.

ㄹ. 납부기한의 연장이 가능한 사유임(국세징수법 납부기한 연장사유).

07. 〈과세구분 및 금융소득 수입금액〉

구분	금액	과세구분
(1) 현금배당	10,000,000원	조건부종합과세(Gross – up 대상)
(2) 국채 할인액	–	국채의 매매차익은 과세대상이 아니다. ☞ 국채 등을 공개시장에서 통합 발행하는 경우 채권의 매각 가액과 액면가의 차액은 이자소득에 포함되지 아니한다.
(3) 예금이자	8,000,000원	조건부종합과세
(4) 비영업대금이익	2,000,000원	조건부종합과세(귀속시기는 약정일)
(5) 외국법인 채권이자	1,000,000원	무조건종합과세
합계	21,000,000원	

종합소득에 합산할 금융소득금액 = 20,000,000원 + 2천만원 초과 현금배당금(1,000,000)

× 111%(가정) = 21,110,000원

08. **공익사업과의 관련 유무에 관계없이 지상권**(지하 또는 공중에 설정된 권리 포함)을 양도함으로써 발생하는 소득은 **양도소득**이다. **공익사업과 관련이 없는 지역권·지상권**(지하 또는 공중에 설정된 권리 포함)을 설정하거나 대여함으로써 발생하는 소득은 **사업소득(부동산임대업)**으로 하며, **해당 소득이 공익사업과 관련이 있는 경우에는 기타소득**으로 한다.

09. 〈근로소득 VS 기타소득〉

구분	총급여액	기타소득금액	비고
기본급	44,000,000	–	4,000,000원×11개월
직무발명 보상금	–	3,000,000	직무발명보상금의 경우 **연간 700만원까지 비과세**하므로, 퇴직 전 수령한 4,000,000원은 근로소득으로 전액 비과세, 퇴직 후 수령한 기타소득 3,000,000원은 비과세
산업재산권 대여	–	1,200,000	3,000,000원×(1-60%)
사내 강연수당	1,000,000	–	㈜A에게 제공한 근로소득
일시적 인적용역	–	500,000	필요경비 = MAX[2,000,000×60%, 실제발생경비(1,500,000)] = 1,500,000원 기타소득금액 = 2,000,000 - 실제(1,500,000) = 500,000원
인세 수입	–	–	**작가의 인세 수입은 사업소득**에 해당한다.
합계	45,000,000	4,700,000	

10. 원천징수의무자가 **12월에 퇴직한 사람의 퇴직소득을 다음 연도 2월 말일까지 지급하지 아니한 경우**에는 그 퇴직소득을 다음 연도 **2월 말일에 지급한 것**으로 보아 소득세를 원천징수 한다.

11. 공동사업장의 구성원 수와 상관없이 **공동사업장을 1거주자로 보고 업무용승용차 1대에 대해서만 업무전용자동차보험에 가입하지 않아도 업무사용비율금액에 대해 필요경비가 인정**된다.

12. 채권의 할인액도 이자소득으로 간주한다.
- 연간채권할인율 = [액면가액(10,000,000) - 발행가액(8,800,000)]/액면가액(10,000,000)
  ÷3년 = 4%/년
- 할인액 = 액면가액(10,000,000)×채권할인율(4%)×180/360 = 200,000원
- 액면이자상당액 = 액면가액(10,000,000)×액면이자율(8%)×180/360 = 400,000원
- 원천징수대상 이자소득 = 채권할인액(200,000) + 액면이자(400,000) = 600,000원
- 원천징수세액 = 이자소득금액(600,000)×14% = 84,000원

13. ① 이월과세 규정은 **배우자 또는 직계존비속에게 증여받은 경우에 한해 적용**된다.
　③ 거주자가 해당 자산에 대하여 납부하였거나 납부할 **증여세 상당액이 있는 경우 필요경비에 산입**한다.
　④ 양도소득이 해당 **수증자에게 실질적으로 귀속된 경우**라면 양도소득의 부당행위계산 규정을 적용하지 않는다.

14. 의료비, 교육비, 월세 세액공제에 따른 서류를 제출한 경우에는 **표준세액공제를 적용할 수 없다.**

15. ① 종교인소득에 대해서 원천징수를 하지 아니할 수 있으나, 이 경우 종교인소득을 지급받은 자는 종합소득과세표준을 신고하여야 한다.

③ 종교 관련 종사자가 현실적인 **퇴직을 원인으로 종교단체로부터 지급받은 소득은 퇴직소득**에 해당한다.

④ 원천징수를 하지 아니한 경우에도 지급명세서는 제출하여야 한다.

16. 역외거래의 경우 납세자가 법정신고기한까지 과세표준신고서를 제출하지 아니한 경우의 제척기간은 국세를 부과할 수 있는 날부터 10년이다.

17. (1) 2018년 종합소득세 미신고분 : 납부고지(2024.12.8.) 후 소멸시효가 재기산되므로 소멸시효가 완성되지 아니함 – 납부할 국세(30,000,000)

(2) 압류해제(2021.1.1.) 후 5년이 지나 소급하여 소멸시효(2025.12.31.) 완성됨.

(3) 연대납세의무자가 납부하였으므로 납부하여야 할 국세가 존재하지 아니함

18. 〈인적공제액〉

관계	요 건		기본 공제	추가 공제	판 단
	연령	소득			
본인(여성)	–	–	○	부녀자	배우자가 있는 여성으로 종합소득금액이 3,000만원 이하에 해당
배우자	–	○	○		총급여액 5백만원 이하자
장남(22)	×	○	○	장애	장애인은 연령요건을 따지지 않는다.
장녀(21)	×	○	부		
부(72)	○	○	○	경로	금융소득 2천만원 이하자
형(56)	×	○	부		
위탁아동(12)	–	–	–	–	해당 과세기간에 **6개월 이상 직접 양육해야 함**
모친(68)	○	○	○		일용근로소득은 분리과세소득

- 기본공제(5명) = 1,500,000×5 = 7,500,000원   • 부녀자 공제 = 500,000원
- 장애인공제(1명) = 2,000,000원   • 경로우대공제(1명) = 1,000,000원

19. 〈간편장부대상자 – 세액공제액〉

1. 기장세액공제 Min((1), (2)) = 400,000원

   (1) 공제대상금액 = 산출세액(2,000,000) × 기장사업소득금액(40,000,000)

   ÷ 종합소득금액(40,000,000) × 20% = 400,000원

   (2) 한도액 : 1,000,000원

2. 외국납부세액공제 : Min[(1), (2)] = 50,000원

   (1) 공제대상금액(외국납부세액) : 300,000원

   (2) 한도액 = 산출세액(2,000,000) × 국외소득(1,000,000)/종합소득금액(40,000,000) = 50,000원

3. 자녀세액공제 : 기본공제(250,000, 영수 – 8세 이상) + 출산입양공제(700,000, 셋째) = 950,000원

4. 합계 = 기장세액공제(400,000) + 외국납부세액공제(50,000) + 자녀세액공제(950,000)

   = 1,400,000원

20. 〈성실신고사업자의 가산세〉

(1) 성실신고 확인서 제출 불성실 가산세 : Max(①, ②) = 750,000원

   ① 산출세액(15,000,000) × 5% = 750,000원

   ② 사업소득 총수입금액(530,000,000 + 15,000,000) × 0.02% = 109,000원

(2) 무기장 가산세 = 산출세액(15,000,000) × 무기장 소득금액(5,000,000)

   ÷ 종합소득액(125,000,000) × 20% = 120,000원

가산세 = 성실신고 확인서 제출 불성실(750,000) + 무기장 가산세(120,000) = 870,000원

21. 〈물음 1〉 20x1년 7월 23일(1점)

• 신고에 따라 **납세의무가 확정되는 국세의 경우 신고한 해당 세액의 법정기일은 신고일(20x1.7.23)** 이다.

〈물음 2〉 (9점)

순서	채권내역	금액
1	경매비용 (1점)	3,000,000원
2	최종 3개월분 임금 (1점)	30,000,000원
3	증여세(당해세) (2점)	20,000,000원
4	A은행 피담보채권 (설정일 x1.05.13) (2점)	10,000,000원
5	기타의 임금채권 (1점)	20,000,000원
6	부가가치세 체납액(2점)(법정기일 x1.07.23.)	7,000,000원
	계	90,000,000원

22. **〈물음 1〉 3,900,000원 (3점)**

- 차입금 적수 = 차입금(78,000,000) × 365일 = 28,470,000,000원
- 이자비용(3,900,000) × Min[초과인출금 적수(30,000,000,000), 차입금적수(28,470,000,000)]
  ÷ 차입금적수(28,470,000,000) = 3,900,000원

〈물음 2〉 27,500,000원 (7점)

(1) 이월결손금 공제 전 사업소득의 계산(= ① + ② - ③) : 117,000,000원

    ① 법인세 차감전 순이익 : 95,400,000원

    ② 가산조정 = 본인 인건비(20,000,000) + 초과인출금(3,900,000) = 23,900,000원

    ③ 차감조정 = 이자수익(2,300,000)

(2) 종합소득세 과세표준 계산 = 종합소득금액(117,000,000) - 이월결손금(87,000,000)
                                    - 기본공제(1,500,000) - 경로자 공제(1,000,000)
                                    = 27,500,000원

제117회 세무회계1급

합격율	시험년월
11%	2025.06

세법1부 **법인세법(조세특례제한법 포함)·부가가치세법**

객관식 : 문항당 4점

01. 다음 중 법인세법상 성실신고확인서를 제출하지 않아도 되는 내국법인을 모두 고른 것은? 단, 해당 법인의 지배주주가 전체주식의 80%를 소유한 것으로 가정한다.

> ㄱ. 부동산 임대업에 대한 매출액이 해당 법인의 총매출액에 해당하며, 상시근로자 수가 10명인 법인
> ㄴ. 부동산 임대업에 대한 매출액이 해당 법인의 총매출액에 해당하며, 상시근로자가 없으나, 「주식회사 등의 외부감사에 관한 법률」에 따라 회계감사를 받은 법인
> ㄷ. 기업회계기준에 따라 계산한 이자소득이 총매출액에 해당하며, 상시근로자 수가 10명인 법인

① ㄱ   ② ㄱ, ㄴ   ③ ㄴ, ㄷ   ④ ㄱ, ㄴ, ㄷ

02. 다음 중 법인세법상 시가에 대한 설명으로 옳은 것은?

① 법인세법상 규정한 일반적인 시가 적용방법을 적용할 수 없는 용역 제공거래 중 건설용역을 제공하는 경우 해당 용역의 시가는 당해 용역 제공에 직접 소요된 금액과 해당 사업연도 중 특수관계인 외의 자에게 제공한 유사한 용역제공거래를 할 때 수익률을 곱하여 계산한 금액을 합한 금액을 시가로 본다.

② 가상자산의 시가가 불분명한 경우 감정평가법인등이 감정한 가액이 있는 경우 그 가액을 시가로 본다.

③ 주권상장법인이 발행한 주식을 증권시장 외에서 거래하는 경우 그 시가는 거래일 전후 2개월 평균을 시가로 본다.

④ 법인이 당좌대출이자율을 시가로 선택하는 경우 선택한 사업연도와 이후 2개 사업연도는 당좌대출이자율을 시가로 본다.

03. 다음 중 법인세법상 부당행위계산의 부인에 대한 설명으로 옳지 않은 것은?

① 주권상장법인이 발행주식총수의 100분의 10의 범위에서 상법에 따라 부여한 주식매수선택권의 행사로 주식을 시가보다 낮은 가액으로 양도한 경우에는 조세의 부담을 부당하게 감소시킨 것으로 보지 아니한다.

② 법인에 30% 이상 출자하고 있는 법인에 30% 이상을 출자하고 있는 법인이나 개인은 특수관계인으로 본다.

③ 연결납세방식을 적용받는 연결법인 간에 연결법인세액의 변동이 없는 등 법 소정 요건을 갖추어 용역을 제공하는 경우 부당행위로 간주하지 않는다.

④ 법인이 특수관계 있는 자와 주식을 거래하는 경우 부당행위계산의 판단기준이 되는 시가가 없다면 감정평가 받은 금액을 사용하며, 감정한 가액이 2 이상인 경우에는 그 감정한 가액의 평균액을 감정평가 받은 금액으로 본다.

04. 다음 중 법인세법상 손금으로 인정하는 대손사유로 성격이 다른 하나는?

① 회수기일이 6개월 이상 지난 채권 중 채권가액이 30만원 이하(채무자별 채권가액의 합계액을 기준으로 함)인 채권

② 채무자의 파산, 강제집행, 형의 집행, 사업의 폐지, 사망, 실종 또는 행방불명으로 회수할 수 없는 채권

③ 「채무자 회생 및 파산에 관한 법률」에 따른 회생계획인가의 결정 또는 법원의 면책결정에 따라 회수불능으로 확정된 채권

④ 재판상 화해 등 확정판결과 같은 효력을 가지는 것으로서 「민사소송법」에 의한 화해, 조정등으로 회수불능으로 확정된 채권

05. 다음 중 법인세법상 의제배당에 대한 설명으로 가장 옳지 않은 것은?

① 법인이 잉여금의 전부 또는 일부를 자본이나 출자에 전입함으로써 주주인 내국법인이 취득하는 주식의 가액(무상주, 주식배당)은 법인으로부터 이익이나 잉여금을 배당받았거나 분배받은 금액으로 보는 것이 원칙이다.

② 법인이 자기주식을 보유한 상태에서 익금불산입 항목인 자본잉여금을 자본금에 전입함에 따라 그 법인 외의 주주가 지분비율이 증가한 경우 증가한 지분비율에 상당하는 주식의 가액은 배당으로 본다.

③ 자본잉여금 중 주식액면발행초과금, 주식의 포괄적 교환차익, 주식의 포괄적 이전차익의 자본금 전입으로 인하여 받은 무상주 가액은 배당으로 보지 않는다.

④ 자기주식처분이익을 자본금에 전입하는 경우 주주가 받은 무상주는 자기주식 취득시기와 관계없이 배당으로 본다.

06. 다음 중 법인세법상 합병에 관한 특례에 대한 설명으로 옳지 않은 것은?

① 적격합병에 따라 양도손익이 없는 것으로 한 경우 합병법인은 피합병법인의 자산을 장부가액으로 양도 받은 것으로 본다. 이 경우 장부가액과 시가와의 차액을 자산별로 계상하여야 한다.

② 합병법인이 합병등기일 전에 취득한 피합병법인의 주식이 있는 경우로서 그 합병포합주식에 대하여 합병교부주식을 교부하지 않았더라도 그 지분비율에 따라 합병교부주식을 교부한 것으로 보아 합병교부주식가액을 계산한다.

③ 적격합병에 해당하여 합병법인이 피합병법인으로부터 승계한 자산별로 계상한 자산조정계정은 해당 자산의 상각이나 처분 시에 익금 또는 손금에 산입한다.

④ 비적격합병에 해당하는 경우 합병법인이 피합병법인의 순자산을 시가보다 저렴한 대가로 취득하여 발생한 합병매수차익은 합병등기일이 속하는 사업연도 개시일부터 5년이 되는 날이 속하는 사업연도까지 월수에 따라 균등 익금산입한다.

07. 다음 중 법인세법상 손익의 귀속시기에 대한 설명으로 옳지 않은 것은?

① 중소기업이 수행하는 계약기간 1년 미만인 건설등 용역의 제공으로 인한 수익은 그 목적물의 인도일이 속하는 사업연도에 익금에 산입할 수 있다.

② 중소기업의 경우 장기할부매출에 대하여 결산상 회계처리에 관계없이 장기할부조건에 따라 각 사업연도에 회수하였거나 회수할 금액과 이에 대응하는 비용을 각각 해당 사업연도의 익금과 손금에 산입할 수 있다.

③ 법인이 결산을 확정함에 있어 차입일부터 이자지급일이 1년을 초과하는 특수관계인과의 거래에 따른 기간경과분 미지급이자를 해당 사업연도의 손비로 계상한 경우에는 그 계상한 사업연도의 손금으로 한다.

④ 법인이 매출할인을 하는 경우 그 매출할인금액은 상대방과의 약정에 의한 지급기일(그 지급기일이 정해져 있지 아니한 경우에는 지급한 날)이 속하는 사업연도의 매출액에서 차감한다.

08. 다음의 자료를 통해 영리내국법인 ㈜국세(제조업, 중소기업)의 제25기(20x1.1.1.~20x1.12.31.)의 익금산입(인정이자) 합계액을 계산하면 얼마인가?

---

(1) 대여금 내역

구분	대여금	연간 약정이자 (수익계상)	비고
갑(대표이사)	70,000,000원	2,700,000원	사업자금 대여
을(전무이사)	30,000,000원	700,000원	별장 구입자금 대여
병(부장, 지배주주에 해당하지 아니함)	20,000,000원	500,000원	주택 전세자금 대여

(2) 대여금은 모두 제24기에 대여하였으며 제25기 중 변동은 없다.
(3) ㈜국세는 갑(대표이사)으로부터 별도의 상환 약정없이 차입한 차입금 10,000,000원(연중 변동없음)이 있다.
(4) ㈜국세는 과세표준을 신고할 때 가지급금 인정이자 계산 시 적용할 이자율로 당좌대출이자율(4.6%)을 적법하게 신고하였다.
(5) 1년은 365일로 가정한다.

---

① 60,000원   ② 680,000원   ③ 1,160,000원   ④ 1,620,000원

09. 다음은 부가가치세법상 사업자단위과세제도에 대한 설명이다. 이에 대한 설명으로 옳은 것을 모두 고른 것은?

ㄱ. 사업자단위과세 사업자가 당초 사업자단위 과세를 포기하려는 경우 포기하려는 과세기간 개시 20일 전에 사업자단위 과세 포기신고서를 제출하고, 관할 세무서장의 승인을 받아야 한다.
ㄴ. 사업자단위과세란 2 이상의 사업장이 있는 경우 사업장이 아닌 사업자 단위로 모든 납세의무를 이행하는 제도로서 납세편의를 도모함에 있다.
ㄷ. 사업자단위과세를 적용하는 법인의 경우 주사업장을 지점으로 선택할 수 있다.
ㄹ. 둘 이상의 간이과세 사업장을 가지고 있는 사업자의 납부의무 면제 여부는 모든 사업장의 수입금액을 통산하여 판단한다.

---

① ㄱ, ㄷ   ② ㄴ, ㄹ   ③ ㄷ, ㄹ   ④ ㄱ, ㄴ

10. 다음은 도소매업을 영위하는 중소기업인 일반과세사업자인 ㈜경영의 20x5년 제1기 확정(4월~6월) 부가가치세 신고와 관련한 자료이다. 세부담 최소화를 가정하여 납부할 금액을 계산하면 얼마인가?

> (1) ㈜경영의 제1기 확정(4월~6월) 공급가액은 20,000,000원이다.
> (2) ㈜경영이 보유한 채권은 다음과 같다.
>   – 거래처에 운전자금으로 대여한 11,000,000원이 있으나, 20x5.5.31. 법원의 회생계획인가 결정에 따라 주식으로 출자전환 되어 주식으로 수령하였다(주식의 시가 5,000,000원임).
>   – 20x2.4.15. 재화를 공급한 채권 12,100,000원의 소멸시효가 제1기 확정기간 중에 완성됨.
>   – 20x3.3.30. 재화를 공급한 채권 3,300,000원에 대해서 채무자의 파산으로 인하여 회수할 수 없는 채권으로 확정(20x5.4.30.)됨.
>   – 20x5.1.31. 재화를 공급하여 채권 5,500,000원이 있으나, 부도가 발생하였음(부도발생일 : 20x5.5.31.)

① 100,000원 납부   ② 200,000원 납부
③ 600,000원 납부   ④ 900,000원 납부

11. 다음 중 부가가치세법상 간이과세자에 대한 설명으로 옳지 않은 것은?
① 간이과세자란 직전 연도의 공급대가의 합계액이 1억 400만원 미만인 개인사업자를 말한다.
② 간이과세자의 1년간 공급대가가 4,800만원 미만인 경우 납부의무를 면제한다. 다만 재고납부세액의 납부의무는 면제하지 않는다.
③ 음식점업, 제조업을 영위하는 간이과세자는 의제매입세액공제를 받을 수 있다.
④ 간이과세자는 대손세액공제를 받을 수 없다.

12. 다음 중 부가가치세법상 과세표준에 포함되는 공급가액에 대한 설명으로 옳지 않은 것은?
① 자기적립마일리지등 외의 마일리지등으로 결제받은 부분에 대하여 마일리지등을 적립해준 사업자로부터 보전 받았거나 보전 받을 금액은 공급가액에 포함한다.
② 사업자가 재화 또는 용역을 공급받는 자에게 지급하는 장려금이나 이와 유사한 금액은 과세표준에서 공제하지 않는다.
③ 공급시기 이후에 외국통화나 그 밖의 외국환 상태로 보유하거나 지급받은 경우에는 대가를 지급받은 날의 기준환율 또는 재정환율에 따라 공급가액을 계산한다.
④ 용역의 무상공급은 과세거래에 해당하지 않으나, 특수관계인에게 무상으로 사업용 부동산 임대용역을 공급하는 경우에는 공급한 용역의 시가를 공급가액으로 본다.

13. 다음 중 부가가치세법상 수정 세금계산서의 발급 절차에 대한 설명으로 옳지 않은 것은?

① 계약의 해제로 재화 또는 용역이 공급되지 않은 경우에는 계약이 해제된 때에 그 작성일은 계약 해제일로 적고 비고란에 처음 세금계산서 작성일을 덧붙여 적은 후 음의 표시를 하여 발급한다.

② 처음 공급한 재화가 환입된 경우 재화가 환입된 날을 작성일로 적고 비고란에 처음 세금계산서 작성일을 덧붙여 적은 후 음의 표시를 하여 발급한다.

③ 공급가액이 착오로 잘못 적힌 경우(법령에 따라 과세표준 또는 세액을 경정할 것을 미리 알고 있는 경우는 제외) 처음에 발급한 세금계산서의 내용대로 음의 표시를 하여 발급하고, 수정하여 발급하는 세금계산서는 검은색 글씨로 작성하여 발급한다.

④ 계약의 해지 등에 따라 공급가액이 증감되는 경우 처음에 발급한 세금계산서 내용대로 음의 표시를 하여 발급하고, 수정하여 발급하는 세금계산서는 검은색 글씨로 작성하여 발급한다.

14. 다음 중 부가가치세법상 면세에 대한 설명으로 옳지 않은 것은?

① 「철도의 건설 및 철도시설 유지관리에 관한 법률」에 따른 고속철도에 의한 여객운송용역에 대해서는 부가가치세를 과세한다.

② 시외우등고속버스 및 시외고급고속버스운송사업 및 전세버스운송사업에 의한 여객운송 용역에 대해서는 부가가치세를 면제한다.

③ 「체육시설의 설치·이용에 관한 법률」에 따른 무도학원의 교육 용역은 부가가치세를 과세한다.

④ 면세의 포기를 신고한 사업자는 신고한 날부터 3년간 부가가치세를 면제받지 못한다.

15. 다음 중 부가가치세법상 재화의 공급시기에 대한 설명으로 옳지 않은 것은?

① 반환조건부 판매, 동의조건부 판매, 그 밖의 조건부 판매 및 기한부 판매의 경우에는 그 조건이 성취되거나 기한이 지나 판매가 확정되는 때를 공급시기로 본다.

② 무인판매기를 이용하여 재화를 공급하는 경우 해당 사업자가 무인판매기에서 현금을 꺼내는 때를 재화의 공급시기로 본다.

③ 현금판매, 외상판매 또는 할부판매의 경우 대가를 지급 받기로 한 때를 재화의 공급시기로 본다.

④ 완성도기준지급조건부로 재화를 공급하는 경우에는 대가의 각 부분을 받기로 한 때를 재화의 공급시기로 본다.

※ 반드시 OMR 카드 앞면의 주관식 답안란에 답안을 작성하시오(연필 또는 컴퓨터용 사인펜 사용 금지).

16. 다음은 영리내국법인인 ㈜회계(중소기업이며, 사회적기업 아님)의 제3기(20x1.1.1.~20x1.12.31.) 기부금 세무조정을 위한 자료이다. 제3기의 각 사업연도 소득금액을 계산하면 얼마인가?

> (1) 차가감 소득금액은 50,000,000원이다.
> (2) 손익계산서에 계상된 기부금의 내역은 다음과 같다.
>   가. 국방헌금과 국군장병 위문금품 : 11,000,000원
>   나. 사립학교에 연구비로 지출한 기부금 : 7,000,000원
>   다. 사회복지법인에 고유목적사업비로 지출한 기부금 : 5,000,000원
> (3) 제3기 과세표준 계산 시 공제가능한 이월결손금은 8,000,000원이다.
> (4) 제2기 사업연도의 특례기부금 손금 한도초과액 10,000,000원이 있다.

17. 내국법인인 중소기업 ㈜국민의 사업연도 제24기(20x0.1.1~20x0.12.31.)와 제25기(20x1.1.1.~20x1.12.31.)의 자료는 다음과 같다. 아래의 자료를 기준으로 결손금 소급공제를 받는 경우 환급세액을 계산하시오.

> (1) 제24기 과세표준은 250,000,000원, 산출세액은 30,000,000원, 감면 · 공제액은 10,000,000원이다.
> (2) 제24기, 제25기 세율은 과세표준 2억원 이하분은 10%, 2억원 초과 200억원 이하분은 20%로 가정한다.
> (3) 제25기에 발생한 결손금 28,000,000원 중 20,000,000원을 소급공제로 신청했다.
> (4) 환급가산금은 존재하지 않는다고 가정한다.
> (5) ㈜국민은 신고기한 내 신청서 제출 및 당기와 전기의 법인세는 적법하게 신고하였다.
> (6) 결손금 소급공제에 필요한 모든 요건은 충족하였다고 가정한다.

18. 다음은 영리내국법인 ㈜조세의 제10기(20x1.1.1.~20x1.12.31.) 외국납부세액공제와 관련된 자료이다. 이를 참고하여 A국과 C국의 외국납부세액공제액의 합계액을 구하시오. 단, 당기의 법인세 최소화를 가정하며, 외국납부세액에 대하여 세액공제방식을 선택한다.

(1) 각국의 소득 및 외국납부세액의 내역

구분	국내	A국 지점	B국 지점	C국 지점	합계
소득금액	120,000,000원	14,000,000원	(10,000,000원)	50,000,000원	174,000,000원
직접외국 납부세액	-	6,000,000원	-	10,000,000원	16,000,000원

(2) 외국납부세액과 관련한 회계처리 및 세무조정은 모두 적정하게 이루어졌다.
(3) 비과세소득 · 이월결손금 · 소득공제액은 없다.

19. 20x0년 3월 개업한 일반과세자 김국세씨는 20x1년 9월 30일 폐업을 결정하였다. 폐업 시 남은 재화는 다음과 같다. 간주공급으로 과세되는 부가가치세의 과세표준을 계산하시오. 단, 모든 금액은 부가가치세가 제외된 금액이며, 별도의 언급이 없으면 세금계산서는 적법하게 수취한 것으로 본다.

(1) 건물 : 취득시기(20x0년 4월 10일), 취득가격(10,000,000원), 시가(8,000,000원)
(2) 비품 : 취득시기(20x0년 9월 29일), 취득가격(5,000,000원), 시가(4,500,000원)
(3) 상품A : 취득시기(20x1년 5월 31일), 취득가격(3,300,000원), 시가(4,400,000원)
(4) 상품B : 취득시기(20x1년 7월 25일), 취득가격(2,750,000원), 시가(1,650,000원)
※ 상품B 취득 시 수취한 세금계산서에는 김국세의 사업자 등록번호가 잘못 기재되어 매입세액공제를 받지 못하였다.

20. 다음은 과세사업과 면세사업을 겸영하고 있는 ㈜세화의 20x1년 제2기(7.1.~12.31.) 부가가치세 신고 관련 자료이다. 이를 토대로 제2기(7.1.~12.31.) 납부 또는 환급받을 세액을 구하시오.

(1) ㈜세화는 20x1.4.8. 설립하였으며, 제1기에 대한 매출액은 없었다.
(2) ㈜세화는 20x1.4.9. 사업용 목적으로 건물을 공급가액 500,000,000원에 매입하였다.
(3) ㈜세화의 20x1년 공급가액은 다음과 같으며, 과세와 면세 사용면적은 확인이 불가하다.

구분	면세공급가액	과세공급가액
제1기	0원	0원
제2기	20,000,000원	30,000,000원

(4) ㈜세화는 세무대리인을 통하여 부가가치세 신고를 완료하였다.

주관식(약술형) ※ 반드시 OMR 카드 뒷면의 약술형 답안란에 답안을 작성하시오(연필 또는 컴퓨터용 사인펜 사용 금지).

21. 다음의 자료를 이용하여 ㈜테무의 제15기(20x1.1.1.~20x1.12.31.)의 소득금액조정합계표를 아래의 [답안양식]에 따라 작성하시오. 단, 당기의 세부담을 최소화하는 방향으로 세무조정 하기로 하며 당좌대출이자율은 6%, 1년은 365일이다. [10점]

1. 가지급금의 적수 및 내역

대상	가지급금 적수(원)	가수금 적수(원)	비고
㈜A	7,000,000,000	2,800,000,000	가지급금은 ㈜테무가 10% 출자한 회사에 대한 대여금[주1]이며, 가수금은 그 동일한 회사로부터의 차입금(상환기간 1년에 연 5% 이자율 약정)임
㈜B	4,000,000,000	–	법인 대주주에 대한 7년 전 대여액[주2]
영업부장	3,500,000,000	–	우리사주조합원에 대한 당사 주식의 취득자금 대여액(무이자)
대표이사 (4% 지분)	8,000,000,000	551,000,000	상환기간이나 이자율에 대한 약정은 없음

(주1) 5.6%의 이자율로 약정하여 당기에 1,090,200원을 이자수익으로 계상하였다.
(주2) 당기에 이자수익으로 계상한 약정이자 수령액은 400,000원이다.

2. 손익계산서상 지급이자 및 차입금 적수, 차입금과 이자율은 연중 변동이 없으며, 모든 차입금은 가지급금 발생 이전에 차입한 것으로, 차입 당시와 20x1년의 가중평균차입이자율은 같다고 가정한다.

이자율	지급이자(원)	차입금 잔액(원)	차입금 적수(원)	비고
10%	1,500,000	15,000,000	5,475,000,000	–
9%	700,000	8,000,000	2,920,000,000	채권자불분명사채이자
8%	400,000	5,000,000	1,825,000,000	건설중인 자산에 대한 차입이자
5%	5,000,000	100,000,000	36,500,000,000	차입금 중 20%는 특수관계인으로부터의 차입금임
계	7,600,000	128,000,000	46,720,000,000	

[답안양식]

구분	익금산입 및 손금불산입			손금산입 및 익금불산입		
	과목	금액(원)	소득처분	과목	금액(원)	소득처분
1						
2						
3						
합계						

22. 도소매업을 운영하는 일반과세자 김국세씨의 20x1년 제1기(1월~6월) 자료는 다음과 같다. 각 물음에 답하시오. 단, 모든 금액은 부가가치세가 제외된 금액이다. [10점]

> (1) 20x1년 1월 3일 미국으로 제품을 직수출하고 받은 대금 $20,000 중 $15,000는 1월 5일에 수령하였고, 수령과 동시에 환전하였다. 선적일은 1월 10일이며 잔금 $5,000은 6월 30일에 수령하였다.
>   • 1월 5일 환율 : 1,300원/$ • 1월 10일 환율 : 1,350원/$
>   • 1월 31일 환율 : 1,400원/$ • 6월 30일 환율 : 1,450원/$
> (2) 김국세씨는 국내에서 수출물품의 원자재를 수출업자인 ㈜B에게 공급하였고 그 구매확인서는 20x1년 7월 30일에 발급되었다. 원자재의 공급가액은 3,000,000원이다.
> (3) 20x1년 1월 31일 ㈜부가에게 판매한 금액은 100,000,000원이다. 다만 대금은 수령하지 못했다.
> (4) 20x1년 4월 7일 거래처 ㈜B에게 판매장려 목적으로 상품(매입세액공제 받지 않음)을 무상제공하였다. 상품의 취득가격은 20,000,000원, 시가는 30,000,000원이다.
> (5) 20x1년 6월 12일 김국세씨의 다른 사업장인 ㈜C에게 판매목적으로 상품(매입세액공제 받지 않음)을 반출하였다. 상품의 취득가격은 10,000,000원, 시가는 15,000,000원이다.
> (6) 김국세씨는 주사업장총괄납부, 사업자단위과세 적용 사업자에 해당하지 않는다.

〈물음 1〉 김국세씨의 20x1년 제1기(1월~6월) 영세율 적용 과세표준 금액은 얼마인가?

〈물음 2〉 김국세씨의 20x1년 제1기(1월~!6월) 10% 세율 적용 과세표준 금액은 얼마인가?

객관식 : 문항당 4점

01. 다음 중 국세기본법상 가산세에 대한 설명으로 옳지 않은 것은?

① 정부는 세법에서 규정한 의무를 위반한 자에게 이 법 또는 세법에서 정하는 바에 따라 가산세를 부과할 수 있으며, 가산세는 납부할 세액에 가산하거나 환급받을 세액에서 공제한다.

② 가산세는 해당 의무가 규정된 세법의 해당 국세의 세목으로 한다. 해당 국세를 감면하는 경우에는 가산세는 그 감면 대상에 포함시킨다.

③ 예정신고 및 중간신고와 관련하여 무신고가산세 또는 과소신고 · 초과환급신고가산세가 부과되는 부분에 대해서는 확정신고와 관련하여 무신고가산세를 적용하지 아니한다.

④ 부가가치세법에 따라 재화 또는 용역을 공급하는 자가 대손세액공제를 받았으나 그 공급받은 사업자는 관련 대손세액을 자신의 매입세액에서 빼지 아니하여 그 사업자의 관할 세무서장이 빼야 할 매입세액을 결정 또는 경정한 경우에는 무신고가산세, 과소신고 · 초과환급신고가산세 및 납부지연 가산세를 적용하지 아니한다.

02. 다음 중 국세를 납부할 의무의 성립시기에 대하여 옳은 설명을 모두 고른 것은?

> ㄱ. 증여세 : 증여에 의하여 재산을 취득하는 때
> ㄴ. 금융 · 보험업자의 수입금액에 부과하는 교육세 : 수입금액이 확정되는 때
> ㄷ. 수시부과하여 징수하는 국세 : 수시부과할 때

① ㄱ   ② ㄱ, ㄴ   ③ ㄱ, ㄷ   ④ ㄴ, ㄷ

03. 다음 중 국세기본법상 연대납세의무에 대한 설명으로 옳지 않은 것은?

① 법인이 「채무자 회생 및 파산에 관한 법률」 제215조에 따라 신회사를 설립하는 경우 기존의 법인에 부과되거나 납세의무가 성립한 국세 및 강제징수비는 신회사가 연대하여 납부할 의무를 진다.

② 공유물, 공동사업 또는 그 공동사업에 속하는 재산과 관계되는 국세 및 강제징수비는 공유자 또는 공동사업자가 연대하여 납부할 의무를 진다.

③ 법인이 분할하여 소멸하는 경우 분할신설법인은 분할법인에 부과되거나 납부하여야 할 국세 및 강제징수비에 대하여 분할로 승계된 부채 가액을 한도로 연대하여 납부할 의무가 있다.

④ 법인이 합병한 경우 합병 후 존속하는 법인은 합병으로 소멸된 법인에 부과되거나 그 법인이 납부할 국세 및 강제징수비를 납부할 의무를 진다.

04. 다음 중 국세기본법상 경정청구에 대한 설명으로 옳은 것은?

① 과세표준신고서 또는 기한후과세표준신고서에 기재된 과세표준 및 세액이 세법에 따라 신고하여야 할 과세표준 및 세액에 미치지 못할 때 경정을 청구할 수 있다.

② 결정 또는 경정의 청구를 받은 세무서장은 그 청구를 받은 날부터 3개월 이내에 과세표준 및 세액을 결정 또는 경정하거나 결정 또는 경정하여야 할 이유가 없다는 뜻을 그 청구를 한 자에게 통지하여야 한다.

③ 최초의 신고 · 결정 또는 경정을 할 때 과세표준 및 세액의 계산 근거가 된 거래 또는 행위 등의 효력과 관계되는 관청의 허가나 그 밖의 처분이 취소된 경우 후발적 사유에 해당한다.

④ 결정 · 경정으로 증가된 과세표준 또는 세액에 대하여는 처분이 있음을 안 날부터 60일 이내에 결정 또는 경정을 청구할 수 있다.

05. 다음 중 국세기본법상 국세부과의 제척기간과 소멸시효에 대한 설명으로 옳지 않은 것은?

① 국세징수권은 이를 행사할 수 있는 때부터 5년(5억원 이상의 국세는 10년) 동안 행사하지 아니하면 소멸시효가 완성된다.

② 부담부증여에 따라 증여세와 함께 양도소득세가 과세되는 경우로서 납세자가 부정행위로 해당 증여세를 포탈한 경우, 부담부증여와 관련되어 과세되는 양도소득세의 제척기간은 이를 부과할 수 있는 날부터 10년, 포탈한 증여세의 제척기간은 이를 부과할 수 있는 날부터 15년간이다.

③ 소멸시효는 납세고지, 독촉 또는 납부최고, 교부청구, 압류의 사유로 중단된다.

④ 과세표준과 세액을 신고하는 국세의 경우 제척기간의 기산일은 해당 국세의 과세표준과 세액에 대한 신고기한 또는 신고서 제출기한(중간예납, 예정신고기한과 수정신고기한은 포함되지 않음)의 다음 날이다.

06. 다음 중 국세기본법상 조세불복제도에 대한 설명으로 옳지 않은 것은?

① 「감사원법」에 따라 심사청구를 한 처분이나 그 심사청구에 대한 처분에 대해서 국세기본법에 따른 불복을 할 수 있다.

② 이의신청, 심사청구 또는 심판청구는 세법에 특별한 규정이 있는 것을 제외하고는 해당 처분의 집행에 효력을 미치지 아니한다. 다만, 해당 재결청이 필요하다고 인정할 때에는 그 처분의 집행을 중지하게 하거나 중지할 수 있다.

③ 동일한 처분에 대해서는 심사청구와 심판청구를 중복하여 제기할 수 없다.

④ 조세심판관회의는 담당 조세심판관 3분의 2 이상의 출석으로 개의하고, 출석조세심판관 과반수의 찬성으로 의결한다.

07. 다음 중 소득세법상 납세지에 대한 설명으로 옳지 않은 것은?

① 원천징수하는 자가 비거주자인 경우 원천징수하는 소득세의 납세지는 그 비거주자의 주된 국내사업장 소재지로 하되, 주된 국내사업장 외의 국내사업장에서 원천징수를 하는 경우에는 그 국내사업장의 소재지로 하며, 국내사업장이 없는 경우에는 그 비거주자의 거류지 또는 체류지로 한다.

② 거주자가 사망하여 그 상속인이 피상속인에 대한 소득세의 납세의무자가 된 경우에는 그 소득세의 납세지는 피상속인의 주소지를 납세지로 본다.

③ 거주자가 주소지를 이전하면 자동으로 납세지도 이전된다.

④ 원천징수하는 자가 법인(지점 등이 독립채산제에 따라 독자적으로 회계사무를 처리하는 경우 제외)인 경우 그 법인의 본점 또는 주사무소의 소재지를 납세지로 본다.

08. 다음 중 소득세법상 종합소득세의 납세절차에 대한 설명으로 옳은 것은?

① 소득세법상 중간예납은 직전과세기간의 종합소득에 대한 소득세로서 납부하였거나 납부하여야 할 세액(중간예납 기준액)의 2분의 1에 해당하는 금액(중간예납세액)을 고지 납부한다. 다만, 중간예납추계액이 중간예납기준액의 100분의 50에 미달하는 경우 신고 납부도 가능하다.

② 동업기업 과세특례에 따라 배분받은 이자소득은 해당 동업기업의 과세기간 종료 후 2개월이 되는 날에 지급한 것으로 의제한다.

③ 부동산매매업자가 토지 또는 건물을 처분한 경우에는 매매일이 속하는 달의 말일부터 2개월이 되는 날까지 납세지 관할 세무서장에게 토지등 매매차익 예정신고를 하여야 하나, 매매차손이 발생한 경우에는 예정신고 의무는 없다.

④ 복식부기의무자가 추계신고(재무제표, 조정계산서 미제출)한 경우 중소기업특별세액감면은 적용되지 않는다.

09. 다음 중 소득세법상 지급명세서 제출의무가 면제되지 않는 것은?

① 「고용보험법」에 따라 받는 육아휴직 급여

② 소득세법상 비과세 요건을 충족한 학자금

③ 「고용보험법」에 따라 받는 실업급여

④ 「공무원연금법」에 따라 신체, 정신상의 장해, 질병으로 인한 휴직기간에 받는 급여

10. 다음 중 소득세법상 소득 구분이 다른 하나는?

① 별도의 퇴직급여 규정 없이 지급받은 임원의 법인세법상 퇴직금 한도 초과액

② 사용자가 30일 전에 예고를 하지 아니하고 근로자를 해고(부당해고 제외)하는 경우 근로자에게 지급하는 근로기준법 규정에 의한 해고예고수당

③ 폐업으로 인하여 소기업, 소상공인 공제에서 공제금을 지급받는 경우 공제금에서 실제 소득공제를 받은 금액을 초과하여 납입한 금액의 누계액을 뺀 금액

④ 종교관련종사자가 현실적인 퇴직을 원인으로 종교단체로부터 지급받은 소득

11. 다음 중 소득세법상 공동사업에 대한 소득금액계산의 특례 및 공동사업장의 기장의무에 대한 설명으로 옳지 않은 것은?

① 사업소득이 발생하는 사업을 공동으로 경영하고 그 손익을 분배하는 공동사업의 경우에는 공동사업장을 1거주자로 보아 공동사업장별로 그 소득금액을 계산한다. 단, 구성원이 동일한 공동사업장이 여러 곳인 경우는 제외한다.

② 1거주자가 공동사업과 단독으로 경영하는 사업이 있는 경우 공동사업장의 장부비치·기장의무는 공동사업장의 총수입금액만을 기준으로 하여 판정하고 단독으로 경영하는 사업장에 대해서는 그 단독사업장의 총수입금액의 합계액을 기준으로 판정한다.

③ 단독사업을 경영하다가 공동사업으로 변경한 경우 단독사업장 및 공동사업장에 대하여 각각 별개로 장부를 비치·기장해야 한다.

④ 공동사업에서 발생한 채무에 대하여 무한책임을 부담하기로 약정한 자는 출자공동사업자에 해당한다.

12. 다음 중 소득세법상 가산세 및 세액공제에 대한 설명으로 옳지 않은 것은?

① 무신고가산세와 장부의 기록·보관 불성실가산세가 동시에 적용되는 경우에는 그 중 가산세액이 큰 가산세만을 적용한다.

② 간편장부사업자 이외의 사업자가 복식부기에 따라 기장한 경우에는 기장세액공제를 받으며, 기장하지 않은 경우에는 장부의 기록·보관불성실 가산세가 적용된다.

③ 종합소득 산출세액이 비교산출세액을 초과하지 않는 경우에는 배당가산액이 있는 때에도 배당세액공제를 받을 수 없다.

④ 거주자의 종합소득금액에 국외원천소득이 합산되어 있는 경우 그 국외원천소득에 대하여 국외에서 외국소득세액을 납부하였거나 납부할 것이 있을 때에는 외국납부세액공제를 적용받을 수 있다.

13. 다음 중 소득세법상 연금소득에 대한 설명으로 옳지 않은 것은?

① 공적연금소득을 받는 사람이 해당 과세기간 중에 사망한 경우 원천징수의무자는 그 사망일이 속하는 달의 다음 달 말일까지 그 사망자의 공적연금소득에 대한 연말정산을 하여야 한다.

② 연금계좌에서 인출된 금액이 연금수령한도를 초과하는 경우에는 연금수령분이 먼저 인출되고 그 다음으로 연금외수령분이 인출되는 것으로 본다.

③ 공적연금소득의 수입시기는 공적연금 관련법에 따라 연금을 지급받기로 한 날로 한다.

④ 연금소득이 있는 거주자에 대해서는 해당 과세기간에 받은 총연금액(분리과세 연금소득은 제외)에서 공제하는 연금소득공제액이 900만원을 초과하는 경우에는 900만원을 공제한다.

14. 다음 중 소득세법상 부당행위계산의 부인에 대한 설명으로 옳지 않은 것은?

① 직계존비속에게 주택을 무상으로 사용하게 하고 직계존비속이 그 주택에 실제로 거주하는 경우는 부당행위계산 부인의 대상에서 제외된다.

② 필요경비의 크기에 대하여 입증을 요구하지 않는 소득인 근로소득과 연금소득은 부당행위계산 부인의 대상이 되는 소득으로 규정되어 있지 않다.

③ 거주자 乙이 자금이 필요하여 자신의 상가건물을 시가의 절반 가격으로 친척 동생에게 매각하였다면 부당행위계산의 부인 대상이 된다.

④ 대금업을 영위하지 아니하는 거주자가 어머니에게 연 이자율 5%(자금대여 시 이자율의 시가는 연 10%임)의 조건으로 12억원을 대여한 경우 부당행위계산의 부인 대상이 된다.

15. 다음 중 소득세법상 납세의무의 범위에 대한 설명으로 옳지 않은 것은?

① 피상속인의 소득금액에 대해서 과세하는 경우에는 그 상속인이 납세의무를 진다.

② 원천징수되는 소득으로서 다른 법률에 따라 종합소득과세표준에 합산되지 아니하는 소득이 있는 자는 그 원천징수되는 소득세에 대해서 납세의무를 진다.

③ 증여자가 자산을 직접 양도한 것으로 보는 경우 그 양도소득에 대해서는 증여자가 납세의무를 진다.

④ 신탁재산에 귀속되는 소득은 그 신탁의 이익을 받을 수익자(수익자가 사망하는 경우에는 그 상속인)에게 귀속되는 것으로 본다.

주관식(단답형) : 문항당 4점 ※ 반드시 OMR 카드 앞면의 주관식 답안란에 답안을 작성하시오(연필 또는 컴퓨터용 사인펜 사용 금지).

16. 다음은 갑씨의 주식인수와 ㈜병의 체납내역 등과 관련된 자료이다. 이를 참고하여 갑씨의 제2차 납세의무자로서 납부해야 할 금액을 구하시오.

(1) 갑은 20x1년 5월 31일에 을로부터 비상장법인 ㈜병의 의결권 있는 발행주식 중 90%를 인수하고 대금을 지급하였다.

(2) ㈜병의 체납내역은 다음과 같다.

과세기간	세목	금액
20x0.01.01.~20x0.12.31.	법인세	20,000,000원
20x1.01.01.~20x1.12.31.	법인세	30,000,000원
20x1년 제1기	부가가치세	10,000,000원
20x1년 제2기	부가가치세	5,000,000원

(3) ㈜병의 재산으로는 국세의 체납액을 충당할 수 없다. ㈜병은 제조업을 영위하고 있다.

(4) ㈜병의 주주 중 갑씨와 특수관계인은 없다.

17. 다음은 국세기본법상 과세전적부심사와 경정청구 기한에 대한 설명이다. 괄호 안에 들어갈 <u>숫자의 합계</u>를 적으시오.

> 1. 다음의 어느 하나에 해당하는 경우에는 과세전적부심사를 청구할 수 없다.
>   ① 납부기한 전 징수의 사유가 있거나 세법에서 규정하는 수시부과의 사유가 있는 경우
>   ② 조세범처벌법 위반으로 고발 또는 통고처분하는 경우. 다만 고발 또는 통고처분과 관련 없는 세목 또는 세액에 대해서는 그러하지 아니하다.
>   ③ 세무조사 결과 통지 및 과세예고통지를 하는 날부터 국세부과 제척기간의 만료일까지의 기간이 (   )개월 이하인 경우
>   ④ 국제조세조정에 관한 법률에 따라 조세조약을 체결한 상대국이 상호합의 절차의 개시를 요청한 경우
>   ⑤ 불복청구의 인용결정 중 재조사 결정 또는 과세전적부심사 청구의 채택 결정 중 재조사 결정에 따라 조사를 하는 경우
> 2. 일반적인 경우 경정청구에 대한 기간은 법정신고기한 경과 후 5년이지만, 후발적 사유로 인한 경정청구 기간은 그 사유가 발생한 것을 안 날로부터 (   )개월 이내이다.

18. 다음은 거주자 갑의 퇴직소득과 관련된 자료이다. 이를 이용하여 갑의 20x5년 퇴직소득 산출세액을 구하시오.

> • 근무기간 : 근무시작일 20x1.1.1.~퇴직일 20x5.9.7.
> • 퇴직소득금액 : 100,000,000원
> • 근속연수에 따른 공제액 : 5년 이하 ⇒ 100만원×근속연수
> • 환산급여공제액 : 119,300,000원
> • 소득세율
>
> | 과세표준 | 세율 |
> |---|---|
> | 5,000만원 초과 8,800만원 이하 | 6,240,000원+5,000만원 초과액×24% |
> | 8,800만원 초과 1억 5천만원 이하 | 15,360,000원+8,800만원 초과액×35% |

19. 다음은 거주자 김한강씨의 20x1년도 부동산 임대자료이다. 김한강씨의 20x1년도 총수입금액을 계산하면 얼마인가? 단, 김한강씨는 사업소득에 대하여 장부를 비치·기장하고 있으며, 정기예금이자율은 3.5%로 가정한다.

---

1. 임대자산 : 건물
2. 임대기간 : 20x0.7.1.~20x2.6.30.
3. 취득가액 : 200,000,000원(부수토지 100,000,000원 포함)
4. 임대보증금 : 300,000,000원
5. 월 임대료 : 800,000원(20x1년도 12월분 임대료는 수령하지 못하였음)
6. 월 관리비 : 200,000원(공공요금 징수 외 별도의 관리비 수입임)
7. 임대보증금 운용수익 : 정기예금이자 1,000,000원, 수입배당금 500,000원, 유가증권처분이익 1,500,000원

---

20. 다음은 거주자 갑의 20x1년 귀속 금융소득과 관련된 자료이다. 이를 토대로 20x1년 귀속 원천징수세액을 구하시오.

순번	금액	비고
1	20,000,000원	2013.2.14. 이전에 계약을 체결한 보험으로 최초 보험료 납입일부터 만기일까지의 기간이 10년 이상인 저축성 보험차익 만기수령액
2	2,000,000원	직장공제회 초과반환이익(직장공제회 납입 연수는 1년 미만으로 납입 연수 공제액 300,000원 가정)
3	1,000,000원	출자공동사업자 배당금액
4	3,000,000원	영농조합법인의 조합원으로서 받은 배당으로 비과세분 제외
5	7,000,000원	「민사집행법」에 따라 법원에 납부한 보증금에서 발생한 비실명 이자

주관식(약술형) ※ 반드시 OMR 카드 뒷면의 약술형 답안란에 답안을 작성하시오(연필 또는 컴퓨터용 사인펜 사용 금지).

21. 원칙적으로 세무조사는 기간이 최소한이 되도록 하여야 한다. 다만 일정한 사유가 있는 경우에는 세무조사 기간을 연장할 수 있다. 세무조사 기간 연장 사유를 5가지 이상 서술하시오. [10점]

22. 다음은 거주자 갑(남성, 59세)의 20x1년 귀속 연말정산과 관련한 자료이다. 이를 토대로 세부담 최소화를 가정하여, 다음 물음에 답하시오. [10점]

(1) 거주자 갑의 20x1년 귀속 총급여는 120,000,000원이다.
(2) 거주자 갑의 부양가족은 다음과 같다.

관계	나이	비고
배우자	58세	퇴직소득 8,500,000원이 있음
자녀A	23세	장애인임
자녀B	21세	
자녀C	18세	

(3) 거주자 갑의 연금보험등 자기부담 납부내역은 다음과 같다.
• 국민연금 : 2,700,000원
• 건강보험 및 장기요양보험료 : 3,200,000원
• 고용보험 : 1,050,000원
(4) 거주자 갑의 의료비 지출내역은 다음과 같다.

관계	의료비 지출액	수령 실비의료보험금	비고
본인	800,000원	280,000원	
배우자	2,100,000원	1,500,000원	
자녀A	1,800,000원		
자녀B	2,500,000원		미용 목적의 수술 2,000,000원 포함

(5) 거주자 갑의 교육비 지출내역은 다음과 같다.

관계	교육비 지출액	비고
자녀B(대학생)	2,100,000원	대학 등록금
자녀C(고등학생)	3,700,000원	학원수강료 3,100,000원, 교복비 600,000원

(6) 위의 언급된 내역 외의 소득 및 지출은 없다고 가정한다.

〈물음 1〉 거주자 갑의 종합소득공제액을 구하시오.

〈물음 2〉 거주자 갑의 세액공제액을 구하시오.

제117회 세무회계1급 답안 및 해설

■ 세법1부 – 법인세법(조세특례제한법 포함) · 부가가치세법

1	2	3	4	5	6	7	8	9	10	11	12	13	14	15
④	④	④	③	③	④	③	②	②	③	③	③	④	②	③

16	41,300,000원	17	4,000,000원	18	7,600,000원
19	15,400,000원	20	22,000,000원	21/22	별도 표기

01. 법인세법상 성실신고 확인서의 제출대상은 다음의 요건을 모두 만족하여야 한다.

(1) 사업연도 종료일 현재 **지배주주등이 보유한 주식등의 합계가 발행주식총수 50% 초과**

(2) **부동산 임대업을 주된 사업**으로 하거나 부동산 또는 부동산상의 권리의 대여로 인하여 발생하는 수입금액, 이자소득 및 배당소득이 매출액의 50% 이상인 경우

(3) **상시근로자수가 5명 미만인 경우**(다만, 위의 조건을 만족하여도 「**주식회사 등의 외부감사에 관한 법률**」에 따라 감사를 받은 경우에는 제출하지 않을 수 있다.)

02. ① 건설용역에 대한 시가의 경우 용역의 제공에 **소요된 직접비 및 간접비의 금액에 수익률**을 곱한 금액의 합계액을 시가로 본다.

② **가상자산의 경우 감정평가법인의 감정가액을 시가로 보지 아니한다.**

③ 주권상장법인의 주식을 증권시장 외에서 거래하는 경우 **시가는 거래일의 최종 시세가액을 시가**로 본다.

03. 주식 등 및 가상자산은 감정평가법인의 감정가액을 시가로 보지 않고, 상증법상의 평가액을 시가로 본다.

04. 「채무자 회생 및 파산에 관한 법률」에 따른 회생계획인가의 결정 또는 법원의 면책결정에 따라 회수 불능으로 확정된 채권은 해당 사유가 발생한 날이 속하는 사업연도의 손금(신고조정)으로 산입하고 ①, ②, ④는 결산조정사항이다.

05. 주식액면발행 초과액 중 **출자전환에 따라 시가를 초과하여 발행된 가액**과 상법에 따른 **상환주식의 주식액면발행 초과액 중 이익잉여금**으로 상환된 금액의 자본전입에 따른 무상주는 배당으로 본다.

06. 합병매수차익은 합병등기일이 속하는 사업연도의 **합병등기일부터 5년이 되는 날이 속하는 사업연도까지 월수에 따라 균등 익금산입**한다.

07. 특수관계인과의 거래에 따른 미지급이자를 해당 사업연도의 손비로 계상한 경우에는 손금으로 인정되지 않는다.

08. (1) 대표이사(갑) : 0원

    ① 약정이자 : 2,700,000원

    ② 적정이자 : [대여금(70,000,000) − 가수금(10,000,000)] × 365 × 4.6% × 1/365 = 2,760,000원

    ③ 중요성 판단 = [적정이자(2,760,000) − 수령이자(2,700,000)] ÷ 적정이자(2,760,000)

            = 2.17% < 5% → 세무조정 : 없음

  (2) 전무이사(을) : 680,000원

    ① 약정이자 : 700,000원

    ② 적정이자 : 대여금(30,000,000) × 365 × 4.6% × 1/365 = 1,380,000원

    ③ 중요성 판단 = [적정이자(1,380,000) − 수령이자(700,000)] ÷ 적정이자(1,380,000)

            = 49% ≧ 5% → 세무조정 : 〈익금산입〉 인정이자 680,000원(상여)

  (3) 부장(병)에게 **중소기업이 대여하는 주택 전세자금은 인정이자 계산 대상에 해당하지 아니한다.**

09. ㄱ. 당초 사업자단위 과세를 포기하는 경우 과세기간 개시 20일 전에 포기신고서를 제출하면 되는 것이며, **관할 세무서장의 승인을 받을 필요는 없다.**

    ㄷ. **사업자단위과세를 적용하는 법인의 경우 주사업장은 본점 소재지만 가능**하다.

10. (1) 매출세액 = 공급가액(20,000,000) × 10% = 2,000,000원

  (2) 대손세액공제 : 1,400,000원

    • 소멸시효 완성채권 = 12,100,000원 × 10/110 = 1,100,000원

    • 파산으로 회수할 수 없는 채권 = 3,300,000원 × 10/110 = 300,000원

  (3) 납부세액 = 매출세액(2,000,000) − 대손세액공제(1,400,000) = 600,000원 납부

  ☞ 대여금은 대손세액공제 대상에서 제외하고, 부도는 발생일(x5.05.31)로부터 6개월이 지난 x5년 2기 확정신고시 대손세액공제 대상이 된다.

11. **간이과세자는 의제매입세액공제를 적용받지 않는다.**

12. 공급시기 이후에 대가를 지급받는 경우에도 **공급시기(선적일 또는 기적일)의 기준환율 또는 재정환율에 따라 공급가액을 계산**한다.

13. 계약의 해지 등에 따라 공급가액이 증감되는 경우에는 **증감사유가 발생한 날을 작성일로 하여 증가 부분은 검은색 글씨, 감소되는 금액은 음의 표시를 하여 발급**한다.

14. 시외우등고속버스 및 시외고급고속버스운송사업 및 전세버스운송사업에 의한 여객운송 용역에 대해서는 부가가치세를 과세한다.

15. 현금판매 또는 외상판매 또는 할부판매의 경우 **재화가 인도되거나 이용가능하게 되는 때**를 재화의 공급시기로 본다.

16. 〈각사업연도 소득금액〉

(1) 기부금 분류

지 급 처	특례기부금	일반기부금	비지정기부금	비 고
국방헌금	11,000,000			
사립학교 연구비	7,000,000			
사회복지법인		5,000,000		
계	18,000,000	5,000,000		

(2) 기준소득금액 = 차가감소득금액(50,000,000) + 특례(18,000,000) + 일반(5,000,000)

   = 73,000,000원

(3) 기부금 한도계산

① 특례기부금	㉠ 해당액 = 전기(10,000,000) + 당기(18,000,000) ㉡ 한도액 = [기준소득금액(73,000,000) − 이월결손금(8,000,000)] × 50% = 32,500,000원 ㉢ 한도초과액 : ㉠ − ㉡ = − 4,500,000원(한도이내 − 세무조정없음)

특례기부금 한도	전기	당기
32,500,000	**10,000,000**	18,000,000
	(손금산입)	(손금산입)

② 일반기부금	㉠ 해당액 : 5,000,000원 ㉡ 한도액 : [73,000,000 − 8,000,000 − 특례(28,000,000)] × 10% = 3,700,000원 ㉢ 한도초과액 : ㉠ − ㉡ = 1,300,000원(손금불산입 − 기타사외유출)

(4) 각 사업연도 소득금액 = 차가감소득금액(50,000,000) − 전기 특례기부금 손금산입(10,000,000)

   + 일반기부금 한도 초과(1,300,000) = 41,300,000원

17. 결손금 소급공제 환급세액 = MIN[㉠, ㉡] = 4,000,000원

   ㉠ 환급대상액 = 전기법인세산출세액(30,000,000) − [전기과세표준(250,000,000)

      − 소급공제결손금액(20,000,000)] × 전기법인세율(10%,20%) = 4,000,000원

   ㉡ 한도액 = 전기법인세산출세액(30,000,000) − 전기공제감면세액(10,000,000) = 20,000,000원

18. (1) 과세표준

구분	국내	A국 지점	B국 지점	C국 지점	합계
소득금액	120,000,000	14,000,000	(10,000,000)	50,000,000	174,000,000
직접외국납부세액 (가산조정)	–	6,000,000	–	10,000,000	16,000,000
국별 소득금액	120,000,000	20,000,000	(10,000,000)	60,000,000	190,000,000
결손금 배분	(6,000,000)[*1]	(1,000,000)	10,000,000	(3,000,000)	–
배분 후 과세표준	114,000,000	19,000,000	–	57,000,000	190,000,000

*1.결손금배분 = 결손금(10,000,000)×국내소득(120,000,000)÷소득금액합계(200,000,000)=6,000,000원

(2) 산출세액 = 과세표준(190,000,000)×세율(10%)(개정세법 26) = 19,000,000원

(3) A국 외국납부세액공제액 : Min(①, ②) = 1,900,000원

　　① 직접외국납부세액 = 6,000,000원

　　② 산출세액(19,000,000)×A국 소득금액(19,000,000)/소득금액 합계(190,000,000)
　　　= 1,900,000원

(4) C국 외국납부세액공제액 : Min(①, ②) = 5,700,000원

　　① 직접외국납부세액 = 10,000,000원

　　② 산출세액(19,000,000)×C국 소득금액(57,000,000)/소득금액 합계(190,000,000)
　　　= 5,700,000원

(5) 외국납부세액공제액 합계액 = A국(1,900,000) + C국(5,700,000) = 7,600,000원

19. 〈폐업시 간주시가〉

	계산근거	과세표준
1. 건물	취득가액(10,000,000)×[1－(0.05×3)]	8,500,000
2. 비품	취득가액(5,000,000)×[1－(0.25×2)]	2,500,000
3. 상품A	시가	4,000,000
4. 상품B	세금계산서 필요적 기재사항 미비로 매입세액 불공제되었으므로 간주시가 계산에서 제외	–
계		15,400,000

☞ 건물의 경과된 과세기간 수 = x0(2기) + x1(1기) = 3기
　비품의 경과된 과세기간 수 = x0(1기) + x1(1기) = 2기

20. (1) 제1기 확정 매입세액 안분액 = 건물공급가액(500,000,000)×10% = 5,000,000원

(2) 제2기 확정

- 매출세액 = 공급가액(30,000,000)×10% = 3,000,000원

〈면세 공급가액 비율〉

	20x1년	
	1기	2기
면세공급가액비율	0%	40%(20,000,000/50,000,000)
전기대비 증가비율	-	40%
재계산여부	-	O

- 납부세액 재계산 = 공통매입세액(50,000,000)×(1 - 0.05×1)×면세비율 증가(40%)

  = 19,000,000원

∴ 납부할 세액 = 매출세액(3,000,000)+납부세액 가산(19,000,000) = 22,000,000원

21. 〈지급이자 손금불산입〉

(1) 업무무관가지급금 적수

대상	가지급금 적수	가수금 적수	차감적수
㈜A	7,000,000,000	상계불가	7,000,000,000
㈜B	4,000,000,000	-	4,000,000,000
대표이사	8,000,000,000	551,000,000	7,449,000,000
계			18,449,000,000

☞ 동일인에 대하여 가지급금과 가수금이 함께 있는 경우에는 상계한 금액으로 계산한다. 다만, **가수금에 대하여 별도로 상환기간 및 이자율 등에 대한 약정이 있어 가지급금과 상계할 수 없는 경우에는 이를 상계하지 아니하고 인정이자를 계산한다.**

우리사주조합원에 대한 대여액은 업무무관 가지급금 대상에서 제외

(2) 지급이자 및 차입금 적수

이자율	지급이자	차입금 잔액	차입금 적수	비고
10%	1,500,000	15,000,000	5,475,000,000	업무무관 자산관련이자
9%	700,000	8,000,000	2,920,000,000	〈손금불산입〉 채권자불분명사채이자(상여)
8%	400,000	5,000,000	1,825,000,000	〈손금불산입〉 건설자금이자(유보)
5%	5,000,000	100,000,000	36,500,000,000	업무무관 자산관련이자
계	7,600,000	128,000,000	46,720,000,000	

(3) 이자율 = Min(①가중평균차입이자율, ②당좌대출이자율) = 5.9%

① $\dfrac{(15,000,000원 \times 10\%) + (5,000,000원 \times 8\%) + (100,000,000원 \times 80\% \times 5\%)}{15,000,000원 + 5,000,000원 + 100,000,000원 \times 80\%(특수관계인\ 차입금\ 제외)}$ = 5.9%

② 당좌대출이자율 : 6%

(4) 인정이자 계산

구분	수령이자	인정이자	차이	세무조정
㈜A	1,090,200	7,000,000,000 × 5.9% × 1/365 = 1,131,506	41,306[*1]	–
㈜B	400,000	4,000,000,000 × 6%[*2] × 1/365 = 657,534	257,534	**기타사외유출**
대표이사	0	7,449,000,000 × 5.9% × 1/365 = 1,204,084	1,204,084	**상여**

*1. 차이(41,306)/인정이자(1,131,506) = 3.65%로 5% 미만이므로 인정이자를 계상하지 않음.

*2. 대여기간이 5년을 초과하는 대여금이 있는 경우, 해당 <u>대여금 또는 차입금에 한정하여 당좌대출이자율을 시가</u>로 한다.

(5) 업무무관자산 이자 계산

$(1,500,000 + 5,000,000) \times \dfrac{업무무관자산적수(18,449,000,000)}{차입금적수(5,475,000,000 + 36,500,000,000)}$ = 2,856,902원

(기타사외유출)

구분	익금산입 및 손금불산입			손금산입 및 익금불산입		
	과목	금액(원)	소득처분	과목	금액(원)	소득처분
1	채권자불분명 사채이자(1점)	700,000	상여			
2	건설자금이자(1점)	400,000	유보			
3	인정이자(㈜B)(3점)	257,534	기타사외유출			
4	인정이자 (대표이사)(2점)	1,204,084	상여			
5	업무무관자산 이자(3점)	2,856,902	기타사외유출			
합계		5,418,520				

22. 〈물음 1〉 26,250,000원 (5점)

   (1) 수출금액 = (1,300원/$ × 15,000$) + (1,350원/$ × 5,000$) = 26,250,000원

   (2) 구매확인서 확인되는 공급 : **과세기간 종료일 후 25일 이내에 구매확인서가 발급되지 않았기 때문에 영세율 적용 불가능** → 10% 세율 적용

   〈물음 2〉 113,000,000원 (5점)

   (2) 구매확인서 확인되는 공급 : 3,000,000원 → 10% 세율 적용

   (3) 판매한 금액 : 100,000,000원, 대금 수령을 하지 못했더라도 과세표준에 포함한다.

   (4) 0, **매입세액공제를 받지 않은 물건은 간주공급으로 과세 되지 않는다.**

   (5) 10,000,000, 판매목적으로 타사업장에 반출하는 것은 매입세액공제 여부 불문하고 과세하며, 과세되는 금액은 취득가격이다.

   ∴ 과세표준 = 구매확인서(3,000,000) + 판매(100,000,000) + 판매목적타사업장 반출(10,000,000)
          = 113,000,000원

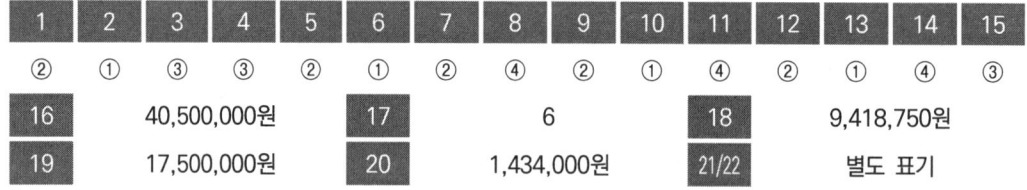

세법2부 – 국세기본법 · 소득세법(조세특례제한법 포함)

1	2	3	4	5	6	7	8	9	10	11	12	13	14	15
②	①	③	③	②	①	②	④	②	①	④	②	①	④	③

16	40,500,000원	17	6	18	9,418,750원
19	17,500,000원	20	1,434,000원	21/22	별도 표기

01. 가산세는 해당 의무가 규정된 세법의 해당 국세의 세목으로 한다. 다만, **해당 국세를 감면하는 경우에는 가산세는 그 감면대상에 포함시키지 아니하는 것으로 한다.**

02. ㄴ. 금융 · 보험업자의 수입금액에 부과하는 **교육세는 과세기간이 끝나는 때 성립**한다.

   ㄷ. 수시부과하여 징수하는 국세의 경우 **수시부과할 사유가 발생한 때에 성립**한다.

03. 분할로 승계된 재산가액을 한도로 연대하여 납부할 의무가 있다.

04. ① 경정청구는 신고하여야 할 과세표준 및 세액을 초과할 때 한다.

   ② **2개월 이내 결정 또는 경정하거나 경정할 이유가 없다는 뜻**을 청구자에게 통지하여야 한다.

   ④ 과세관청의 증액결정 · 경정처분이 있음을 안 날로부터 **3개월 이내 청구**할 수 있다.

05. 부담부증여에 따라 증여세와 함께 양도소득세가 과세되는 경우에 그 **양도소득세의 부과제척기간은 증여세의 제척기간**으로 한다.

06. 「감사원법」에 따라 **심사청구를 한 처분이나 그 심사청구에 대한 처분에 대해서 국세기본법에 따른 불복을 할 수 없다.**

07. 거주자가 사망하여 그 상속인이 피상속인에 대한 소득세의 납세의무자가 된 경우에는 그 소득세의 납세지는 그 **피상속인, 상속인 또는 납세관리인의 주소지나 거소지 중 상속인 또는 납세관리인이 관할 세무서장에게 신고하는 장소**로 한다.

08. ① 중간예납추계액이 **중간예납기준액의 100분의 30에 미달하는 경우 신고 납부도 가능**하다.

② 동업기업 과세특례에 따라 배분받은 이자소득은 **과세기간 종료 후 3개월이 되는 날에 지급한 것**으로 의제한다.

③ **매매차손이 발생한 경우에도 예정신고 의무가 있다.**

09. 비과세 요건을 충족한 학자금은 지급명세서 제출대상이다.

10. 법인세법상 임원의 퇴직금 한도초과액은 근로소득이고 나머지는 퇴직소득에 해당한다.

11. 출자공동사업자란 다음 중 어느 하나에 해당하지 아니하는 자로서 공동사업의 경영에 참여하지 아니하고 출자만 하는 자를 말한다.

1. 공동사업에 성명 또는 상호를 사용하게 한 자

2. 공동사업에서 발생한 채무에 대하여 무한책임을 부담하기로 약정한 자

12. 간편장부사업자가 복식부기에 따라 기장한 경우 기장세액공제를 받는다.

13. 공적연금소득을 받는 사람이 해당 과세기간 중에 사망한 경우 원천징수의무자는 그 **사망일이 속하는 달의 다음다음 달 말일까지 그 사망자의 공적연금소득에 대한 연말정산**을 하여야 한다.

14. 대금업을 영위하지 아니하는 거주자의 이자소득이 감소하므로 부당행위계산의 부인 대상이 아니다. **이자소득은 부당행위계산 대상 소득이 아니다.**

15. 증여자가 자산을 직접 양도한 것으로 보는 경우 그 양도소득에 대해서는 **증여자와 증여받은 자가 연대하여 납세의무를 진다.**

16. 20x1년 5월 31일 과점주주(갑) → 법인세, 부가가치세의 납세의무성립시기 : 과세기간이 끝나는 때

과세기간	세목	금액	2차 납세의무(지분율 90%)
20x1.01.01.~20x1.12.31.	법인세(12.31.)	30,000,000	27,000,000
20x1년 제1기	부가가치세(6.30.)	10,000,000	9,000,000
20x1년 제2기	부가가치세(12.31.)	5,000,000	4,500,000
합 계			**40,500,000**

17. 1. 세무조사 결과 통지 및 과세예고통지를 하는 날부터 **국세부과 제척기간의 만료일까지의 기간이 (3)개월 이하인 경우**

2. 과세표준신고서를 법정신고기한까지 제출한 자 또는 국세의 과세표준 및 세액의 결정을 받은 자는 후발적 사유가 발생하였을 때에는 **그 사유가 발생한 것을 안 날부터 (3)개월 이내에 결정** 또는 경정을 청구할 수 있다.

18. 〈퇴직소득〉

퇴 직 소 득 금 액	100,000,000원
환 산 급 여 액	근속년수공제 = 100만원×5년 = 5,000,000원 환산급여액 = [퇴직소득금액(100,000,000) – 근속연수공제(5,000,000)] ÷근속연수(5)×12 = 228,000,000원
(−) 환산급여 차등공제	119,300,000원
퇴 직 소 득 과 세 표 준	108,700,000원
× 세 율	**기본세율**
= 퇴 직 소 득 산 출 세 액	[15,360,000 + (108,700,000 − 88,000,000)×35%]÷12×근속연수(5년) = 9,418,750원

☞ 근속연수 : 5년(20x1.01.01.~20x5.09.07.), 근속연수를 계산할 때 1년 미만의 기간이 있는 경우에는 1년으로 본다.

19. 〈총수입금액〉

(1) 간주임대료 = [임대보증금(300,000,000) − 건물(100,000,000)]×3.5%

　　　　　　　− 금융수익(1,000,000 + 500,000) = 5,500,000원

(2) 임대료 = 월 임대료(800,000)×12개월 = 9,600,000원

☞ 수령하지 못한 12월분의 임대료도 20x1년의 사업소득임.

(3) 관리비 = 월관리비(200,000)×12개월 = 2,400,000원

(4) 총수입금액 = 간주임대료(5,500,000) + 임대료(9,600,000) + 관리비(2,400,000) = 17,500,000원

20. 〈금융소득의 원천징수세액〉

1. 계약기간 10년 이상 저축보험의 이자	비과세	−
2. 직장공제회 초과반환이익	[반환금(2,000,000)×(1−40%)−300,000]×6%	54,000
3. 출자공동사업자 배당금	배당금(1,000,000)×25%	250,000
4. 영농법인 배당소득	3,000,000원×5%	150,000
5. 법원 납부 보증이자	7,000,000원×14%	980,000
합계		**1,434,000**

21. (세무조사 기간 연장 사유 1개당 2점),

1. 납세자가 장부 서류 등을 은닉하거나 제출을 지연하거나 거부하는 등 조사를 기피하는 행위가 명백한 경우

2. 거래처 조사, 거래처 현지 확인 또는 금융거래 현지 확인이 필요한 경우

3. 세금탈루 혐의가 포착되거나 조사 과정에서 「조세범 처벌절차법」에 따른 조세범칙조사로 전환되는 경우

4. 천재지변이나 노동쟁의로 조사가 중단되는 경우

5. 납세자보호관 또는 담당관이 세금탈루 혐의와 관련하여 추가적인 사실 확인이 필요하다고 인정되는 경우

6. 세무조사 대상자가 세금탈루 혐의에 대한 해명 등을 위하여 세무조사 기간의 연장을 신청한 경우로서 납세자보호관 등이 이를 인정하는 경우

22. 〈물음 1〉(4점) 13,450,000원

(1) 인적공제 : 1,500,000원×3명 = 4,500,000원(본인, 자녀A, 자녀C)

관계	요 건		기본 공제	추가 (자녀)	판　　단
	연령	소득			
본인(남성)	-	-	○		
배우자	-	×	부		소득금액 1백만원 초과자
자녀A(23)	×	○	○	장애, 자녀	장애인은 연령요건을 따지지 않는다.
자녀B(21)	×	○	부	-	
자녀C(18)	○	○	○	자녀	

(2) 추가공제(장애인공제) : 2,000,000원

(3) 연금보험료 공제 : 2,700,000원

(4) 보험료 공제 : 건강보험외(3,200,000) + 고용보험(1,050,0000) = 4,250,000원

∴ 종합소득공제 = 인적공제(4,500,000) + 추가(2,000,000) + 연금보험료(2,700,000)

　　　　　　　+ 보험료(4,250,000) = 13,450,000원

〈물음 2〉(6점) 1,440,000원

(1) 종합소득금액의 계산

: 총급여액(120,000,000) - 근로소득공제[14,750,000 + (120,000,000 - 100,000,000)×2%]

= 104,850,000원

(2) 과세표준 = 종합소득금액(104,850,000) - 종합소득공제(13,450,000) = 91,400,000원

(3) 산출세액 = 15,360,000 + (91,400,000 - 88,000,000)×35% = 16,550,000

(4) 세액공제의 계산 : 1,440,000원(= ① + ② + ③ + ④)

　① 근로소득세액공제 : 500,000원(한도)

　② 자녀세액공제 : 550,000원(2명. 자녀B 제외)

　③ 의료비공제 : 0원

관계	의료비 지출액	공제제외 대상	공제대상 의료비
본인	800,000	280,000	520,000
배우자	2,100,000	1,500,000	600,000
자녀1	1,800,000		1,800,000
자녀2	2,500,000	2,000,000(미용목적)	500,000
합　계			3,420,000

☞ 일반의료비 공제대상 금액이 총급여의 3%(3,600,000)에 미달하므로, 의료비 공제 없음

　④ 교육비공제 : 공제대상 교육비(2,600,000)×15% = 390,000원

관계	교육비 지출액	공제제외 대상	공제대상 교육비
자녀2	2,100,000		2,100,000
자녀3	3,700,000	3,200,000(학원비 제외, 교육비는 50만원 한도)	500,000

제116회 세무회계1급

합격율	시험년월
7%	2025.04

법인세법(조세특례제한법 포함) · 부가가치세법

01. 다음은 중소기업인 ㈜국세의 제25기 사업연도(20x1.1.1.~20x1.12.31.) 자료이다. 법인세 부담을 최소화하도록 하는 세무조정으로 옳은 것은? 단, 해당 자료 외의 세무조정 사항은 없는 것으로 가정한다.

구분	배당지급법인	㈜국세의 지분율	㈜국세가 받은 x1년 귀속 배당금액
1	영리 외국법인 A	60%	의제배당액 8,000,000원
2	영리 내국법인 B	50%	현금배당금 10,000,000원
3	영리 내국법인 C	40%	보유한 지분 전부 유상감자에 따른 의제배당액 8,000,000원
4	유동화전문회사 D	30%	현금배당금 4,000,000원

(1) A, B, D법인에 대한 주식은 취득한 이후 주식수, 장부가액, 지분율의 변동이 없다.

(2) 위의 주식은 모두 배당기준일 전 3개월 이내 취득한 주식이 아니다.

(3) A법인은 「국제조세조정에 관한 법률」에 따라 특정외국법인의 유보소득에 대한 합산과세제도(CFC)가 적용되는 특정외국법인에 해당하며, 유보소득에 대하여 ㈜국세가 배당받은 것으로 보는 금액이다. 배당액은 각사업연도소득금액 계산 시 익금에 산입하였으며, A법인이 소재한 국가에서 실제 부담한 세액은 0원이다.

(4) B법인 및 C법인은 지급배당에 대한 소득공제, 조세특례제한법상 감면규정 및 동업기업과세특례를 적용받지 않는다.

(5) D법인은 법인세법상 소득공제를 받은 유동화전문회사에 해당한다.

① 익금불산입 8,000,000원
② 익금불산입 10,000,000원
③ 익금불산입 26,000,000원
④ 익금불산입 30,000,000원

02. 다음은 제조업을 영위하는 ㈜조세의 제10기 사업연도(20x1.1.1.~20x1.6.30.)에 대한 감가상각비 관련 자료이다. 다음 중 감가상각비 관련 세무조정으로 옳은 것은? 단, 법인세 부담을 최소화하기로 한다.

---

(1) ㈜조세는 20x1.01.01.에 기계장치(1년 경과된 중고자산에 해당함)를 외국의 법인사업자로부터 20,000,000원에 취득하였다. 해당 수입기계장치를 설치하면서 지출한 외국인 기술자에 대한 체재비를 5,000,000원 지출하였으며, 다음과 같이 회계처리하였다.

    (차) 기계장치   5,000,000원   (대) 현금   5,000,000원

(2) ㈜조세는 해당 기계장치의 감가상각비에 대해서 정액법으로 상각한 후 다음과 같이 회계처리하였다.

    (차) 감가상각비   2,500,000원   (대) 감가상각누계액   2,500,000원

(3) ㈜조세는 당초에 기계장치에 대해서 감각상각방법 및 내용연수를 신고하지 아니하였다.

(4) 업종별 내용연수는 5년이며, 상각률은 다음과 같다.
    – 정액법 : 0.200, 정률법 : 0.451

(5) 회사는 조세특례제한법상 중소기업특별세액감면을 적용받고자 하며, 이에 따른 세무조정을 적절하게 반영하였다.

---

① 손금산입 3,382,500원(△유보)   ② 손금산입 3,137,500원(△유보)

③ 손금산입 2,010,000원(△유보)   ④ 세무조정 없음

03. 다음 중 법인세법상 대손금 및 대손충당금에 대한 설명으로 옳지 않은 것은?

① 「민사소송법」에 따른 화해 및 화해 권고 결정, 「민사조정법」에 따른 결정 및 조정에 따라 회수불능으로 확정된 채권에 대한 대손금은 손익계산서에 대손상각비로 계상한 경우에 대손금으로 인정된다.

② 법인이 합병하는 경우로서 채무자의 파산으로 인한 대손금을 합병등기일이 속하는 사업연도까지 손비로 계상하지 아니한 경우 그 대손금은 합병등기일이 속하는 사업연도의 손비로 한다.

③ 기업회계기준에 따른 채권의 재조정에 따라 채권자가 채권의 장부가액과 현재가치의 차액을 대손금으로 계상한 경우 그 차액은 손금에 산입하며, 손금에 산입한 금액은 기업회계기준의 환입방법에 따라 익금에 산입한다.

④ 부도발생일로부터 6개월이 지난 어음상의 채권으로서 대손금으로 계상할 수 있는 금액은 사업연도 종료일 현재 회수되지 아니한 해당 채권금액으로 한다.

04. 다음 중 법인세법상 익금과 손금의 귀속시기에 대한 설명으로 옳지 않은 것은?

① 예약매출에 대하여 기업회계기준에 따라 그 목적물의 인도일이 속하는 사업연도의 수익과 비용으로 계상한 경우에는 인도기준을 선택할 수 있다.

② 중소기업이 아닌 법인이 수행하는 건설 등의 용역제공의 경우 계약기간이 1년 미만의 공사여도 작업진행률 기준으로 익금과 손금을 인식한다. 다만, 작업진행률에 의한 익금과 손금이 공사계약의 해약으로 인하여 확정된 금액과 차액이 발생된 경우에는 그 차액을 해약일이 속하는 사업연도의 익금 또는 손금에 산입한다.

③ 계약의 목적물을 인도하지 않고 목적물의 가액 변동에 따른 차액을 금전으로 정산하는 파생상품의 거래로 인한 손익은 그 거래에서 정하는 대금결제일이 속하는 사업연도의 익금과 손금으로 한다.

④ 중소기업이 아닌 법인이 장기할부조건으로 자산을 판매하고 인도기준으로 회계처리한 경우, 그 장기할부조건에 따라 각 사업연도에 회수하였거나 회수할 금액과 이에 대응하는 비용을 신고조정에 의해 해당 사업연도의 익금과 손금에 산입할 수 있다.

05. 다음은 제조업을 영위하는 영리내국법인 ㈜세무의 제10기(20x1.1.1.~20x1.12.31.)의 인건비 관련 자료이다. 이와 관련하여 손금불산입 되는 세무조정 합계액으로 옳은 것은?

구분	급여	상여금
대표이사	100,000,000원	20,000,000원
경리부장	50,000,000원	15,000,000원
생산과장	40,000,000원	5,000,000원

(1) 정관에 의한 급여지급 규정에는 연간 급여의 10%를 상여금으로 지급하도록 되어 있다.
(2) 위 상여금 외에 경리부장에게 지급한 이익잉여금 처분에 의한 상여금은 5,000,000원이다.
(3) 위 생산과장은 특수제품 생산직 종사자로서 마지막 제조단계에 근무하고 있으며, 마지막 제조단계는 당해 마무리 되지 못하여 재공품으로 보유 중이다.

① 60,000,000원　　② 55,000,000원　　③ 15,000,000원　　④ 50,000,000원

06. 다음 중 법인세법상 토지등 양도소득에 대한 과세특례와 관련된 설명으로 옳지 않은 것은?

① 내국법인이 등기된 비사업용토지를 양도한 경우 토지등 양도소득에 100분의 10을 곱하여 산출한 세액을 법인세액에 추가하여 납부하여야 한다.

② 내국법인이 주거용 건축물(등기분)로서 상시 주거용으로 사용하지 아니하고 휴양, 피서, 위락 등의 용도로 사용하는 건축물을 양도한 경우에는 토지등의 양도소득에 100분의 40을 곱하여 산출한 세액을 법인세액에 추가하여 납부하여야 한다.

③ 내국법인이 주택을 취득할 권리로서 분양권을 양도한 경우에는 토지등의 양도소득에 100분의 20을 곱하여 산출한 세액을 법인세액에 추가하여 납부하여야 한다.

④ 내국법인이 파산선고에 의하여 등기된 토지등의 처분으로 발생하는 소득에 대해서는 토지등 양도소득에 대한 과세특례를 적용하지 아니한다.

07. 다음 중 법인세법상 익금에 대한 설명으로 옳지 않은 것은?

① 2020.1.1. 이후 개시하는 사업연도에 지급받은 국고보조금부터는 결손보전 시 익금불산입하는 자산수증이익의 범위에서 제외한다(단, 2010.1.1. 전에 개시한 사업연도에 발생한 결손금 보전에 충당한 경우에는 익금불산입 가능).

② 「채무자 회생 및 파산에 관한 법률」에 따라 채무를 출자 전환하는 내용이 포함된 회생계획인가의 결정을 받은 법인은 채무의 출자전환 시 채무면제이익 중 이월결손금의 보전에 충당하지 않은 금액도 해당 사업연도에 익금불산입하고 그 이후의 사업연도에 발생하는 결손금 보전에 충당하여야 한다.

③ 법인세법에 따른 특수관계인인 개인으로부터 유가증권을 시가보다 낮은 가액으로 매입하는 경우 시가와 그 매입가액의 차액에 상당하는 금액은 익금으로 본다.

④ 채무의 출자전환 시 시가가 액면가액에 미달하는 경우 익금에 산입되는 채무면제이익은 발행가액에서 액면가액을 차감하여 계산한다.

08. 다음 중 법인세법상 각사업연도소득금액 계산 시 손금에 산입하는 항목으로만 짝지어진 것은?

ㄱ. 「국민건강보험법」에 따라 징수하는 연체금
ㄴ. 산업재해보상보험료의 연체금
ㄷ. 산업재해보상보험료의 가산금
ㄹ. 전기요금의 납부지연으로 인한 연체가산금
ㅁ. 업무와 관련하여 발생한 교통사고 벌과금
ㅂ. 「한국은행법」에 따라 금융기관이 한국은행에 납부하는 과태료

① ㄱ, ㄴ, ㄹ, ㅁ   ② ㄴ, ㄹ, ㅁ

③ ㄱ, ㄴ, ㄹ   ④ ㄴ, ㄹ

09. 다음 중 부가가치세법상 세금계산서에 대한 설명으로 옳지 않은 것은?

① 세관장은 수입되는 재화에 대하여 부가가치세를 징수할 때에는 수입된 재화에 대한 세금계산서를 법령으로 정하는 바에 따라 수입하는 자에게 발급하여야 한다.

② 세금계산서 또는 전자세금계산서의 기재사항을 착오로 잘못 적거나 세금계산서 또는 전자세금계산서를 발급한 후 그 기재사항에 관하여 대통령령으로 정하는 사유가 발생하면 그에 따라 수정한 세금계산서 또는 수정한 전자세금계산서를 발급할 수 있다.

③ 전자세금계산서 의무발급 개인사업자는 사업장별 재화 및 용역의 공급가액의 합계액이 8천만원 이상인 해의 다음 해 제1기 과세기간이 시작하는 날부터 전자세금계산서를 발급해야 한다.

④ 위탁판매 또는 대리인에 의한 판매의 경우 수탁자 또는 대리인이 재화를 인도할 때에는 수탁자 또는 대리인이 위탁자 또는 본인의 명의로 세금계산서를 발급하며, 위탁자 또는 본인이 직접 재화를 인도하는 때에는 위탁자 또는 본인이 수탁자 또는 대리인의 등록번호를 덧붙여 세금계산서를 발급할 수 있다.

10. 다음 중 부가가치세법상 주사업장 총괄납부에 대한 설명으로 옳지 않은 것은?

① 신규로 사업을 시작하는 자가 주된 사업장의 사업자등록증을 받은 날부터 20일 이내에 주사업장 총괄납부를 신청하는 경우 해당 신청일이 속하는 과세기간부터 총괄하여 납부한다.

② 주사업장 총괄납부 사업자가 주사업장 총괄납부를 포기할 때에는 주사업장 총괄납부 포기신고서를 주된 사업장 관할 세무서장에게 제출하고 승인을 받아야 한다.

③ 주사업장 총괄납부 사업자가 법인인 경우 법인의 본점 또는 지점을 주된 사업장으로 할 수 있다.

④ 주사업장 총괄납부 사업자가 되려는 자는 그 납부하려는 과세기간 개시 전 20일 이내에 주사업장 총괄납부 신청서를 제출하여야 한다.

11. 일반과세자로 제조업을 영위하는 개인사업자 A는 20x2년 10월 30일 폐업하였다. 폐업 시 사업장의 잔존재화가 다음과 같은 경우 20x2년 제2기 해당 재화에 대한 부가가치세 과세표준으로 옳은 것은? 단, 제시된 각 금액은 부가가치세를 포함하지 않은 금액이다. 또한 모든 잔존재화는 취득 당시 매입세액 공제를 받았다.

※ 잔존 재화내역			
구분	취득일	취득원가	폐업 당시 시가
제품	20x2년 9월 1일	9,000,000원	11,000,000원
건물	20x0년 12월 1일	100,000,000원	150,000,000원
기계장치	20x0년 10월 31일	30,000,000원	10,000,000원

① 89,000,000원　　　　　　　② 91,000,000원

③ 169,000,000원　　　　　　④ 171,000,000원

12. 거주자 B는 20x3년 7월 1일 간이과세자에서 일반과세자로 전환되었다. 20x3년 제2기 과세기간의 재고매입세액으로 옳은 것은? 단, 세법상 적법한 절차와 신고가 이루어졌다.

(1) 20x3년 7월 1일 현재 보유자산 현황			
내역	취득일	취득가액(공급대가)	시가
상품	20x3.06.30.	1,100,000원	2,200,000원
기계장치	20x3.01.01.	확인 안 됨	55,000,000원
비품	20x2.09.01.	22,000,000원	11,000,000원
건물	20x0.05.31.	110,000,000원	88,000,000원

(2) 업종별 부가가치율 : 20%

① 5,670,000원　　② 5,764,500원　　③ 5,859,000원　　④ 8,127,500원

13. 다음 중 부가가치세법상 영세율에 대한 설명으로 옳은 것은?

① 선박 또는 항공기에 의해 여객이나 화물을 국내에서 국외로 수송하는 것은 국내 거래에 해당하므로 영세율이 적용되지 않는다.

② 우리나라에 상주하는 국제연합군 또는 미합중국군대에 공급하는 재화 또는 용역은 국내 거래에 해당하므로 영세율이 적용되지 않는다.

③ 국내에서 국내사업장이 없는 외국법인에 영상 기록물 제작 사업에 해당하는 용역을 공급하고 그 대금을 외국환은행에서 원화로 받는 경우에는 영세율을 적용한다.

④ 수출업자와 직접 도급계약에 의하여 수출재화를 임가공하는 수출재화임가공용역은 부가가치세가 포함된 세금계산서를 수수한 경우에도 영세율을 적용한다.

14. 다음 중 부가가치세법상 간이과세에 대한 설명으로 옳지 않은 것은?

① 일반과세자가 간이과세자로 변경되는 경우 변경통지와 관계없이 간이과세자에 관한 규정을 적용한다. 다만, 부동산임대업을 경영하는 사업자의 경우에는 변경통지를 받은 날이 속하는 과세기간까지는 일반과세자에 관한 규정을 적용한다.

② 신규로 사업을 개시한 사업자의 경우 간이과세자에 관한 규정이 적용되거나 적용되지 아니하게 되는 기간은 최초로 사업을 개시한 해의 다음 해의 7월 1일부터 그 다음 해의 6월 30일까지로 한다.

③ 간이과세자가 간이과세의 포기신고를 하는 경우에는 일반과세자에 관한 규정을 적용받으려는 달이 속하는 과세기간의 다음 과세기간부터 해당 사업장 외의 사업장에 대하여 간이과세자에 관한 규정을 적용하지 않는다.

④ 간이과세자 또는 간이과세자에 관한 규정을 적용받게 되는 일반과세자가 간이과세를 포기하고 일반과세자에 관한 규정을 적용받으려는 경우에는 적용받으려는 달의 마지막 날까지 간이과세포기신고서를 납세지 관할세무서장에게 제출(국세정보통신망에 의한 제출을 포함한다)하여야 한다.

15. 다음 중 부가가치세법상 재화와 용역의 공급에 대한 설명으로 옳지 않은 것은?

① 사업자가 매입세액공제를 받은 취득재화를 사업과 직접적인 관계없이 자기의 개인적인 목적이나 그 밖의 다른 목적을 위하여 사용·소비한 것으로서 그 대가를 받지 아니한 경우 재화의 공급으로 본다.

② 사업장이 둘 이상인 사업자 단위 과세사업자가 자기의 사업과 관련하여 생산 또는 취득한 재화를 판매할 목적으로 자기의 다른 사업장에 반출하는 것은 재화의 공급으로 본다.

③ 질권, 저당권 또는 양도담보의 목적으로 동산, 부동산 및 부동산상의 권리를 제공하는 것은 재화의 공급으로 보지 아니한다.

④ 전기, 가스, 열 등 관리할 수 있는 자연력은 재화에 해당한다.

※ 반드시 OMR 카드 앞면의 주관식 답안란에 답안을 작성하시오(연필 또는 컴퓨터용 사인펜 사용 금지).

16. 다음은 부동산 임대업이 주업(장부를 기장함)이고, 차입금이 자기자본의 2배를 초과하는 ㈜회계의 20x1 년 자료이다. 자료를 보고 ㈜회계의 간주익금에 대한 세무조정 및 소득처분을 하시오.

> (1) 20X0년 1월 31일 임대 목적으로 건물을 매입하여 20x0년 2월 1일부터 전세로 임대하고 있으며, 임대와 관련된 정보는 아래와 같다.
>   ① 건물의 취득가격 : 100,000,000원
>   ② 토지의 취득가격 : 200,000,000원
>   ③ 계약기간 : 20x0년 2월 1일~20x2년 1월 31일
>   ④ 임대보증금 : 250,000,000원
> (2) 위 임대보증금에서 이자수익 500,000원, 유가증권 처분이익 2,000,000원, 유가증권 처분손실 3,000,000원이 발생하였다.
> (3) 국세청장이 고시한 정기예금 이자율은 1.2%, 당해연도는 365일로 가정한다. 또한 위 임대목적용 건물과 관련하여 차입금 적수는 7,000억원, 자기자본적수는 3,000억원을 가정한다.

17. 다음은 ㈜국가의 제5기(20x1.1.1.~20x1.12.31.) 사업연도의 자료이다. 아래의 자료 중 세무조정 시 기타사외유출로 소득처분 해야 하는 금액의 합계액은 얼마인가?

> ① 채권자가 불분명한 사채이자 : 15,000,000원(원천징수세액 4,125,000원 포함)
> ② 증빙불비 기업업무추진비 : 6,000,000원(귀속자 불분명)
> ③ 업무와 관련하여 발생한 교통사고 벌과금 : 800,000원
> ④ 특정차입금에 대한 건설자금이자 : 4,000,000원
> ⑤ 귀속자가 불분명한 현금매출 누락 : 50,000,000원(부가가치세 제외한 금액)
> ⑥ 비실명 채권이자 : 5,000,000원(원천징수세액 1,000,000원 포함)
> ⑦ 대손충당금 한도초과액 : 4,500,000원
> ⑧ 업무용승용차 감가상각비 상당액 한도초과액(리스) : 2,000,000원

18. 다음은 제조업을 영위하는 중소기업 ㈜조정의 제11기 사업연도(20x1.1.1.~20x1.12.31.)의 기업업무추진비 관련 자료이다. 기업업무추진비에 대한 세무조정 및 소득처분을 하시오.

> (1) 기업회계기준상 매출액은 300,000,000원이다(특수관계자간 매출액은 없다).
> (2) 손익계산서상 기업업무추진비는 48,000,000원(문화 기업업무추진비 8,000,000원 포함)이며, 모두 적격증빙을 수취하였다.
> (3) ㈜조정의 특수관계자가 아닌 자로부터 정당한 사유 없이 포기한 채권 6,000,000원을 잡손실로 회계처리 하였다(법인의 업무와 관련 있다).

19. 다음 자료에 따라 토지, 기계장치 및 건물을 공급한 경우 해당 거래에 대한 부가가치세 과세표준은 얼마인가?

> 1. ㈜A는 20x1.3.31.에 토지와 기계장치, 건물을 1억원에 일괄 양도하고, 매각 대금은 인도시점에 전액 수령하였다.
> 2. 양도한 자산 관련 자료는 다음과 같으며 각 자산의 감정평가금액 및 실지거래가액은 불분명하다.
>
> | 구분 | 토지 | 기계장치 | 건물 | 합계 |
> |---|---|---|---|---|
> | 기준시가 | 4,000,000원 | 알 수 없음 | 36,000,000원 | 40,000,000원 |
> | 장부가액 | 6,000,000원 | 20,000,000원 | 24,000,000원 | 50,000,000원 |
> | 취득가액 | 6,000,000원 | 30,000,000원 | 24,000,000원 | 60,000,000원 |
>
> 3. 위의 모든 금액에는 부가가치세가 포함되지 않았다.

20. 다음은 과세유흥장소가 아닌 음식점업을 경영하는 ㈜국제의 20x1년 제1기 과세기간의 매입내역이다. 아래 자료를 이용하여 제1기 부가가치세 확정신고 시 공제받을 수 있는 의제매입세액공제액을 계산하면 얼마인가? 단, 의제매입세액은 한도는 고려하지 않고, 원 단위 미만은 절사한다.

> (1) 쌀과 활어를 각각 12,000,000원과 21,000,000원에 구입하였다.
> (2) 캐나다에서 가공하지 않은 바닷가재를 직수입하였으며 그 가액은 17,000,000원으로 관세가 2,000,000원 포함되어 있다.
> (3) 개인사업자인 대게수산으로부터 수확한 대게를 직접 구입하고 그 대금으로 18,000,000원을 신용카드로 결제하였다.
> (4) 위의 매입액 중 6월 말 기준 재고액 37,100,000원을 제외하고는 모두 음식재료로 사용되었다.
> (5) 의제매입세액공제와 관련한 적격증빙은 모두 수취한 것으로 가정한다.

주관식(약술형) ※ 반드시 OMR 카드 뒷면의 약술형 답안란에 답안을 작성하시오(연필 또는 컴퓨터용 사인펜 사용 금지).

21. 다음은 제조업을 영위하는 중소기업인 ㈜서울의 제4기(20x1.1.1.~20x1.12.31.) 세무조정 자료이다. 세부담 최소화를 가정하여 제4기의 소득금액조정합계표를 [답안양식]에 따라 작성하시오. [10점]

구분	취득일	당기 말		신고한 내용연수	신고한 상각방법	적용 상각률
		취득가액	감가상각 누계액			
업무용 승용차A	20x1.07.01.	50,000,000원	7,000,000원	4년	정률법	0.528
업무용 승용차B	20x1.10.05.	80,000,000원	2,000,000원	4년	정률법	0.528

(1) 업무용 승용차A는 전무이사가 사용하고 있으며, 업무전용 자동차보험에 가입하였다. 위 감가상각비 외에 승용차 관련비용으로 12,000,000원을 비용계상하였다. 업무용 승용차A에 대하여는 운행일지를 작성하지 않았다.

(2) 업무용 승용차B는 이사대우 부장이 사용하고 있으며, 업무전용 자동차보험에 가입하지 않았다. 위 감가상각비 외에 승용차 관련비용으로 7,000,000원을 비용계상하였다. 당기 중 운행일지에 따른 총주행거리는 30,000km이며 이 중 업무용 사용거리는 27,000km이다.

[답안양식]

구분	익금산입 및 손금불산입			손금산입 및 익금불산입		
	과목	금액(원)	소득처분	과목	금액(원)	소득처분
1						
2						
3						
합계						

22. 다음은 과세사업과 면세사업을 겸영하는 ㈜경기의 20x1년 제2기 부가가치세 확정신고기간(20x1.10. 1.~20x1.12.31.)의 과세자료이다. 이를 참고하여 아래의 물음에 답하고, 계산 근거를 제시하시오. [10점]

1. 과세기간별 공급가액은 다음과 같다.

구분	과세공급가액	면세공급가액	총공급가액
20x1년 제2기 확정	400,000,000원	100,000,000원	500,000,000원
20x1년 제2기 예정	300,000,000원	200,000,000원	500,000,000원
20x1년 제1기 확정	200,000,000원	300,000,000원	500,000,000원
20x1년 제1기 예정	100,000,000원	200,000,000원	300,000,000원

2. 당해 확정신고기간 중 과세 · 면세에 공통으로 사용하던 재화의 공급가액은 다음과 같다.

구분	취득일	공급가액
사업용 구축물	2021년 11월 30일	20,000,000원
업무용 승합차	20x1년 9월 7일	5,000,000원

3. 20x1년 제1기에 대손확정되어 대손세액 200,000원을 매출세액에서 공제하였으나, 20x1년 제2기 중 이와 관련된 채권이 부가가치세를 포함하여 전액 회수되었다.

4. 당해 확정신고기간의 세금계산서에 의해 확인되는 매입세액 내역은 다음과 같다.

구분	20x1년 제2기 예정	20x1년 제2기 확정	합계
과세사업분	20,000,000원	30,000,000원(주1)	50,000,000원
면세사업분	10,000,000원	20,000,000원	30,000,000원
공통사업분	7,000,000원	9,000,000원(주2)	16,000,000원

(주1)기업업무추진비 관련 매입세액 1,000,000원 포함
(주2)당해 확정신고기간 중에 매각한 업무용승합차의 매입세액 2,000,000원이 포함되어 있다.

• 20x1년 말 현재 과세 · 면세 사업에 공통으로 사용하고 있는 고정자산은 없다.
• 특별한 언급이 없는 한 부가가치세가 포함되지 않은 금액이다.
• 20x1년 제2기 예정신고는 정상적으로 진행하였다고 가정한다.

〈물음 1〉 공통사용재화의 공급과 관련된 과세표준을 구하시오.

〈물음 2〉 20x1년 제2기 확정(20x1.10.1.~20x1.12.31.) 신고 시 매출세액합계액을 구하시오.

〈물음 3〉 공통매입세액과 관련하여 공제받지 못할 매입세액을 구하시오(예정신고기간 안분액 정산 포함).

〈물음 4〉 20x1년 제2기 확정(20x1.10.1.~20x1.12.31.) 신고 시 매출세액합계액에서 공제 가능한 매입세액을 구하시오.

국세기본법 · 소득세법(조세특례제한법 포함)

01. 다음 중 국세기본법상 관할 세무서장에게 신청 후 승인을 받은 법인으로 보는 단체에 대한 설명으로 틀린 것을 모두 고른 것은?

> ㄱ. 단체의 수익을 구성원에게 분배할 것을 요건으로 한다.
> ㄴ. 단체의 조직과 운영에 관한 규정을 가지고 대표자나 관리인을 선임하고 있을 것을 요건으로 한다.
> ㄷ. 주무관청의 허가를 받아 설립된 단체로서 등기되지 아니할 것을 요건으로 한다.
> ㄹ. 공익을 목적으로 출연된 기본재산이 있는 재단으로서 등기되지 아니할 것을 요건으로 한다.
> ㅁ. 단체 자신의 계산과 명의로 수익과 재산을 독립적으로 소유 · 관리할 것을 요건으로 한다.

① ㄱ, ㄴ, ㄷ   ② ㄱ, ㄴ, ㄷ, ㄹ   ③ ㄱ, ㄷ, ㄹ   ④ ㄴ, ㅁ

02. 다음 중 국세기본법상 기간과 기한에 대한 설명으로 옳지 않은 것은?

① 국세기본법 또는 세법에서 규정하는 기간의 계산은 국세기본법 또는 그 세법에 특별한 규정이 있는 것을 제외하고는 민법에 따른다.

② 국세의 신고에 관한 기한이 공휴일, 토요일이거나 근로자의 날일 때에는 공휴일, 토요일 또는 근로자의 날의 다음날을 기한으로 한다.

③ 납세자의 부도발생으로 사업이 중대한 위기에 처하여 세법에 규정하는 신고를 정하여진 기한까지 할 수 없다고 인정되는 경우에는 관할 세무서장은 신고기한을 연장할 수 있다.

④ 납세자가 도난을 당하여 세법에 규정하는 신고를 정하여진 기한까지 할 수 없다고 인정되는 경우에는 관할 세무서장은 신고기한을 연장할 수 있다.

03. 다음 중 국세기본법상 서류의 송달에 대한 설명으로 옳지 않은 것은?

① 주민등록표, 법인등기부 등에 의해서도 주소 또는 영업소를 확인할 수 없는 경우로 선량한 관리자의 주의로 송달을 받아야 할 자의 주소 또는 영업소를 조사하였으나 그 주소 또는 영업소를 알 수 없는 경우 공시송달할 수 있다.

② 서류를 등기우편으로 송달하였으나 수취인의 부재로 반송되거나 세무공무원이 2회 이상 납세자를 방문하여 서류를 교부하고자 하였으나 부재중인 경우에는 공시송달 할 수 있다. 국세정보통신망을 이용하여 공시송달하는 때에는 다른 공시송달 방법과 함께 하여야 한다.

③ 연대납세의무자에게 납세의 고지와 독촉에 관한 서류를 송달 할 때에는 그 대표자를 명의인으로 하여 대표자에게 송달하여야 한다.

④ 납부고지서의 우편송달은 원칙적으로 등기우편으로 하여야 한다. 다만, 소득세법상 중간예납세액의 납부고지서, 부가가치세법상 예정납부고지서 및 신고납부세목의 국세에 대한 과세표준신고서를 법정신고기한까지 제출하였으나 과세표준신고액에 상당하는 세액의 전부 또는 일부를 납부하지 아니하여 발급하는 납부고지서로서 50만원 미만에 해당하는 납부고지서는 일반우편으로 송달할 수 있다.

04. 다음 중 국세기본법상 국세부과와 세법적용의 원칙에 대한 설명으로 옳지 않은 것은?

① 신의 성실의 원칙은 세무공무원뿐만 아니라 납세자에게도 적용되는 원칙으로, 납세의무자가 인터넷 국세종합상담센터의 답변에 따라 세액을 과소신고 · 납부한 경우 그 답변은 과세관청의 공식적인 견해표명에 해당하지 않는다.

② 국세를 납부할 의무 혹은 징수하여 납부할 의무가 성립한 소득에 대해서는 그 성립한 후의 새로운 세법에 따라 소급하여 과세하지 아니한다. 개별 납세자에게 유리한 소급입법이라고 하더라도 그것이 전체적으로 조세공평을 침해할 수 있는 경우에는 허용되지 않을 수 있다.

③ 국세를 조사경정할 때 납세의무자가 세법에 따라 장부를 갖추어 기록하고 있는 경우 장부의 기록 내용이 사실과 다르거나 누락된 것이 있을 때에는 그 부분에 대해서만 정부가 조사한 사실에 따라 결정할 수 있다.

④ 사업자등록 명의자와는 별도로 사실상의 사업자가 있을 경우에는 그 사실상의 사업자를 납세의무자로 보는 것으로 규정한 것은 근거과세의 원칙을 적용한 예로 볼 수 있다.

05. 다음 중 국세기본법상 수정신고 및 경정청구 등에 대한 설명으로 옳지 않은 것은? 단, 별도의 언급이 없는 경우 세무서의 결정 또는 경정 통지는 없는 것으로 한다.

① 납세의무자 A가 300만원의 소득세를 법에서 정한 신고기한이 지난 후 6개월 내에 신고한 경우 세액은 300만원으로 확정된다.

② 20x1년 납세의무자 B가 100만원의 소득세를 법에서 정한 기한까지 신고한 이후, 20x4년 5월 31일에 300만원으로 수정신고한 경우 세액은 300만원으로 확정된다.

③ 납세의무자 C가 20x1년 1월 1일부터 20x1년 12월 31일까지 벌어들인 소득에 대하여 20x2년 5월 31일에 500만원의 소득세를 신고, 납부한 후 신고 내용에 계산오류가 있어 감액 경정을 청구하는 경우, 이 경정청구는 20x7년 5월 31일(영업일에 해당)까지 할 수 있다.

④ 원래 신고하였어야 할 세액보다 더 많은 세액을 신고하여 감액 경정을 청구하려면 법에서 정한 기한 내에 과세표준신고서를 제출 한 자이거나 기한후과세표준신고서를 제출한 자에 해당해야 한다.

06. 다음 중 세무조사에 대한 설명으로 옳지 않은 것은? 단, 다툼이 있으면 판례에 따른다.

   ① 원칙적으로 세무조사는 같은 세목 및 같은 과세기간에 대하여 재조사를 할 수 없다. 다만 세무공무원에게 직무와 관련하여 금품을 제공한 경우 재조사가 가능하다.

   ② 재조사의 허용사유인 '조세탈루의 혐의를 인정할 만한 명백한 자료가 있는 경우'란 조세의 탈루사실이 확인될 상당한 정도의 개연성이 있는 경우를 말하며 객관성과 합리성이 뒷받침되는 자료는 필요하지 않다.

   ③ 세무조사는 납세지 관할 세무서장 또는 지방국세청장이 수행한다. 다만 납세자의 주된 사업장 등이 납세지와 관할을 달리하거나 납세지 관할 세무서장 또는 지방국세청장이 세무조사를 수행하는 것이 부적절한 경우 국세청장(같은 지방국세청 소관 세무서 관할 조정의 경우에는 지방국세청장)이 그 관할을 조정할 수 있다.

   ④ 세무공무원의 조사행위가 국세청의 사무처리 규정에 따라 실시한 사업장 현지확인이더라도 재조사가 금지되는 세무조사에 해당할 수 있다.

07. 다음 중 소득세법상 배당소득에 대한 설명으로 옳지 않은 것은?

   ① 합병으로 소멸한 법인의 주주가 합병 후 존속하는 법인 또는 합병으로 설립된 법인으로부터 그 합병으로 취득하는 주식 또는 출자의 가액과 금전의 합계액이 그 합병으로 소멸한 법인의 주식 또는 출자를 취득하기 위하여 사용한 금액을 초과하는 금액은 배당소득에 해당하지 않는다.

   ② 거주자가 일정기간 후에 같은 종류로서 같은 양의 주식을 반환받는 조건으로 주식을 대여하고 해당 주식의 차입자로부터 지급받은 해당 주식에서 발행하는 배당에 상당하는 금액은 배당소득에 해당한다.

   ③ 해산한 법인(법인으로 보는 단체를 포함한다)의 주주·사원·출자자 또는 구성원이 그 법인의 해산으로 인한 잔여재산의 분배로 취득하는 금전이나 그 밖의 재산의 가액이 해당 주식·출자 또는 자본을 취득하기 위하여 사용된 금액을 초과하는 금액은 배당소득으로 본다.

   ④ 국내에서 대리인이 원천징수한 국외금융소득은 배당가산액(Gross - up 금액) 대상이 아니며, 조건부 종합과세대상이다.

08. 다음 중 소득세법상 원천징수에 대한 설명으로 옳지 않은 것은?

   ① 거주자의 퇴직소득이 퇴직일 현재 연금계좌에 있는 경우 해당 퇴직소득에 대한 소득세를 연금외 수령하기 전까지 원천징수하지 아니한다.

   ② 공적연금소득을 받는 사람이 해당 과세기간 중에 사망한 경우 원천징수의무자는 그 사망일이 속하는 달의 다음 달 말일까지 그 사망자의 공적연금소득에 대한 연말정산을 하여야 한다.

   ③ 원천징수의무자가 소득세가 면제되는 이자소득을 거주자에게 지급할 때에는 소득세를 원천징수하지 아니한다.

   ④ 배당소득이 발생 후 지급되지 아니함으로써 소득세가 원천징수되지 아니한 소득이 종합소득에 합산되어 종합소득에 대한 소득세가 과세된 경우에 그 소득을 지급할 때에는 소득세를 원천징수하지 아니한다.

09. 다음 중 소득세법상 퇴직소득세에 대한 설명으로 옳지 <u>않은</u> 것은?

① 법인의 상근임원이 비상근임원이 된 경우에 퇴직금을 실제로 받지 아니한 경우에는 현실적인 퇴직으로 보지 아니할 수 있다.

② 임원의 퇴직소득 한도액 계산 시 법인의 소득처분에 의한 인정상여 소득은 총급여액에 포함하지 않는다.

③ 퇴직자가 퇴직소득을 지급받을 때 이미 지급받은 퇴직소득에 대한 원천징수 영수증을 제출하여, 퇴직소득세를 정산하는 경우의 근속연수는 이미 지급된 퇴직소득에 대한 근속연수와 지급할 퇴직소득의 근속연수를 합산한 월수로 계산한다.

④ 거주자의 퇴직소득에 국외원천소득이 합산되어 있는 경우에는 공제한도 내에서 외국납부세액공제가 가능하다.

10. 다음 중 소득세법상 근로소득에 대한 설명으로 옳지 <u>않은</u> 것은?

① 법인세법에 따라 처분된 인정상여의 귀속시기는 그 법인의 결산확정일이 아닌 근로자가 해당 사업연도 중 근로를 제공한 날로 한다.

② 근로를 제공하고 받은 대가라 하더라도 독립된 지위에서 근로를 제공하였다면 그 대가는 근로소득으로 보지 않는다.

③ 종업원의 수학중인 자녀가 사용자로부터 받는 학자금·장학금은 비과세 근로소득에 해당한다.

④ 근로소득이 있는 거주자에 대해서는 해당 과세기간에 받는 총급여액에서 2천만원을 한도로 근로소득 공제를 적용한다. 해당 과세기간의 총급여액이 근로소득 공제액에 미달하는 경우에는 그 총급여액을 공제액으로 한다.

11. 다음 중 소득세법상 소득금액 계산의 특례에 대한 설명으로 옳지 <u>않은</u> 것은?

① 사업소득이 발생하는 사업을 공동으로 경영하고 그 손익을 분배하는 공동사업의 경우에는 해당 사업을 경영하는 장소를 1거주자로 보아 공동사업장별로 그 소득금액을 계산한다.

② 공동사업장에서 발생한 결손금은 해당 결손금이 발생한 과세기간의 종료일부터 15년 이내에 끝나는 과세기간의 공동사업장에서 발생하는 소득금액에서 공제한다.

③ 연금계좌의 가입자가 사망하였으나 그 배우자가 연금외수령 없이 해당 연금계좌를 상속으로 승계하는 경우에는 해당 연금계좌에 있는 피상속인의 소득금액은 상속인의 소득금액으로 보아 소득세를 계산한다.

④ 공동사업자가 과세표준 확정신고를 할 때에는 과세표준 확정신고서와 함께 당해 공동사업장에서 발생한 소득과 그 외의 소득을 구분한 계산서를 제출하여야 한다.

12. 다음은 주택임대업을 영위하고 있는 거주자 갑의 20x1년 귀속 주택임대내역이다. 이를 토대로 20x1년 귀속 주택임대에 대한 총수입금액을 계산하면 얼마인가?

> (1) 거주자 갑의 주택임대내역은 다음과 같다. 단, 해당 주택 모두 주거로 사용되는 면적이 40㎡를 넘는다.
>
> | 구분 | 임대기간 | 임대보증금 | 월세 |
> |------|----------|------------|------|
> | 주택A | 20x0.7.1.~20x2.6.30. | 300,000,000원 | – |
> | 주택B | 20x0.7.1.~20x3.6.30. | 150,000,000원 | 1,000,000원 |
> | 주택C | 20x0.9.1.~20x2.8.31. | 400,000,000원 | 600,000원 |
>
> (2) 거주자 갑은 본인이 거주하고 있는 주택D가 추가로 있다.
> (3) 주택C의 보증금으로 발생한 배당금은 1,400,000원이 있다.
> (4) 20x1년은 360일로, 정기예금이자율은 4%로 가정한다.
> (5) 추계결정 대상이 아닌 것으로 가정한다.

① 19,200,000원   ② 31,000,000원   ③ 32,400,000원   ④ 38,200,000원

13. 다음 중 소득세법상 사업장현황신고에 대한 설명으로 틀린 것은?

① 사업자는 사업장의 현황을 해당 과세기간의 다음 연도 2월 10일까지(폐업한 사업자의 경우 폐업일이 속하는 달의 다음다음달 10일까지) 사업장 소재지 관할 세무서장에게 신고하여야 한다.

② 사업자가 부가가치세법상 과세사업과 면세사업 등을 겸영하여 면세사업 수입금액 등을 신고하는 경우에는 그 면세사업 등에 대하여 사업장현황신고를 한 것으로 본다.

③ 독립된 자격으로 보험가입자의 모집 및 이에 부수되는 용역을 제공하고 그 실적에 따라 모집수당 등을 받는 자는 사업장현황신고를 하지 아니할 수 있다.

④ 수 개의 사업장이 있는 사업자는 각 사업장별로 사업장 관할세무서장에게 사업장현황을 신고하여야 한다.

14. 다음 중 소득세법상 비거주자의 종합소득 과세방법에 대한 설명으로 옳지 않은 것은?

① 비거주자에게는 인적공제 중 비거주자 본인 외에 자에 대한 공제, 특별소득공제, 자녀세액공제 및 특별세액공제를 하지 아니한다.

② 출국일 10년 전부터 출국일까지 기간 중 국내에 주소나 거소를 둔 기간의 합계가 5년 이상인 거주자가 이민 등으로 출국하는 경우에는 출국일에 국내 주식을 양도한 것으로 보아 국외전출세를 과세한다.

③ 비거주자가 국내 원천 퇴직소득이 있는 경우 거주자와 같은 방법으로 분류하여 과세한다.

④ 비거주자에게는 중간예납세액을 부과하지 아니한다.

15. 다음 중 소득세법의 주택양도소득 비과세에 대한 설명으로 옳은 것은?

① 거주자가 조정대상지역의 공고가 있은 날 이전에 매매계약을 체결하고 계약금을 지급한 사실이 증빙서류에 의하여 확인만 되면, 거주기간의 제한을 받지 않는다.

② 공동상속주택(피상속인이 상속개시 당시 1주택만 보유) 외의 다른 주택을 양도하는 때에는 공동상속주택은 공동 소유자 각자가 그 주택을 소유한 것으로 본다.

③ 관리처분계획인가일 현재 1년 미만 보유한 기존주택에서 전환된 조합원입주권을 1개 보유한 1세대가 양도일 현재 다른 주택 또는 분양권을 보유하지 않은 경우 조합원입주권을 양도하여 발생하는 소득은 비과세된다.

④ 1주택 보유자가 1주택을 보유한 자와 혼인함으로써 1세대가 2주택을 보유하게 되는 경우 혼인한 날부터 10년 이내에 먼저 양도하는 주택은 이를 1세대 1주택으로 본다.

주관식(단답형) : 문항당 4점 ※ 반드시 OMR 카드 앞면의 주관식 답안란에 답안을 작성하시오(연필 또는 컴퓨터용 사인펜 사용 금지).

16. 다음은 국세기본법상 가산세 감면에 대한 설명이다. 괄호 안에 들어갈 숫자의 합계를 적으시오.

(1) 과세표준신고서를 법정신고기한까지 제출한 자가 법정신고기한이 지난 후 3개월 초과 6개월 이내에 수정신고한 경우 해당 가산세액의 100분의 (   )에 상당하는 금액을 감면한다.

(2) 과세표준신고서를 법정신고기한까지 제출하지 아니한 자가 법정신고기한이 지난 후 1개월 이내에 기한 후 신고를 한 경우 해당 가산세액의 100분의 (   )에 상당하는 금액을 감면한다.

17. 다음은 국세기본법상 조세불복에 대한 설명이다. 괄호 안에 공통으로 들어갈 숫자를 적으시오.

(1) 이의신청을 거친 후 심사청구를 하려면 이의신청에 대한 결정의 통지를 받은 날부터 (   )일 이내에 제기하여야 한다.

(2) 심판청구는 해당 처분이 있음을 안 날(처분의 통지를 받을 때에는 그 받은 날)부터 (   )일 이내에 제기하여야 한다.

18. 다음은 종합소득세의 체납으로 인하여 압류자산이 체납처분된 나체납씨의 자료이다. 이에 따라 과세관청이 징수할 수 있는 조세채권금액을 구하시오.

---

(1) 20x0 귀속분 종합소득세 미납액 : 28,000,000원(압류일 : 20x2.3.31.)

(2) 압류자산의 매각액은 38,000,000원으로 경매비용 및 강제집행비용이 1,500,000원 발생하였다.

(3) 사용자인 나체납씨가 부담하여야 할 임금 및 퇴직금

구분	금액	비고
최종 3월분의 임금	15,600,000원	나체납의 임금 2,500,000원 포함
직원 퇴직금	8,000,000원	최종 2년간의 퇴직금

(4) 나체납씨 본인 신용카드 대금 미납액 : 3,900,000원(체납처분된 압류재산에 20x0.12.31. 담보 설정)

---

19. 금융업을 영위하지 않는 거주자 A의 이자소득과 관련된 자료이다. 소득세가 과세되는 이자소득의 합계액은 얼마인가? 단, 제시된 금액은 원천징수세액을 차감하기 전 금액이다.

---

(1) 환매조건부 채권이자 : 5,000,000원

(2) 4년 전 5월 1일 저축성 보험에 가입하여 20x1년 5월 1일에 보험금을 만기 환급받았으며, 그 내역은 다음과 같다.

   ① 환급보험금 : 10,000,000원

   ② 납입보험료 : 8,000,000원

   ③ 보험계약기간 중 보험계약에 의해 받은 배당금 : 1,000,000원(납입보험료와 상계하지 않음)

(3) 20x1년 초에 대한 비영업대금의 원금 30,000,000원과 그에 대하여 발생한 이자 4,000,000원 중 채무자의 파산으로 인하여 20x1.11.15.에 32,000,000원만 회수하고 나머지 채권은 과세표준 확정신고 전에 회수 불능사유가 발생하여 회수할 수 없는 것으로 확정되었다.

(4) 계약의 위약에 따른 손해배상금 법정이자 : 5,000,000원

---

20. 다음은 제조업을 영위하는 개인사업자 을(복식부기의무자)의 20x1년 사업과 관련된 자료이다. 을의 사업소득금액은 얼마인가?

> (1) 손익계산서상 당기순이익은 60,000,000원이다.
>
> (2) 손익계산서상 소득세는 1,000,000원이다.
>
> (3) 20x1년 중 취득가액 1,000,000원, 시가 2,000,000원의 재고자산을 가사용으로 소비하였으며, 아무런 회계처리를 하지 않았다.
>
> (4) 손익계산서에 포함된 수익 중 사업과 관련 없는 자산수증이익은 4,000,000원이다.
>
> (5) 손익계산서에 포함된 국내중소기업 배당금은 1,500,000원이다.
>
> (6) 손익계산서에 포함되지 아니한 상장주식처분손실은 3,400,000원이다.
>
> (7) 손익계산서에 포함된 업무용승용차 처분이익은 3,000,000원이다.
>
> (8) 손익계산서에 포함되지 아니한 유가증권처분이익은 1,500,000원이다.

21. 과세전적부심사란 정식의 국세 처분을 받기 전에 납세자의 청구에 의하여 그 국세 처분의 타당성을 미리 심사하는 제도이다. 과세전적부심사를 청구할 수 없는 사유를 5가지 작성하시오. [10점]

22. 다음은 제조업을 영위하는 중소기업인 거주자 병(45세)의 20x1년 귀속 사업소득에 대한 내용이다. 해당 자료를 토대로 물음에 답하시오. 거주자 병의 사업연도는 제10기이다. [10점]

> (1) 거주자 병의 20x1년 귀속 사업소득에 대한 내역은 다음과 같으며, 복식부기로 장부를 작성하였다.
>   • 매출액 : 280,000,000원
>   • 매입액 : 180,000,000원(모두 재화의 매입액이다.)
>   • 외주가공비 : 20,000,000원
>   • 광고선전비 : 8,000,000원
>   • 인건비 : 12,000,000원(직원 급여로 지급명세서를 제출하였다.)
> (2) 해당 매입 및 지출한 비용은 모두 증명서류로 확인이 가능하다.
> (3) 거주자 병은 간편장부대상자(기준경비율 대상자)에 해당하며, 단순경비율은 80%, 기준경비율은 10%이다.
> (4) 거주자 병에게 해당 사업소득 외의 소득은 없으며, 종합소득공제는 5,000,000원으로 가정한다.
> (5) 조세특례제한법상 중소기업에 대한 특별세액감면 비율은 20%로 가정한다(단, 추계신고 시 감면배제 하기로 한다).
> (6) 거주자 병은 소득세법상 소규모사업자 및 성실사업자가 아니다.
> (7) 기획재정부령이 정하는 배율은 2.8배로 한다.
> (8) 최저한세 및 주어진 자료 외의 사항은 고려하지 않는다.

〈물음 1〉 거주자 병이 복식장부기장에 따라 소득세를 신고하는 경우 차감납부할세액을 구하시오.

〈물음 2〉 거주자 병이 추계방법에 따라 소득세를 신고하는 경우 차감납부할세액을 구하시오. 단, 천재지변 기타 불가항력적인 사유로 인한 추계결정은 아니다.

제116회 세무회계1급 답안 및 해설

세법1부 – 법인세법(조세특례제한법 포함)·부가가치세법

1	2	3	4	5	6	7	8	9	10	11	12	13	14	15
②	②	④	④	②	②	②	④	③	②	②	②	③	④	②

16	〈익금산입〉 간주임대료 1,300,000원(기타사외유출)	17	7,925,000원	18	〈손금불산입〉 기업업무추진비 9,720,000원(기타사외유출)
19	94,000,000원	20	3,735,849원	21/22	별도 표기

01. 〈수입배당금액의 익금불산입〉

배당지급법인	지분율	배당금액	대상 판단
영리 **외국법인 A**	60%	8,000,000원	외국법인으로부터 받은 수입배당금은 대상에서 제외
영리 내국법인 B	50%	10,000,000원	대상 → **익금불산입 : 10,000,000원×100% =10,000,000원**
영리 내국법인 C	40%	8,000,000원	자본의 감소로 주주등인 내국법인이 취득한 재산가액이 당초 주식 등의 취득가액을 초과하는 금액 등 피출자법인의 소득에 법인세가 과세되지 아니한 수입배당금액 (자본의 감소로 인한 경우로 한정)
유동화전문회사 D	30%	4,000,000원	**소득공제를 받는 유동화전문회사는 대상에서 제외**

02. ·취득가액 = 구입가액(20,000,000) + 체재비(5,000,000) = 25,000,000원

☞ 수입기계장치를 설치하기 위하여 지출한 외국인 기술자에 대한 식비 등 체재비는 자본적 지출로 한다

·감가상각비 범위액 = 취득가액(25,000,000)×0.451(정률법 – 무신고)×6/12 = 5,637,500원

·세액감면을 적용받고 이에 따른 세무조정을 적절하게 반영하였다고 하였으므로, **감가상각범위액에 미달하는 금액에 대해서 손금산입 처분**을 한다.

∴ 상각범위액(5,637,500) - 당기 감가상각비(2,500,000) = 3,137,500원(△유보)

03. 대손금으로 손비에 계상할 수 있는 금액은 사업연도 종료일 현재 회수되지 아니한 해당 **채권의 금액에서 1천원(비망가액)을 뺀 금액**으로 한다.

04. **중소기업인 법인**이 장기할부조건으로 자산을 판매하거나 양도한 경우에는 그 장기할부조건에 따라 각 사업연도에 회수하였거나 회수할 금액과 이에 대응하는 비용(회수기일 도래기준)을 각각 해당 사업연도의 익금과 손금에 산입할 수 있다.

05. • 대표이사 상여금 : 정관 규정상 임원 상여금의 한도액 : 급여(100,000,000)×10%=10,000,000원

〈손금불산입〉 대표이사　　　10,000,000원 (상여)

• 경리부장의 이익잉여금 처분에 의한 상여 : 이익잉여금 처분에 의한 상여는 세법상 손금에 해당하지 않는다.

• 생산과장 : 아직 판매하지 않았으므로 재공품 재고로 세무조정한다.

〈손금불산입〉 재공품　　　45,000,000원 (유보)

• 손금불산입=대표이사 상여한도 초과(10,000,000)+미판매 재공품(45,000,000)
　　　　　　=55,000,000원

06. **주거용 건축물**로서 상시 주거용으로 사용하지 아니하고 휴양, 피서, 위락 등의 용도로 사용하는 건축물을 양도한 경우 **양도소득에 100분의 20**(미등기분에 대해서는 100분의 40)을 곱하여 산출한 세액을 법인세액에 추가하여 납부하여야 한다.

07. 채무의 출자전환으로 주식등을 발행하는 경우 그 주식등의 시가를 초과하여 발행한 금액 중 이월결손금을 보전하는 데 충당하지 않은 대통령령으로 정하는 금액은 해당 사업연도의 익금에 산입하지 아니하고 그 이후의 각 사업연도에 발생한 결손금의 보전(補塡)에 충당할 수 있다(**과세이연은 임의조항이다**).

08.

구분	손금 여부
ㄱ. 「국민건강보험법」에 따라 징수하는 연체금	손금불산입
ㄴ. 산업재해보상보험료의 연체금	손금
ㄷ. 산업재해보상보험료의 가산금	손금불산입
ㄹ. 전기요금의 납부지연으로 인한 연체가산금	손금
ㅁ. 업무와 관련하여 발생한 교통사고 벌과금	손금불산입
ㅂ. 「한국은행법」에 따라 금융기관이 한국은행에 납부하는 과태료	손금불산입

09. 전자세금계산서 의무발급 개인사업자는 사업장별 재화 및 용역의 공급가액의 합계액이 **8천만원 이상인 해의 다음 해 제2기 과세기간이 시작하는 날부터** 전자세금계산서를 발급해야 한다.

10. 주사업장 총괄납부 사업자가 주사업장 총괄납부를 포기할 때에는 주사업장 총괄납부 포기신고서를 주된 사업장 관할 세무서장에게 제출한다. 이 경우 **승인을 요하지 않는다.**

11. • 제품 : 11,000,000원(시가)

• 건물 : 취득가액(100,000,000)×[1-5%×경과된 과세기간(4)]=80,000,000원

• 기계장치 : 취득가액(30,000,000)×[1-25%×경과된 과세기간(4)]=0원

☞ 건물, 기계장치의 경과된 과세기간 수=x0(1기)+x1(2기)+x2(1기)=4기

12.

내역	취득일	취득가액 (공급대가)	매입세액	재고매입세액
상품	20x3.06.30.	1,100,000	100,000	100,000×(1－5.5%)=94,500원
기계장치	20x3.01.01.	확인 안됨	대상제외	－
비품	20x2.09.01.	22,000,000	2,000,000	200,000×(1－50%×2)×(1－5.5%) =0원
건물	20x0.05.31.	110,000,000	10,000,000	10,000,000×(1－10%×4)×(1－5.5%) =5,670,000원
계				5,764,500원

☞ 비품의 경과된 과세기간 수 : 2기(x2,x3), 건물의 경과된 과세기간 수 : 4기(x0~x3)

13. ① 국외 거래(국내 → 국외)에 해당하므로 영세율을 적용한다.

② 우리나라에 상주하는 국제연합군 또는 미합중국군대에 공급하는 재화 등은 영세율을 적용한다.

④ 수출업자와 직접 도급계약에 의하여 수출재화를 임가공하는 수출재화임가공용역은 영세율을 적용한다. 다만, 사업자가 **부가가치세를 별도로 적은 세금계산서를 발급한 경우에는 제외**한다.

14. 일반과세자에 관한 규정을 적용받으려는 경우에는 적용받으려는 **달의 전달의 마지막 날까지** 납세지 관할 세무서장에게 신고하여야 한다.

15. 사업장이 둘 이상인 **사업자 단위 과세사업자**가 자기의 사업과 관련하여 생산 또는 취득한 재화를 **판매할 목적으로 자기의 다른 사업장에 반출하는 것은 재화의 공급으로 보지 아니한다.**

16. • 보증금 적수 = 임대보증금(250,000,000)×365일 = 91,250,000,000원

• 건설비 적수 = 건물의 취득가액(100,000,000)×365일 = 36,500,000,000원

• 보증금에서 발생한 금융수익 : 500,000원

• 유가증권 처분손익 = 처분이익(2,000,000) - 처분손실(3,000,000) = △1,000,000원(0으로 본다)

• 간주익금 = [보증금 적수(91,250,000,000) - 건설비 적수(36,500,000,000)]×1/365×1.2%
 - 금융수익(500,000) = 1,300,000원

17. 기타사외유출 = 채권자 불분명사채이자 중 원천징수세액(4,125,000) + 벌과금(800,000)
 + 비실명채권이자 중 원천징수세액(1,000,000)
 + 리스차량의 감가상각한도초과액(2,000,000) = 7,925,000원

18. • 기업업무추진비 해당액 = 손익계산서(48,000,000) + 포기채권(6,000,000) = 54,000,000원

☞ 정당한 사유없이 포기한 채권은 기업업무추진비이고 증빙 미수취에 대하여 제재규정은 없다.

• 기업업무추진비 한도액 : ①+② = 44,280,000원

① 일반 한도액 = 기본(36,000,000) + 매출액(300,000,000)×30/10,000 = 36,900,000원

② 문화 기업업무추진비 한도액 = Min[8,000,000, 일반한도(36,900,000)×20%] = 7,380,000원

• 기업업무추진비 한도초과액 = 해당액(54,000,000) - 한도액(44,280,000) = 9,720,000원

19. 토지는 면세임.

	1차안분(장부가액)		2차안분(기준시가)	
	장부가액	1차 배분금액	기준시가	2차배분금액
토 지	6,000,000	**12,000,000**	4,000,000	6,000,000(면세)
건 물	24,000,000	48,000,000	36,000,000	54,000,000
기계장치	20,000,000	40,000,000	⟶	40,000,000
계	50,000,000	100,000,000	40,000,000	100,000,000

∴ **과세표준 = 건물(54,000,000) + 기계장치(40,000,000) = 94,000,000원**

20. • 대상액 = 쌀(12,000,000) + 활어(21,000,000) + 수입바닷가재(15,000,000)
　　　　 + 대게(18,000,000) = 66,000,000원
　• 의제매입세액공제액 = 대상액(66,000,000) × 6/106(법인, 음식점업) = 3,735,849원

☞ 면세농산물 등의 수입가액은 관세의 과세가격으로 하므로 관세를 포함하지 않는다.
　의제매입세액의 공제시기는 공급받는 때가 속하는 예정신고 시 또는 확정신고 시에 공제받음.

21. 〈업무용 승용차〉

〈업무용 승용차 A〉 (운행일지 미작성)

(1) 감가상각비 시부인
　- 회사계상액　　　　7,000,000원
　- 상각범위액(한도)　5,000,000원(**50,000,000원/5년 × 6/12, 정액법**)
　- 상각한도 초과액　2,000,000원(손不 유보)

(2) 업무미사용금액의 손금불산입
　- 승용차관련비용 = 승용차관련비용(12,000,000) + 감가상각비(5,000,000) = 17,000,000원
　- 업무미사용 = 승용차관련 비용(17,000,000) × [1 - (15,000,000 × 6/12 ÷ 17,000,000)]
　　　　　　 = 9,500,000원(**손不, 상여**)

〈업무용 승용차 B〉 (업무전용 자동차보험 미가입)

(1) 감가상각비 시부인
　- 회사계상액　　　　2,000,000원
　- 상각범위액(한도)　4,000,000원(**80,000,000원/5년 × 3/12, 정액법**)
　- 상각한도 미달액　△2,000,000원(**손금산입 △유보**) ← 강제상각

(2) 업무미사용금액의 손금불산입
　- 승용차관련비용 = 승용차관련비용(7,000,000) + 감가상각비(4,000,000)
　　　　　　　　 = 11,000,000원(**손不, 상여**)

구분	익금산입 및 손금불산입			손금산입 및 익금불산입		
	과목	금액(원)	소득처분	과목	금액(원)	소득처분
1	승용차A 감가상각비(2점)	2,000,000원	유보			
2	승용차A 업무미사용액(3점)	9,500,000원	상여			
3	승용차B 업무미사용액(3점)	11,000,000원	상여	승용차B 감가상각비(2점)	2,000,000원	△유보
합계		22,500,000원			2,000,000원	

22.

구분	과세공급가액	면세공급가액	총공급가액
20x1년 제1기	3억(37.5%)	5억(62.5%)	8억
20x1년 제2기	7억(70%)	3억(30%)	10억
20x1년 제2기 예정	3억(60%)	2억(40%)	5억

<u>〈물음 1〉 9,375,000원(2점)</u>

· 공통사용재화의 공급 과세표준 = 구축물(7,500,000) + 승합차(1,875,000) = 9,375,000원

① 사무용 구축물 = 공급가액(20,000,000) × 1기 과세 공급가액 비율(37.5%) = 7,500,000원

② 업무용 승합차 = 공급가액(5,000,000) × **1기 과세 공급가액 비율(37.5%)** = 1,875,000원

<u>〈물음 2〉 41,137,500원(2점)</u>

· 과세표준 = 2기 확정(400,000,000) + 공통사용재화의 공급(9,375,000) = 409,375,000원

· 매출세액 = 과세표준(409,375,000) × 10% + 대손세액 회수(200,000) = 41,137,500원

<u>〈물음 3〉 2,650,000원(3점)</u>

· 공통매입세액 중 면세사업분 : ① + ② = 3,350,000원 - 700,000원 = 2,650,000원

① 확정신고기간 매입분 : 2,100,000원 + 1,250,000원 = 3,350,000원

    - 일반 공통 매입 = [공통사업(9,000,000) - 승합차(2,000,000)] × 2기 면세공급가액 비율(30%)

        = 2,100,000원

    - 승합차공통매입 = 승합차(2,000,000) × **1기 면세 공급가액 비율(62.5%)** = 1,250,000원

    ☞ 공통 사용재화 중 공급받은 과세기간 중에 공급하여 직전 과세기간의 실적에 따라 과세표준에 포함되는 공급가액에 대한 매입세액은 <u>직전 과세기간의 공급가액 비율</u>로 안분한다.

② 예정신고기간 안분액 정산 = [2기 예정 공통(7,000,000) × 2기 면세 공급가액 비율(30%)]

             - [7,000,000원 × 2기 예정 면세공급가액 비율(40%)]

             = (-)700,000원

〈물음 4〉 35,350,000원(3점)

· 확정신고 시 매입세액 : (1)+(2)+(3)+(4)=35,350,000원

(1) 세금계산서에 의한 매입세액 = 과세(30,000,000)+면세(20,000,000)+공통(9,000,000)

= 59,000,000원

(2) 기업업무추진비 관련 매입세액(불공제)=(-)1,000,000원

(3) 면세분 매입세액=(-)20,000,000원

(4) 공통매입세액 중 면세사업분 : (-)2,650,000원

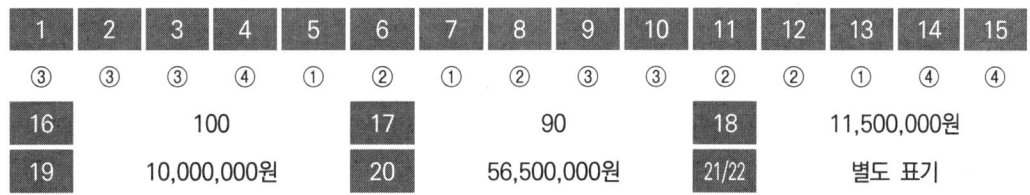

세법2부 – 국세기본법 · 소득세법(조세특례제한법 포함)

1	2	3	4	5	6	7	8	9	10	11	12	13	14	15
③	③	③	④	①	②	①	②	③	③	②	②	①	④	④

16	100	17	90	18	11,500,000원
19	10,000,000원	20	56,500,000원	21/22	별도 표기

01. · ㄱ : 수익을 구성원에게 분배하지 않아야 한다.

· ㄷ, ㄹ : 항상 법인으로 보는 단체의 요건이다.

02. 납세자가 그 사업에서 심각한 손해를 입거나, 그 사업이 중대한 위기에 처한 경우 신고기한은 연장할 수 없다. 다만 국세징수법상 납부기한만 연장된다.

03. 연대납세의무자에게 서류를 송달할 때에는 그 대표자를 명의인으로 한다. 다만, 납부의 고지와 독촉에 관한 서류는 연대납세의무자 모두에게 각각 송달하여야 한다.

04. 사실상의 납세의무자로 보는 것은 실질과세의 원칙이다.

05. 기한 후 신고의 경우 확정력이 없다.

06. 재조사의 허용사유인 '조세탈루의 혐의를 인정할 만한 명백한 자료가 있는 경우'란 조세의 탈루사실이 확인될 상당한 정도의 개연성이 객관성과 합리성이 뒷받침되는 자료에 의하여 인정되는 경우로 엄격히 제한되어야 한다.(대법원 판례)

07. 합병으로 소멸한 법인의 주주가 합병 후 존속하는 법인 또는 합병으로 설립된 법인으로부터 그 합병으로 취득하는 주식 또는 출자의 가액과 금전의 합계액이 그 합병으로 소멸한 법인의 주식 또는 출자를 취득하기 위하여 사용한 금액을 초과하는 금액은 배당소득에 해당한다.

08. 공적연금소득을 받는 사람이 해당 과세기간 중에 사망한 경우 원천징수의무자는 그 사망일이 속하는 달의 다음다음 달 말일까지 그 사망자의 공적연금소득에 대한 연말정산을 하여야 한다.

09. 퇴직소득세를 정산하는 경우에 근속연수는 이미 **지급된 퇴직소득에 대한 근속연수와 지급할 퇴직소득의 근속연수를 합산한 월수에서 중복되는 기간의 월수를 뺀 월수에 따라** 계산한다.

10. 종업원의 수학중인 **자녀가 사용자로부터 받는 학자금은 근로소득에 포함**된다.

11. 공동사업장에서 발생한 결손금은 **손익분배비율에 따라 분배하여 각 공동사업자가 공제**한다.

12. 〈주택임대에 대한 총수입금액〉 **3주택 이상을 소유하고 보증금 합계액이 3억 초과시 간주임대료 계산**

    (1) 월세의 총 수입금액 : 12,000,000원 + 7,200,000원 = 19,200,000원

        ① 주택B = 월세(1,000,000) × 12개월 = 12,000,000원

        ② 주택C = 월세(600,000) × 12개월 = 7,200,000원

    (2) 간주임대료의 계산 : 7,200,000원 + 3,600,000원 + 1,000,000원 = 11,800,000원

        ① 주택A = 보증금(300,000,000) × 360일 × 60% × 정기예금이자율(4%) × 1/360 = 7,200,000원

        ② 주택B = 보증금(150,000,000) × 360일 × 60% × 4% × 1/360 = 3,600,000원

        ③ 주택C = [보증금(400,000,000) – 3억[*1]] × 360일 × 60% × 4% × 1/360 – 금융수익(1,400,000)

          = 1,000,000원

            *1. 보증금등의 적수가 가장 큰 주택의 보증금부터 순차적으로 공제

    (3) 총수입금액 = 월세(19,200,000) + 간주임대료(11,800,000) = 31,000,000원

13. 폐업을 하는 경우에도 **사업장 현황신고도 과세기간의 다음 연도 2월 10일까지 신고**하여야 한다.

14. 소득세의 과세표준과 세액을 계산하는 **비거주자의 신고와 납부(중간예납을 포함한다)에 관하여는 이 법 중 거주자의 신고와 납부에 관한 규정을 준용**한다.

15. ① **계약금 지급일 현재 1세대가 주택을 보유하고 있지 않아야 한다.**

    ② 공동상속주택은 상속지분이 가장 큰 상속인, 상속지분이 가장 큰 상속인이 2명 이상인 경우 당해 주택에 거주하는 자, **최연장자 순서에 따라서 그 공동상속주택을 소유**한 것으로 본다.

    ③ 관리처분계획인가일(또는 사업시행인가일) 현재 기존주택이 「소득세법」상 1세대1주택 비과세 요건 (보유·거주 포함)을 모두 충족하여야 그로부터 전환된 조합원입주권의 양도소득이 비과세된다.

16. 과세표준신고서를 법정신고기한까지 제출한 자가 **법정신고기한이 지난 후 3개월 초과 6개월 이내에 수정신고**한 경우 해당 가산세액의 **100분의 50**에 상당하는 금액을 감면하고, 과세표준신고서를 법정신고기한까지 제출하지 아니한 자가 법정신고기한이 지난 후 **1개월 이내에 기한 후 신고를 한 경우 해당 가산세액의 100분의 50에 상당하는 금액**을 감면한다.

17. • 이의신청을 거친 후 심사청구를 하려면 **이의신청에 대한 결정의 통지를 받은 날부터 90일 이내**에 제기하여야 한다.

    • 심판청구는 해당 **처분이 있음을 안 날(처분의 통지를 받을 때에는 그 받은 날)부터 90일 이내**에 제기하여야 한다.

18. 〈조세채권〉 매각금액 38,000,000원

순 위	금 액	비 고
1. 강제징수비	1,500,000	
2. 최종3월분의 임금, 퇴직금	21,100,000	나체납 임금 2,500,000원 제외
3. 법정기일 이전 피담보채권(신용카드)	3,900,000	담보설정 : 20x0.12.31
4. 소득세 체납액	**11,500,000**	법정기일 : 20x1.5.31
계	38,000,000	

19. 〈이자소득금액〉

내역	금액	
① 환매조건부 채권이자	5,000,000원	
② 저축성 보험차익	3,000,000원	환급보험료(10,000,000) – 납입보험료(8,000,000) + 계약기간 중 배당금(1,000,000)
③ 비영업대금이익	2,000,000원	회수금액(32,000,000) – 원금(30,000,000)
④ 손해배상금 법정이자	기타소득	계약 위약
합계액	10,000,000원	

☞ 납입보험료를 계산할 때 보험계약기간 중에 보험계약에 의하여 받은 배당금 기타 이와 유사한 금액은 이를 보험료에서 차감하되, 그 배당금 등으로 납입할 보험료를 상계한 경우에는 배당금 등을 받아 보험료를 납입한 것으로 본다.

☞ 원금 및 이자의 전부 또는 일부를 회수할 수 없는 경우에는 회수한 금액에서 원금을 먼저 차감하여 계산한다.

20.

구 분	사 업 소 득 금 액		비 고
1. 당 기 순 이 익	60,000,000		
2. 세 무 조 정 사 항			
(1) 소득세	필요경비불산입	(+)1,000,000	
(2) 재고자산의 가사사용	총수입금액산입	(+)1,000,000	
(3) 자산수증이익	총수입금액불산입	(−)4,000,000	사업과 무관
(4) 배당소득	총수입금액불산입	(−)1,500,000	
(5) 상장주식 처분손실	필요경비불산입	−	양도소득이고 손익계산서에 미포함
(6) 업무용 승용차 처분이익	총수입금액산입	−	손익계산서에 포함
(7) 유가증권처분이익	총수입금액불산입	−	손익계산서에 미포함
3. 종 합 소 득 금 액	**56,500,000**		

21. 〈과세전적부심사 제외대상〉 사유 1개당 2점

    1. 국세징수법에 규정된 납부기한 전 징수의 사유가 있거나 세법에서 규정하는 수시부과의 사유가 있는 경우

    2. 조세범 처벌법 위반으로 고발 또는 통고처분을 하는 경우

    3. 세무조사 결과통지 및 과세예고 통지를 하는 날부터 국세부과 제척기간의 만료일까지의 기간이 3개월 이하인 경우

    4. 국제조세조정에 관한 법률에 따라 조세조약을 체결한 상대국이 상호합의 절차의 개시를 요청한 경우

    5. 불복청구 및 과세전적부심사 청구에 따른 재조사 결정에 의한 조사를 하는 경우

22. 〈**물음 1**〉 **4,882,000원 (5점)**

    1. 사업소득금액 : 60,000,000원[매출액(280,000,000) − 매입액(180,000,000)
       − 외주가공비(20,000,000) − 광고선전비(8,000,000) − 인건비(12,000,000) = 60,000,000원

    2. 종합소득공제 : 5,000,000원

    3. 과세표준 = 종합소득금액(60,000,000) − 소득공제(5,000,000) = 55,000,000원

    4. 산출세액 = 6,240,000원 + (55,000,000원 − 50,000,000원) × 24% = 7,440,000원

    5. 세액감면(중소기업 특별세액감면) = 산출세액(7,440,000) × 20% = 1,488,000원

    6. 세액공제 : ① + ② = 1,070,000원

       ① 기장세액공제 = Min(7,440,000원 × 20%, 1,000,000원) = 1,000,000원

       ② 표준세액공제 = 70,000원

    7. 차감납부할세액 = 산출세액(7,440,000) − 세액감면(1,488,000) − 세액공제(1,070,000)
       = 4,882,000원

〈물음 2〉 4,718,000원 (5점)〈간편장부대상자〉

1. 사업소득금액

1. 매출액	280,000,000원	비 고
2. 주요경비		
① 원재료매입	(180,000,000원)	
② 종업원 급여	(12,000,000원)	
③ 외주가공비	(20,000,000원)	
④ 수입금액×10%(기준경비율)	(28,000,000원)	간편장부대상자
3. 기준소득금액	40,000,000원	
4. 비교소득금액	156,800,000원	수입금액×(1-80%)×2.8배
5. 추계소득금액	40,000,000원	MIN[3, 4]

2. 종합소득공제 : 5,000,000원

3. 과세표준 = 종합소득금액(40,000,000) − 소득공제(5,000,000) = 35,000,000원

4. 산출세액 : 840,000원 + (35,000,000원 − 14,000,000원) × 15% = 3,990,000원

5. 세액감면(추계 신고 시 감면배제) : 0원

6. 표준세액공제 : 70,000원

7. 장부의 기록, 보관 불성실가산세 = 산출세액(3,990,000) × 무기장가산세(20%) = 798,000원

8. 차감납부할세액 = 산출세액(3,990,000) − 세액공제(70,000) + 가산세(798,000) = 4,718,000원

제115회 세무회계1급

합격율	시험년월
29%	2025.02

세법1부 법인세법(조세특례제한법 포함)·부가가치세법

객관식 : 문항당 4점

01. 다음 중 법인세법상 사업연도에 대한 설명으로 옳지 않은 것은?

① 국내 사업장이 없는 외국법인이라도 국내에 소재한 건물 양도에 따른 소득이 있을 경우 사업연도를 신고하여야 한다.

② 사업연도 변경신고서를 직전 사업연도 종료일 이전에 제출한 경우에도 적법한 변경신고로 본다.

③ 청산 중에 있는 내국법인의 잔여재산의 가액이 사업연도 중에 확정된 경우에는 그 사업연도 개시일부터 잔여재산의 가액이 확정된 날까지의 기간을 1사업연도로 본다.

④ 내국법인이 사업연도 중에 분할에 따라 해산한 경우에는 해산등기까지의 기간을 그 해산한 법인의 1사업연도로 본다.

02. 다음 중 법인세법상 손금에 대한 설명으로 옳지 않은 것은?

① 매출누락에 대응되는 원가상당액이 장부 외 처리되었음이 확인되는 경우에는 그 원가상당액을 손금에 산입한다.

② 법인이 「노동조합 및 노동관계조정법」을 위반하여 노조업무에 종사하는 근로시간 면제자에게 근로시간 면제 한도를 초과하여 지급하는 급여는 손금에 산입하지 아니한다.

③ 내국법인이 임원에게 「상법」에 따른 주식기준보상으로 금전(해당 법인의 발행주식총수의 10% 범위)을 지급한 경우에 해당 금액은 손금에 산입하지 아니한다.

④ 합명회사나 합자회사의 노무출자사원에 대한 보수는 이익처분에 의한 상여로 의제하여 손금에 산입하지 아니한다.

03. 다음은 자동차 제조업을 영위하는 영리내국법인인 ㈜강남의 기계장치에 대한 감가상각 관련 자료이다. ㈜강남이 기계장치의 내용연수를 변경한 제4기(20x1.1.1.~20x1.12.31.)의 세무조정으로 옳은 것은?

> (1) 제3기 초에 기계장치를 20,000,000원에 취득하여 상각방법은 정액법, 내용연수는 10년으로 신고 하였다.
> (2) 제3기의 상각 부인액은 1,000,000원이다.
> (3) 제4기부터는 내용연수를 5년으로 변경하는 신청서를 적법하게 제출하여 지방국세청장의 승인을 얻었다.
> (4) 제4기에 2,000,000원의 감가상각비를 계상하였다.

① 세무조정 없음
② 손금불산입 1,000,000원
③ 손금불산입 2,000,000원
④ 손금산입 1,000,000원

04. 다음 중 법인세법상 업무무관경비에 대한 설명으로 옳지 않은 것은?

① 업무무관자산을 취득하기 위하여 지출한 취득세 등 취득부대비용은, 해당 자산의 취득가액에 산입하지 아니한다.
② 출자자(소액주주 제외)나 출연자인 임원 또는 그 친족이 사용하고 있는 사택의 유지비, 사용료 및 이에 관련되는 지출금은 업무무관경비에 속한다. 다만 소액주주인 임원이 사용하는 사택유지비는 업무무관경비에 포함되지 않는다.
③ 업무무관자산을 취득하기 위한 자금의 차입과 관련된 비용은 업무무관경비에 포함된다.
④ 업무무관자산을 유지·관리함으로써 발생하는 수선유지비, 감가상각비도 업무무관경비에 포함된다.

05. 다음 중 법인세법상 대손충당금 설정 대상 채권을 모두 고른 것은?

> 가. 상품의 판매가격의 미수액
> 나. 용역의 제공에 의한 영업수익의 미수액
> 다. 소비대차계약에 의하여 타인에게 대여한 금액
> 라. 특수관계인에 대한 업무무관가지급금
> 마. 채무보증으로 인하여 발생한 구상채권
> 바. 매각거래에 해당하는 할인어음

① 가, 다, 마
② 가, 나, 다
③ 나, 마, 바
④ 다, 라, 바

06. ㈜세무는 전기(제23기) 초 대표이사에게 업무와 관련 없이 1,000,000원을 대여하고 당기 말(제24기, 20x1.1.1.~20x1.12.31)까지 회수하지 않았고, 이자만 40,000원을 수취하였다. ㈜세무가 인정이자 계산 시 가중평균차입이자율(5%)을 적용하는 경우, ㈜세무의 가지급금인정이자와 관련된 법인세법상 세무조정으로 옳은 것은? 단, 1년은 365일 이라고 가정한다.

① 〈익금산입〉 가지급금인정이자 50,000원(상여)

② 〈손금산입〉 가지급금인정이자 40,000원(상여)

③ 〈손금산입〉 가지급금인정이자 20,000원(상여)

④ 〈익금산입〉 가지급금인정이자 10,000원(상여)

07. 다음 중 법인세법상 결손금에 대한 설명으로 가장 옳지 않은 것은?

① 결손금 공제 중 이월공제는 과세표준 신고기한 내 이월공제 신청을 관할세무서장에게 하여야 한다.

② 중소기업에 해당하는 내국법인은 결손금이 발생한 사업연도와 직전 사업연도의 소득에 대한 법인세 과세표준 및 세액을 각각의 과세표준 신고기한 내에 적법하게 신고하고 환급신청을 한 경우에만 결손금 소급공제를 적용할 수 있다.

③ 직전 사업연도의 과세표준이 6억원이고, 해당 사업연도의 결손금이 7억원인 내국법인은 해당 사업연도의 결손금 중 3억원만을 소급공제 받을 결손금으로 기재하여 환급신청을 할 수 있다.

④ 법인세의 과세표준과 세액을 추계하는 경우에는 이월결손금 공제규정을 적용하지 아니한다. 다만, 천재지변 등으로 장부나 그 밖의 증명서류가 멸실되어 추계하는 경우에는 그러하지 아니하다.

08. 다음의 세액공제 중 10년간 이월공제가 허용되는 항목만을 모두 고른 것은?

ⓐ 외국납부세액공제

ⓑ 재해손실세액공제

ⓒ 사실과 다른 회계처리에 기인한 경정에 따른 세액공제

ⓓ 연구 및 인력개발비세액공제

ⓔ 투자세액공제

① ㉠, ㉣, ㉤   ② ㉠, ㉡, ㉤   ③ ㉢, ㉣, ㉤   ④ ㉡, ㉢, ㉤

09. 다음 중 부가가치세법상 위탁자가 신탁재산을 실질적으로 지배·통제하는 경우로서 위탁자가 부가가치세 납세의무자가 되는 경우에 해당하지 않는 것은?

① 수탁자가 위탁자로부터 일정한 재산을 수탁받아 부동산개발사업을 목적으로 하는 신탁계약을 체결한 경우로서 그 신탁계약에 의한 부동산개발사업비의 조달의무를 수탁자가 부담하지 아니하는 경우(다만, 수탁자가 사업시행자인 경우는 제외)

② 수탁자가 재개발사업·재건축사업 또는 가로주택정비사업·소규모재건축사업의 사업대행자인 경우

③ 위탁자의 지시로 수탁자가 위탁자의 특수관계인에게 신탁재산 관련 재화 또는 용역을 공급하는 경우

④ 수탁자의 지위 이전을 신탁재산의 공급으로 보는 경우

10. 다음 중 부가가치세법상 주사업장총괄납부제도에 대한 설명으로 가장 옳지 않은 것은?

① 주된 사업장에서 총괄하여 납부하는 사업자는 그 납부하려는 과세기간 개시 20일 전에 주사업장 총괄 납부 신청서를 주된 사업장의 관할 세무서장에게 제출하여야 한다.

② 주된 사업장은 법인의 본점 또는 개인의 주사무소로 한다. 다만, 법인의 경우에는 지점(분사무소를 포함한다)을 주된 사업장으로 할 수 있다.

③ 주된 사업장의 이동이 빈번한 경우에는 관할 세무서장은 주사업장 총괄납부를 적용하지 아니할 수 있다.

④ 주사업장 총괄 납부를 적용하지 아니하게 되거나 포기한 경우에 주된 사업장 관할 세무서장은 과세기간 개시 20일 전까지 그 내용을 해당 사업자와 주된 사업장 외의 사업장 관할 세무서장에게 통지하여야 한다.

11. 다음 중 일반과세자의 부가가치세 과세표준에 대한 설명으로 옳지 않은 것은?

① 사업자가 재화 또는 용역을 공급하고 그 대가로 자기 적립 마일리지등 외의 마일리지등으로 결제받은 부분에 대해 재화 또는 용역을 공급받는 자 외의 자로부터 보전받았거나 보전받을 금액을 공급가액에 포함한다.

② 사업자가 재화 또는 용역을 공급하고 그 대가로 받은 금액에 부가가치세가 포함되어 있는지가 분명하지 아니한 경우에는 그 대가로 받은 금액에 110분의 100을 곱한 금액을 공급가액으로 한다.

③ 공급에 대한 대가의 지급이 지체되었음을 이유로 받는 연체이자는 공급가액에 포함하지 아니한다.

④ 사업자가 완성도기준지급조건부 또는 중간지급조건부로 재화·용역을 공급하고 계약에 따라 대가의 각 부분을 받을 때 일정 금액을 하자보증을 위해 공급받는 자에게 보관시키는 하자보증금은 과세표준에서 공제한다.

12. 다음 중 부가가치세법상 공급시기에 대한 설명으로 옳지 않은 것은?

① 반환조건부 판매, 동의조건부 판매, 그 밖의 조건부 판매 및 기한부 판매의 경우에는 그 조건이 성취되거나 기한이 지나 판매가 확정되는 때

② 완성도기준지급조건부 또는 중간지급조건부로 재화를 공급하는 경우에는 대가의 각 부분을 받기로 한 때

③ 자기생산 취득 재화의 면세 전용, 개인적공급, 사업상증여에 해당하는 경우에는 해당 재화를 사용하거나 소비하는 때

④ 전력이나 그 밖의 공급단위를 구획할 수 없는 재화를 계속적으로 공급하는 경우에는 대가의 각 부분을 받기로 한 때

13. 다음의 자료를 이용하여 블루베리 요거트 제조업을 영위하는 과세사업자 조세식품(중소기업)의 의제매입세액을 계산하시오. 단, 의제매입세액공제 한도는 고려하지 아니하고 의제매입세액을 공제받기 위한 모든 요건은 충족되었다고 가정한다.

1. 가공하지 않은 블루베리 매입내역

구분	금액	비고
국내매입	78,000,000원	농어민으로부터 면세농산물 등을 직접 공급받았다.
해외수입	52,000,000원	관세가 2,000,000원 포함되어 있다.

2. 블루베리 사용내역

구분	국내매입 금액	해외수입 금액
요거트제조	70,000,000원	30,440,000원
거래처증정	–	19,552,000원
기말재고	8,000,000원	2,008,000원
합계	78,000,000원	52,000,000원

① 1,200,000원   ② 3,000,000원   ③ 4,200,000원   ④ 5,000,000원

14. 다음 중 부가가치세법상 납세 절차에 대한 설명으로 옳지 않은 것은?

① 개인사업자의 경우 각 예정신고기간분에 대해 조기환급을 받으려는 자는 예정신고 할 수 있다.

② 개인사업자의 경우 관할세무서장은 제1기 예정신고기간분 예정고지세액에 대해서 4월 1일부터 4월 25일까지의 기간 이내에 납부고지서를 발부해야 한다.

③ 재화를 수입하는 자(납세의무자)가 재화의 수입에 대하여 「관세법」에 따라 관세를 세관장에게 신고하고 납부하는 경우에는 재화의 수입에 대한 부가가치세를 함께 신고납부해야 한다.

④ 사업양도로 사업을 양수받는 자는 그 대가를 지급하는 때에 부가가치세를 징수하여, 그 대가를 지급하는 날이 속하는 달의 다음 달 25일까지 관할 세무서장에게 납부할 수 있다.

15. 다음 중 부가가치세법상 세금계산서 및 가산세에 대한 설명으로 옳지 않은 것은?

① 사업자가 재화를 공급하고 실제로 재화를 공급하는 자가 아닌 자의 명의로 세금계산서를 발급한 경우에는 공급가액의 2%를 가산세로 한다.

② 전자세금계산서를 발급한 사업자가 국세청장에게 전자세금계산서 발급명세를 전송한 경우에는 세금계산서를 5년간 보존해야 하는 의무가 면제된다.

③ 전자세금계산서 의무발급 사업자가 세금계산서의 발급시기가 지난 후 해당 재화 또는 용역의 공급시기가 속하는 과세기간에 대한 확정신고 기한까지 세금계산서를 발급하지 아니한 경우에는 그 공급가액의 1%의 가산세가 적용된다.

④ 전자세금계산서 의무발급 사업자가 전자세금계산서를 발급하였을 때에는 전자세금계산서 발급일의 다음 날까지 전자세금계산서 발급명세를 국세청장에게 전송하여야 한다.

16. 영리내국법인 ㈜강서는 제24기(20x1.1.1.~20x1.12.31.) 중에 유가증권을 전량 현금 1,000,000원에
처분하고 유가증권처분이익 400,000원을 손익계산서에 계상하였다. 이 유가증권은 제23기에 ㈜강서의
임원 甲으로부터 취득한 것이다. ㈜강서가 유가증권 처분에 대하여 익금불산입 300,000원(△유보)으로
세무조정 하였다면, 제23기 취득 당시의 유가증권의 시가는 얼마인가? 단, 처분 직전까지 유가증권은
실제매입가액을 장부상 계상하였고, 제23기 및 제24기의 세무조정은 적절하다.

17. 다음은 영리내국법인 ㈜영등포의 제4기(20x1.1.1.~20x1.12.31.)의 기말재고평가와 관련된 자료이다.
제4기 말의 세무상 재고자산평가액의 합은 얼마인가?

구분	장부상 평가액	후입선출법	총평균법	선입선출법
제품	5,000,000원	3,000,000원	4,000,000원	5,000,000원
재공품	3,000,000원	2,500,000원	2,700,000원	3,000,000원

(1) 법인의 설립일이 속하는 사업연도의 법인세 과세표준 신고기한까지 관할 세무서장에게 제품은 총
평균법으로 신고하였으나, 재공품에 대한 평가방법은 신고하지 않았다.
(2) 20x1년 10월 31일에 제품 평가방법에 대하여 총평균법에서 후입선출법으로 변경신고하였다.

18. ㈜양평(조세특례제한법상 중소기업)의 제24기 사업연도(20x1.1.1.~20x1.12.31.)에 공제가능한 이월
결손금 공제 후 차기로 이월되는 이월결손금 잔액은 얼마인가? 단, 당기의 조세 부담을 최소화하도록
할 것.

(1) 손익계산서상 당기순이익 : 70,000,000원(법인세비용 10,000,000원)
(2) 기중 대표이사로부터 토지(시가 30,000,000원)를 무상으로 수증 받아 이를 수익으로 계상하였다.
(3) 공제되지 않은 세무상 기초 이월결손금 내역
　 ─ 제5기 : 30,000,000원
　 ─ 제18기 : 27,000,000원
　 ─ 제19기 : 15,000,000원
　 ─ 제22기 : 10,000,000원

19. 보세구역 내에서 공장을 운영하고 있는 일반과세자인 이세무씨는 수입된 플라스틱 부품을 가지고 장난 감을 제조하여 보세구역 외의 국내사업자에게 공급하고 있다. 아래의 자료를 이용하여 이세무씨의 부가 가치세 과세표준을 계산하면 얼마인가? 단, 세관장은 부가가치세를 적법하게 징수하였고, 제시된 것 이외의 세금은 부과되지 않은 것으로 간주한다.

> (1) 장난감의 공급가액 : 60,000,000원
> (2) 수입된 플라스틱부품에 대한 관세의 과세가격 : 50,000,000원
> (3) 관세 : 7,000,000원

20. 다음은 일반과세자로 제조업을 영위하는 ㈜개화의 20x1년 제2기 매입거래와 관련된 자료이다. ㈜개화 의 20x1년 제2기 매입세액공제액을 구하시오.

> (1) 공급가액 5,000,000원의 원재료를 구입하고, 착오로 공급가액 9,000,000원의 세금계산서를 수취 하였으나 그 밖의 기재사항으로 보아 공급가액(5,000,000원)이 동일 과세기간에 사실로 확인되 었다.
> (2) 업무용중형승용차의 렌트비를 지급하고 공급가액 1,000,000원의 세금계산서를 수취하였다.
> (3) 종업원 식대를 지급하고 간이과세자(신규사업자로서 20x1년도는 영수증을 발급하여야 하는 기간 임)로부터 공급대가 2,000,000원의 신용카드매출전표를 수취하였다.
> (4) 직원 사택의 수리비를 지급하고 공급가액 3,000,000원의 세금계산서를 수취하였다.
> (5) 제품 운반용 트럭을 구입하고 공급가액 7,000,000원의 세금계산서를 수취하였다.
> (6) 거래처 증정 목적으로 상품을 구입하고 공급가액 5,000,000원의 세금계산서를 수취하였다.

21. 다음은 제조업을 영위하는 중소기업인 ㈜제조의 제24기(20x1년 1월 1일~20x1년 12월 31일) 사업연도와 관련된 자료이다. 세무조정과 소득처분을 아래에 제시한 [답안양식]에 따라 작성하시오. 단, 전기까지 회계처리와 세무조정은 적정하게 처리하였다. [10점]

> 1. 국고보조금 5,000,000원을 지급 받고 자본조정으로 처리하였다. 국고보조금과 관련한 자산은 20x2년에 취득할 예정이며, 아직 사용계획서를 제출하지 아니하였다.
> 2. 제21기에 납부하였던 본사 건물에 대한 재산세 5,000,000원을 환급받으면서 그에 따른 환급가산금 500,000원을 환급받고, 재산세와 환급가산금 전액을 영업외수익으로 계상하였다.
> 3. 제22기에 납부하였던 토지의 취득에 따른 취득세 6,000,000원을 환급받으면서 그에 따른 환급가산금 600,000원을 환급받고, 취득세와 환급가산금 전액을 영업외수익으로 계상하였다.
> 4. 「국민건강보험법」에 따른 연체금 300,000원, 전기요금 납부지연 연체가산금 200,000원, 교통유발부담금 500,000원을 모두 비용으로 계상하였다.
> 5. 제20기에 취득하여 보유하고 있던 비상장법인 ㈜공장의 주식(지분율 5%)을 당기 초에 추가로 취득하여 ㈜공장의 총 주식 중 60%의 지분을 보유하게 됨으로써 과점주주에 대한 취득세 8,000,000원을 납부하고 비용으로 처리하였다.

[답안양식]

구분	익금산입 및 손금불산입			손금산입 및 익금불산입		
	과목	금액(원)	소득처분	과목	금액(원)	소득처분
1						
2						
3						
4						
5						

22. 음식점을 경영하는 간이과세자인 강북의 20x1년도 과세기간(1.1.~12.31.)의 거래내역이 다음과 같은 경우 20x1년 부가가치세 신고 시의 차가감납부세액을 구하고 계산내역을 약술하시오. 단, 주어진 자료 이외에는 고려하지 않는다. [10점]

---

(1) 과세공급대가 : 50,000,000원(이 중 60%는 신용카드매출전표 발행분임)

(2) 세금계산서상 매입세액 : 3,500,000원(개별소비세 과세대상 업무용 중형승용차 관련분 500,000원 포함)

(3) 면세농산물 구입은 농민으로부터 직접 구입하였고, 농산물 가액은 800,000원이다.

(4) 음식점업의 업종별 부가가치율은 15%이다.

(5) 강북은 세무대리인을 통해 부가가치세를 신고하였으며, 전자세금계산서 발급전송 세액공제는 고려하지 않는다.

(6) 예정 부과기간의 고지 납부세액은 없었다.

세법2부 국세기본법 · 소득세법(조세특례제한법 포함)

객관식 : 문항당 4점

01. 다음 중 국세기본법상 특수관계인에 대한 설명으로 옳지 않은 것은?

① 4촌 이내의 혈족과 3촌 이내의 인척은 특수관계자에 해당된다.

② 배우자(사실상의 혼인관계에 있는 자 제외)와 혼외 출생자의 생부는 특수관계자에 해당된다.

③ 개인인 본인이 직접 또는 그와 친족관계 또는 경제적 연관관계에 있는 자를 통하여 법인의 경영에 대하여 지배적인 영향력을 행사하고 있는 경우 그 법인은 특수관계자에 해당된다.

④ 개인 또는 법인이 직접 또는 그와 친족관계 또는 경제적 연관관계에 있는 자를 통하여 본인인 법인의 경영에 대하여 지배적인 영향력을 행사하고 있는 경우 그 개인 또는 법인은 특수관계자에 해당된다.

02. 아래 자료에 제시한 각각의 경우에 대한 국세기본법상 국세부과제척기간의 합계로 옳은 것은?

---

(1) 법정신고기한까지 과세표준신고서를 제출하지 않은 양도소득세로 역외거래가 아닌 경우

(2) 부가가치세에 대한 가산세로 납세자의 부정행위로 세금계산서 미발급가산세 부과대상인 경우

(3) 법정신고기한까지 과세표준신고서를 제출한 증여세인 경우

(4) 법정신고기한까지 과세표준신고서를 제출하지 않은 상속세인 경우

---

① 40년   ② 42년   ③ 45년   ④ 50년

03. 다음 중 국세기본법상 경정청구와 기한후신고·납부에 대한 설명으로 옳지 않은 것은?

① 일반적인 경정청구는 법정신고기한이 지난 후 5년 이내에 할 수 있고, 경정으로 인하여 증가된 과세표준 및 세액에 대해서는 해당 처분이 있음을 안 날부터 90일 이내에 할 수 있으며, 후발적 사유가 발생하였을 때는 그 사유가 발생한 날로부터 3개월 이내에 청구할 수 있다.

② 후발적 사유에 따라 결정 또는 경정의 청구를 받은 세무서장은 그 청구를 받은 날부터 2개월 이내에 과세표준 및 세액을 결정 또는 경정하거나 결정 또는 경정하여야 할 이유가 없다는 뜻을 그 청구를 한 자에게 통지하여야 한다.

③ 법정신고기한 경과 후 1개월 이내에 기한 후 신고납부를 하는 경우에는 무신고가산세의 50%를 감면하고 법정신고기한이 지난 후 1개월 초과 3개월 이내는 30%, 3개월 초과 6개월 이내는 20%를 감면한다. 단, 과세표준과 세액을 결정한 것을 미리 알고 기한후과세표준신고서를 제출한 경우는 제외한다.

④ 과세표준신고서를 법정신고기한까지 제출하였으나 과세표준신고액에 상당하는 세액의 전부 또는 일부를 납부하지 아니한 자는 그 세액과 국세기본법 또는 세법에서 정하는 가산세를 세무서장이 고지하기 전에 납부할 수 있다.

04. 다음 중 국세기본법상 국세환급금과 국세환급가산금에 대한 설명으로 옳지 않은 것은?

① 세무서장이 국세환급금으로 결정한 금액을 세법에 따라 자진납부하는 국세에 충당 시 납세자가 그 충당에 동의하는 경우에 한하여 충당할 수 있다.

② 납세자의 국세환급금과 국세환급가산금에 관한 권리는 행사할 수 있는 때부터 5년간 행사하지 아니하면 소멸시효가 완성된다.

③ 국세환급금에 관한 권리를 타인에게 양도하고자 하는 납세자의 경우 권리가 확정된 후에는 언제라도 일정한 사항을 기재한 문서로 소관세무서장에게 요구하면 된다.

④ 국세환급금 중 국세 및 강제징수비에 충당한 후 남은 금액은 국세환급금의 결정을 한 날부터 30일 내에 납세자에게 지급하여야 한다.

05. 다음 중 국세기본법상 국세의 우선에 대한 설명으로 옳지 않은 것은?

① 국세 강제징수에 따라 납세자의 재산을 압류한 경우 다른 국세 및 강제징수비 또는 지방세의 교부청구가 있으면 압류와 관계되는 국세 및 강제징수비는 교부청구된 다른 국세 및 강제징수비 또는 지방세보다 우선하여 징수한다.

② 사용자의 재산을 매각하여 국세를 징수하는 경우 근로기준법상 최종 3월분 임금채권은 법정기일 과 관계없이 국세에 우선하여 변제한다.

③ 파산 절차에 따라 재산을 매각할 때 그 매각금액 중에서 국세 및 강제징수비를 징수하는 경우 그 파산 절차에 든 비용은 국세 및 강제징수비에 우선한다.

④ 법정기일 전에 저당권이 설정된 재산을 국세의 강제징수 또는 경매 절차를 통해 매각하여 그 매각금액에서 해당 재산에 대하여 부과된 종합부동산세를 징수하는 경우 그 저당권에 의하여 담보된 채권은 그 종합부동산세 및 강제징수비에 우선한다.

06. 다음 중 국세기본법상 납세자의 권리에 대한 설명으로 옳지 않은 것은?

① 세무공무원은 조사대상 세목, 업종, 규모, 조사 난이도 등을 고려하여 세무조사 기간이 최소한이 되도록 하여야 한다. 다만, 법에서 정하는 일정한 경우 세무조사 기간을 연장할 수 있다.

② 세무조사의 사전통지를 받은 납세자가 납세자의 장기출장 등으로 세무조사를 받기가 곤란하다고 판단될 때는 조사를 연기하여 줄 것을 문서로 관할 세무관서의 장에게 신청할 수 있으며, 연기신청을 받은 관할 세무관서의 장은 연기신청 승인여부를 결정하고 그 결과를 조사 개시 전까지 통지하여야 한다.

③ 세무공무원은 세무조사 기간을 정할 경우 조사대상 과세기간 중 연간 수입금액 또는 양도가액이 가장 큰 과세기간의 연간 수입금액 또는 양도가액이 100억원 미만인 납세자에 대한 세무조사 기간은 30일 이내로 한다.

④ 세무공무원은 국가기관이 조세쟁송이나 조세범의 소추를 위하여 요구하는 경우 또는 통계청장이 국가통계작성 목적으로 과세정보를 요구하는 경우에는 납세자의 과세정보를 제공할 수 있다.

07. 다음 중 소득세법 총칙에 대한 설명으로 옳지 않은 것은?

① 위탁자가 신탁재산을 실질적으로 통제하지 아니하는 신탁의 경우 선의의 제3자가 수익자로 정해진 신탁재산에 귀속되는 소득은 그 신탁의 위탁자에게 귀속되는 것으로 본다.

② 사업소득이 있는 거주자가 사업장 소재지로 납세지지정신청을 하려는 경우 해당 과세기간의 10월 1일부터 12월 31일까지 납세지지정신청서를 사업장 관할 세무서장에게 제출하여야 한다. 이러한 납세지지정신청이 있는 경우 관할 지방국세청장은 특정한 경우를 제외하고는 사업장을 납세지로 지정하여야 한다.

③ 원천징수하는 자가 거주자인 경우 원천징수하는 소득세의 납세지는 그 거주자의 주된 국내사업장 소재지로 하되, 주된 국내사업장 외의 국내사업장에서 원천징수를 하는 경우에는 그 국내사업장의 소재지로 하며, 국내사업장이 없는 경우에는 그 거주자의 주소지 또는 거소지를 납세지로 한다.

④ 공동사업에 관한 소득금액을 계산하는 경우에는 손익분배비율에 따라 해당 공동사업자별로 납세의무를 진다. 다만 합산과세 되는 소득금액에 대해서는 주된 공동사업자의 특수관계인은 손익분배비율에 해당하는 그의 소득금액을 한도로 주된 공동사업자와 연대하여 납세의무를 진다.

08. 다음 중 소득세법상의 거주자와 비거주자에 대한 설명으로 옳은 것은?

① 국내에 거주하는 개인이 계속하여 183일 이상 국외에 거주할 것을 통상 필요로 하는 직업을 가진 경우에는 국외에 주소를 가진 것으로 본다.

② 국내에 거주하는 개인이 국내에 생계를 같이하는 가족이 있고, 그 직업 및 자산상태에 비추어 계속하여 183일 이상 국내에 거주할 것으로 인정되는 경우에는 국내에 주소를 가진 것으로 본다.

③ 거주자나 내국법인의 국외사업장 또는 내국법인이 발행주식총수의 90% 이상을 직접 또는 간접 출자한 해외현지법인에 파견된 임원 또는 직원은 거주자로 본다.

④ 비거주자가 국내에 거소를 둔 기간이 3과세기간에 걸쳐 183일 이상인 경우에는 국내에 183일 이상 거소를 둔 것으로 본다.

09. 다음의 자료를 이용하여 근로소득자 갑의 종합소득 산출세액을 계산하면 얼마인가? 단, 이자소득과 배당소득에 대한 원천징수는 적정하게 이루어졌다. (배당가산율은 10%로 가정한다.)

> 1. 소득내역
>   1) 금융기관으로부터 받은 이자 : 10,000,000원
>   2) 비상장법인으로부터의 배당 : 10,000,000원
>   3) 비영업대금의 이익 : 5,000,000원
>   4) 사업소득금액 : 30,000,000원
> 2. 갑의 종합소득공제액 : 2,000,000원
> 3. 세율
>
> | 과세표준 | 세율 |
> |---|---|
> | 1,400만원 이하 | 6% |
> | 1,400만원 초과 5,000만원 이하 | 840,000원 + 1,400만원의 초과액의 15% |
> | 5,000만원 초과 8,800만원 이하 | 6,240,000원 + 5,000만원의 초과액의 24% |

① 5,500,000원   ② 6,565,000원   ③ 6,990,000원   ④ 6,900,000원

10. 다음 중 법인세법과 소득세법의 차이에 대한 설명으로 옳지 않은 것은?

① 법인 대표자에 대한 급여는 손금으로 인정되지만 개인사업의 대표자에 대한 급여는 필요경비로 인정되지 않으므로 개인사업자 본인의 국민건강보험료, 노인장기요양보험료, 고용보험료 및 산재보험료 등은 사업소득의 필요경비로 인정되지 않는다.

② 법인의 대주주는 법인의 자금을 임의로 인출하여 사용할 수 없지만 개인사업자는 필요하면 언제든지 출자금을 인출할 수 있다.

③ 사업자가 재고자산을 가사용으로 소비하거나 이를 사용인 또는 타인에게 지급한 경우 법인세법에서는 부당행위계산부인이 적용되고, 소득세법에서는 이를 총수입금액에 산입한다.

④ 소득세법은 종합과세, 분리과세, 분류과세의 형태로 과세하지만, 법인세법은 소득의 종류를 구분하지 않고 모든 소득을 각 사업연도 소득에 포함하여 종합과세하므로 분리과세 또는 분류과세가 없다.

11. 다음 중 소득세법상 60%의 필요경비가 인정되는 기타소득이 아닌 것은?

① 공익사업 관련 지역권·지상권을 설정 또는 대여하고 받은 대가

② 산업재산권 및 상표권을 양도하거나 대여하고 그 대가로 받는 금품

③ 통신판매중개를 하는 자를 통하여 물품 또는 장소를 대여하고 연 500만원 이하의 사용료로 받는 금품

④ 공익법인이 주무관청의 승인을 받아 시상하는 상금 및 부상

12. 다음 중 소득세법상 인적공제에 대한 설명으로 옳지 않은 것은?

① 추가공제에는 경로우대자공제, 장애인공제, 부녀자공제, 한부모공제가 있는데, 경로우대자공제
와 장애인공제는 중복적용이 가능하지만, 부녀자공제와 한부모공제는 중복적용이 불가능하다.

② 한 자녀에 대하여 아버지와 어머니가 동시에 인적공제를 받을 수 있는 경우에는 기본공제는 아버
지가 받고, 추가공제는 어머니가 받을 수 있다.

③ 추가공제 중 장애인공제는 200만원, 경로우대공제는 100만원, 부녀자공제는 50만원, 한부모공
제는 100만원이 적용되며 기본공제는 기본공제대상자 1인당 150만원이 적용된다.

④ 공제대상배우자 · 공제대상부양가족 · 공제대상장애자 또는 공제대상경로우대자에 해당하는지 여
부의 판정은 원칙적으로 과세기간 종료일인 12월 31일 현재의 상황에 의한다. 다만 과세기간
종료일 전에 사망한 사람 또는 장애가 치유된 사람에 대해서는 사망일 전날 또는 치유일 전날의
상황에 따른다.

13. 다음 중 소득세법상 부당행위계산부인에 대한 설명으로 가장 옳지 않은 것은?

① 배당소득 중 출자공동사업자의 배당은 부당행위계산부인의 대상이 되는 소득이다.

② 부당행위계산의 부인에 의하여 총수입금액에 산입하거나 필요경비에 불산입한 금액은 사기 · 기
타 부정한 행위에 의해 조세를 포탈한 것으로 간주하여 조세범처벌법의 적용 대상이 된다.

③ 직계존비속에게 주택을 무상으로 사용하게 하고 직계존비속이 그 주택에 실제로 거주하는 경우
는 부당행위계산부인의 대상에서 제외된다.

④ 거주자가 운영자금을 마련하기 위하여 사무실로 사용하고 있던 상가건물을 시가의 절반 가격으
로 사촌 동생에게 매각하였다면 부당행위계산부인의 대상이 된다.

14. 다음의 자료를 이용하여 근로소득자 갑(남성)의 의료비 세액공제액을 계산하면 얼마인가?

1. 급여액 : 30,000,000원(비과세 급여 2,000,000원 포함)
2. 의료비 지출액

대상	나이	금액	내역
본인(갑)	45세	1,500,000원	보청기 구입비(1,000,000원)와 미용성형수술비(500,000원)
배우자	41세	1,000,000원	시력보정용 콘택트렌즈 구입비
장남	14세	3,000,000원	국외 의료기관에 지급한 진료비

※ 갑의 배우자와 장남은 갑의 기본공제대상자이다.

① 99,000원   ② 150,000원   ③ 90,000원   ④ 0원

15. 다음 중 소득세법상 결손금과 이월결손금 공제에 대한 설명으로 옳지 않은 것은?

① 사업소득금액을 계산할 때 자산수증이익과 채무면제이익 중 이월결손금의 보전에 충당된 금액이 있는 경우 해당 이월결손금은 소득금액에서 공제하는 이월결손금에서 제외한다.

② 거주자 또는 비거주자가 사업소득금액 또는 기타소득금액을 계산할 때 필요경비를 계산하려는 경우에는 그 비용의 지출에 대한 증명서류를 받아 이를 확정신고기간 종료일부터 5년간 보관하여야 한다. 다만, 각 과세기간의 개시일 5년 전에 발생한 결손금을 공제받은 자는 해당 결손금이 발생한 과세기간의 증명서류를 공제받은 과세기간의 다음다음 연도 5월 31일까지 보관하여야 한다.

③ 세법에서 정하는 중소기업을 영위하는 거주자는 부동산임대업 이외의 사업에서 발생한 결손금을 해당 과세기간의 다른 소득금액에서 공제하는 대신 직전 과세기간으로 소급 공제하여, 직전 과세기간의 사업소득에 부과된 소득세액을 한도로 환급신청할 수 있다.

④ 종합과세되는 이자소득과 배당소득 중 원천징수세율이 적용되는 부분에서는 사업소득의 결손금과 이월결손금을 공제할 수 없으며, 이자소득 또는 배당소득 중 기본세율을 적용받는 부분에 대해서는 사업자가 그 소득금액의 범위에서 공제 여부 및 공제금액을 결정할 수 있다.

주관식(단답형) : 문항당 4점 ※ 반드시 OMR 카드 앞면의 주관식 답안란에 답안을 작성하시오(연필 또는 컴퓨터용 사인펜 사용 금지).

16. 국세기본법상 '보충적 납세의무'란 본래의 납세의무가 이행되지 않은 경우에 본래의 납세의무자와 일정한 관계에 있는 자에게 보충적으로 납부 책임을 지게 하는 제도를 말한다. 다음 괄호에 공통으로 들어갈 내용을 작성하시오.

> 1. 국세기본법 제2조(정의)에 따르면, (   )란 납세자가 납세의무를 이행할 수 없는 경우에 납세자를 갈음하여 납세의무를 지는 자를 말한다.
> 2. 보충적 납세의무와 관련된 법적 성격은 다음과 같다.
>   ① 본래의 납세의무가 소멸하면 보충적 납세의무도 소멸하는 것과 같이 본래의 납세의무의 변경·소멸 등의 효력이 (   )에게 그대로 미치는 것을 말한다.
>   ② 보충적 납세의무자는 본래의 납세의무가 이행되지 아니한 부분에 대해서만 보충적으로 납세의무를 지는 것을 말한다.

183

17. 다음의 국세기본법상 규정에서 괄호에 공통으로 들어갈 내용을 작성하시오.

> (1) 이의신청인, 심사청구인, 심판청구인 및 과세전적부심사 청구인은 재결청에 대통령령으로 정하는
>   바에 따라 변호사, 세무사 또는 「세무사법」에 따른 세무사등록부 또는 공인회계사 세무대리업무등
>   록부에 등록한 공인회계사를 (   )으로 선정하여 줄 것을 신청할 수 있다.
> (2) 재결청은 (   )의 신청이 법에서 정한 요건을 모두 충족하는 경우 지체 없이 (   )을 선정하고,
>   신청을 받은 날부터 5일 이내에 그 결과를 이의신청인 등과 (   )에게 각각 통지하여야 한다.

18. 다음은 국세기본법상 조세불복제도에 대한 내용이다. (①)에 들어갈 단어를 작성하시오.

> 1. 국세기본법 또는 세법에 의한 처분으로서 작위처분 또는 부작위처분으로 인하여 권리 또는 이익의
>   침해를 당한 사항이면 그 처분의 내용에 관계없이 무엇이든 불복청구의 대상으로 하는 개괄주의
>   방식을 채택하고 있다.
> 2. 다음의 처분에 대하여는 국세기본법상 불복청구를 할 수 없다.
>   (1) 「조세범처벌절차법」에 따른 (①) 처분
>   (2) 「감사원법」에 따라 (②)를 한 처분이나 그 (②)에 대한 처분
>   (3) 「국세기본법」 또는 세법에 따른 (③) 부과 처분

19. 다음은 ㈜A(중소기업)에 근무하는 영업사원인 거주자 갑(일용근로자 아님, ㈜A와 특수관계 없음)의
20x1년 근로소득 관련 자료이다. 20x1년 총급여액을 계산하시오.

> ※ 근로기간 : 20x1.04.01.~20x1.12.31
> (1) 급여 : 100,000,000원
> (2) 식대 : 4,500,000원(월 500,000원씩 수령, 식사를 따로 제공받음)
> (3) 주택 취득에 소요되는 자금을 무상제공 받음으로써 얻은 이익 : 3,000,000원
> (4) 「법인세법」에 의하여 상여로 처분된 금액 : 4,000,000원
>   (근로를 제공한 사업연도 : 20x0년, 결산확정일 : 20x1.02.27)
> (5) 주주총회에서의 잉여금처분에 의한 상여금 : 6,000,000원
>   (20x0년도 근로에 대한 상여금임, 잉여금처분결의일 : 20x1.03.01, 지급일 : 20x1.04.25)
> (6) 「발명진흥법」에 따라 직무와 관련하여 사용자로부터 받은 직무발명보상금 : 9,500,000원(20x1년
>   이 금액 이외의 직무발명보상금은 없음)
> (7) 공휴일 연장근로 근무수당(1,500,000원), 실비변상적 성질의 숙직료(2,000,000원), 자녀(6세)의
>   보육으로 받은 급여(1,800,000원＝월 20만원×9개월)가 있다.

20. 다음은 근로자인 거주자 을(40세 여성)의 20x1년 종합소득세 세액공제 관련 자료이다. 을의 20x1년 자녀세액공제와 연금계좌세액공제의 합계액은 얼마인가?

> (1) 을의 총급여액 : 40,000,000원
> (2) 을의 기본공제대상자에 해당하는 자녀들의 나이 : 11세, 9세, 0세(20x1년 출생함)
> (3) 을의 연금계좌 신규납입액 : 연금저축계좌 8,000,000원, 퇴직연금계좌 4,000,000원

주관식(약술형) ※ 반드시 OMR 카드 뒷면의 약술형 답안란에 답안을 작성하시오(연필 또는 컴퓨터용 사인펜 사용 금지).

21. 다음은 국세기본법 제47조의4[납부지연가산세]에 대한 내용이다. 다음 중 ① 및 ②의 가산세를 적용하지 않는 경우를 5가지 이상 서술하시오. [10점]

> • 납부지연가산세 = ① + ② + ③
> ① 납부하지 아니한 세액 또는 과소납부분 세액×법정납부기한의 다음 날부터 납부고지일까지의 기간 ×0.022%
> ② 초과환급 받은 세액×환급받은 날의 다음 날부터 납부고지일까지의 기간×0.022%
> ③ 법정납부기한까지 납부하여야 할 세액 중 납부고지서에 따른 납부기한까지 납부하지 아니한 세액 또는 과소납부분 세액×3%(국세를 납부고지서에 따른 납부기한까지 완납하지 아니한 경우에 한정함)

22. 다음 각 근로소득 항목에 대하여 그 수입시기를 작성하시오. [10점]

> ① 급여
> ② 잉여금처분에 의한 상여
> ③ 인정상여
> ④ 임원의 퇴직소득 중 소득세법에 따른 퇴직소득 한도 초과로 인해 근로소득으로 보는 금액
> ⑤ 주식매수선택권의 행사로 인한 근로소득

제115회 세무회계1급 답안 및 해설

███████ 세법1부 – 법인세법(조세특례제한법 포함) · 부가가치세법

1	2	3	4	5	6	7	8	9	10	11	12	13	14	15
④	③	④	①	②	④	①	②	④	④	④	③	③	②	③

16	900,000원	17	8,000,000원	18	2,000,000원
19	3,000,000원	20	1,500,000원	21/22	별도 표기

01. **분할에 따라 해산**한 경우 그 **사업연도 개시일부터 분할등기일까지의 기간**을 그 해산한 법인의 1사업연도로 본다.

02. 내국법인이 임원에게 「상법」에 따른 주식기준보상으로 금전(**해당 법인의 발행주식총수의 10% 범위**)을 지급한 경우에 해당 금액은 손금에 산입한다.

03. • 회사상각액 : 감가상각비(2,000,000)
  • 상각범위액 : 취득가액(20,000,000)×0.2(변경된 상각률, 내용연수 5년)=4,000,000원
  • 시부인액 : 상각범위액(4,000,000) – 회사 상각비(2,000,000)=2,000,000원(시인부족액)
  • 전기 상각부인액 추인 : 손금산입 1,000,000원(△유보)

04. 업무무관자산의 취득부대비용은 **해당 자산의 취득가액에 산입**한다.

05. 〈대손충당금 설정 대상 채권〉
  가. 상품의 판매가격의 미수액
  나. 용역의 제공에 의한 영업수익의 미수액
  다. 소비대차계약에 의하여 타인에게 대여한 금액

06. • 인정이자 = 대여금(1,000,000)×365일×가중평균차입이자율(5%)×1/365
      – 수령이자(40,000) = 10,000원(익금산입, 상여)
  • 현저한 이익 여부 : [인정이자(50,000) – 수령이자(40,000)]/인정이자(50,000)
      = 20%≧5% 이상 → 부당행위계산부인 적용

07. 결손금 공제 중 **이월공제는 별도의 신청 없이 강제 이월하여 공제**된다.

08. 재해손실세액공제는 이월공제가 안되고, 사실과 다른 회계처리에 기인한 경정에 따른 세액공제는 이월공제기한이 없다.

09. **수탁자의 지위 이전은 위탁자가 부가가치세 납세의무가 있는 경우**가 아니다.

10. 주사업장 총괄 납부를 적용하지 아니하게 되거나 포기한 경우에 주된 사업장 관할 세무서장은 **지체 없이 그 내용을 해당 사업자와 주된 사업장 외의 사업장 관할 세무서장에게 통지**하여야 한다.

11. 하자보증금은 과세표준에서 공제하지 않는다.

12. 사업상증여에 해당하는 때에는 **재화를 증여하는 때를 공급시기**로 한다.

13. 해외수입 = 계(52,000,000) - 관세(2,000,000) - [거래처증정(19,552,000)
   - 거래처 증정 관세분(2,000,000×19,552,000/52,000,000)] = 31,200,000원
   의제매입세액 = 면세농산물 등의 매입가액(78,000,000 + 31,200,000)×공제율(4/104)
   = 4,200,000원

14. 개인사업자의 경우 관할세무서장은 제1기 예정신고기간분 **예정고지세액에 대해서 4월 1일부터 4월 10일까지의 기간 이내에 납부고지서를 발부**해야 한다.

15. 전자세금계산서 의무발급 사업자가 세금계산서의 발급시기가 지난 후 해당 재화 또는 용역의 공급시기가 속하는 과세기간에 대한 **확정신고 기한까지 세금계산서를 발급하지 아니한 경우에는 그 공급가액의 2%의 가산세가 적용**된다.(세금계산서 미발급 가산세)

16. • 처분손익 = 처분가액(1,000,000) - 장부상 취득원가(???) = 400,000원(처분이익)
   ∴ 장부상 취득원가 = 600,000원
   • 취득당시 시가(??) - 장부가액(600,000) = 300,000원(익금산입, 유보),
   ∴ 취득 당시의 시가 = 900,000원
   ☞ 특수관계 있는 개인으로부터 유가증권을 저가 매입한 경우, 시가를 취득가액으로 한다.

17.

	계산근거	세법상 평가액
제품	임의변경에 해당함.(10/31신고) MAX[① 선입선출법(5,000,000), ② 총평균법(4,000,000)]	5,000,000
재공품	무신고 - 선입선출법	3,000,000
합계		**8,000,000**

18. • 각사업연도소득금액 = 당기순이익(70,000,000) + 법인세비용(10,000,000)
   - 자산수증이익(30,000,000) = 50,000,000원
   ☞ 자산수증이익(익금불산입)은 발생연도의 제한이 없으므로 제5기 이월결손금에서 보전
   • 이월결손금 잔액 = [18기(27,000,000) + 19기(15,000,000) + 22기(10,000,000)]
   - 각사업연도소득금액(50,000,000) = 2,000,000원

19. • 세관장이 징수하는 과세표준 = 관세의 과세가격(50,000,000) + 관세(7,000,000) = 57,000,000원
   • 사업자가 징수하는 과세표준 = 공급가액(60,000,000) - 세관장이 징수하는 과세표준(57,000,000)
   = 3,000,000원
   ☞ 사업자가 보세구역 내에 보관된 재화를 다른 사업자에게 공급하고, 그 재화를 공급받은 자가 그 재화를 보세구역으로부터 반입하는 경우 그 **재화의 '공급가액'에서 '세관장이 부가가치세를 징수하고 발급한 수입세금계산서에 적힌 공급가액'을 뺀 금액을 과세표준**으로 한다.

20.

	매입세액	비고
동일 과세기간 공급분(착오)	500,000	실제 거래금액으로 매입세액공제 가능
렌트비	0	비영업용승용차 임차 비용은 불공제
종업원 식대	0	영수증 발급 간이과세자는 매입세액이 없음
사택 수리비	300,000	
운반용 트럭 구입	700,000	
거래처 증정	0	기업업무추진비 관련 매입세액은 불공제
합계	**1,500,000**	

21.

구분	익금산입 및 손금불산입			손금산입 및 익금불산입		
	과목	금액(원)	소득처분	과목	금액(원)	소득처분
1(1점)	국고보조금	5,000,000	기타			
2(1점)				재산세환급가산금	500,000	기타
3(2점)				토지	6,000,000	유보
3(2점)				취득세환급가산금	600,000	기타
4(2점)	국민건강보험연체금	300,000	기타사외유출			
5(2점)	㈜공장 주식	8,000,000	유보			

☞ 4. 「국민건강보험법」에 따라 징수하는 연체금은 손금불산입하고, 전기요금연체가산금과 교통유발금은 손금사항이다.

　5. 비상장법인의 주식을 취득함으로써 과점주주가 됨에 따라 납부하는 취득세는 주식의 취득원가를 구성한다.
　　회사가 비용처리 하였으므로 손금불산입하고 유보 처분한다.

22. 〈간이과세자의 과세표준과 세액〉

(1) 납부세액 = 공급대가(50,000,000) × 부가가치율(15%) × 10% = 750,000원

(2) 세금계산서등 수취세액공제 = [세금계산서 상 매입세액(3,500,000) − 비영업용승용차(500,000)]
　　　　　　　　　　　　　× 5.5%(공급대가의 0.5%) = 165,000원

(3) 신용카드매출전표등 발행세액공제 = 신용카드(50,000,000원 × 60%) × 1.3% = 390,000원

(4) 차가감납부세액 = 납부세액(750,000) − 공제세액(165,000 + 390,000) = 195,000원

☞ 간이과세 사업자는 의제매입세액공제가 적용되지 않는다.

세법2부 – 국세기본법 · 소득세법(조세특례제한법 포함)

1	2	3	4	5	6	7	8	9	10	11	12	13	14	15
②	②	①	③	④	③	①	②	③	①	④	②	②	①	③

16	제2차 납세의무자	17	국선대리인	18	통고
19	114,500,000원	20	2,600,000원	21/22	별도 표기

01. <u>배우자에는 사실상의 혼인관계에 있는 자를 포함</u>한다.

02. (1) 법정신고기한까지 과세표준신고서를 제출하지 않은 양도소득세로 역외거래가 아닌 경우 : 7년

   (2) 부가가치세에 대한 가산세로 납세자의 부정행위로 세금계산서 미발급가산세 : 10년

   (3) 법정신고기한까지 과세표준신고서를 제출한 증여세인 경우 : 10년

   (4) 법정신고기한까지 과세표준신고서를 제출하지 않은 상속세인 경우 : 15년

03. 후발적 사유가 발생했을 때는 그 **사유가 발생한 것을 안 날부터 3개월 이내에 청구**할 수 있다.

04. **국세환급금통지서를 발급하기 전에 한하여 양도**할 수 있다.

05. 해당 재산에 대하여 부과된 **종합부동산세는 법정기일 전에 설정된 담보채권 또는 임대차보증금반환 채권보다 우선**한다. 다만, 「주택임대차보호법」에 따라 대항요건과 확정일자를 갖춘 임차권에 의한 임대차보증금반환채권은 국세에 우선할 수 있다.

06. 연간 수입금액 또는 양도가액이 100억원 미만인 납세자에 대한 **세무조사 기간은 20일 이내**로 한다.

07. 신탁의 **위탁자가 아닌 신탁의 수익자에게 귀속되는 것**으로 본다.

08. ① 국내에 거주하는 개인이 계속하여 183일 이상 **국내에 거주할 것을 통상 필요로 하는 직업을 가진 때에는 국내에 주소를 가진 것**으로 본다.

   ③ **90%가 아닌 100%**이다.

   ④ **직전 과세기간을 고려(개정세법 26)하여 계속하여 183일 이상 거소**를 둔 경우 거주라로 본다.

09. 〈종합소득 산출세액〉

   • 금융소득금액 = 금융소득(25,000,000) + GROSS – UP(5,000,000 × 10%) = 25,500,000원

   • 과세표준 = 금융소득(25,500,000) + 사업소득(30,000,000) – 종합소득공제액(2,000,000)

   $\qquad$ = 53,500,000원

   • 비교과세 : MAX[①, ②] = 5,430,000원

   ① 종합과세시 세액 : (53,500,000 – 20,000,000) × 기본세율 + 2천만원 × 14%

   $\qquad\qquad$ = [840,000 + (33,500,000 – 14,000,000) × 15%] + 2,800,000

   $\qquad\qquad$ = 6,565,000원

   ② 분리과세시 세액 : (53,500,000 – 25,500,000) × 기본세율 + 5,000,000 × 25%

   $\qquad\qquad$ + 20,000,000 × 14% = [840,000 + (28,000,000 – 14,000,000) × 15%]

   $\qquad\qquad$ + 1,250,000 + 2,800,000 = 6,990,000원

10. 개인사업자 **본인의 국민건강보험료, 노인장기요양보험료, 고용보험료 및 산재보험료 등은 공과금 성격이므로 사업소득의 필요경비로 인정**된다.

11. 공익법인이 주무관청의 승인을 받아 시상하는 상금 및 부상은 **80%의 필요경비가 인정**된다.

12. 기본공제대상자에 대한 **추가공제는 기본공제를 적용받은 사람이 적용받을 수 있다.**

13. 부당행위계산부인은 거래사실 자체를 부인하는 것이 아니고 그 부당행위의 결과 조세의 부담이 감소한 거래자에 대하여만 과세소득을 다시 계산하는 것이므로 **조세범처벌법의 적용 대상으로 간주하지 아니한다.**

14. (1) 총급여 : 급여액(30,000,000) - 비과세 급여(2,000,000) = 28,000,000원

　(2) 의료비 세액공제 대상액

　　① 특정(본인)의료비 = 보청기 구입비(1,000,000) → 미용성형수술비 제외

　　② 일반 의료비 = 콘택트 렌즈(500,000, 한도) → 국외 지출 의료비 제외

　(3) 의료비세액공제액

　　= [일반의료비(500,000) + 특정의료비(1,000,000) - 총급여액(28,000,000) × 3%] × 15%

　　= 99,000원

15. 사업소득의 결손금은 먼저 **해당 과세기간의 소득금액에서 공제한 후 잔액을 소급 공제**할 수 있다.

19. (2) **식사를 제공받았으므로 전액 과세**한다.

　(3) **중소기업 직원의 주택 취득 자금 대여는 비과세**한다.

　(4) 인정상여는 **근로를 제공한 날이 속하는 20x0년도의 근로소득**이다.

　(5) 잉여금처분에 의한 **상여금은 처분결의일이 속하는 20x1년의 근로소득**이다.

　(6) 「발명진흥법」에 따른 직무발명보상금 **연 7,000,000원 이하의 금액까지 비과세**한다.

　(7) 실비변상적 성질의 숙직료 및 **6세 이하 자녀보육과 관련하여 받는 월 20만원/인(개정세법 26)**

　　이내 금액은 비과세하고, 영업사원이므로 연장근로소득은 과세한다.

　　∴ 총급여액 = 급여(100,000,000) + 식대(4,500,000) + 잉여금 처분 상여(6,000,000)

　　　+ 직무발명보상금(9,500,000 - 7,000,000) + 연장근로수당(1,500,000) = 114,500,000원

20. (1) 자녀세액공제 : 550,000원(8세 이상 자녀 2명) + 700,000원(셋째 출생) = 1,250,000원

　(2) 해당액 = MIN[① MIN 연금저축(800만원), 한도(600만원) + 퇴직연금(4백만원), ② 연 900만원]

　　= 9,000,000원

　　연금계좌세액공제액 = 해당액(9,000,000) × 15%(총급여액 5,500만원 이하) = 1,350,000원

　(3) 세액공제액의 합계액 = 자녀세액공제(1,250,000) + 연금계좌세액공제(1,350,000)

　　　　　　= 2,600,000원

21. 〈납부지연가산세 중 연체이자 부분을 적용하지 않는 사유〉

1. 부가가치세법에 따른 사업자가 납부기한까지 **어느 사업장에 대한 부가가치세를 다른 사업장에 대한 부가가치세에 더하여 신고납부한 경우**

2. 부가가치세법에 따라 공급받은 사업자가 **대손세액을 매입세액에서 빼지 않아 관할 세무서장이 경정하는 경우** 그 대손세액에 상당하는 부분

3. **법인세 과세표준 및 세액의 결정·경정으로** 상속세 및 증여세법에 따른 **증여의제이익이 변경되는 경우**

4. 위 '3'에 해당하는 사유로 **양도소득세 과세대상 주식등의 취득가액이 감소된 경우**

5. 상속세 및 증여세법에 따라 법정신고기한까지 **상속세 또는 증여세를 신고한 자가** 법정신고기한까지 상속세 또는 증여세를 납부한 경우로서 법정신고기간 이후 상속세 및 증여세법 시행령에 따른 **평가심의위원회를 거쳐 상속재산 또는 증여재산을 평가하여 과세표준과 세액을 결정·경정한 경우**

6. 부담부증여 시 양도로 보는 부분에 대하여 양도소득 과세표준을 예정신고 또는 확정신고 규정에 따라 **양도소득세 과세표준을 신고한 자가** 법정신고기한까지 양도소득세를 납부한 경우로서 법정신고기한 이후 상속세 및 증여세법 시행령에 따른 **평가심의위원회를 거쳐 부담부증여 재산을 평가하여 양도소득세의 과세표준과 세액을 결정·경정한 경우**

22. ① 급여 : **근로를 제공한 날**

② 잉여금처분에 의한 상여 : 당해 법인의 **잉여금처분 결의일**

③ 인정상여 : **근로를 제공한 날**

④ 임원의 퇴직소득 중 소득세법에 따른 퇴직소득 한도초과로 인해 근로소득으로 보는 금액 : **지급받거나 지급받기로 한 날**

⑤ 주식매수선택권의 행사로 인한 근로소득 : **주식매수선택권을 행사한 날**

제114회 세무회계1급

합격율	시험년월
15%	2024.12

세법1부 법인세법(조세특례제한법 포함) · 부가가치세법

객관식 : 문항당 4점

01. 다음 중 법인세법상 세무조정에 대한 설명으로 옳은 것은?

① 법인세 과오납금에 대한 환급이자를 수령하고 수익으로 회계처리한 경우에는 익금산입으로 세무
조정한다.

② 자기주식처분이익을 자본잉여금으로 회계처리한 것은 회계상 순자산과 세무상 순자산의 차이가
나지 않으므로 세무조정할 필요가 없다.

③ 기업업무추진비를 지출하고도 손비처리 하지 않고 이연처리한 경우에는 지출한 연도에 기업업무
추진비로 본다.

④ 부가가치세 매출세액을 부채로 계상하고, 부가가치세 매입세액을 자산으로 계상한 경우에는 이
에 대하여 세무조정해야 한다.

02. 다음 중 법인세법상 익금에 대한 설명으로 옳지 않은 것은?

① 「조세특례제한법」상 동업기업 과세특례를 적용받는 합명회사로부터 배분받은 소득금액은 익금
으로 본다.

② 「상법」 제461조의2에 따라 주식발행초과금을 감액하여 받은 배당금액(내국법인이 보유한 주식
의 장부가액을 한도로 한다)은 익금에 산입한다.

③ 상장주식의 자전거래로 인한 보유주식의 장부가액과 매각가액과의 차익은 익금에 산입하지 아니
한다.

④ 골프장업을 영위하는 법인이 골프장에 입장하는 고객으로부터 입장요금과 별도로 징수하여 관할
세무서에 신고 · 납부하는 개별소비세는 익금에 산입하지 아니한다.

03. 다음 중 법인세법상 기업업무추진비에 대한 설명으로 옳지 않은 것은?

① 약정에 의하여 포기한 매출채권과 기업업무추진비 관련 부가가치세 매입세액은 모두 기업업무추진비로 보고 한도초과액을 손금불산입한다.

② 현물로 제공한 기업업무추진비는 제공한 때의 시가가 장부가액보다 낮은 경우에는 장부가액에 의하여 기업업무추진비를 계산한다.

③ 증빙이 없거나 법인의 업무와 무관하게 지출한 기업업무추진비 및 한도를 초과해서 지출한 기업업무추진비는 손금불산입하고 기타사외유출로 소득처분한다.

④ 지출한 금액이 기업업무추진비인지 여부는 그 실질에 따라 판단하여야 하므로 건설중인자산으로 계상하였더라도 실질에 따라 기업업무추진비에 해당할 수 있다.

04. 다음은 법인세법상 지급이자 중 건설자금이자에 대한 설명이다. 다음의 설명 중 가장 옳지 않은 것은?

① 재고자산에 대하여 건설자금이자를 계상한 경우에는 건설자금이자 상당액을 손금산입하고 (−)유보로 처분한다.

② 건설자금이자의 계상 대상에 유형자산 및 무형자산 뿐만 아니라 투자자산 및 제조 등에 장기간 소요되는 재고자산을 포함시킨다.

③ 건설자금이자 중 대상 사업용자산의 매입, 제작, 건설에 소요된지의 여부가 분명하지 아니한 차입금의 이자는 제외한다.

④ 사업용 유형자산 건설의 특정 차입금 중 해당 건설 등이 준공된 후에 남은 차입금에 대한 이자는 당기 이자비용이므로 각 사업연도의 손금으로 산입한다.

05. 다음 중 법인세법상 부당행위계산의 부인에 대한 설명으로 옳지 않은 것은?

① 거래행위(불공정합병의 경우에 해당하지 아니함) 당시에 내국법인과 특수관계가 없는 자와의 거래에 대하여는 부당행위계산부인 규정을 적용하지 아니한다.

② 법인이 특수관계인으로부터 자산을 고가에 매입한 경우, 시가초과액을 손금에 산입하여 (−)유보로 처분하고 해당 손금을 부인하여 그 귀속자에 따라 상여 등으로 처분한다.

③ 부당행위계산부인 규정의 적용은 시가를 기준으로 하며, 그 시가가 불분명한 경우에는 감정평가법인 등의 감정가액(주식 등과 가상자산은 제외)과 「상속세 및 증여세법」상 평가액을 차례로 적용하여 계산한 금액에 의한다.

④ 법인이 해당 법인의 직원에게 토지(시가 : 불분명, 「상속세 및 증여세법」에 의한 평가액 : 9천 5백만원, 감정평가업자에 의한 평가액 : 1억 2천만원)를 9천만원에 매각한 경우, 부당행위계산에 해당하지 않으며 기부금으로 의제되는 금액은 없다.

06. 다음 중 법인세법상 이월결손금과 결손금 소급공제에 대한 설명으로 옳은 것은?

① 특례기부금의 손금산입 한도액 계산 시 공제하는 이월결손금은 결손금의 발생 시점에 제한이 없다.

② 자산수증이익과 채무면제이익으로 충당된 이월결손금도 각 사업연도 과세표준 계산에 있어서 공제받을 수 있다.

③ 결손금 소급공제는 중소기업인 외국법인의 국내지점에게도 적용될 수 있다.

④ 중소기업 법인이 폐업하는 경우에도 그 폐업일이 속하는 사업연도에 발생한 결손금에 대하여 결손금 소급공제를 신청할 수 있다.

07. 20x1년 7월 18일에 설립된 법인(정관상 회계기간은 1년)의 20x1년도 과세표준이 1억 8천만원일 경우 해당 법인의 법인세법상 산출세액은 얼마인가? 단, 과세표준 2억원 이하분에 대하여 10%, 2억원 초과분에 대하여 20% 세율을 적용한다.

① 16,200,000원 ② 26,000,000원 ③ 32,400,000원 ④ 48,400,000원

08. 다음 중 법인세법상 세액감면과 세액공제의 적용 순위를 순서대로 옳게 나열한 것은?

> (가) : 이월공제가 인정되는 세액공제
> (나) : 이월공제가 인정되지 아니하는 세액공제
> (다) : 사실과 다른 회계처리로 인한 경정에 따른 세액공제
> (라) : 세액감면

① (가) → (나) → (다) → (라) ② (가) → (나) → (라) → (다)
③ (라) → (다) → (나) → (가) ④ (라) → (나) → (가) → (다)

09. 다음 중 부가가치세법 총칙에 대한 설명으로 옳지 않은 것은?

① 사업자등록 없이 부가가치세가 과세되는 재화 또는 용역을 공급하는 사업자의 경우에도 부가가 치세를 신고, 납부할 의무가 있다.

② 재화를 수입하는 자의 부가가치세 납세지는 「관세법」에 따라 수입을 신고하는 수입하는 자의 주소 또는 거소를 납세지로 한다.

③ 사업자 단위 과세 사업자는 각 사업장을 대신하여 그 사업자의 본점 또는 주사무소의 소재지를 부가가치세 납세지로 한다.

④ 사업자가 상호를 변경하는 경우에는 지체 없이 사업자의 인적사항, 사업자등록의 변경 사항 및 그 밖의 필요한 사항을 적은 사업자등록 정정신고서를 관할 세무서장이나 그밖에 신고의 편의에 따라 선택한 세무서장에게 제출해야 한다.

10. 다음 중 부가가치세법상 재화의 공급에 대한 설명으로 옳지 않은 것은?

① 사업자가 사업을 위하여 대가를 받지 아니하고 다른 사업자에게 인도하는 견본품은 재화의 공급 으로 보지 아니한다.

② 사업자의 폐업일 현재 수입신고(통관)되지 아니한 미도착 재화는 폐업 시 잔존재화로 과세되지 않는다.

③ 개인사업자 2인이 공동사업을 영위할 목적으로 한 사업자의 사업장을 다른 사업자의 사업장에 통합하여 공동명의로 사업을 영위하는 경우, 통합으로 인하여 폐지된 사업장의 재화는 폐업 시 재고재화로 과세된다.

④ 사업자가 자기의 과세사업과 관련하여 취득한 재화로서 매입세액이 공제된 재화를 자기의 면세 사업을 위하여 직접 사용하는 것은 재화의 공급으로 본다.

11. 다음 중 부가가치세법상 영세율에 대한 설명으로 옳지 않은 것은?

① 영세율을 적용할 때 사업자가 비거주자 또는 외국법인(국내에 사업의 실질적인 관리장소가 소재 하지 않음)인 경우에는 그 외국에서 대한민국의 거주자 또는 내국법인에게 우리나라의 부가가치 세 또는 이와 유사한 성질의 조세를 면제하는 때와 그 외국에서 우리나라의 부가가치세 또는 이와 유사한 성질의 조세가 없는 때에만 영세율을 적용한다.

② 외국법인의 국내사업장이 있는 경우에 사업자가 국내에서 국외의 외국법인과 직접 계약하여 교 육지원 서비스업에 해당하는 용역을 공급하고 그 대금을 해당 외국법인으로부터 외국환은행에서 원화로 받는 경우에는 영세율을 적용하지 않는다.

③ 사업자가 대한적십자사에 공급하는 재화는 수출로 간주하여 영세율을 적용한다(단, 해당 재화를 외국에 무상반출 하는 경우에 한함).

④ 외국항행사업자가 자기의 사업에 부수하여 공급하는 재화·용역으로서 자기의 승객만이 전용하 는 버스를 탑승하게 하는 것은 영세율을 적용한다.

12. 제조업(일반과세자)을 영위하는 개인사업자 이국세씨의 20x1년 제2기(7월~12월) 중에 공급받은 재화 및 용역의 내용이다. 주어진 자료는 부가가치세가 제외된 공급가액이다. 20x1년 제2기 확정신고 시의 불공제 매입세액을 계산하면 얼마인가?

> • 7월 27일 : 24,000,000원 소모품 구입함
> • 8월 22일 : 15,000,000원 부재자를 구매하고, 세금계산서를 수령함(공급자의 사업자등록번호 누락)
> • 9월 18일 : 연탄한우에서 거래처 직원들의 회식비로 550,000원 지출함
> • 10월 17일 : 사업장 건물임차료 3,000,000원 지출함
> • 10월 23일 : 이국세씨의 개인 사용 물품을 5,000,000원에 구입함
> • 11월 30일 : 건축물 있는 토지를 취득 후, 토지 사용을 위해 건축물 철거비 25,000,000원을 지출함
> • 12월 24일 : 거래처 증정용 물품 10,000,000원을 망고 마트에서 구입한 후 다음날에 증정함
> ※ 모든 거래 내역은 일반과세자와의 거래이며, 세금계산서를 수취하였다.
> ※ 위의 자료 이외에는 다른 사항을 고려하지 않기로 하며 신고절차는 적법하게 이루어졌다.

① 2,000,000원   ② 2,055,000원   ③ 4,555,000원   ④ 5,555,000원

13. 다음 중 부가가치세법상 세금계산서에 대한 설명으로 옳지 않은 것은?

① 관계증빙서류 등에 의하여 실제거래사실이 확인되는 경우로서 해당 거래일자를 작성연월일로 하여 재화의 공급일이 속하는 달의 다음달 10일까지 세금계산서를 발급한 경우에는 적법하게 세금계산서를 발급한 것으로 본다.

② 매입자세금계산서를 발행하려는 자는 해당 재화 등의 공급시기가 속하는 과세기간 종료일로부터 6개월 이내에 거래 사실을 객관적으로 입증할 수 있는 서류를 첨부하여 관할 세무서장에게 신청할 수 있다.

③ 수탁자가 직접 재화를 인도하는 위탁판매의 경우 세금계산서는 수탁자가 위탁자 명의로 발급하며, 이 경우 수탁자의 등록번호를 덧붙여 적어야 한다.

④ 소매업, 음식 · 숙박업, 여객운송업(전세버스 운송사업) 등을 경영하는 일반과세사업자의 경우는 세금계산서 발급의무가 면제되지만, 공급받는 사업자가 사업자등록을 제시하고 세금계산서 발급을 요구하는 경우에는 세금계산서를 발급하여야 한다.

14. 다음 중 부가가치세법상 환급에 대한 설명으로 가장 옳지 않은 것은?

① 예정신고를 한 사업자는 확정신고 및 납부 시 예정신고한 과세표준과 납부한 납부세액 또는 환급받은 환급세액도 포함하여 신고하여야 한다.

② 사업장 관할세무서장은 부가가치세의 결정·경정에 의하여 추가로 발생한 환급세액을 지체없이 사업자에게 환급하여야 한다.

③ 조기환급을 받고자 하는 영세율 적용 대상 사업자가 부가가치세 예정신고 또는 확정신고와 함께 법령에 정한 서류를 제출한 경우에는 환급에 관하여 신고한 것으로 본다.

④ 사업장 관할세무서장은 사업자가 영세율을 적용받는 경우에 발생하는 환급세액을 신고하는 경우 확정신고기한이 지난 후 15일 이내, 예정신고기한이 지난 후 15일 이내 또는 영세율 등 조기환급신고기한이 지난 후 15일 이내에 사업자에게 환급하여야 한다.

15. 다음 중 부가가치세법상 간이과세자에 대한 설명으로 가장 옳지 않은 것은?

① 세금계산서를 발행할 수 있는 간이과세자가 20x1년 9월 30일에 간이과세를 포기한 경우, 일반과세가 적용되는 20x1년 10월 1일부터 3년이 되는 날인 20x4년 9월 30일이 속하는 과세기간 종료일(20x4년 12월 31일)까지는 간이과세를 다시 적용받지 못한다.

② 직전 과세기간에 신규로 사업을 시작한 개인사업자에 대하여는 그 사업 개시일부터 그 과세기간 종료일까지의 공급대가를 합계한 금액으로 간이과세자 적용 기준 공급대가를 판정한다.

③ 과세기간에 세금계산서 등을 발급받은 재화와 용역의 공급대가에 0.5퍼센트를 곱한 금액은 납부세액에서 공제한다.

④ 휴업 또는 사업부진 등으로 인하여 예정부과기간의 공급대가 또는 납부세액이 직전 과세기간의 공급대가 또는 납부세액의 1/3에 미달하는 간이과세자는 예정부과기간의 과세표준과 세액을 예정부과기한까지 사업장 관할세무서장에게 신고·납부할 수 있다.

16. 다음은 내국법인 ㈜조정의 제24기 사업연도(20x1.1.1.~20x1.12.31.)의 자료이다. 세무조정 시 대표자에 대한 상여로 소득처분할 금액은 얼마인가?

- 현금매출 누락 20,000,000원(부가가치세는 고려하지 말 것. 대금이 입금된 사실이 없어 회계처리를 누락하였으며 그 원인을 밝히지 못하였음.)
- 채권자가 불분명한 사채이자 15,000,000원(원천징수세액 4,125,000원 포함)
- 재무제표상 선급비용 중 당기에 지출한 기밀비 2,000,000원(증빙 없음)
- 사외유출된 금액의 귀속이 불분명하여 대표자에게 상여로 처분한 금액의 소득세를 대납하고 이를 손비로 계상한 금액 1,300,000원
- 직원 또는 임원이 아닌 주주에 대한 가지급금 3,000,000원

17. ㈜자격은 제24기 사업연도(20x1.1.1.~20x1.12.31.)의 중간예납세액을 직전 사업연도의 산출세액을 기준으로 계산하려고 한다. 다음의 제23기 사업연도(20x0.1.1.~20x0.12.31.) 법인세 신고와 관련된 자료를 이용하여 20x1년 법인세 중간예납세액을 계산하면 얼마인가?

- ※ 20x0년 법인세 신고자료
- 법인세 산출세액 : 36,000,000원
- 공제감면세액 : 3,500,000원
- 가산세 : 1,500,000원
- 원천징수세액 : 500,000원
- 중간예납세액 : 7,000,000원

18. ㈜조세는 제24기 사업연도 초에 해산하기로 결의하고 청산절차에 착수하였다. 해산등기일의 재무상태표는 다음과 같다. ㈜조세의 청산소득금액을 계산하면 얼마인가?

재무상태표			
토지	30,000,000원	부채	20,000,000원
건물	100,000,000원	자본금	90,000,000원
		자본잉여금	10,000,000원
		이익잉여금	10,000,000원
합계	130,000,000원	합계	130,000,000원

- 세무상 이월결손금은 30,000,000원(모두 제11기에 발생함)이다.
- 건물의 상각부인액 5,000,000원을 유보로 처분한 세무조정이 있다.
- 토지와 건물은 각각 50,000,000원 100,000,000원으로 환가되었으며, 부채는 20,000,000원으로 상환하였다.

19. 다음은 과세사업과 면세사업을 겸영하고 있는 ㈜군포의 과세사업과 면세사업에 공통으로 사용하고 있던 기계장치 매각과 관련된 자료이다. ㈜군포가 20x1년 제2기 확정신고(10월 1일~12월 31일) 시 공통사용재화의 매각과 관련된 매출세액을 계산하시오.

- 기계장치 A의 공급가액 : 8,000,000원(공급일 20x1.10.1.)
- 기계장치 B의 공급가액 : 400,000원(공급일 20x1.11.1.)
- ㈜군포의 공급가액

구분	20x1년 제1기	20x1년 제2기
과세	5억원	4억원
면세	3억원	4억원
합계	8억원	8억원

20. 다음은 일반과세자인 ㈜제조의 20x1년 제2기 부가가치세 확정신고와 관련된 자료이다. 아래의 자료에 따라 제조업을 운영하는 ㈜제조의 20x1년 제2기 확정신고 시의 부가가치세 매출세액을 구하시오.

> (1) 국내 제품매출 공급가액 : 50,000,000원
> (2) 국외 제품매출 공급가액 : 30,000,000원
> (3) 예정신고 누락분 공급가액 : 20,000,000원
> (4) 국내 제품매출과 관련하여 매출에누리 2,000,000원과 판매장려금 3,000,000원을 지급하였다.
> (5) 대손확정된 매출채권의 공급대가 : 11,000,000원(대손요건을 충족한 매출채권)

주관식(약술형) ※ 반드시 OMR 카드 뒷면의 약술형 답안란에 답안을 작성하시오(연필 또는 컴퓨터용 사인펜 사용 금지).

21. 다음의 자료는 도매업을 영위하는 영리내국법인 ㈜상장(중소기업이 아님)의 제3기(20x1.1.1.~ 20x1.12.31.)의 자료이다. 다음 물음에 답하시오. [10점]

> 1. 손익계산서상 매출액 : 11,000,000,000원(특수관계인에 대한 매출액 3,000,000,000원 포함)
> 2. 손익계산서상 판매비와관리비 중 기업업무추진비로 비용처리한 금액은 40,000,000원이다.
> 3. 상시 거래관계를 하는 거래처의 창사기념일에 기념품 시계 50개를 제공하고, 5,000,000원을 광고선전비로 처리하였다. 시계는 개당 100,000원이며 부가가치세를 포함한 금액이다.
> 4. 거래관계를 개선하기 위해 약정에 따라 매출채권 6,000,000원을 대손상각비로 처리하였다.
> 5. 손익계산서상 기업업무추진비에는 ㈜상장의 직원들이 조직한 단체(법인 아님)에 지출한 비용 3,000,000원이 포함되어 있다.
> 6. ㈜상장이 지출한 경조사비와 문화기업업무추진비 및 전통시장기업업무추진비는 없다.
> ※ 별도의 언급이 없는 한 기업업무추진비 해당액은 적격증명서류를 수취하였고, 전기까지 세무조정은 정확하게 이루어졌다.

〈물음 1〉 기업업무추진비 해당액을 구하시오. [5점]

〈물음 2〉 기업업무추진비 손금 한도액을 구하시오. [5점]

22. 다음의 자료는 일반과세자인 ㈜경영의 20x1년 제1기 부가가치세 예정신고(20x1.1.1.~20x1.3.31.)와 관련된 자료이다. 아래의 [답안 양식]에 따라 부가가치세 과세표준을 작성하시오. 단, 자료에 제시된 금액들은 부가가치세를 포함하지 아니한 것이며, 과세표준이 없는 경우 '0'으로 작성하시오. [10점]

(1) 2월 1일 : 1월 3일에 제품을 판매하고, 수령한 금액이 3,550,000원(현금 지급 판매장려금 500,000원이 차감되고, 연체이자로 받은 50,000원이 포함된 금액)이다.

(2) 2월 17일 : 상품을 인도하기 전에 ㈜B로부터 판매 대금 중 500,000원을 선수금으로 수령하고, 수령한 대가에 대하여 세금계산서를 발급하였다.

(3) 2월 20일 : 사업을 위하여 거래처인 ㈜C에게 시가 1,000,000원(원가 500,000원)의 제품을 무상으로 제공하였다.

(4) 2월 25일 : 국가에 시가 2,000,000원(원가 1,000,000원)에 상당하는 제품을 무상으로 기증하였다.

(5) 2월 26일 : ㈜경영이 생산한 제품(시가 500,000원)을 ㈜D가 생산한 제품(시가 800,000원)과 교환하였다.

(6) 3월 4일 : 건물을 현물출자하고 3,000,000원을 받았다.

(7) 3월 11일 : 특허권을 대여하고 1,000,000원을 받았다.

(8) 3월 15일 : 매입세액 공제받은 재화를 광고 선전용으로 사용한 가액 2,000,000원이 있다.

(9) 3월 22일 : 회사 소유의 상표권을 매각하고 4,000,000원을 받았다.

(10) 3월 30일 : 회사가 소유한 비상장주식을 매각하고 7,000,000원을 받았다.

[답안 양식]

구분	과세표준(단위 : 원)
(1)	
(2)	
:	
(9)	
(10)	
합계	

세법2부 국세기본법 · 소득세법(조세특례제한법 포함)

객관식 : 문항당 4점

01. 다음 중 국세기본법상 정의에 대한 설명으로 옳은 것은?

① 세법이란 국세의 종목과 세율을 정하고 있는 법률과 국세기본법, 국세징수법, 조세특례제한법, 국제조세조정에 관한 법률, 조세범 처벌법 및 조세범 처벌절차법을 말한다.

② 원천징수란 세법에 따라 원천징수의무자가 국세(이에 관계되는 가산세를 포함한다.)를 징수하는 것을 말한다.

③ 납세의무자는 연대납세의무자, 제2차 납세의무자, 보증인, 원천징수의무자를 포함한다.

④ 세무조사란 국세의 과세표준과 세액을 결정 또는 경정하기 위하여 질문을 하거나 해당 장부, 서류 또는 그 밖의 물건을 검사, 조사하거나 그 제출을 명하는 활동을 말한다.

02. 다음 중 국세기본법상 규정된 법인 아닌 단체에 대한 설명으로 옳지 않은 것은?

① 관할세무서장의 승인에 의해 법인으로 보는 법인 아닌 단체는 단체의 수익을 구성원에게 분배할 것을 요건으로 한다.

② 법인 아닌 단체 중 공익을 목적으로 출연된 기본재산이 있는 재단으로서 등기되지 않고 수익을 구성원에게 분배하지 않는 것은 법인으로 본다.

③ 법인으로 보는 법인 아닌 단체는 법인세법상 비영리법인으로 본다.

④ 법에서 정한 요건을 갖춘 법인으로 보는 법인 아닌 단체는 그 신청에 대하여 관할세무서장의 승인을 받은 날이 속하는 과세기간과 그 과세기간이 끝난 날부터 3년이 되는 날이 속하는 과세기간까지는 소득세법에 따른 거주자 또는 비거주자로 변경할 수 없다.

03. 다음의 자료를 이용하여 ㈜세계의 주주인 김세무씨가 국세기본법상 출자자 등의 제2차 납세의무자로서 납부해야 할 금액을 계산하면 얼마인가?

(1) 주식보유현황 : ㈜세계는 김세무(지분율 : 60%), 박회계(지분율 : 40%) 주주로 구성된 법인이다(주주들 간에는 특수관계가 없음).

주주 성명(관계)	x1.01.01.	x1.10.01. 매매거래		x1.12.31.
	보유주식수	매도주식수	매수주식수	보유주식수
김세무(본인)	600주	50주		550주
박회계(타인)	400주		50주	450주

(2) ㈜세계의 발행주식총수 1,000주에는 의결권이 없는 주식은 없으며, 김세무와 박회계는 ㈜세계의 경영에 대하여 지배적인 영향력을 행사하는 자들이다.

(3) ㈜세계는 20x1년 제1기 부가가치세 20,000,000원과 제10기(x1.01.01.~x1.12.31.)의 법인세 30,000,000원을 체납한 상태이며 국세에 충당할 수 있는 ㈜세계의 재산은 없다고 가정한다.

① 27,500,000원　　② 28,500,000원　　③ 30,000,000원　　④ 50,000,000원

04. 다음 중 국세기본법상 경정청구와 부과제척기간에 대한 설명으로 옳지 않은 것은?

① 법정신고기한까지 소득세 과세표준신고서를 제출하지 아니하여 과세표준과 세액을 결정받은 자는 후발적 사유에 의한 경정청구를 할 수 없다.

② 법정신고기한 후 최초 신고한 과세표준 및 세액의 계산근거가 된 거래의 효력에 관계되는 관청의 허가처분이 취소된 때에는 그 사유가 발생한 것을 안 날로부터 3개월 이내에 경정청구를 할 수 있다.

③ 소득이나 그 밖의 과세물건의 귀속을 제3자에게로 변경시키는 결정이 있을 경우 과세표준신고서를 법정신고기한까지 제출한 자는 그 사유가 발생한 것을 안 날부터 3개월 이내에 경정청구를 할 수 있다.

④ 이의신청에 대한 결정으로 명의대여사실이 확인된 경우에는 그 결정이 확정된 날부터 1년 이내에 명의대여자에 대한 부과처분을 취소하고 실제로 사업을 경영한 자에게 필요한 처분을 할 수 있다.

05. 다음 중 국세기본법상 가산세 감면에 대한 설명으로 가장 옳지 않은 것은?

① 과세표준신고서를 법정신고기한까지 제출하지 아니한 자가 법정신고기한이 지난 후 1개월 이내에 수정신고한 경우 해당 가산세액의 100분의 50에 상당하는 금액을 감면한다.

② 과세표준신고서를 법정신고기한까지 제출한 자가 법정신고기한이 지난 후 1개월 이내에 수정신고한 경우 해당 가산세액의 100분의 90에 상당하는 금액을 감면한다.

③ 세법에 따른 제출기한이 지난 후 1개월 이내에 해당 세법에 따른 제출 의무를 이행하는 경우 제출 의무 위반 관련 가산세액의 100분의 50에 상당하는 금액을 감면한다.

④ 세법에 따른 예정신고기한 및 중간신고기한까지 예정신고 및 중간신고를 하지 아니하였으나 확정신고기한까지 과세표준신고를 한 경우 해당 가산세액의 100분의 90에 상당하는 금액을 감면한다.

06. 다음 중 국세기본법상 조세구제제도에 대한 설명으로 옳은 것은?

① 국세기본법 또는 세법에 따른 처분이 국세청장의 과세표준 조사, 결정에 따른 처분인 경우에는 그 처분에 대하여 심사청구 또는 심판청구에 앞서 이의신청을 할 수 있다.

② 국세청장의 과세표준 조사결정에 따른 처분에 대해서는 심사청구를 할 수 없다.

③ 국세기본법 또는 세법에 따른 동일한 처분에 대하여 심사청구와 심판청구를 할 수 없다.

④ 재결청은 집행정지 또는 집행정지의 취소에 관하여 심리, 결정하면 결정일부터 3개월 이내에 당사자에게 통지하여야 한다.

07. 다음 중 우리나라 소득세법의 특징에 대한 설명으로 옳지 않은 것은?

① 소득세법은 열거주의에 따라 과세대상소득을 규정하고 있으므로 열거되지 아니한 소득은 과세되지 않는다. 다만, 이자소득과 배당소득은 유형별 포괄주의를 적용한다.

② 소득세법은 개인별 소득을 기준으로 과세하는 개인단위과세제도를 원칙으로 하고 있으므로 어떤 경우에도 부부 또는 가족의 소득을 합산과세하지 않는다.

③ 소득세는 종합과세, 분리과세 또는 분류과세의 형식으로 과세된다.

④ 소득세는 신고납세제도를 채택하고 있으므로 납세의무자의 확정신고로 과세표준과 세액이 확정된다. 다만, 신고하지 않거나 신고에 오류가 있는 경우에는 과세관청에서 결정 또는 경정한다.

08. 다음 중 소득세법상 납세지에 대한 설명으로 옳지 않은 것은?

① 거주자의 납세지는 주소지로 하고, 주소지가 없는 경우에는 그 거소지로 한다. 사업소득이 있는 거주자의 경우에도 사업장소재지를 납세지로 할 수 없다.

② 비거주자의 납세지는 국내사업장의 소재지로 하며, 국내사업장이 없는 경우에는 국내원천소득이 발생하는 장소로 한다.

③ 비거주자의 국내사업장이 2 이상이 있는 경우에는 주된 국내사업장의 소재지로 하되, 주된 사업장을 판단할 수 없는 때에는 국세청장 또는 관할지방국세청장이 납세지를 지정한다.

④ 거주자나 비거주자는 납세지가 변경된 경우 변경된 날부터 15일 이내에 납세지변경신고서를 작성하여 그 변경 후의 납세지 관할세무서장에게 신고하여야 한다. 이때 부가가치세법에 따른 사업자등록 정정을 한 경우에는 변경신고를 한 것으로 본다.

09. 다음 중 소득세법상 비과세 소득이 아닌 것은?

① 공익신탁법에 따른 공익신탁의 이익

② 농가부업규모의 축산(소득세법 시행령 별표1)에서 발생하는 소득 외의 소득으로서 소득금액의 합계액이 연 3,000만원 이하인 소득

③ 1개의 주택을 소유하는 자의 주택임대소득(기준시가 12억원을 초과하는 주택은 제외하고 국외에 소재하는 주택은 포함한다.)

④ 조림기간 5년 이상인 임지의 임목의 벌채 또는 양도로 발생하는 소득으로서 연 600만원 이하의 금액

10. 거주자 김세법씨는 수년간 계속하여 광고 출연을 하는 유명 연예인이다. 다음의 자료를 이용하여 김세법씨의 20x1년 귀속 종합소득금액을 계산하면 얼마인가?

> (1) S전자와 20x1년 7월 1일부터 20x3년 6월 30일까지의 기간에 대한 새로운 핸드폰 광고모델 전속계약을 체결하고 20x1년 7월 1일에 전속계약금 총 180,000,000원을 수령하였다.
>
> (2) C연예기획사와 20x1년 3월 15일부터 20x2년 1월 14일까지의 기간에 대한 전속계약을 체결하고 20x1년 3월 15일에 전속계약 기간에 대한 전속계약금 총 120,000,000원을 수령하였다.
>
> (3) 거주자 김세법씨의 상가건물A에 대하여 임대보증금 없이 월 임대료 2,000,000원으로 계약(임대기간 : 20x1.10.15.~20x2.10.14.)을 맺고 임대개시와 동시에 임대료 1년분을 선수령하였다.
>
> (4) 거주자 김세법씨는 광고 출연 및 연예활동, 상가임대와 관련하여 실제로 소요된 필요경비가 없다.

① 171,000,000원   ② 169,000,000원   ③ 159,000,000원   ④ 306,000,000원

11. 다음 중 소득세법상 공동사업장에 대한 설명으로 가장 옳지 <u>않은</u> 것은?

① 사업소득이 발생하는 사업을 공동으로 경영하고 그 손익을 분배하는 공동사업(경영에 참여하지 아니하고 출자만 하는 출자공동사업자가 있는 공동사업 포함)의 경우에는 해당 사업을 경영하는 장소를 1거주자로 보아 공동사업장별로 그 소득금액을 계산한다.

② 공동사업에서 발생한 소득금액은 해당 공동사업을 경영하는 각 거주자 간에 약정된 손익분배비율(약정된 손익분배비율이 없는 경우에는 지분비율)에 의하여 분배되었거나 분배될 소득금액에 따라 각 공동사업자별로 분배한다.

③ 공동사업자가 사업자등록을 하지 아니하거나 공동사업자가 아닌 자가 공동사업자로 거짓으로 등록한 경우 등록하지 아니하거나 거짓 등록에 해당하는 각 과세기간 총수입금액의 1천분의 5를 가산세로 납부하여야 한다.

④ 대표공동사업자는 공동사업자들 중에서 선임된 자이며, 선임되어 있지 아니한 경우에는 가장 연장자가 대표공동사업자가 된다.

12. 다음은 정회계씨의 주택임대와 관련된 자료이다. 정회계씨의 20x1년 주택임대와 관련된 총수입금액을 구하시오.

구분	임대기간	보증금	보증금 적수	임대료
A주택	20x0.01.01.~20x2.12.31.	150,000,000원	54,750,000,000원	월 2,000,000원
B주택	20x1.07.01.~20x3.06.30.	200,000,000원	36,800,000,000원	총임대료 24,000,000원을 선불로 받음

※ 정기예금이자율은 1.2%로 하며, 1년은 365일이라 가정한다.

※ 위의 자료 외에 정회계씨가 거주하고 있는 C주택이 1채 있으며, 보유하고 있는 모든 주택은 임대면적이 40㎡를 초과한다.

① 30,000,000원
② 30,181,479원
③ 30,360,000원
④ 31,805,917원

13. 다음 중 소득세법상 기장세액공제에 대한 설명으로 옳지 않은 것은?

① 약사 및 전문직 사업자는 기장세액공제를 적용하지 않는다.

② 기장세액공제와 관련된 장부 및 증명서류를 해당 과세표준 확정신고기한 종료일부터 5년간 보관하지 않는 경우 기장세액공제를 적용하지 않는다. 다만, 천재지변, 화재·전쟁, 그 밖의 재해를 입거나 도난을 당한 경우 등 부득이한 사유에 해당하는 경우에는 그러하지 아니한다.

③ 비치·기록한 장부에 의하여 신고하여야 할 소득금액의 100분의 10 이상을 누락하여 신고한 경우에는 기장세액공제를 적용하지 않는다.

④ 기장세액공제는 사업자 중 간편장부대상자에게만 적용하므로 사업소득 외의 다른 종합소득은 기장되었더라도 기장세액공제대상이 아니며, 기장세액공제가 100만원을 초과하는 경우에는 100만원을 공제한다.

14. 다음 중 소득세 중간예납세액에 대한 설명으로 옳지 않은 것은?

① 종합소득이 있는 거주자가 중간예납기간의 종료일 현재 그 중간예납기간 종료일까지의 종합소득금액에 대한 소득세액이 중간예납기준액의 100분의 30에 미달하는 경우 11월 1일부터 11월 30일까지의 기간에 중간예납추계액을 중간예납세액으로 하여 납세지 관할세무서장에게 신고할 수 있다.

② 중간예납세액이 1,000만원을 초과하는 경우에는 확정신고세액의 분납규정을 준용하여 그 납부할 세액의 일부를 납부기한이 지난 후 2개월 이내에 분납할 수 있으며, 중간예납세액이 50만원 미만인 경우에는 중간예납세액을 징수하지 않는다.

③ 납세지 관할세무서장은 종합소득이 있는 거주자(해당 과세기간의 개시일 현재 사업자가 아닌 자로서 그 과세기간 중 신규로 사업을 시작한 자를 포함한다)에 대하여 중간예납기준액의 2분의 1에 해당하는 금액을 납부하여야 할 세액으로 결정하여 그 세액을 징수하여야 한다.

④ 사업소득 중 속기·타자 등 한국표준산업분류에 따른 사무지원서비스업에서 발생하는 소득만 있는 자 또는 금융소득만 있는 자는 중간예납 대상자가 아니다.

15. 다음 중 추계에 의한 소득금액 계산방법에 대한 설명으로 옳지 않은 것은?

① 부동산임대업에서 발생한 이월결손금은 해당 이월결손금이 발생한 과세기간의 종료일부터 15년 이내에 끝나는 과세기간의 소득금액을 계산할 때 공제할 수 있으며, 천재지변 등 불가항력으로 장부나 증명서류가 멸실된 경우가 아닌 경우에도 추계소득금액으로 신고를 하면 이월결손금을 공제한다.

② 복식부기의무자의 경우 경비율 적용 시 기준경비율의 1/2을 적용한다.

③ 기준경비율법 적용 시 증명서류로 확인되는 주요경비에는 사업용 임차료가 포함된다.

④ 기준경비율법 적용 시 복식부기의무자의 기획재정부령으로 정하는 배율은 3.4배이다.

주관식(단답형) : 문항당 4점 ※ 반드시 OMR 카드 앞면의 주관식 답안란에 답안을 작성하시오(연필 또는 컴퓨터용 사인펜 사용 금지).

16. 다음은 국세기본법상 세법 적용의 원칙 중 세무공무원 재량의 한계를 설명한 것이다. 괄호에 들어갈 내용을 작성하시오.

> 세무공무원이 재량으로 직무를 수행할 때에는 과세의 형평과 해당 (　　　)에 비추어 일반적으로 적당 하다고 인정되는 한계를 엄수하여야 한다.

17. 다음의 (①)과 (②)에 들어갈 숫자를 합산한 값을 적으시오.

> (1) 국세기본법상 금전납부된 국세환급금 중 충당 후 남은 금액은 국세환급금을 결정한 날부터 (①) 일 이내에 지급하여야 한다.
> (2) 국세환급금 중 충당한 후 남은 금액이 10만원 이하이고, 지급결정을 한 날부터 (②)년 이내에 환급이 이루어지지 아니하는 경우에는 대통령령으로 정하는 바에 따라 국세에 충당할 수 있다.

18. 다음은 국세기본법 제73조의 내용이다. (②)에 들어갈 단어를 작성하시오.

> 조세심판관이 심판청구인의 대리인이었던 경우 또는 불복의 대상이 되는 처분이나 처분에 대한 이의신 청에 관하여 증언을 한 경우 등 조세심판관이 적절한 조세심판을 할 수 없다고 판단되는 경우에 그 조세심판관은 심판관여로부터 (①)되며, 조세심판관 스스로 판단할 때 일정한 사유로 인하여 적절한 조세심판을 할 수 없다고 판단되는 경우에는 조세심판관의 지정에서 (②)하여야 한다.

19. 다음은 ㈜강남에 근무하는 근로자 갑의 20x1년 소득자료이다. 소득세 원천징수세액의 합계를 구하시오. 단, 주어진 자료 이외는 고려하지 않는다.

구분	금액
(1) 상표권 대여료	2,000,000원
(2) 공익사업과 관련하여 받은 지상권 설정 대가	1,000,000원
(3) 뇌물로 받은 금품	7,000,000원
(4) 소기업 · 소상공인 공제부금 해지 일시금	4,000,000원
(5) 상가입주 지체상금	2,000,000원

20. 다음은 근로소득자인 거주자 김거주씨가 20x1년에 지출한 교육비 내역이다. 교육비 세액공제액을 계산하면 얼마인가?

(1) 부친(75세, 소득 없음)의 대학교 학비 10,000,000원
(2) 본인의 대학원 학비 11,000,000원
(3) 배우자(42세, 총급여액 500만원의 근로소득만 있음)의 대학교 학비 6,000,000원
(4) 자녀 1(25세, 소득 없음)의 대학원 교육비 10,000,000원
   자녀 2(21세, 소득 없음)의 대학교 학비 5,000,000원, 대학교 교과서대 1,000,000원
   자녀 3(15세, 소득 없음)의 중학교 학비 5,000,000원

※ 반드시 OMR 카드 뒷면의 약술형 답안란에 답안을 작성하시오(연필 또는 컴퓨터용 사인펜 사용 금지).

21. 국세기본법상 ①기한연장의 사유를 6가지 이상 나열하고, ②기한연장의 기간에 대해서 약술하시오.
[10점]

22. 다음은 거주가 갑(40세, 남성)의 20x1년 귀속 종합소득세 신고를 위한 자료이다. 자료를 이용하여 (1) 일반기부금 한도액과 (2) 기부금 세액공제액을 구하시오. [10점]

> 1. 갑의 20x1년 소득자료
>   ① 이자소득금액 : 50,000,000원(20,000,000원은 산출세액 계산 시 원천징수세율이 적용되는 이자소득이며, 잔액 30,000,000원은 기본세율이 적용되는 이자소득이다.)
>   ② 사업소득금액 : 50,000,000원(특례기부금 중 1,000,000원과 일반기부금 중 5,000,000원을 필요경비에 산입한 후의 금액이다.)
>   ③ 종합소득 산출세액은 10,000,000원이라고 가정한다.
> 2. 기부금의 지출내역은 다음과 같다.
>   ① 국방헌금 : 2,000,000원
>   ② 일반기부금으로 고시된 단체 기부(종교기부금 아님) : 25,000,000원

제114회 세무회계1급 답안 및 해설

세법1부 – 법인세법(조세특례제한법 포함) · 부가가치세법

1	2	3	4	5	6	7	8	9	10	11	12	13	14	15
③	②	③	②	④	④	②	④	②	③	②	④	②	①	①②

16	32,875,000원	17	16,750,000원	18	40,000,000원
19	540,000원	20	5,800,000원	21/22	별도 표기

01. ① 과오납금의 환급이자는 익금불산입으로 세무조정 한다.

② 자기주식처분이익은 회계상 자본잉여금이지만 세무상 수익에 해당하므로 익금산입(기타)로 처분한다.

④ 부가가치세 매출세액(부채)과 부가가치세 매입세액(자산)을 옳게 회계처리했다면 이에 대해서 세무조정할 필요가 없다.

02. 주식발행초과금은 본래 **자본거래 성격(주주가 과거에 납입한 자본금 성격의 프리미엄)이므로, 단순히 감액하여 환급받는 것을 이익배당으로 보지 않는다.**

03. 증빙이 없거나 법인의 업무와 무관하게 지출한 기업업무추진비는 손금불산입하고 대표자에 대한 상여로 소득처분 한다.

04. 건설자금이자의 계상 대상은 **사업용자산(유형자산, 무형자산)만 해당**한다.

05. 특수관계인인 직원에게 시가보다 저가로 토지를 양도하고, 부당행위계산의 요건이 충족(시가의 5%)되므로 부당행위계산이 적용된다.

부당행위 계산 요건 = [시가(1.2억) - 양도가(0.9억)]/시가(1.2억) = 25%≥5%

06. ① 특례기부금의 손금산입 한도액 계산 시 공제하는 **이월결손금은 각 사업연도 개시일 전 15년 이내 사업연도에서 발생한 결손금**으로 한다.

② **자산수증이익과 채무면제이익으로 보전된 이월결손금은 소멸**한다.

③ 결손금 소급공제에 의한 환급은 **내국법인(중소기업)에게만 적용**한다.

07. 연환산 과세표준 = 180,000,000×12개월/6개월 = 360,000,000원

연환산 산출세액 = 20,000,000 + 160,000,000×20% = 52,000,000원

6개월 법인세산출세액 = 52,000,000÷12개월×6개월 = 26,000,000원

08. 세액감면에 관한 규정과 세액공제에 관한 규정이 동시에 적용되는 경우, 그 적용 순위는 법인세법 및 다른 법률에 별도의 규정이 있는 경우 외에는 아래의 순서를 따른다.

(라) : 세액감면 → (나) : 이월공제가 인정되지 아니하는 세액공제

→ (가) : 이월공제가 인정되는 세액공제 → (다) : 사실과 다른 회계처리로 인한 경정에 따른 세액공제

09. 재화를 수입하는 자의 부가가치세 납세지는 「관세법」에 따라 수입을 신고하는 세관의 소재지로 한다.

10. 개인사업자 2인이 공동사업을 위해 한 사업자의 사업장을 다른 사업장과 통합하여 공동명의로 운영하는 경우, 이는 사업의 포괄양도로 보게 된다. 따라서 통합으로 인하여 **폐지된 사업장의 재고재화는 폐업 시 재고재화로 과세되지 않는다.**

11. 외국법인의 국내사업장이 있는 경우에 사업자가 국내에서 **국외의 외국법인과 직접 계약하여 교육지원 서비스업에 해당하는** 용역을 공급하고 그 대금을 해당 **외국법인으로부터 외국환은행에서 원화로 받는 경우에는 영세율을 적용**한다.

12.

	불공제 매입세액	비고
필요적 기재사항 누락분(8.22)	1,500,000	공급자 사업자 등록번호 누락
기업업무추진비(9.18)	55,000	거래처 직원 회식비
사업무관(10.23)	500,000	
토지조성(건물철거)(11.30)	2,500,000	
기업업무추진비(12.24)	1,000,000	사업상 증여
합계	**5,555,000**	

13. 매입자발행세금계산서의 **신청기한은 1년 이내에 신청**할 수 있다.

14. 예정신고 시에 이미 신고한 내용은 확정신고 대상에서 제외한다.

15. ① 간이과세자에 관한 규정의 적용을 포기한 개인사업자 중 직전 연도의 공급대가의 합계액이 4천8백만원 이상 1억 4백만원 미만인 개인사업자는 일반과세자에 관한 규정을 적용받으려는 달의 1일부터 3년이 되는 날이 속하는 과세기간 이전이라도 간이과세자에 관한 규정을 적용받을 수 있다.

② 직전 과세기간에 신규로 사업을 시작한 개인사업자에 대하여는 **그 사업 개시일부터 그 과세기간 종료일까지의 공급대가를 합한 금액을 12개월로 환산한 금액을 기준으로 하여 간이과세자를 판정**한다. 이 경우 1개월 미만의 끝수가 있으면 1개월로 한다.

16. 〈손금불산입 – 상여〉

	상여처분	비고
1. 현금매출누락	20,000,000	
2. 채권자 불분명 사채이자	10,875,000	원천징수세액은 기타사외유출
3. 기밀비(증빙없음)	2,000,000	
합계	**32,875,000**	

☞ 소득세 대납은 기타사외유출, 주주에 대한 가지급금은 배당으로 소득처분한다.

17. 〈중간예납세액의 계산〉

• [산출세액(36,000,000) - 공제감면세액(3,500,000) + 가산세(1,500,000)
  - 원천징수세액(500,000)]] × 6/12 = 16,750,000원

☞ 직전 사업연도 실적기준에 의한 중간예납세액 계산 시 전기의 중간예납세액은 차감하지 않는다.

18. 〈청산소득금액〉

   • 잔여재산가액 = 토지의 시가(50,000,000) + 건물의 시가(100,000,000) - 부채(20,000,000)
      = 130,000,000원

   • 자기자본 = 자본금(90,000,000) + 잉여금[자본잉여금(10,000,000) + 이익잉여금(10,000,000)
      + 유보(5,000,000)] - 세무상이월 결손금[Min(25,000,000, 30,000,000)]
      = 90,000,000원

   • 청산소득금액 = 잔여재산가액(130,000,000) - 세무상 자기자본(90,000,000) = 40,000,000원

   ☞ 잉여금은 유보금액을 반영한 금액으로 하며, 이월결손금은 잉여금을 초과하지 않는 범위에서 상계한다.

19. • 기계장치 A 매출세액 = 과세표준(8,000,000 × 5억/8억) × 10% = 500,000원

   • 기계장치 B 매출세액 = 과세표준(400,000) × 10% = 40,000원

   ☞ (재화의 공급단위별) 공급가액이 50만원 미만인 경우에는 안분을 생략하고 전부 과세표준으로 한다.

20.

구분	과세표준	세액
(1) 국내 제품매출	50,000,000	5,000,000
(2) 국외 제품매출(영세율)	30,000,000	0
(3) 예정신고 누락분	20,000,000	2,000,000
(4) 매출에누리	− 2,000,000	− 200,000
(5) 대손세액((11,000,000 × 10/110)	−	− 1,000,000
합 계	98,000,000	5,800,000

   ☞ 매출에누리의 경우 공급가액에서 차감하나 판매장려금은 공급가액에서 차감하지 않는다.

21. 〈기업업무추진비〉

〈물음 1〉 [5점]

   • 기업업무추진비 해당액 = 판관비(40,000,000) + 광고선전비(5,000,000) + 대손상각비(6,000,000)
      - 직원조직 단체, 법인이 아님(3,000,000) = 48,000,000원

〈물음 2〉 [5점]

   • 기업업무추진비 한도액 = ① + ② = 36,800,000원

      ① 기본금액 : 12,000,000원(일반기업)

      ② 수입금액 : 24,800,000원

         ⓐ 일반수입금액 : 80억 × 30/10,000 = 24,000,000원

         ⓑ 특정수입금액 : [20억 × 30/10,000 + 10억 × 20/10,000] × 10% = 800,000원

22. 〈부가가치세 과세표준〉

구분	과세표준(단위 : 원)	비고
(1) [1점]	4,000,000	수령금액(3,550,000) + 판매장려금(500,000) - 연체이자(50,000)
(2) [1점]	500,000	선세금계산서
(3) [1점]	1,000,000	사업상 증여 `
(4) [1점]	0	국가에 무상공급은 면세
(5) [1점]	500,000	교환시 자기가 제공한 제품의 시가
(6) [1점]	3,000,000	현물출자(실질적 공급)
(7) [1점]	1,000,000	특허권 대여
(8) [1점]	0	광고선전용
(9) [1점]	4,000,000	상표권 매각
(10) [1점]	0	상장주식의 매각은 과세 대상이 아님.
합계	14,000,000	

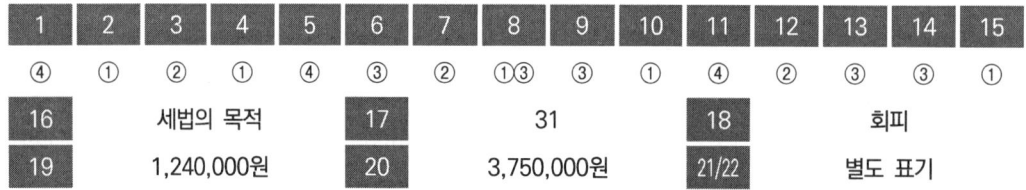

세법2부 – 국세기본법 · 소득세법(조세특례제한법 포함)

1	2	3	4	5	6	7	8	9	10	11	12	13	14	15
④	①	②	①	④	③	②	①③	③	①	④	②	③	③	①

16	세법의 목적	17	31	18	회피
19	1,240,000원	20	3,750,000원	21/22	별도 표기

01. ① "세법"(稅法)이란 국세의 종목과 세율을 정하고 있는 법률과 「국세징수법」, 「조세특례제한법」, 「국제조세조정에 관한 법률」, 「조세범 처벌법」 및 「조세범 처벌절차법」을 하는데 **국세기본법은 세법이 아니다.**

② **가산세는 제외**한다.

③ **원천징수의무자는 납세의무자는 아니나 납세자에 해당**한다.

02. **단체의 수익을 구성원에게 분배하지 아니하는 것을 요건**으로 한다. 당연법인의제도 동일하다.

03. ・출자자에 대한 **제2차 납세의무는 납세의무 성립일을 기준**으로 하므로, 부가가치세는 20x1년 6월 30일을 기준으로 판단하고, 법인세는 20x1년 12월 31일을 기준으로 판단한다.

※ 과점주주의 제2차 납세의무 한도 = 징수부족액 × $\dfrac{\text{과점주주의 소유주식수(의결권 없는 주식 제외)}}{\text{발행주식총수(의결권 없는 주식 제외)}}$

(1) 부가가치세(20x1.06.30) = 체납세액(20,000,000) × 김세무의 지분율(60%) = 12,000,000원

(2) 법인세(20x1.06.30) = 체납세액(30,000,000) × 김세무의 지분율(55%) = 16,500,000원

(3) 김세무씨가 납부해야 할 금액 = 부가가치세(12,000,000) + 법인세(16,500,000) = 28,500,000원

04. **무신고자의 경우에도 국세의 과세표준 및 세액의 결정을 받은 경우 경정 등의 청구**를 할 수 있다.

05. 세법에 따른 예정신고기한 및 중간신고기한까지 예정신고 및 중간신고를 하지 아니하였으나 **확정신고기한까지 과세표준신고를 한 경우 해당 가산세액의 100분의 50에 상당하는 금액을 감면**한다.

06. ① 국세청장의 과세표준 조사, 결정에 따른 처분에 대해서는 이의신청을 할 수 없다.

② 국세청장의 과세표준 조사결정에 따른 처분에 대해서는 **심사청구를 할 수 있다.**

④ 재결청은 집행정지 또는 집행정지의 취소에 관하여 심리, 결정하면 **결정일부터 지체없이 당사자에게 통지하여야 한다.**

07. **손익분배비율을 거짓으로 정하는 등의 사유로 인해 공동사업합산과세를 하는 경우**가 있다.

08. ① 사업소득이 있는 거주자가 **사업장소재지를 납세지로 신청**한 때에는 그 **사업장소재지를 납세지**로 지정할 수 있다.

③ 비거주자의 국내사업장이 둘 이상인 경우에는 **주된 국내사업장의 소재지로 하고, 국내사업장이 없는 경우에는 국내원천소득이 발생한 장소**로 한다. 주된 사업장을 판단하기 곤란한 때에는 당해 비거주자가 납세지로 신고한 장소를 납세지로 하지만, **신고하지 아니한 경우에는 국세청장 또는 관할지방국세청장이 지정하는 장소를 납세지**로 한다.

09. 1개의 주택을 소유하는 자의 주택임대소득은 비과세하나 **기준시가가 12억원을 초과하는 주택 및 국외에 소재하는 주택의 임대소득은 제외**한다.

10. 〈사업소득금액〉

1. 전속계약금(2년)	45,000,000	180,000,000×6개월/24개월
2. 전속계약금(1년 미만)	120,000,000	대가를 지급받은 날인 20x1년 3월 15일과 용역제공 완료일인 20x2년 1월 14일 중 **빠른 날을 수입시기**
3. 임대료(1년분)	6,000,000	1년 분 임대료(24,000,000)×3개월/12개월 선세금의 경우 초월산입, 말월불산입
계	171,000,000	–

11. **선임되어 있지 아니한 경우에는 손익분배비율이 가장 큰 자**로 한다. 다만, 그 손익분배비율이 같은 경우에는 사업장 소재지 관할세무서장이 결정하는 자로 한다.

12. 주택임대 총수입금액 : (1) 월세(30,000,000)+(2)간주임대료(181,479)=30,181,479원

(1) 주택 월세액=30,000,000원

① A주택=월 임대료(2,000,000)×12개월=24,000,000원

② B주택=2년 간 임대료(24,000,000)÷24개월×6개월=6,000,000원

(2) 간주임대료=181,479원

주택	보증금	보증금 등 적수	간주임대료
A주택	150,000,000(365일)	547.5억	–
B주택	200,000,000(184일)	368억	보증금(50,000,000)×184일(7.1~12.31)×60% ×1.2%×1/365=181,479원

☞ 보증금을 받은 주택이 2주택 이상인 경우 <u>보증금의 적수가 가장 큰 주택의 보증금부터 순서대로 3억원을 뺀다.</u>
따라서 A주택 → B주택의 순서로 보증금 3억원을 공제한다.

13. 비치·기록한 장부에 의하여 신고하여야 할 <u>소득금액의 100분의 20 이상을 누락하여 신고한 경우에</u>
<u>는 기장세액공제를 적용하지 않는다.</u>

14. 중간예납은 <u>신규로 사업을 시작한 자를 제외</u>한다.

15. <u>추계소득금액 계산 시 이월결손금을 공제할 수 없다.</u>

16. (세무공무원의 재량의 한계), 세무공무원이 재량으로 직무를 수행할 때에는 과세의 형평과 해당 <u>세법</u>
<u>의 목적에 비추어 일반적으로 적당하다고 인정되는 한계를 엄수</u>하여야 한다.

17. • (국세환급금의 충당과 환급), 국세환급금 중 제2항에 따라 충당한 후 남은 금액은 <u>국세환급금의</u>
<u>결정을 한 날부터 30일 이내에 납세자에게 지급</u>하여야 한다.

• 국세환급금 중 충당한 후 남은 금액이 10만원 이하이고, <u>지급결정을 한 날부터 1년 이내에 환급이</u>
<u>이루어지지 아니하는 경우에는 납세고지에 의하여 납부하는 국세에 충당할 수 있다.</u>

19. 〈기타소득 – 원천징수세액〉

내 용	총수입금액	필요경비율	소득금액	세율	원천징수세액
1. 상표권 대여료	2,000,000	60%	800,000	20%	160,000
2. 지상권 설정(공익)	1,000,000	60%	400,000	20%	80,000
3. 뇌물(무조건 종합과세)	7,000,000	–	7,000,000	–	–
4. 소상공인 공제해지 일시금	4,000,000	–	4,000,000	<u>**15%**</u>	600,000
5. 상가입주지체상금	2,000,000	–	2,000,000	20%	400,000
합 계					1,240,000

20. 〈교육비세액공제액〉

내 용	대상여부	교육비 대상액
1. 부친 대학교 학비	직계존속의 교육비는 원칙적으로 대상에서 제외	–
2. 본인 대학원 학비	대학원은 본인만 대상	11,000,000
3. 배우자 대학교 학비	소득요건 폐지(개정세법 26)	6,000,000
4. 자녀1 대학원 교육비	대학원은 본인만 대상	–
5. 자녀2 대학교 학비외	교과서 대금은 초·중·고등학교의 학생만 공제대상	5,000,000
6. 자녀3 중학교 학비	한도 300만원	3,000,000
합 계		25,000,000

- 교육비 세액공제액 = 세액공제대상액(25,000,000) × 15% = 3,750,000원

21. 〈기한연장〉

① 기한연장의 사유(각 1점씩, 6개 이상 나열 시 6점)

1. 납세자가 화재, 전화, 그 밖의 재해를 입거나 도난을 당한 경우
2. 납세자 또는 그 동거가족이 질병이나 중상해로 6개월 이상의 치료가 필요하거나 사망하여 상중인 경우
3. 정전, 프로그램의 오류나 그 밖의 부득이한 사유로 한국은행(그 대리점을 포함한다) 및 체신관서의 정보통신망의 정상적인 가동이 불가능한 경우
4. 금융회사 등 또는 체신관서의 휴무나 그 밖의 부득이한 사유로 정상적인 세금 납부가 곤란하다고 국세청장이 인정하는 경우
5. 권한 있는 기관에 장부나 서류가 압수 또는 영치된 경우
6. 납세자의 장부 작성을 대행하는 세무사(세무법인 포함) 또는 세무사로 등록한 공인회계사(회계법인 포함)가 화재, 전화, 그 밖의 재해를 입거나 도난을 당한 경우

② 기한연장의 기간[4점]

- **기한연장은 3개월 이내**로 하되 해당 기한연장의 사유가 소멸되지 않은 경우에는 **1개월의 범위에서 그 기한을 다시 연장**할 수 있고, **최대한 9개월을 넘지 않는 범위에서 연장**할 수 있다.

22. 〈기부금 한도액과 기부금세액공제〉

기부금		한도	공제대상액
특례기부금(국방헌금)	2,000,000	43,000,000	2,000,000
일반기부금	25,000,000	25,200,000	25,000,000
필요경비산입액[특례기부금(1,000,000)＋일반기부금(5,000,000)]			△6,000,000
차감계			21,000,000

(1) 일반기부금 한도액(4점)

- 기준소득금액 = 종합소득금액(100,000,000)＋필요경비 산입 기부금(6,000,000)

　　　　－ 원천징수세율 적용 금융소득금액(20,000,000) = 86,000,000원

- 특례기부금 한도액 = 기준소득금액(86,000,000)×50% = 43,000,000원

- 일반기부금 한도액 = [기준소득금액(86,000,000) － 특례기부금(2,000,000)]×30%

　　　　 = 25,200,000원

(4) 기부금 세액공제액 : Min(①, ②) = 4,800,000원(6점)

① 10,000,000원×15%＋(21,000,000 － 10,000,000)×30% = 4,800,000원

　☞ 1천만원 이하는 15%, 1천만원 초과 30%를 적용한다.

② 한도 = 종합소득 산출세액(10,000,000) － 사업소득 산출세액(5,000,000) = 5,000,000원

　－ 사업소득 산출세액 = 종합소득 산출세액(10,000,000)×사업소득(50,000,000)/종합소득금액(100,000,000)

　　　 = 5,000,000원

제113회 세무회계1급

합격율	시험년월
35%	2024.10

세법1부　법인세법(조세특례제한법 포함)·부가가치세법

객관식 : 문항당 4점

01. 다음 중 법인세법상 법인의 사업연도에 관한 설명으로 옳은 것은?

① 법령 또는 정관상에 사업연도가 규정되어 있지 않은 법인의 경우, 당해 법인이 관할세무서장에게 신고한 사업연도를 적용한다. 다만, 사업연도를 신고하지 않은 경우에는 관할세무서장이 지정하는 사업연도를 적용한다.

② 법인의 사업연도는 법령 또는 정관상에 정하고 있는 회계기간이 있다면 이 회계기간을 우선적으로 적용하는데, 그 기간은 원칙적으로 1년을 초과하지 않아야 한다.

③ 법인은 사업연도를 변경할 수 있는데, 사업연도를 변경하려는 법인은 변경하려는 사업연도의 종료일 후 3개월 이내에 사업연도 변경신고서를 관할세무서장에게 제출하여 신고하여야 한다.

④ 신설법인의 법인설립 이전에 발생한 손익은 신설법인에 귀속시킬 수 없으며, 법인 대표자의 사업소득으로 귀속되어 종합소득세로 과세한다.

02. 다음 중 법인세법상 세무조정과 소득처분에 대한 설명으로 옳은 것은?

① 신고조정사항은 손금산입시기를 조정할 수 있으나, 결산조정사항은 손금산입시기를 조정할 수 없다.

② 사내유보로 처분한 금액은 청산소득에 대한 법인세 과세표준의 산정과는 직접적인 관련이 없다.

③ 익금에 산입한 금액이 사외에 유출되지 아니한 경우 유보 또는 기타로 처분한다.

④ 익금에 산입한 금액 중 사외로 유출되어 그 귀속자가 당해 법인의 주주이면서 임원인 경우 그 출자임원에 대한 배당으로 처분한다.

03. 다음 중 법인세법상 손익의 귀속시기에 대한 설명으로 옳지 않은 것은?

① 상품 등 외의 자산의 양도로 인한 익금 및 손금의 귀속사업연도는 소유권 이전 등기일에 관계없이 그 대금을 청산하기로 한 날이 속하는 사업연도로 한다.

② 자산을 위탁판매 하는 경우 수탁자가 그 위탁자산을 매매한 날이 속하는 사업연도의 익금으로 한다.

③ 법인이 사채를 발행하는 경우 사채할인발행차금은 기업회계기준에 의한 상각방법에 따라 이를 손금에 산입한다.

④ 장기할부조건에 의하여 자산을 판매하거나 양도함으로써 발생한 채권에 대하여 기업회계기준이 정하는 바에 따라 현재가치로 평가하여 현재가치할인차금을 계상하는 경우 해당 현재가치할인차금 상당액은 해당 채권의 회수기간 동안 기업회계기준이 정하는 바에 따라 환입하였거나 환입할 금액을 각 사업연도의 익금에 산입한다.

04. 다음은 ㈜세무의 제24기(20x1년 1월 1일~20x1년 12월 31일) 기계장치와 관련된 자료이다. 다음 중 기계장치와 관련된 세무조정으로 옳은 것은?

- 기계장치의 취득가액 : 500,000,000원(취득일 : 20x0.1.1.)
- 20x0.11.30. 기계장치에 대한 자본적 지출액 : 5,000,000원(수선비로 계상함)
- 내용연수 : 기준내용연수는 5년이며, 내용연수에 대한 신고를 하지 않았다.
- 감가상각방법 : 정액법
- 전기말 감가상각누계액 : 100,000,000원
- 20x1.7.1. 기계장치에 대한 자본적 지출액 : 100,000,000원(수선비로 계상함)
- 당기 감가상각비 계상액 : 50,000,000원

① 〈손금불산입〉 자본적지출액　　　　　　　　100,000,000원 (유보)
　　〈손 금 산 입〉 감가상각비손금산입　　　　70,000,000원 (△유보)
② 〈손금불산입〉 감가상각비한도초과액　　　　29,000,000원 (유보)
③ 〈손금불산입〉 감가상각비한도초과액　　　　30,000,000원 (유보)
④ 〈손금불산입〉 감가상각비한도초과액　　　　50,000,000원 (유보)

05. 다음 중 법인세법상 자산 및 부채의 평가 등에 대한 설명으로 옳지 않은 것은?

① 가상자산은 선입선출법에 따라 평가해야 한다.

② 보험업법이나 이사회의 결의에 따른 평가증은 평가이익이 인정된다.

③ 재고자산의 파손·부패 등의 사유로 정상가격으로 판매할 수 없는 것은 사업연도 종료일 현재의 처분가능한 시가로 감액할 수 있다.

④ 시설 개체, 기술 낙후로 인해 폐기한 생산설비는 그 사유가 발생한 사업연도의 결산을 확정할 때 평가손실을 손비로 계상하는 경우 그 자산의 장부가액을 감액할 수 있다.

06. 다음 중 법인세법상 지급이자 손금불산입에 대한 설명으로 옳지 않은 것은?

① 직원에 대한 월정급여액의 범위 안에서의 일시적인 급료의 가불금은 지급이자의 손금불산입 규정을 적용하는 업무무관가지급금으로 보지 않는다.

② 지급받은 자가 불분명한 채권·증권의 이자·할인액 또는 차익은 손금불산입하여 원천징수세액은 기타사외유출로, 잔액은 대표자 상여로 소득처분한다.

③ 업무무관자산 등 관련이자 계산 시 직원에 대한 경조사비는 업무무관가지급금으로 보지 아니하나 직원 자녀에 대한 학자금 대여액은 업무무관가지급금으로 본다.

④ 일반차입금이자를 자본화한 경우 해당 금액을 손금산입으로 세무조정하지 않는다.

07. 다음 중 국고보조금·공사부담금 및 보험차익의 손금산입에 대한 설명으로 옳지 않은 것은?

① 사업용 유형자산과 석유류의 취득을 위한 국고보조금도 일시상각충당금(또는 압축기장충당금)의 설정대상이 된다.

② 내국법인이 「보조금 관리에 관한 법률」에 따라 국고보조금을 지급받아 그 지급받은 날이 속하는 사업연도 종료일까지 사업용 기계장치의 취득에 사용한 경우, 일시상각충당금의 설정을 통한 손금산입이 가능하다.

③ 국고보조금·공사부담금 및 보험차익을 지급받은 사업연도에 법 소정 용도에 사용하지 못한 경우에도 그 사업연도의 다음 사업연도 개시일부터 1년(보험차익은 2년) 이내에 사용한 때에는 일시상각충당금 등의 손금산입 규정을 적용한다.

④ 내국법인이 일시상각충당금을 세무조정계산서에 계상한 경우로서 그 금액 상당액이 해당 사업연도의 이익처분에 있어서 해당 과목의 적립금으로 적립되어 있는 경우에 한정하여 그 금액을 손금으로 계상한 것으로 본다.

08. 다음은 중소기업인 ㈜공인(제조업)의 제24기 사업연도(20x1년 1월 1일~20x1년 12월 31일) 법인세 신고와 관련된 자료이다. 다음의 자료를 이용하여 당기의 이월결손금 공제액을 계산하면 얼마인가? 단, 다음에서 제시하고 있는 내용 이외의 사항은 없으며, 법인세 부담을 최소화 하기로 가정한다.

---

1. 당기 손익계산서상 당기순이익 : 200,000,000원
2. 기업업무추진비 한도초과액 : 1,000,000원
3. 전기의 일반기부금 한도초과액이 당기로 이월된 금액 : 2,000,000원(당기 일반기부금 한도금액 이내의 금액이며, 당기에 지출한 기부금은 없다)
4. 20x1년 1월 취득 업무용승용차(취득가액 85,000,000원, 취득 시 업무전용자동차보험에 가입함, 업무사용비율 100%, 업무용자동차등록번호판을 부착하지 않음) 관련 비용 : 3,000,000원
5. 은행 예금이자 중 기간경과분에 대한 미수이자를 이자수익으로 계상한 금액 : 500,000원
6. 은행에 대한 미지급이자를 발생주의에 의하여 이자비용으로 계상한 금액 : 4,000,000원
7. 당기 10월 1일부터 공장 일부를 임대하고 임대 개시 당일에 수취한 12개월분 임대료를 전액 수익으로 계상한 금액 : 24,000,000원
8. 당기 법인세 과세표준 : 100,000,000원

---

① 75,500,000원　　② 80,500,000원　　③ 83,000,000원　　④ 83,500,000원

09. 다음 중 부가가치세법상 사업자등록을 하지 않은 경우의 불이익에 대한 설명으로 옳지 않은 것은?

① 사업개시일로부터 20일 이내에 사업자등록 신청을 하지 아니한 경우에는 사업개시일로부터 등록신청일까지의 공급가액 합계액의 100분의 1에 해당하는 미등록가산세의 적용을 받는다.
② 사업자등록 전 매입세액은 매출세액에서 공제받을 수 없다(단, 공급시기가 속하는 과세기간이 끝난 후 20일 이내에 등록 신청한 경우 그 과세기간 내의 것은 매입세액공제를 받을 수 있다).
③ 재화 또는 용역을 공급하고 세금계산서를 발급할 수 없다.
④ 사업자등록증을 발급받지 못한다.

10. 다음 중 부가가치세법상 과세기간에 대한 설명으로 옳지 않은 것은?

① 부가가치세법상 과세기간은 원칙적으로 1년을 6개월씩 2개의 과세기간으로 나누어서 신고납부하지만, 간이과세자의 경우에는 1년을 하나의 과세기간으로 하여 신고납부한다.

② 간이과세적용기준 공급대가의 충족여부에 따라 간이과세자가 일반과세자로 변경되는 경우에는 변경되기 이전 1월 1일부터 6월 30일까지는 간이과세에 관한 규정이 적용되고, 일반과세자가 간이과세자로 변경되는 경우에는 그 변경되는 해의 7월 1일부터 12월 31일까지 간이과세에 관한 규정이 적용된다.

③ 사업개시일 이전에 사업자등록을 신청한 경우에는 그 신청한 날부터 사업개시일까지를 하나의 과세기간으로 하고, 사업개시일부터 사업개시일이 속하는 과세기간의 종료일까지를 또 하나의 과세기간으로 한다.

④ 간이과세자가 간이과세를 포기하고 일반과세자로 되는 경우에는 일반과세의 적용을 받고자 하는 달의 전달 마지막 날까지 간이과세 포기신고를 해야 한다. 이 경우 간이과세 포기 신고일이 속하는 과세기간 개시일부터 그 신고일이 속하는 달의 마지막 날까지의 기간은 간이과세를 적용하고, 그 신고일이 속하는 달의 다음달 1일부터 그날이 속하는 과세기간의 종료일까지의 기간은 일반과세를 적용한다.

11. 다음 중 부가가치세법상 재화와 용역의 공급에 대한 설명으로 옳지 않은 것은?

① 사업자가 자기의 고객 중 추첨을 통하여 당첨된 자에게 자기가 취득한 재화(해당 경품 구입에 대한 매입세액이 불공제되는 경우는 제외)를 경품으로 제공하는 경우에는 과세되는 재화의 공급으로 본다.

② 사업자가 과학상의 지식·경험 또는 숙련에 관한 정보를 제공하는 것은 용역의 공급으로 본다.

③ 「민사집행법」에 따른 경매로 재화를 인도하는 것은 재화의 공급으로 본다.

④ 건설업을 영위하는 사업자가 건설자재의 일부 또는 전부를 부담하고 용역을 공급한 경우 사업자가 부담한 건설자재는 용역의 공급으로 본다.

12. 부가가치세법상 과세사업을 영위하는 김조세씨는 20x4년 11월 15일에 해당 사업을 폐업하였다. 폐업 시 잔존하는 재화가 다음과 같을 경우, 김조세씨의 폐업 시 부가가치세 과세표준을 계산하면 얼마인가?

자산별	취득일	취득원가(원)	시가(원)	비고
제품	20x4.01.03. 제조	1,000,000	1,500,000	
토지	2018.02.18.	7,000,000	9,500,000	
비품	20x4.01.13.	5,000,000	6,500,000	
건물	20x0.11.30.	275,000,000	180,000,000	자가건설[주1]
유가증권	20x3.12.27.	9,000,000	12,000,000	

(주1) 건물은 자가건설한 것으로 취득원가 중 1,000,000원은 취득세, 24,000,000원은 건설자금이자, 50,000,000원은 노무비이며 공장건물에 대하여 매입세액 20,000,000원(공급가액 2억원)을 공제받았다.

① 124,250,000원   ② 124,750,000원   ③ 125,250,000원   ④ 125,750,000원

13. 다음 중 부가가치세법상 세금계산서에 대한 설명으로 가장 옳지 않은 것은?

① 매입자발행세금계산서를 발행하려는 자는 해당 재화 또는 용역의 공급시기가 속하는 과세기간의 종료일로부터 1년 이내에 거래사실확인신청서에 거래사실을 객관적으로 입증할 수 있는 서류를 첨부하여 신청인의 관할세무서장에게 거래사실의 확인을 신청하여야 한다.

② 세금계산서의 작성 연월일은 필요적 기재사항이므로 기재되지 않을 시 세금계산서상의 매입세액은 매출세액에서 공제하지 않는다.

③ 전자세금계산서를 발급하여야 하는 사업자가 아닌 사업자도 전자세금계산서를 발급하고 전자세금계산서 발급명세를 전송할 수 있다.

④ 관할세무서장은 개인사업자가 전자세금계산서 의무발급 개인사업자에 해당하는 경우에는 전자세금계산서를 발급하여야 하는 기간이 시작되기 20일 전까지 그 사실을 해당 개인사업자에게 통지하여야 한다.

14. 다음 중 부가가치세법상 신고와 납부에 대한 설명으로 가장 옳지 않은 것은?

① 일반과세자인 개인사업자가 사업부진으로 인하여 예정신고기간의 공급가액이 직전 과세기간 공급가액의 3분의 1에 미달하여 예정신고납부를 한 경우에는 예정고지세액의 결정은 없었던 것으로 본다.

② 국내사업장이 없는 비거주자로부터 용역 또는 권리의 공급을 받는 경우의 대리납부의무자는 사업자에 한한다.

③ 각 예정신고기간분에 대하여 조기환급을 받으려는 자는 예정신고를 할 수 있다.

④ 재화를 수입하는 자(납세의무자)가 재화의 수입에 대하여 관세법에 따라 관세를 세관장에게 신고하고 납부하는 경우에는 재화의 수입에 대한 부가가치세를 함께 신고 납부해야 한다.

15. 다음 중 부가가치세법상 간이과세의 포기에 대한 설명으로 가장 옳지 않은 것은?

① 간이과세 포기신고를 한 개인사업자는 일반과세자에 관한 규정을 적용받으려는 달의 1일부터 3년이 되는 날이 속하는 과세기간까지는 간이과세 규정을 적용받지 못한다.

② 간이과세를 포기한 사업자가 법정기한이 지난 후 다시 간이과세의 적용을 받고자 할 때에는 적용받으려는 과세기간 개시 10일 전까지 간이과세 적용신고서를 관할세무서장에게 제출하여야 한다.

③ 음식점업을 경영하는 간이과세자가 일반과세자에 관한 규정을 적용받는 도매업 사업장을 신규로 개설하는 경우에는 해당 사업개시일이 속하는 과세기간의 다음 과세기간부터 음식점업을 영위하는 사업장도 간이과세를 적용하지 아니한다.

④ 간이과세자가 간이과세포기신고서를 제출한 경우 제출일이 속하는 달의 다음 달 1일부터 일반과세자에 관한 규정을 적용받게 된다.

주관식(단답형) : 문항당 4점 ※ 반드시 OMR 카드 앞면의 주관식 답안란에 답안을 작성하시오(연필 또는 컴퓨터용 사인펜 사용 금지).

16. 다음은 ㈜회계의 제24기(20x1년 1월 1일~20x1년 12월 31일) 결산서에 비용으로 처리된 금액이다. 이 중 기타사외유출로 소득처분해야 하는 금액의 합계액은 얼마인가?

① 채권자불분명 사채이자 중 원천징수 상당액 : 4,000,000원

② 비실명 채권·증권이자 : 6,000,000원(원천징수 상당액은 1,000,000원)

③ 건물 신축공사와 관련된 특정차입금에 대한 건설자금이자 : 15,000,000원

④ 회사가 보유한 업무무관 토지에 대한 차입금이자 : 3,000,000원

⑤ 실제 손해배상액을 초과하여 지급한 「특허법」에 따른 손해배상금 : 8,000,000원

　(단, 실제 손해배상액은 분명하지 않음. 법령에서 정한 손해배상액의 상한이 되는 배수는 2로 가정함)

⑥ 영수증을 수취한 기업업무추진비 지출액 : 2,000,000원(1건)

⑦ 2년 뒤에 공익단체에 기부하기로 한 기부 약정액 : 7,000,000원

⑧ 사외유출된 소득의 귀속이 불분명하여 대표자 상여로 소득처분한 금액에 대한 대표자의 소득세를
　㈜회계가 대납하고 손금으로 계상한 금액 : 6,000,000원

17. 다음은 법인세법상 가지급금인정이자의 계산과 관련된 법인세법상의 규정을 설명한 것이다. ( )안에 들어갈 숫자를 적으시오.

법인이 가지급금 등의 인정이자율을 적용함에 있어서 금전의 대여 또는 차용의 경우에는 법인세법상 일반적인 시가선정기준에 불구하고 가중평균차입이자율을 시가로 한다. 그러나, 기획재정부령이 정하는 사유로 가중평균차입이자율을 적용할 수 없거나, 대여기간이 5년을 초과하는 대여금에 대하여 당좌대출이자율을 시가로 적용한 경우 이외에 해당법인이 법인세 과세표준신고와 함께 당좌대출이자율을 시가로 선택한 경우에는 당좌대출이자율을 시가로 선택한 사업연도와 이후 ( )개 사업연도는 당좌대출이자율을 시가로 한다.

18. 다음은 중소기업인 ㈜조세의 제24기(20x1.1.1.~20x1.12.31.) 인건비와 관련된 자료이다. 내부 규정 상 임원과 직원에 대한 상여는 급여의 50% 이내에서 지급하도록 규정되어 있다. 상여에 대한 세무조정 이 ㈜조세의 당기 각사업연도소득금액 계산에 미치는 영향은 얼마인가? 단, 본사 임직원에 대한 인건비 는 판매비와관리비에 계상되어 있고, 건설본부 임직원에 대한 인건비는 건설중인자산으로 계상되어 있 다. 답은 아래의 답안 작성 예시를 참조하여 작성하기로 한다.

본사 또는 건설본부 임직원		급여(원)	상여(원)
본사 임직원	임원	200,000,000	150,000,000
	직원	300,000,000	270,000,000
건설본부 임직원	임원	250,000,000	200,000,000
	직원	400,000,000	300,000,000
급여 및 상여 합계		1,150,000,000	920,000,000

[답안 작성 예시]

각사업연도소득금액이 1,000원 증가하는 경우	각사업연도소득금액이 1,000원 감소하는 경우
답 : 1,000원 증가	답 : 1,000원 감소

19. 과세사업과 면세사업에 공통으로 사용하던 재화를 20x1년 3월 1일에 2,200,000원(공급대가)에 공급 하였다. 이 재화의 공급과 관련된 부가가치세 과세표준을 계산하면 얼마인가?

과세기간	과세사업 공급가액	면세사업 공급가액	합계
20x1년 제1기	6,000,000원	5,000,000원	11,000,000원
20x0년 제2기	10,600,000원	400,000원	11,000,000원
20x0년 제1기	6,000,000원	5,000,000원	11,000,000원

20. 다음 자료는 부가가치세법상 과세사업을 영위하는 ㈜강남의 20x1년 제1기(20x1.4.1.~20x1.6.30.) 부가가치세 거래와 관련된 내용이다. ㈜강남은 20x1년 제1기 확정신고를 이행하지 아니하고, 매출·매입처별 세금계산서합계표를 법정신고 기한 내에 제출하지 아니하였다. 세무대리인을 통하여 20x1년 7월 31일자로 기한 후 신고를 이행하는 경우, 이에 따른 가산세액을 구하시오(단, 부정행위로 인한 무신고에 해당하지 않는다).

1. 20x1년 4월 1일부터 6월 30일까지 공급한 재화의 공급가액은 60,000,000원이며, 전자세금계산서를 발급하지 않았다.
2. 20x1년 4월 1일부터 6월 30일까지 공급받은 재화의 공급가액은 20,000,000원이며, 모두 적법한 세금계산서를 수취하였고, 당해 거래분에 대한 매입세액은 전액 공제 가능하다.
3. 20x1년 7월 25일 및 7월 31일은 공휴일이 아니다.
4. 납부지연가산세 계산시 1일 2.2/10,000로 가정한다.

주관식(약술형) ※ 반드시 OMR 카드 뒷면의 약술형 답안란에 답안을 작성하시오(연필 또는 컴퓨터용 사인펜 사용 금지).

21. 다음은 영리내국법인 ㈜A(제조업을 영위하는 중소기업)의 제24기 사업연도(20x1.1.1.~20x1.12.31.) 법인세 과세표준 및 세액계산과 관련된 자료이다. 제24기의 각 사업연도 소득에 대해 (1) 외국납부세액공제액, (2) 최저한세액, (3) 차감납부할세액을 계산하시오. [10점]

1. 각 사업연도 소득금액은 400,000,000원이다. 이 중에는 국외원천소득금액 80,000,000원이 포함되어 있으며, 국외원천소득에 대하여 외국에서 직접 납부한 법인세액은 7,000,000원이다.
2. 최저한세 적용대상 익금불산입액은 10,000,000원이다.
3. 이월결손금, 비과세소득 및 소득공제액은 없다.
4. 각 사업연도 소득에 대한 법인세 산출세액은 40,000,000원이다.
5. 연구인력개발비에 대한 세액공제액은 3,000,000원이다.
6. 통합투자세액공제액은 20,000,000원이다.
7. 중간예납세액은 7,000,000원이다.
8. 중소기업의 최저한세율은 7%이다.
9. 최저한세 적용으로 인한 조세감면의 배제는 세액공제부터 적용하기로 한다.

22. 다음은 일반과세자로 음식점을 운영하는 개인사업자인 이조세씨의 20x1.7.1.부터 20x1.12.31.까지의 부가가치세 관련 자료이다. 이조세씨가 세무대리인을 통하여 20x1년 제2기 부가가치세 확정신고를 하는 경우 (1) 부가가치세 매출세액, (2) 의제매입세액공제 가능한 면세농산물매입가액의 한도액과 (3) 의제매입세액공제액, (4) 부가가치세 납부(환급)세액, (5) 차감·가감하여 납부할 세액(환급받을 세액)을 구하시오. [10점]

1. 신용카드매출전표 발급금액이 220,000,000원이고 「조세특례제한법」 규정에 의한 현금영수증 발급금액이 110,000,000원이다.
2. 현금으로 대가를 받고 「조세특례제한법」 규정에 의한 현금영수증을 발행하지 아니한 음식 용역의 공급가액이 20,000,000원이다.
3. 부가가치세 과세대상인 재화나 용역을 공급받고 발급받은 세금계산서 등의 매입세액이 12,000,000원이며, 해당 매입세액은 전액 공제 대상이다.
4. 원재료인 쌀, 채소 등 면세농산물의 구입금액이 67,500,000원이고, 모두 신용카드매출전표를 적법하게 수취하였다.
5. 20x1년 제2기 예정신고기간에 대한 예정고지세액이 3,000,000원이다.
6. 20x1년 제1기 부가가치세 확정신고 시 신용카드매출전표 등 발행공제액으로 2,000,000원을 공제받았다.
7. 이조세씨의 직전 연도 수입금액은 5억원이며, 위 자료 이외의 다른 사항을 고려하지 않기로 하고, 신고절차는 적법하게 이루어졌다.

세법2부 국세기본법 · 소득세법(조세특례제한법 포함)

객관식 : 문항당 4점

01. 다음 중 국세기본법상 서류의 송달에 대한 설명으로 옳지 않은 것은?

① 연대납세의무자에게 서류를 송달할 때에는 연대납세의무자 중 국세를 징수하기에 유리한 자를 명의인으로 한다. 다만, 납부의 고지와 독촉에 관한 서류는 연대납세의무자 모두에게 각각 송달하여야 한다.

② 국세기본법 또는 세법에 규정하는 서류는 그 명의인(해당 서류의 수신인으로 지정되어 있는 자)의 주소 · 거소 · 영업소 또는 사무소(전자송달은 명의인의 전자우편주소)에 송달하는 것을 원칙으로 한다.

③ 서류는 교부, 우편 또는 전자송달에 의하여 송달함을 원칙으로 한다. 다만, 주소불명 등의 사유로 서류를 송달할 수 없는 경우에는 공시송달에 의한다.

④ 납세의무자의 우편에 의한 신고는 「우편법」에 의한 우편도장이 찍힌 날에 신고된 것으로 보고, 과세관청의 우편에 의한 송달은 송달받아야 할 자에게 도달한 때로부터 효력이 발생한다.

02. 다음 중 국세기본법상 수정신고에 대한 설명으로 옳지 않은 것은?

① 과세표준신고서 또는 기한후과세표준신고서에 기재된 결손금액 또는 환급세액이 세법에 따라 신고하여야 할 결손금액이나 환급세액을 초과할 때는 수정신고를 할 수 있다.

② 과세표준신고서 또는 기한후과세표준신고서에 기재된 과세표준 및 세액이 세법에 따라 신고하여야 할 과세표준 및 세액에 미치지 못할 때는 수정신고를 할 수 있다.

③ 과세표준수정신고는 국세의 세목에 관계없이 관할세무서장이 당해 국세에 대한 과세표준과 세액을 결정 또는 경정하여 통지하기 전으로서 국세부과의 제척기간이 끝나기 전까지 할 수 있다.

④ 과소신고 및 초과환급신고 가산세는 법정신고기한 경과 후 2년 이내에 수정신고하는 경우에 가산세 감면규정을 적용받을 수 있으나, 무신고가산세는 법정신고기한 경과 후 1년 이내에 기한후신고를 하여야 가산세 감면 규정을 적용 받을 수 있다.

03. 다음 중 국세기본법상 소급과세 금지에 대한 설명으로 옳지 않은 것은?

① 국세기본법은 입법에 의한 소급과세 이외에 해석에 의한 소급과세에 대해서도 규정하고 있다.

② 세법 외의 법률 중 국세의 부과 · 징수 · 감면 또는 그 절차에 관하여 규정하고 있는 조항은 소급과 세금지에 관한 규정을 적용할 때에는 세법으로 본다.

③ 국세기본법은 새로운 입법에 의한 과세가 소급과세인지 여부를 판단하는 기준시점을 납세의무의 확정시점으로 규정하고 있다.

④ 부진정소급입법은 납세자에게 불리하더라도 통상의 경우에는 허용되지만, 납세자의 구법(舊法)에 대한 신뢰가 보호할 가치가 있다고 할 특단의 사정이 있는 경우에는 허용되지 않을 수 있다.

04. 사업자 최조세씨는 부동산임대업과 제조업을 영위하던 중 20x1년 10월 1일에 그의 동생에게 자산총액 340,000,000원, 부채총액 300,000,000원의 제조업 부문을 포괄 양도하고, 그 대가로 40,000,000원 을 받았다. 최조세씨의 재산으로 다음의 체납액에 충당하여도 부족한 경우 동생이 국세기본법상 제2차 납세의무자로서 납부해야 할 금액으로 옳은 것은?

〈자료〉
1. 20x1년 제1기 부가가치세 체납액은 제조업 50,000,000원, 부동산임대업 25,000,000원이며 해 당 부가가치세는 20x1년 7월 25일에 신고한 것이다.
2. 20x1년 제2기 부가가치세 체납액은 제조업 25,000,000원, 부동산임대업 25,000,000원이다.
3. 20x1년 상반기 귀속 증권거래세 체납액은 2,000,000원이다.

① 25,000,000원　　② 40,000,000원　　③ 50,000,000원　　④ 75,000,000원

05. 다음 중 국세기본법상 과세전적부심사에 대한 설명으로 옳지 않은 것은?

① 세무조사 결과 통지 및 과세예고통지를 하는 날부터 국세부과 제척기간의 만료일까지의 기간이 3개월 이하인 경우에는 과세전적부심사를 청구할 수 없다.

② 세법에서 규정하는 수시부과의 사유가 있는 경우에는 과세전적부심사를 청구할 수 없다.

③ 세무조사 결과에 대한 서면통지를 받은 자가 과세전적부심사 청구금액이 5억원 이상인 경우 국세 청장에게 과세전적부심사를 청구할 수 있다.

④ 법령과 관련하여 국세청장의 유권해석을 변경하여야 하거나 새로운 해석이 필요한 경우에는 과 세전적부심사를 청구할 수 없다.

06. 다음 중 국세기본법상 국세환급금에 대한 설명으로 옳은 것은?

① 국세환급금으로 결정한 금액 중 체납된 국세 및 강제징수비에 대해서는 직권 충당된다.

② 국세환급금 중 충당 후 남은 금액은 국세환급금의 결정을 한 날부터 15일 이내에 납세자에게 지급하여야 한다.

③ 납세자는 국세환급금에 관한 권리를 타인에게 양도할 수 없다.

④ 국세환급금의 소멸시효는 세무서장이 납세자의 환급청구를 촉구하기 위한 환급청구의 안내, 통지 등으로 중단된다.

07. 소득세법과 관련된 다음의 설명 중 가장 옳지 않은 것은?

① 거주자는 주소, 거소의 국외 이전을 위하여 출국하는 날의 다음 날에 비거주가가 된다.

② 공동사업합산과세가 적용되는 경우 주된 공동사업자의 특수관계인은 손익분배비율에 해당하는 그의 소득금액을 한도로 주된 공동사업자와 연대하여 납세의무를 진다.

③ 상속인은 피상속인의 소득금액에 대한 소득세 납세의무를 지며 이때 피상속인의 소득금액에 대한 소득세와 상속인의 소득금액에 대한 소득세는 합산하여 계산한다.

④ 신탁재산에 귀속되는 소득은 소득세법이 규정하는 일정한 경우를 제외하고 그 신탁의 이익을 받을 수익자에게 귀속되는 것으로 본다.

08. 다음 중 소득세법상 배당소득에 대한 설명으로 옳지 않은 것은?

① 법인으로 보는 단체로부터 받는 배당금 또는 분배금은 배당가산액(Gross - up 금액) 대상이며 조건부 종합과세대상이다.

② 잉여금처분에 의한 배당의 수입시기는 그 지급받은 날이다.

③ 국내에서 대리인이 원천징수한 국외금융소득은 배당가산액(Gross - up 금액) 대상이 아니며 조건부 종합과세대상이다.

④ 거주자가 소득세법 시행령에서 정한 요건을 갖추지 못하고 국외에서 설정된 집합투자기구로부터 받은 이익은 배당소득으로 본다.

09. 다음 중 소득세법상 주택임대소득에 대한 설명으로 옳지 않은 것은?

① 주택 수의 계산에 있어서 임차한 주택을 전대하는 경우에는 해당 임차주택을 임차인의 주택으로 계산한다.

② 본인과 배우자가 공동으로 소유하는 주택은 공동소유주택에 대해 각각 소유하는 주택으로 계산되는 경우에는 소득세법 시행령이 규정하는 구분에 따라 본인과 배우자 중 1명이 소유하는 주택으로 보아 주택 수를 계산한다.

③ 주택임대소득이 과세되는 고가주택이라 함은 과세기간 종료일 현재 시가가 12억원을 초과하는 주택을 말한다.

④ 해당 과세기간에 주거용건물 임대업에서 발생한 총수입금액의 합계액이 2천만원 이하인 자의 주택임대소득은 주택임대소득에 대한 세액계산특례가 적용된다.

10. 다음 중 소득세법상 연금소득에 대한 설명으로 가장 옳지 않은 것은?

① 공적연금소득을 받는 사람이 해당 과세기간 중에 사망한 경우 원천징수의무자는 그 사망일이 속하는 달의 다음다음 달 말일까지 그 사망자의 공적연금소득에 대한 연말정산을 하여야 한다.

② 연금계좌에서 인출된 금액이 연금수령한도를 초과하는 경우에는 연금외수령분이 먼저 인출되고 그 다음으로 연금수령분이 인출되는 것으로 본다.

③ 연금계좌에 있는 금액이 연금수령이 개시되기 전 연금저축계좌와 퇴직연금계좌 상호 간에 이체되는 경우에는 연금계좌의 인출로 본다.

④ 연금소득이 있는 거주자에 대해서는 해당 과세기간에 받은 총연금액(분리과세 연금소득은 제외)에서 연금소득공제액이 900만원을 초과하는 경우에는 900만원을 공제한다.

11. 다음은 거주자 김거주씨의 20x1년 기타소득에 관한 자료이다. 다음의 자료를 바탕으로 기타소득에 대한 소득세 원천징수세액을 계산하면 얼마인가? 단, 다음 금액은 모두 원천징수하기 전의 금액이며 적법하게 원천징수 되었다.

> 1. TV에 출연하여 연기심사를 하고 받은 금액 : 1,000,000원
> 2. 산업재산권을 대여하고 받은 금액 : 3,100,000원(필요경비로 확인되는 금액 : 1,200,000원)
> 3. 종전회사(특수관계에 있지 않음)에서 퇴직 후 지급받은 「발명진흥법」에 따른 직무발명보상금 : 6,000,000원
> 4. 골동품 1점을 미술관에 양도하면서 받은 금액 : 10,000,000원(취득가액 : 2,000,000원, 보유기간 : 20년, 원작자는 10년 전에 사망함)
> 5. 복권당첨소득 : 20,000,000원

① 204,000원   ② 328,000원   ③ 4,328,000원   ④ 4,728,000원

12. 다음 중 소득세법상 거주자의 소득금액 계산 특례에 대한 설명으로 옳지 않은 것은?

① 부동산임대업(주택임대 제외)을 제외한 사업소득에서 발생한 결손금은 부동산임대업(주택임대
   제외)에서 발생한 소득금액이 있는 경우에도 그 부동산임대업의 소득금액에서 공제하지 않는다.

② 해당 과세기간에 주거용 건물 임대업에서 발생한 수입금액의 합계액이 2천만원 이하인 사업자가
   장부를 기장한 경우 주거용 건물 임대업에서 발생한 결손금은 다른 종합소득금액에서 공제할
   수 있다.

③ 지상권을 대여하는 사업에서 발생하는 결손금은 종합소득 과세표준을 계산할 때 공제하지 아니
   한다.

④ 소득금액을 추계신고하는 경우에는 이월결손금 공제규정을 적용하지 않는다. 다만, 천재지변으
   로 장부가 멸실되어 추계신고를 하는 경우라면 이월결손금 공제규정을 적용한다.

13. 다음 중 소득세법상 소득공제 등에 대한 설명으로 옳은 것은?

① 주택자금공제는 근로소득(일용근로자 제외)이 있는 세대주에게만 적용된다.

② 사업소득자는 신용카드 등 사용금액에 대한 소득공제를 적용받을 수 있으며, 부양가족에 해당하
   는 동생(15세)이 사용한 금액도 공제대상이다.

③ 배우자가 있는 여성으로서 해당 연도에 종합소득금액이 3,400만원 이하인 거주자는 부녀자공제
   를 받을 수 있다.

④ 종합소득공제 중 추가공제는 기본공제대상자가 둘 이상의 사유에 해당하는 경우 중복으로 적용
   하나 부녀자공제와 한부모공제에 모두 해당하는 경우에는 한부모공제만 적용한다.

14. 다음 중 소득세법상 거주자의 퇴직소득에 대한 설명으로 옳지 않은 것은?

① 퇴직소득에 대한 원천징수 및 세액정산의 규정에 따라 소득세를 납부한 자는 확정신고를 할 의무
   가 없다.

② 계속근로기간 중에 「근로자퇴직급여보장법」에 따른 퇴직금의 중간정산 사유로 퇴직급여를 미리
   지급받은 경우에는 그 지급받은 날에 퇴직한 것으로 본다.

③ 원천징수의무자가 12월에 퇴직한 사람의 퇴직소득을 12월 31일까지 지급하지 아니한 경우에는
   그 퇴직소득을 12월 31일에 지급한 것으로 보아 소득세를 원천징수한다.

④ 거주자의 퇴직소득이 연금계좌로 지급되는 경우에는 해당 퇴직소득에 대하여 연금외수령하기
   전까지는 원천징수를 하지 아니하며, 이미 원천징수된 경우에는 환급을 신청할 수 있다.

15. 다음 중 소득세법상 거주자의 양도소득에 대한 설명으로 옳지 않은 것은?

① 양도차익 계산 시 양도가액을 매매사례가액으로 하는 경우 취득가액은 실지거래가액에 따른다.

② 사업용 유형자산인 토지와 함께 영업권을 양도함으로써 발생하는 소득은 양도소득에 해당한다.

③ 특수관계인에게 자산을 증여한 후 그 자산을 증여받은 자가 증여일로부터 5년 이내에 타인에게 양도하는 경우에는 증여자가 그 자산을 직접 양도한 것으로 본다.

④ 파산선고에 의한 처분으로 발생하는 소득에 대해서는 양도소득세가 비과세 된다.

주관식(단답형) : 문항당 4점 ※ 반드시 OMR 카드 앞면의 주관식 답안란에 답안을 작성하시오(연필 또는 컴퓨터용 사인펜 사용 금지).

16. 다음은 국세기본법상 서류 송달의 방법에 대한 설명이다. 괄호 안에 들어갈 금액을 적으시오.

> 납부의 고지·독촉·강제징수 또는 세법에 따른 정부의 명령과 관계되는 서류의 송달을 우편으로 할 때에는 등기우편으로 하여야 한다. 다만, 「소득세법」 제65조 제1항에 따른 중간예납세액의 납부고지서, 「부가가치세법」 제48조 제3항에 따라 징수하기 위한 납부고지서 및 국세기본법 제22조 제2항 각 호의 국세에 대한 과세표준신고서를 법정신고기한까지 제출하였으나 과세표준신고액에 상당하는 세액의 전부 또는 일부를 납부하지 아니하여 발급하는 납부고지서로서 (   )만원 미만에 해당하는 납부고지서는 일반우편으로 송달할 수 있다.

17. 다음은 국세기본법상 기한연장에 대한 설명이다. 괄호 안에 공통으로 들어갈 숫자를 적으시오.

> 1. 국세기본법상 기한연장은 (   )개월 이내로 하되, 해당 기한연장의 사유가 소멸되지 않는 경우 관할 세무서장은 1개월의 범위에서 그 기한을 다시 연장할 수 있다.
> 2. 기한의 연장을 받으려는 자는 기한 만료일 (   )일 전까지 다음 각 호의 사항을 적은 문서로 해당 행정기관의 장에게 신청하여야 한다.

18. 개인사업을 영위하는 A씨의 종합소득세(5월 31일 확정신고 하였음) 체납으로 A씨의 토지를 압류하여 매각(매각대금 : 80,000,000원)하였다. A씨의 채권 명세가 다음과 같을 때 "기타의 임금채권"으로 배분되는 금액은 얼마인가?

> 1. 종합소득세(납부고지서 발송일 : 7월 10일) : 20,000,000원
> 2. 강제집행 및 경매절차에 든 비용 : 6,000,000원
> 3. 토지에 설정된 저당권(저당권 설정일 : 6월 1일)에 의해 담보되는 채권 : 30,000,000원
> 4. 토지에 대한 종합부동산세 : 10,000,000원
> 5. A씨 사업장의 임금채권
>   – 최종 3개월분 임금 : 10,000,000원
>   – 기타의 임금채권 : 20,000,000원

19. 다음은 소득세법상 원천징수세율에 대한 설명이다. 괄호 안에 들어갈 숫자를 적으시오.

> 출자 공동사업자의 배당소득에 대해서는 100분의 (   )의 세율로 원천징수하며, 그 밖의 배당소득에 대해서는 100분의 14의 세율로 원천징수한다.

20. 다음은 ㈜중소(중소기업)의 생산직 근로자인 B씨(지배주주 등 및 그와 친족 또는 경영지배관계에 해당하는 자 아님)의 20x1년 귀속 근로소득과 관련된 자료이다. 다음의 자료를 이용하여 B씨의 소득세법상 월정급여액을 계산하면 얼마인가?

> (1) 기본급(월 1,500,000원×12월) : 18,000,000원
> (2) 근속수당(월 200,000원×12월) : 2,400,000원
> (3) 자가운전보조금(월 250,000원×12월) : 3,000,000원(업무수행에 사용하고 실제 여비 대신 받은 금액이다)
> (4) 식대(월 300,000×12월) : 3,600,000원(회사에서 식사를 별도로 제공받지 않는다.)
> (5) 연장근로수당 : 2,800,000원
> (6) 사택을 무상으로 제공 받음으로 얻는 이익(월 200,000원×12월) : 2,400,000원

주관식(약술형)   ※ 반드시 OMR 카드 뒷면의 약술형 답안란에 답안을 작성하시오(연필 또는 컴퓨터용 사인펜 사용 금지).

21. 국세기본법상 국세청장이 20억원의 범위에서 포상금을 지급할 수 있는 자를 5가지 이상 서술하시오. [10점]

22. 다음은 제조업을 영위하는 개인사업자 김국세씨(복식부기의무자)의 20x1년도 사업과 관련된 자료이다. 김국세씨의 20x1년도 사업소득금액을 아래의 [답안양식]에 따라 계산하시오. [10점]

〈자료〉
(1) 손익계산서상 당기순이익은 48,000,000원이다.
(2) 손익계산서상 반영된 주요 수익항목은 다음과 같다.
　① 사업과 관련이 없는 자산수증이익 : 3,000,000원
　② 사업과 관련하여 해당 사업용 자산의 손실로 인한 보험차익 : 1,200,000원
　③ 사업에 사용하는 토지의 처분이익 : 15,000,000원
　④ 상장법인 배당금 : 3,500,000원
(3) 손익계산서상 반영된 주요 비용항목은 다음과 같다.
　① 본인의 국민연금 납부액 : 6,000,000원
　② 상장주식 처분손실 : 1,600,000원
　③ 배우자(경리로 근무중)에 대한 급여 : 25,000,000원
　④ 대손상각비 : 1,500,000원(외상매출금 1억원의 1.5%에 해당하는 금액을 설정한 것이며 대손 실적률은 0.5%이다.)

[답안양식]

구분	사업소득금액(원)
(1) 당기순이익	48,000,000
(2) 세무조정	
1) 자산수증이익	
2) 보험차익	
3) 토지처분이익	
4) 배당금수익	
5) 국민연금 납부액	
6) 상장주식 처분손실	
7) 배우자 급여	
8) 대손상각비	
(3) 소득금액	

제113회 세무회계1급 답안 및 해설

세법1부 – 법인세법(조세특례제한법 포함)·부가가치세법

1	2	3	4	5	6	7	8	9	10	11	12	13	14	15
②	③	①	③	②	③	④	④	①	③	③	③	④	②	①

16	20,000,000원	17	2	18	50,000,000원 증가
19	2,000,000원	20	1,605,280원	21/22	별도 표기

01. ① 사업연도를 신고하지 않은 경우에는 1월 1일부터 12월 31일까지를 사업연도로 한다.

③ 사업연도를 변경하고자 하는 법인은 **변경하고자 하는 사업연도의 직전 사업연도 종료일부터 3개월 이내에 신고**해야 한다.

④ 신설법인의 설립 이전에 발생한 소득은 신설법인의 최초 사업연도의 소득으로 포함하여 법인세로 과세한다.

02. ① 신고조정사항은 손금산입시기를 조정할 수 없으나, 결산조정사항은 조정할 수 있다.

② **청산소득 계산 시 자기자본에 가감**된다.

④ 상여로 처분한다.

03. 대금을 청산하기 전에 소유권 등의 이전등기(등록을 포함)를 하거나 당해 자산을 인도하거나 상대방이 당해 자산을 사용수익하는 경우에는 그 **이전등기일(등록일을 포함)·인도일 또는 사용수익일 중 빠른 날**로 한다.

04. 회사의 감가상각비 계상액 = 감가상각비(50,000,000) + 즉시상각의제(100,000,000)

$\qquad$ = 150,000,000원

감가상각 한도액 = [취득가액(500,000,000) + 즉시상각의제(100,000,000)] × 상각율(20%)

$\qquad$ = 120,000,000원

한도초과액 = 감가상각비(150,000,000) - 한도(120,000,000) = 30,000,000원 ⇒ 손금불산입(유보)

☞ 20x0.11.30. 기계장치에 대한 자본적 지출액은 6,000,000원에 미달하므로 수선비 처리하고, 내용연수를 무신고시 기준내용연수를 적용한다.

05. 이사회의 결의에 따른 평가증은 **법률에 따른 평가증이 아니기 때문에 평가이익이 인정되지 않는다.**

06. 직원에 대한 경조사비 또는 학자금의 대여액(자녀에 대한 학자금 포함)은 업무무관가지급금으로 보지 아니한다.

07. 일시상각충당금은 이익처분에 따른 적립금 계상 여부와는 무관하게, 세무조정계산서에 계상하고 **신고 시 손금산입하면 손금으로 인정된다.**

08. 가산조정 = 기업업무추진비 한도초과액(1,000,000) + 전용번호판미부착(3,000,000) = 4,000,000원

☞ 업무용승용차가 업무용 자동차 등록번호판을 부착하지 않은 경우 전액 손금불산입한다.

차감조정 = 미수이자(500,000) + 선수수익(24,000,000 ÷ 12개월 × 9개월) = 18,500,000원

과세표준(100,000,000) = 당기순이익(200,000,000) + 가산조정(4,000,000)

　　　　　　　　　　　　　　- 차감조정(18,500,000) - 전기 기부금 손금(2,000,000) - 이월결손금(??)

　　　　　　　　　　∴ 이월결손금 = 83,500,000원

09. 사업개시일부터 <u>등록신청일의 직전일까지의 공급가액 합계액의 1%의 미등록가산세</u>를 적용받는다.

10. 사업개시일 이전에 사업자등록을 신청한 경우에는 그 <u>신청한 날부터 그 신청일이 속하는 과세기간의</u> <u>종료일까지를 최초 과세기간</u>으로 한다.

11. 「민사집행법」에 따른 경매로 재화를 인도하는 것은 재화의 공급으로 보지 않는다.

12. 〈폐업시 과세표준〉 폐업 20x4.11.15

자산별	계산내역	과세표준	비고
제품	–	1,500,000	시가
토지	–	0	면세
비품	5,000,000 × (1 - 25% × 1)	3,750,000	
건물	200,000,000 × (1 - 5% × 8)	120,000,000	자가건설의 경우, **취득 시 매입세액을 공제받은 재화의 가액이 대상**이 된다.
유가증권	–	0	대상 아님
계		125,250,000	

☞ 비품의 경과된 과세기간 수 = x4(1기)

건물, 기계장치의 경과된 과세기간 수 = x0(1기) + x1(2기) + x2(2기) + x3(2기) + x4(1기) = 8기

13. 관할세무서장은 개인사업자가 전자세금계산서 의무발급 개인사업자에 해당하는 경우에는 **전자세금** **계산서를 발급해야 하는 날이 시작되기 1개월 전까지 그 사실을 해당 개인사업자에게 통지**하여야 한다.

14. <u>대리납부 의무자를 사업자 여부를 불문</u>한다.

15. 간이과세를 포기하고 일반과세를 적용받던 개인사업자는 간이과세의 포기신고로 일반과세에 관한 규정을 적용받은 달의 1일부터 3년이 되는 날이 속하는 과세기간 이전이라도 직전연도 공급대가의 합계액이 4,800만원 이상이면서 1억 400만원 미만일 경우(간이과세를 포기할 당시 영수증만을 발급해야 하는 간이과세자이었던 경우에만 해당한다)에는 <u>간이과세를 다시 적용받을 수 있도록 하였다.</u>

16. 〈손금불산입 - 기타사외유출〉

① 채권자불분명 사채이자 중 원천징수 상당액	4,000,000
② 비실명 채권·증권이자 원천징수 상당액	1,000,000
④ 회사가 보유한 업무무관 토지에 대한 차입금이자	3,000,000
⑤ 실제 손해배상액을 초과하여 지급한 손해배상금 　- 실제 손해액 : 불분명 → 다만 법에서 정한 상한 배수(2배) 역산 　- 8,000,000÷2 = 4,000,000원(손금)이 실제 손해액의 최소치	4,000,000
⑥ 영수증을 수취한 기업업무추진비 지출액	2,000,000
⑧ 사외유출된 소득의 귀속이 불분명하여 대표자 상여로 소득처분한 금액에 대한 대표자의 소득세를 ㈜회계가 대납하고 손금으로 계상한 금액	6,000,000
계	**20,000,000**

☞ 건설자금이자는 유보, 2년 뒤의 기부 약정액은 세법(회계)상 거래가 아니다.

18. 〈임원 상여 한도초과액〉

1. 본사 임원 : 상여(150,000,000) - 급여(200,000,000)×50% = 50,000,000원
　　　　　⇒ 손금불산입(상여)

2. 건설본부 임원 : 상여(200,000,000) - 급여(250,000,000)×50% = 75,000,000원
　　　　　　　⇒ 손금산입(△유보), 손금불산입(상여) → 이중세무조정

3. 세무조정

　〈손금불산입〉 본사 임원 상여　　　　　50,000,000원 (상　여)
　〈손 금 산 입〉 건설중인자산　　　　　75,000,000원 (△유보)
　〈손금불산입〉 건설본부 임원 상여　　　75,000,000원 (상　여)

4. 위 세무조정이 당기 각사업연도소득금액에 미치는 영향
　손不(50,000,000) - 손금(75,000,000)+손不(75,000,000) = 50,000,000원 증가

19. 과세표준 = 2,200,000(공급대가)×100/110 = 2,000,000원

과세기간	과세사업 공급가액	면세사업 공급가액	합계	면세공급가액비율
20x0년 제2기	10,600,000원	400,000원	11,000,000원	**3.6%**

직전 과세기간의 **면세공급가액의 비율이 5% 미만**이고, **해당 재화의 공급가액이 5천만원 미만**이므로 안분하지 않고 공급가액 전부를 과세표준으로 한다.

20.

〈매출매입신고누락분〉

구 분			공급가액	세액
매출	과세	세 금(전자)	60,000,000(미발급)	6,000,000
		기 타		
	영세	세 금(전자)		
		기 타		
매입	세금계산서 등		20,000,000	2,000,000
미달신고(납부) ← 신고·납부지연 가산세				**4,000,000**

1. 전자세금계산서 미발급	60,0000,000원×2% = 1,200,000원
2. 신고불성실	4,000,000원×20%×(1−50%) = 400,000원 * <u>1개월 이내 기한후신고시 50% 감면</u>
3. 납부지연	4,000,000원×6일(7.26~7.31)×2.2/10,000 = 5,280원
계	1,605,280원

21. (1) 외국납부세액공제액

Min[외국납부세액(7,000,000), 산출세액(40,000,000)×국외원천소득(80,000,000)

÷각사업연도 소득금액(400,000,000)] = 7,000,000원 (3점)

(2) 최저한세액

최저한세 = [과세표준(400,000,000)+최저한세 적용대상 익금불산입(10,000,000)]×7%(중소기업)

= <u>28,700,000원</u> (3점)

※ 감면후세액 = 산출세액(40,000,000) − 최저한세 적용대상 세액공제(20,000,000) = 20,000,000원

(3) 차감납부할세액 = 최저한세(28,700,000) − 외국납부세액(7,000,000)

− 연구인력개발세액공제(3,000,000) − 중간예납세액(7,000,000)

= 11,700,000원 (4점)

22. 〈2기 부가가치 확정신고 – 개인사업자〉

(1) 부가가치세 매출세액

– 과세표준 = [신용카드(220,000,000)+현금영수증(110,000,000)]×100/110

+용역공급(20,000,000) = 320,000,000원

– 매출세액 = 과세표준(320,000,000)×10% = 32,000,000원 (1점)

(2) 의제매입세액공제 가능한 면세농산물매입가액의 한도액

– 한도 = 과세표준(320,000,000)×60%(과세표준 2억 초과, 개인음식점업)

= 192,000,000원 (2점)

(3) 의제매입세액공제액 = Min(67,500,000, 192,000,000)×8/108(개인 음식점사업자)

= 5,000,000원 (2점)

(4) 부가가치세 납부세액

    – 납부세액 = 매출세액(32,000,000) – 세금계산서 등의 매입세액(12,000,000)

          – 의제매입세액(5,000,000) = 15,000,000원 (2점)

(5) 차감 · 가감하여 납부할 세액 :

    – 신용카드 등 발행세액공제 = 신용카드 등 공급대가(330,000,0000) × 1.3% = 4,290,000원,

    2기 한도 = 연간 한도(10,000,000) – 1기 신용카드 등 발행세액공제(2,000,000)

      = 8,000,000원

    – 차가감 납부할 세액 = 납부세액(15,000,000) – 신용카드 등 발행세액공제(4.290,000)

          – 예정고지세액(3,000,000) = 7,710,000원 (3점)

세법2부 – 국세기본법 · 소득세법(조세특례제한법 포함)

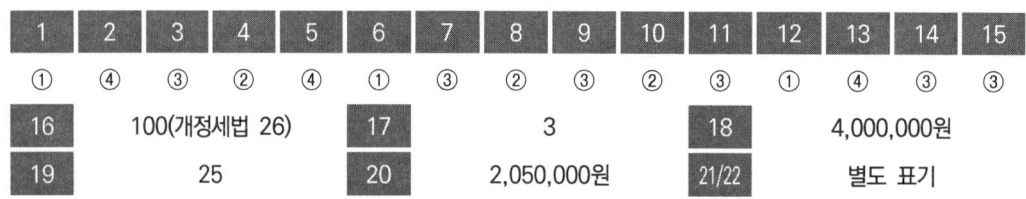

1	2	3	4	5	6	7	8	9	10	11	12	13	14	15
①	④	③	②	④	①	③	②	③	②	③	①	④	③	③

16	100(개정세법 26)	17	3	18	4,000,000원
19	25	20	2,050,000원	21/22	별도 표기

01. 연대납세의무자에게 <u>서류를 송달할 때에는 그 대표자를 명의인</u>으로 하며, 대표자가 없을 때에는 연대납세의무자 중 국세를 징수하기에 유리한 자를 명의인으로 한다. 다만, **납부의 고지와 독촉에 관한 서류는 연대납세의무자 모두에게 각각 송달**하여야 한다.

02. **기한 후 신고는 법정신고기한 경과 후 6개월 이내에 기한후 신고를 하여야 감면규정**을 적용받을 수 있다.

03. 국세기본법은 새로운 입법에 의한 과세가 소급과세인지 여부를 판단하는 기준시점을 **납세의무의 성립시점으로 규정**하고 있다.

04. (1) 제2차 납세의무의 납부대상 금액 : 1기 부가가치세 제조업 체납액(50,000,000)

    ⇒ **제2기 부가가치세는 사업양도일 현재 확정되지 않은 국세에 해당**하고, **증권거래세는 사업과 무관한 국세이므로 대상에서 제외**한다.

  (2) 제2차 납세의무의 한도액 : 양수대가 40,000,000원

  (3) 제2차 납세의무로서 납부할 금액 : Min[(1), (2)] = 40,000,000원

05. 국세청장에게 청구할 수 있다.

06. ② 국세환급금의 결정을 한 날부터 **30일 이내에 납세자에게 지급**하여야 한다.

  ③ 납세자는 세무서장이 국세환급금통지서를 발급하기 전에는 서면으로 관할세무서장에게 **국세환급금의 양도를 요구할 수 있다.**

  ④ 국세환급금의 소멸시효는 세무서장의 **환급청구의 안내, 통지 등으로 중단되지 않는다.**

07. 상속인은 피상속인의 소득금액에 대한 소득세 납세의무를 지며 이때 **피상속인의 소득금액에 대한 소득세와 상속인의 소득금액에 대한 소득세는 각각 구분하여 계산**한다.

08. 기명주식에 대한 잉여금처분에 의한 **배당의 수입시기는 당해 법인의 잉여금처분결의일**이다.

09. 주택임대소득이 과세되는 고가주택이라 함은 과세기간 종료일 현재 **기준시가가 12억원을 초과**하는 주택을 말한다.

10. 인출된 금액이 연금수령한도를 초과하는 경우에는 **연금수령분이 먼저 인출**되고 그 다음으로 연금외 수령분이 인출되는 것으로 본다.

11. 필요경비 = MAX(① 추정필요경비 ② 실제필요경비)

내 용	총수입금액	필요경비율	실제필요경비	소득금액	원천징수세액(20%)
1. 연기 심사	1,000,000	60%	–	400,000	80,000
2. 산업재산권 대여	3,100,000	60%	1,200,000	1,240,000	248,000
3. 직무발명보상금	비과세	–	–	–	–
4. 미술관 양도골동품	비과세	–	–	–	–
5. 복권당첨소득	20,000,000	–	–	20,000,000	4,000,000
합 계					4,328,000

☞ 직무발명보상의 비과세 한도는 연 7백만원이다.

12. **부동산임대업(주택임대 제외)을 제외한 사업소득에서 발생한 결손금**은 부동산임대업(주택임대 제외)에서 발생한 소득금액이 있는 경우에도 그 **부동산임대업의 소득금액에서 공제**한다.

13. ① 세대주가 근로소득이 없거나, 있더라도 주택자금공제를 받지 않은 경우에는 **근로소득이 있는 세대원이 공제받을 수 있다.**

② 근로소득자만 신용카드 등 사용금액에 대한 소득공제를 적용받을 수 있으며, 이 경우 **형제자매가 사용한 금액은 공제대상이 아니다.**

③ 배우자가 있는 여성으로서 해당 연도에 **종합소득금액이 3천만원 이하인 거주자는 부녀자공제**를 받을 수 있다.

14. 원천징수의무자가 **12월에 퇴직한 사람의 퇴직소득을 다음 연도 2월 말일까지 지급하지 아니한 경우**에는 그 퇴직소득을 **다음 연도 2월 말일에 지급한 것**으로 보아 소득세를 원천징수한다.

15. 자산을 증여한 후 그 자산을 증여받은 자가 그 **증여일부터 10년 이내에 다시 타인에게 양도한 경우**에 증여자가 그 자산을 직접 양도한 것으로 본다.

18. 〈토지 매각대금 80,000,000〉

순 위	금 액	비 고
1. 강제징수 및 경매	6,000,000	
2. 최종 3개월분 임금	10,000,000	
3. 종합부동산세	10,000,000	당재 재산 자체에 부과된
4. 종합소득세	20,000,000	신고일 5.31
5. 피담보채권	30,000,000	저당권 설정일 6.1
6. 일반 임금 채권	**4,000,000**	
계	80,000,000	

19. **출자공동사업자의 배당소득에 대해서는 100분의 25의 세율로 원천징수**한다.

20. 월정액급여 = 기본급(1,500,000) + 근속수당(200,000) + 자가운전보조금(250,000 – 200,000)

    + 식대(300,000) = 2,050,000원

☞ 자가운전보조금 중 200,000원은 실비변상적 성질의 급여, 사택 무상 제공 이익은 복리후생적인 급여이다.

21. 10점(각 2점, 5가지 이상 작성 시 10점)

1. 신용카드로 결제할 것을 요청하였으나 이를 거부하는 행위 또는 신용카드매출전표를 사실과 다르게 발급하는 행위를 한 신용카드가맹점을 신고한 자

2. 현금영수증의 발급을 거부하는 행위 또는 현금영수증을 사실과 다르게 발급하는 행위를 한 현금영수증 가맹점을 신고한 자

3. 거래상대방이 현금영수증 발급을 요청하지 아니하더라도 현금영수증을 의무적으로 발급하여야 하는 자의 의무 위반을 신고한 자

4. 타인의 명의를 사용하여 사업을 경영하는 자를 신고한 자

5. 「국제조세조정에 관한 법률」에 따른 해외금융계좌 신고의무 위반행위를 적발하는 데 중요한 자료를 제공한 자

6. 타인 명의로 되어 있는 법인 또는 복식부기의무자의 「금융실명거래 및 비밀보장에 관한 법률」에 따른 금융자산을 신고한 자

22. 〈사업소득금액〉

구분	사업소득금액(원)	비고
(1) 당기순이익	48,000,000	
(2) 세무조정		
1) 자산수증이익 (1점)	(−)3,000,000	사업과 무관함
2) 보험차익 (1점)	−	사업관련 보험차익은 총수입금액 산입함
3) 토지처분이익 (1점)	(−)15,000,000	양도소득에 해당함
4) 배당금수익 (1점)	(−)3,500,000	배당소득에 해당함
5) 국민연금 납부액 (1점)	(+)6,000,000	소득공제 대상임
6) 상장주식 처분손실 (1점)	(+)1,600,000	사업소득에 해당하지 않음
7) 배우자 급여 (1점)	−	필요경비에 해당함
8) 대손상각비 (1점)	(+)500,000	한도초과액을 필요경비불산입함 한도(1억×1%)−설정액(1,500,000)
(3) 소득금액 (2점)	34,600,000	

제112회 세무회계1급

합격율	시험년월
33%	2024.08

세법1부 법인세법(조세특례제한법 포함)·부가가치세법

객관식 : 문항당 4점

01. 다음 중 법인세법상 비영리내국법인에 대한 설명으로 옳지 않은 것은?

① 비영리내국법인은 소득세법에 따른 비영업대금의 이익이 발생하는 경우 반드시 법인세 과세표준 신고를 하여야 한다.

② 비영리내국법인이 수익사업을 영위하는 경우 구분경리하는 것을 원칙으로 한다.

③ 비영리내국법인의 청산소득에 대해서는 법인세가 과세 되지 않는다.

④ 비영리내국법인은 고유목적사업준비금을 손금에 산입한 날이 속하는 사업연도 종료일 이후 3년 이 되는 날까지 고유목적사업에 사용하여야 한다.

02. 다음 중 법인세법상 익금에 대한 설명으로 가장 옳은 것은?

① 내국법인이 외국법인의 의결권 있는 지분의 10% 이상을 그 외국법인의 배당기준일 현재 6개월 이상 보유하고 있는 경우 외국자회사로부터 받은 배당금액의 95%를 익금에 산입하지 아니한다.

② 영리내국법인이 다른 영리내국법인의 주식을 보유하던 중 그 주식에 대하여 받은 배당은 익금에 산입하지 아니한다.

③ 채무의 출자전환으로 주식을 발행함에 있어서 그 주식의 액면가액을 초과하여 발행된 경우 그 초과된 금액을 익금에 산입한다.

④ 영리내국법인이 특수관계자에 해당하는 개인으로부터 유가증권을 시가보다 높은 가액으로 매입 하여 보유하는 경우 시가와 매입가액의 차액은 그 유가증권을 매입한 사업연도의 익금으로 본다.

03. 다음 중 법인세법상 의제배당에 해당하지 않는 것은?

① 주식의 소각이나 자본감소로 인하여 주주인 법인이 취득하는 금전과 그 밖의 재산가액의 합계액 이 해당 주식을 취득하기 위하여 사용한 금액을 초과하는 경우

② 해산한 법인의 주주인 법인이 잔여재산의 분배로서 받는 재산가액이 해당 주식을 취득하기 위하여 사용한 금액을 초과하는 경우

③ 피합병법인의 주식을 취득하기 위하여 사용한 금액이 그 피합병법인의 주주인 법인이 취득하는 합병대가를 초과하는 경우

④ 분할법인의 주주인 법인이 취득하는 분할대가가 그 분할법인의 주식을 취득하기 위하여 사용한 금액을 초과하는 경우

04. 다음은 제조업을 영위하는 영리내국법인 ㈜세무(한국채택국제회계기준을 적용하지 않음)의 제24기 사 업연도(20x1.1.1.~20x1.12.31.) 업무용승용차의 세무조정을 위한 자료이다. 법인세법상 제24기 말 업무용승용차와 관련된 세무조정 시 상여로 처분되는 금액으로 옳은 것은?

(1) 20x1년 4월 1일에 임원 전용 업무용승용차를 150,000,000원에 취득하여 사업에 사용하기 시작 하였다(개별소비세법 제1조 제2항 제3호에 해당하는 승용자동차로서 취득 시점부터 업무전용자동 차 보험에 가입함).

(2) 제24기 손익계산서상 업무용승용차 관련비용

구분	금액
감가상각비	18,000,000원
유류비, 보험료, 자동차세, 통행료	5,000,000원
합계	23,000,000원

(3) 회사는 운행기록 등을 작성·비치하였으며, 운행기록 등에 따라 확인되는 업무용승용차의 업무사 용비율은 80%이다.

(4) 해당 사업연도의 상시근로자 수는 20명이다.

(5) 회사의 세무조정은 적정하게 이루어진 것으로 가정한다.

① 5,000,000원   ② 5,500,000원   ③ 6,000,000원   ④ 6,500,000원

05. 다음 중 법인세법상 손익의 귀속시기에 대한 설명으로 옳은 것은?

① 내국법인의 각 사업연도의 손금의 귀속 사업연도는 그 대금을 지급하는 날이 속하는 사업연도로 한다.

② 내국법인이 매출할인을 하는 경우 매출할인금액은 상대방과의 약정에 의한 지급기일(그 지급기일이 정하여 있지 아니한 경우에는 거래일이 속하는 사업연도의 마지막 날)이 속하는 사업연도의 매출액에서 차감한다.

③ 법인이 결산을 확정할 때 이미 경과한 기간에 대응하는 이자 및 할인액(차입일부터 이자지급일이 1년을 초과하는 특수관계인과의 거래에 따른 이자 및 할인액은 제외한다)은 해당 사업연도의 손비로 계상하여야 한다.

④ 중소기업인 법인이 용역을 수행하는 계약기간이 1년 미만인 건설 등의 경우 그 목적물의 인도일이 속하는 사업연도의 익금과 손금에 산입할 수 있다.

06. 다음 중 법인세법상 기업업무추진비에 대한 설명으로 옳지 않은 것은?

① 기업업무추진비의 귀속시기는 접대행위를 한 날이 속하는 사업연도로 한다.

② 기업업무추진비는 업무를 원활하게 진행하기 위해 불특정 다수에게 지출한 금액을 말한다.

③ 기업업무추진비는 한도 내에서 손금으로 인정된다.

④ 현물 기업업무추진비는 제공하는 시점의 시가와 장부가액 중 큰 금액으로 산정한다.

07. 다음 중 법인세법상 퇴직급여충당금의 세무조정 및 처리에 대한 설명으로 옳은 것은?

① 퇴직급여충당금을 손금에 산입한 내국법인이 합병하거나 분할하는 경우 그 법인의 합병등기일 현재의 해당 퇴직급여충당금 중 합병법인의 상대방 법인이 승계받은 금액은 그 합병법인이 합병등기일이 속하는 사업연도의 마지막 날에 가지고 있는 퇴직급여충당금으로 본다.

② 내국법인이 「국민연금법」에 의한 퇴직금전환금으로 계상한 금액은 손금에 산입하는 퇴직급여충당금의 누적액의 한도액에 가산한다.

③ '퇴직급여로 지급되어야 할 금액의 추계액'이라 함은 정관 기타 퇴직급여지급에 관한 규정이 있음에도 불구하고 「근로자퇴직급여 보장법」이 정하는 바에 따라 계산한 금액으로 한다.

④ 임원이 1개월 이상의 질병 치료 또는 요양을 필요로 하여 「근로자퇴직급여 보장법」에 따라 퇴직급여 중간정산을 한 경우 현실적인 퇴직으로 본다.

08. 다음 중 법인세법상 신고 및 납부에 대한 설명으로 옳지 않은 것은?

① 내국법인의 납부할 세액이 2천만원을 초과하는 경우 납부할 세액의 50% 이하의 금액을 납부기 한이 지난 날로부터 1개월(중소기업의 경우에는 2개월) 이내에 분납할 수 있다.

② 내국법인이 직전 사업연도의 법인세로서 확정된 산출세액을 직전 사업연도의 월수로 나눈 금액 에 6을 곱하여 중간예납세액을 계산하는 경우, 직전 사업연도의 법인세로서 확정된 산출세액에 는 가산세를 포함한다.

③ 내국법인은 각 사업연도 소득에 대한 법인세 산출세액에 해당 사업연도에 원천 징수된 세액을 차감한 금액을 각 사업연도 소득에 대한 법인세로서 납부하여야 한다.

④ 법인세가 수시부과된 사업연도에 대해서는 당해 수시부과로써 그 신고의무가 완료된 것이므로 해당 각 사업연도의 소득에 대한 별도의 법인세 과세표준 등의 신고의무는 없다.

09. 다음 중 부가가치세법상 각 사업의 사업장 소재지에 대한 설명으로 옳지 않은 것은?

① 광업 : 광업사무소의 소재지

② 제조업 : 최종제품을 완성하는 장소

③ 건설업 : 건설하는 부동산 소재지

④ 부동산임대업 : 부동산의 등기부상 소재지

10. 다음 중 부가가치세법상 재화의 공급에 대한 설명으로 옳지 않은 것은?

① 사업자가 사업을 위하여 대가를 받지 아니하고 다른 사업자에게 인도하는 견본품은 재화의 공급 으로 보지 아니한다.

② 사업자가 폐업할 때 자기생산 취득재화(매입세액 공제받음) 중 남아 있는 재화는 자기에게 공급 하는 것으로 본다.

③ 사업장이 둘인 사업자가 사업자단위과세사업자로 적용을 받는 과세기간에 자기의 사업과 관련하 여 취득한 재화를 판매할 목적으로 자기의 다른 사업장으로 반출하는 경우에는 재화의 공급으로 본다.

④ 사업자가 자기의 과세사업과 관련하여 취득한 재화로서 매입세액이 공제된 재화를 자기의 면세 사업을 위하여 직접 사용하는 것은 재화의 공급으로 본다.

11. 다음 중 부가가치세법상 면세의 포기에 대한 설명으로 옳지 않은 것은?

① 면세의 포기를 신고한 사업자는 신고한 날부터 3년간 부가가치세를 면제받지 못한다.

② 면세재화의 수출을 위해 면세를 포기할 수 있다.

③ 면세포기신고를 한 사업자가 사업을 포괄적으로 양도하는 경우 면세포기의 효력은 사업을 양수한 사업자에게 승계된다.

④ 면세의 포기를 신고한 사업자가 포기기간이 지난 뒤 다시 면세적용신고서를 제출하지 아니하면 다시 면세를 선택한 것으로 본다.

12. 다음은 20x1년 7월 1일에 일반과세자에서 간이과세자로 변경된 개인사업자인 거주자 갑에 대한 부가가치세 신고 관련 자료이다. 20x1년 제2기 확정신고 시 부가가치세법상 가산하여야 할 재고 납부세액은 얼마인가?

> 20x1.06.30. 현재 거주자 갑이 보유하고 있는 재고품은 다음과 같다(부가가치세가 제외된 금액임).
> (1) 상품 : 2,300,000원(장부 또는 세금계산서에 의하여 확인되는 금액임)
> (2) 제품 : 5,700,000원(장부에서 확인되는 금액이며, 시가는 6,000,000원임)

① 217,350원　　　　② 538,650원　　　　③ 756,000원　　　　④ 973,350원

13. 다음 중 부가가치세법상 영세율에 대한 설명으로 가장 옳지 않은 것은?

① 영세율은 소비지국과세원칙에 따른 국제적 이중과세문제를 해소하기 위한 제도이다.

② 영세율을 적용하면 전단계에 부과된 부가가치세가 환급되므로 완전면세가 가능하다.

③ 내국신용장에 의하여 국내에서 재화를 공급하는 경우에는 수출과 관련된 거래가 아니므로 영세율을 적용받을 수 없다.

④ 직수출뿐만 아니라 위탁판매수출, 외국인도수출, 위탁가공무역방식의 수출 등의 경우에도 영세율을 적용받을 수 있다.

14. 겸영사업자인 ㈜회계가 20x1년 제1기에 공통사용재화를 1,000만원에 공급하였을 경우 20x1년 제1기 확정신고 시 과세표준에 포함되는 공통사용재화의 공급가액은 얼마인가?

공급가액	20x0년 제2기	20x1년 제1기	20x1년 제2기
과세	70,000,000원	95,000,000원	60,000,000원
면세	30,000,000원	5,000,000원	40,000,000원
합계	100,000,000원	100,000,000원	100,000,000원

① 6,000,000원　　② 7,000,000원　　③ 9,500,000원　　④ 10,000,000원

15. 다음 중 부가가치세법상 가산세 규정에 대한 설명으로 옳지 않은 것은?

① 사업자가 세금계산서의 발급시기가 지난 후 해당 재화 또는 용역의 공급시기가 속하는 과세기간에 대한 확정신고기한까지 발급하는 경우 그 공급가액의 1%를 납부세액에 더하거나 환급세액에서 뺀다.

② 사업자가 재화 또는 용역을 공급하지 아니하고 세금계산서 등을 발급한 경우에는 해당 세금계산서 등에 적힌 공급가액의 4%를 납부세액에 더하거나 환급세액에서 뺀다.

③ 사업자가 매입세액을 공제받기 위하여 제출한 신용카드매출전표등 수령명세서에 공급가액을 과다하게 적은 경우에는 실제보다 과다하게 적은 공급가액(착오로 기재된 경우로서 신용카드매출전표등에 따라 거래사실이 확인되는 부분의 공급가액은 제외함)의 1%를 납부세액에 더하거나 환급세액에서 뺀다.

④ 부동산임대공급가액명세서를 제출하지 아니하거나 제출한 수입금액이 사실과 다르게 적혀 있으면 제출하지 아니한 부분의 수입금액 또는 제출한 수입금액과 실제 수입금액과의 차액의 1%를 납부세액에 더하거나 환급세액에서 뺀다.

16. 다음은 영리내국법인 ㈜자격의 제4기(20x1.1.1.~20x1.12.31.)의 기말재고평가와 관련된 자료이다. 제4기 말의 법인세법상 재고자산평가액의 합계액은 얼마인가?

구분	장부상 평가액	후입선출법	총평균법	선입선출법
제품	5,000,000원	3,000,000원	4,000,000원	5,000,000원
재공품	3,000,000원	2,500,000원	2,700,000원	3,000,000원

(1) 법인의 설립일이 속하는 사업연도의 법인세 과세표준 신고기한까지 관할 세무서장에게 제품은 총평균법으로 신고하였으나, 재공품에 대한 평가방법은 신고하지 않았다.

(2) 20x1년 10월 31일에 제품의 평가방법을 총평균법에서 선입선출법으로 변경 신고하였다.

17. 영리내국법인 ㈜공인의 제25기 사업연도(20x1.1.1.~20x1.12.31.) 기계장치 A의 세법상 감가상각비 한도액은 얼마인가?

- 기계장치 A의 전기 말 재무상태표상 취득원가와 감가상각누계액은 각각 200,000,000원과 50,000,000원이다.
- 제25기에 기계장치 A에 대한 자본적 지출에 해당하는 금액을 수선비로 회계처리한 금액은 10,000,000원이다.
- ㈜공인은 당해 기계장치 A에 대한 감가상각방법을 신고하지 않았으며, 정액법 상각률은 0.125, 정률법 상각률은 0.3으로 가정한다.

18. 다음은 지주회사가 아닌 ㈜평화(영리내국법인)의 제17기 사업연도(20x1.1.1.~20x1.12.31.)의 배당금 수익 내역이다. 수입배당금 익금불산입액을 구하시오(세부담의 최소화를 가정한다).

법인	상장여부	지분율	취득가액(원)	배당금액(원)	배당기준일
(1) 다음은 ㈜평화가 보유하고 있는 주식 등에 대한 내역이다.					
A	부	50%	20,000,000원	5,000,000원	20x1.09.30.
B	여	15%	1,000,000,000원	10,000,000원	20x1.06.30.

(2) ㈜평화가 보유하고 있는 A법인의 주식 중 지분율 10%에 해당하는 주식은 20x1.8.1.에 취득하였으며, 나머지 지분에 대해서는 모두 20x0년 중 취득하였다.
(3) ㈜평화가 보유하고 있는 B법인의 주식은 모두 20x0년 중 취득하였으며, 20x0년 사업연도 중 주식가치의 상승으로 인하여 위에서 제시한 취득가액과는 별개로 주식을 100,000,000원 평가증하였다.

19. 다음은 부가가치세법상 환급에 대한 설명이다. 괄호 안에 들어갈 기간을 적으시오.

(1) 조기환급의 경우 환급세액은 조기환급 관련 신고기한이 지난 후 (　　　) 이내에 환급하여야 한다.
(2) 조기환급이 아닌 경우 환급세액은 확정신고한 사업자에게 확정신고기한이 지난 후 30일 이내에 환급하여야 한다.

20. 다음은 ㈜국가의 부가가치세 신고와 관련된 자료이다. ㈜국가의 20x1년 제1기 부가가치세 확정신고 시 차가감 납부할세액을 구하시오.

과세기간	공급가액	매출세액	매입세액	차가감 납부할세액
x0년 2기 예정	40,000,000원	4,000,000원	2,000,000원	2,000,000원
x0년 2기 확정	50,000,000원	5,000,000원	2,000,000원	3,000,000원
x1년 1기 예정	60,000,000원	6,000,000원	2,000,000원	
x1년 1기 확정	70,000,000원	7,000,000원	2,000,000원	

21. 다음은 제조업을 영위하는 중소기업인 ㈜대손의 제24기(20x1.1.1.~20x1.12.31.)의 자료이다. 법인세 최소화를 가정하여 세무조정 및 소득처분을 기재하고 대손충당금 한도액을 구하시오(단, 전기까지 세무조정과 소득처분은 세법에 맞게 이루어졌다고 가정한다). [10점]

> - 기업회계상 당기 대손충당금 기초 잔액은 15,000,000원, 당기 설정액은 40,000,000원, 당기 상계액은 25,000,000원, 기말잔액은 30,000,000원이다.
> - 당기 상계액 중에는 당기 3월 10일에 부도가 발생한 ㈜부도에 대한 외상매출금으로서 3월 20일에 발생한 매출의 외상매출금 6,000,000원이 포함되어 있다.
> - 전기이월 유보금 중에서 대손충당금 한도초과액 7,000,000원이 있다.
> - 전기말 재무상태표상 대손충당금 설정대상채권은 800,000,000원인데, 여기에는 ㈜원가에 대한 외상매출금 40,000,000원이 포함되어 있다. ㈜원가는 채권과 채무를 상계하여 잔액만 지급하는 약정이 체결되어 있으며, ㈜원가에 대한 전기말 외상매입금 잔액은 45,000,000원이다.
> - 당기말 재무상태표상 채권 잔액은 1,000,000,000원인데, 이 중에는 지방자치단체에 대한 매출채권 20,000,000원, 매각거래에 해당하는 배서양도어음 10,000,000원, 특수관계자에게 업무와 관련 없이 지급한 가지급금 30,000,000원이 포함되어 있다.

22. 다음은 20x1년 1월 1일 음식점을 개업한 간이과세자 김철수의 20x1년(20x1.1.1.~20x1.12.31.) 과세자료이다. 아래의 자료를 바탕으로 [답안양식]에 맞게 답하시오. [10점]

> (1) 20x1년 공급대가
>
> | 구분 | 공급대가 |
> | --- | --- |
> | 신용카드 매출전표 발행분 | 7,000,000원 |
> | 현금영수증 발행분 | 8,000,000원 |
> | 통신사 마일리지 결제분(주1) | 1,000,000원 |
>
> **(주1) 통신사가 자기고객에게 제공한 마일리지를 음식점에서 사용할 수 있도록 하고 사용액에 100%를 통신사가 보전해준다. 위의 금액은 통신사 고객이 사용한 마일리지의 100%를 통신사로부터 현금으로 보전받은 금액이다.**
>
> (2) 20x1년 매입내역
>
> | 구분 | 공급대가 |
> | --- | --- |
> | 세금계산서 수취(부가가치세가 포함된 금액) | 5,500,000원 |
> | 계산서 수취(면세 우유 구입 금액) | 1,000,000원 |
>
> (3) 음식점업의 업종별 부가가치율은 15%이다.
> (4) 법정신고기간 내 직접 전자신고를 하였다.

> **세법2부** 국세기본법 · 소득세법(조세특례제한법 포함)

객관식 : 문항당 4점

01. 다음 중 국세기본법상 납세의무의 성립과 확정에 대한 설명으로 옳지 않은 것은?

① 원천징수하는 소득세 또는 법인세는 납세의무가 성립하는 때에 특별한 절차 없이 그 세액이 확정된다.

② 납세조합이 징수하는 소득세는 납세의무가 성립하는 때에 특별한 절차 없이 그 세액이 확정된다.

③ 국세에 부과되는 교육세는 해당 국세의 납세의무가 성립하는 때에 납세의무가 성립한다.

④ 납세의무자가 종합부동산세의 과세표준과 세액을 신고하는 경우에도 정부가 종합부동산세의 과세표준과 세액을 결정하는 때에 그 세액이 확정된다.

02. 다음 중 국세기본법상 제2차 납세의무에 대한 설명으로 옳은 것은?

① 과점주주 또는 무한책임사원에 대한 법인의 제2차 납세의무 한도를 계산하는 경우 법인의 자산총액과 부채총액의 평가는 해당 법인의 사업연도 종료일 현재의 시가에 의한다.

② 사업양수인의 제2차 납세의무는 양수한 재산의 가액을 한도로 한다.

③ 법인이 해산하여 청산하는 경우 그 법인에 부과된 세금을 다 내지 아니하고 해산에 의한 잔여재산을 분배하였을 때에 해당 법인의 납세의무를 2차적으로 부담하는 자는 잔여재산의 분배업무를 처리한 청산인이 아니라 그 잔여재산을 가져간 출자자이다.

④ 사업의 양도인이 사업용 부동산을 양도함으로써 납부하여야 할 양도소득세에 대하여는 그 양수인이 제2차 납세의무를 진다.

03. 다음 중 국세기본법상 국세의 우선권에 대한 설명으로 옳지 않은 것은?

① 공과금의 강제징수를 할 때 그 강제징수금액 중에서 국세 및 강제징수비를 징수하는 경우 그 공과금의 강제징수비는 국세에 우선한다.

② 세부서장은 대물변제의 예약에 의하여 권리이전 청구권의 보전을 위해 가등기된 재산을 압류할 때에는 그 사실을 가등기권리자에게 지체없이 통지하여야 한다.

③ 과세표준과 세액을 정부가 결정하여 납부고지한 경우 법정기일은 그 납부고지서의 수령일이다.

④ 양도담보재산에서 징수하는 국세의 법정기일은 납부고지서의 발송일이다.

04. 다음 중 국세기본법상 환급에 대한 설명으로 가장 옳지 않은 것은?

① 세무서장은 과오납금이 있거나 환급세액이 있을 때에는 즉시 과오납금 또는 환급세액을 국세환급금으로 결정해야 한다.

② 납세고지에 의해 납부하는 국세는 해당 납세자에게 국세환급금이 있는 경우에는 납세자의 의사와 상관없이 세무서장이 반드시 해당 국세에 먼저 충당하고, 남은 금액을 환급하여야 한다.

③ 국세환급금 중 충당한 후 남은 금액은 국세환급금의 결정을 한 날부터 30일 내에 환급청구권자에게 지급해야 한다.

④ 납세자가 상속세를 물납한 후 그 부과의 전부 또는 일부를 취소하거나 감액하는 결정에 따라 환급하는 경우에는 해당 물납재산으로 환급해야 한다. 이 경우 국세환급가산금은 지급하지 않는다.

05. 다음 중 국세기본법상 불복청구에 대한 설명으로 옳지 않은 것은?

① 「감사원법」에 따라 심사청구를 한 처분이나 그 심사청구에 대한 처분에 대해서는 국세기본법상 불복청구를 할 수 없다.

② 조세심판관이 심판청구일 전 최근 5년 이내에 불복의 대상이 되는 처분, 처분에 대한 이의신청 또는 그 기초가 되는 세무조사에 관여하였던 경우에는 심판관여로부터 제척된다.

③ 심사청구는 해당 처분이 있음을 안 날부터 90일 이내에 제기하여야 한다.

④ 지방국세청장의 조사에 따른 과세처분에 대해서 관할 세무서장에게 이의신청을 할 경우에는 효력이 없다.

06. 다음 중 국세기본법상 납세자의 권리에 대한 설명으로 옳지 않은 것은?

① 세무공무원은 세무조사를 시작할 때 조사원증을 납세자 또는 관련인에게 제시한 후 납세자권리헌장을 교부하고 그 요지를 직접 낭독해 주어야 하며, 조사사유, 조사기간, 납세자보호위원회에 대한 심의 요청사항, 절차 및 권리구제 절차 등을 설명해 주어야 한다.

② 세무공무원은 2개 이상의 과세기간과 관련하여 잘못이 있는 경우 같은 세목 및 같은 과세기간에 대하여 재조사를 할 수 있다.

③ 세무공무원은 세무조사 기간을 정할 경우에 조사대상 과세기간 중 연간 수입금액 또는 양도가액이 가장 큰 과세기간의 연간 수입금액 또는 양도가액이 100억원 미만인 납세자에 대한 세무조사 기간은 20일 이내로 한다.

④ 세무공무원이 세무조사 기간을 연장하는 경우에는 그 사유와 기간을 문서로 통지하여야 하나, 부득이한 경우 구두로 통지하여도 효력이 있다.

07. 다음 중 소득세법상 연금소득에 대한 설명으로 옳지 않은 것은?

① 공적연금을 연금외수령할 경우 퇴직소득으로 과세한다.

② 사적연금을 의료목적으로 인출할 경우 무조건 분리과세한다.

③ 사적연금수령액이 연 1,500만원 이하인 경우 종합과세와 분리과세 중 선택하여 과세한다.

④ 사적연금수령액이 연 1,500만원을 초과하는 경우 종합과세 결정세액과 분리과세 결정세액 중 큰 금액을 결정세액으로 한다.

08. 다음 중 소득세법상 과세되는 기타소득을 모두 고른 것은?

> ㄱ. 근로계약을 체결한 근로자가 퇴직 시 퇴직금 채무의 이행지체로 인해 수령하는 지연손해금
> ㄴ. 명예훼손을 입었음을 이유로 상대방으로부터 받은 배상금
> ㄷ. 퇴직 전에 부여받은 주식매수선택권을 퇴직 후에 행사함으로써 얻은 이익
> ㄹ. 문화재보호법에 따라 국가지정문화재로 지정된 서화·골동품의 양도로 발생하는 소득

① ㄱ, ㄴ   ② ㄱ, ㄷ   ③ ㄴ, ㄷ   ④ ㄷ, ㄹ

09. 다음 중 소득세법상 납세지에 대한 설명으로 옳지 않은 것은?

① 주소지가 2이상인 때에는 「주민등록법」에 의하여 등록된 곳을 납세지로 한다.

② 비거주자 甲이 국내에 두 곳의 사업장을 둔 경우, 주된 사업장을 판단하기가 곤란한 때에는 둘 중 하나를 선택하여 신고한 장소를 납세지로 한다.

③ 해외근무 등으로 국내에 주소가 없는 공무원 乙의 소득세 납세지는 그 가족의 생활근거지 또는 소속기관의 소재지로 한다.

④ 납세지의 변경신고를 하고자 하는 자는 납세지 변경신고서를 그 변경 전의 납세지 관할 세무서장에게 제출하여야 한다.

10. 다음 중 소득세법상 박세무씨의 기본공제 대상자에 해당하지 않는 사람은?

	관계	나이	소득관련자료
① 김세나	배우자	만32세	총 급여 500만원
② 이세미	배우자의 모	만65세	국내에서 원천징수 된 이자소득 1,000만원
③ 김세희	배우자의 자매	만17세	소득없음
④ 박세훈	거주자(본인)의 형제(장애인)	만31세	양도소득금액 150만원

11. 다음 중 소득세법상 세액공제에 대한 설명으로 옳지 않은 것은?

① 기장세액공제의 연 한도액은 100만원이다.

② 재해손실세액공제는 재해로 사업용 자산총액(토지는 제외)의 30% 이상에 해당하는 자산이 상실된 경우에 적용이 가능하다.

③ 전자세금계산서 발급 전송에 대한 세액공제는 직전 과세기간의 사업장별 총 수입금액이 3억원 미만인 경우 적용이 가능하다.

④ 자녀세액공제 중 첫째를 출산한 경우에는 30만원을 공제한다.

12. 다음 중 소득세법상 거주자의 퇴직소득에 대한 설명으로 옳지 않은 것은?

① 계속근로기간 중에 「근로자퇴직급여보장법」 시행령에 따른 퇴직금의 중간정산 사유로 퇴직급여를 미리 지급받은 경우에는 그 지급받은 날에 퇴직하는 것으로 본다.

② 원천징수의무자가 12월에 퇴직한 사람의 퇴직소득을 12월 31일까지 지급하지 아니한 경우에는 그 퇴직소득을 12월 31일에 지급한 것으로 보아 소득세를 원천징수한다.

③ 거주자의 퇴직소득이 퇴직일 현재 연금계좌에 있거나 연금계좌로 지급되는 경우에는 해당 퇴직소득에 대한 소득세를 연금외수령하기 전까지 원천징수하지 않는다.

④ 퇴직소득의 수입시기는 퇴직한 날로 하되, 「국민연금법」에 따른 일시금의 경우에는 소득을 지급받는 날로 한다.

13. 다음은 거주자 갑(금융업을 영위하지 않음)의 20x1년 이자소득 관련 자료이다. 소득세법상 과세되는 이자소득 합계액으로 옳은 것은? (단, 제시된 금액은 원천징수세액을 차감하기 전 금액이다.)

> (1) 채권의 매매차익(환매조건부 채권이 아님) : 5,000,000원
> (2) 2018년 6월 1일에 저축성 보험에 가입하여 20x1년 5월 1일에 보험금을 만기 환급받았으며, 그 내역은 다음과 같다.
> 　　① 보험금 : 12,000,000원
> 　　② 납입보험료 : 9,000,000원
> (3) 신용부금으로 인한 이익 : 5,000,000원
> (4) 개인종합자산관리계좌(조세특례제한법상 요건을 모두 갖춤)에서 받은 이자 : 1,000,000원

① 6,000,000원　　　② 7,000,000원　　　③ 8,000,000원　　　④ 9,000,000원

14. 다음 중 소득세법상 (간이)지급명세서의 제출기한에 대한 설명으로 가장 옳지 않은 것은?

① 일용근로자의 근로소득은 그 지급일이 속하는 달의 다음 달 말일까지 지급명세서를 제출하여야 한다.

② 원천징수대상 사업소득은 그 지급일이 속하는 달의 다음 달 말일까지 간이지급명세서를 제출하여야 한다.

③ 기타소득 중 종교인소득은 그 지급일이 속하는 과세기간의 다음 연도 2월 말일까지 지급명세서를 제출하여야 한다.

④ 승마투표권의 환급금에 해당하는 기타소득으로서 1건당 환급금이 200만원 미만인 경우 지급명세서를 제출하지 아니한다.

15. 다음 중 소득세법상 사업장 현황신고에 대한 설명으로 옳지 않은 것은?

① 소득세법에서는 면세사업자의 수입금액의 집계 및 소득자료 확보를 위해 면세사업자로 하여금 사업장 현황신고의무를 부여하고 있다.

② 과세사업과 면세사업을 겸영하고 있는 사업자가 부가가치세법에 따라 예정신고 및 확정신고를 한 경우 사업장 현황신고를 한 것으로 본다.

③ 부가가치세법상 면세사업자가 폐업한 경우 폐업일이 속하는 달의 다음 달 25일까지 사업장 현황신고를 하여야 한다.

④ 독립된 자격으로 보험가입자의 모집 및 이에 부수되는 용역을 제공하고 그 실적에 따라 모집수당을 받는 자는 사업장 현황신고를 하지 아니하여도 된다.

16. 다음 중 국세기본법상 소멸시효 중단 사유가 아닌 것을 고르시오.

> A. 세법에 따른 압류 · 매각의 유예기간
> B. 압류
> C. 교부청구
> D. 납부고지
> E. 독촉

17. 다음은 국세기본법상 과세전적부심사의 청구에 대한 설명이다. 괄호 안에 들어갈 기간을 쓰시오.

> (1) 세무서장 또는 지방국세청장은 일정한 사유에 해당하는 경우에는 미리 납세자에게 그 내용을 서면으로 통지(과세예고통지)하여야 한다.
> (2) 통지를 받은 자는 세무서장이나 지방국세청장에게 통지 내용의 적법성에 관한 심사(과세전적부심사)를 청구할 수 있다.
> (3) 과세전적부심사 청구를 받은 세무서장, 지방국세청장 또는 국세청장은 각각 국세심사위원회의 심사를 거쳐 결정을 하고 그 결과를 청구를 받은 날부터 (   ) 이내에 청구인에게 통지하여야 한다.

18. 거주자 김국세씨는 다음의 자료와 같이 사무실을 임대하고 있다. 김국세씨가 20x1년에 대한 종합소득세 신고 시 가산할 사업소득 총수입금액을 계산하시오.

> • 월 임대료 : 1,000,000원
> • 임대보증금 : 100,000,000원
> • 임대기간 : 20x0.1.1.~20x1.12.31.
> • 임대자산 취득내역 : 2021.1.1.에 건물(50,000,000원)과 부수토지(20,000,000원)를 함께 취득하였다.
> • 임대보증금은 정기예금에 입금하여 20x1년에 이자수익 1,000,000원이 발생하였다.
> • 기획재정부령으로 정하는 정기예금이자율은 2.9%로 가정한다.
> • 1년은 365일로 가정한다.

19. 다음은 20x1년(20x1.1.1.~20x1.12.31.) ㈜국세에서 영업사원으로 계속 근무 중인 김근로씨의 20x1년 급여내역이다. 김근로씨의 20x1년 소득세법상 총급여액을 계산하시오.

> * 월급여액 : 4,000,000원
> * 상여(1회 수령함) : 월급여액의 300%
> * 연월차수당 : 5,000,000원
> * 6세 이하 자녀 2인에 대한 자녀보육수당 : 월 300,000원
> * 가족수당 : 2,000,000원
> * 자녀학자금 : 1,000,000원
> * 식사대 : 월 250,000원(구내식당에서 식사 또는 기타 음식물을 제공받고 있음)
> * 자가운전보조금 : 월 250,000원(본인 명의로 임차한 차량이며 기타 비과세 요건을 충족함)
> * 20x0년 근로제공에 따라 ㈜국세로부터 법인세법상 상여로 처분된 금액 : 2,000,000원

20. 다음 자료는 거주자 김거주씨의 20x1년 금융소득과 관련된 자료이다. 김거주씨의 20x1년 종합과세대상 배당소득금액을 계산하시오.

> ① 국외에서 받은 이자 : 10,000,000원(원천징수되지 않음)
> ② 국외에서 받은 금전배당 : 8,000,000원
> ③ 주식배당(국내에서 법인세가 과세된 소득을 재원으로 하는 배당소득임)
> * 상장법인 주식배당 : 10,000,000원
> * 비상장법인 주식배당 : 5,000,000원
> ④ 배당가산율은 10%로 가정한다.

21. 거주자 갑(성실신고 대상자 아님)이 20x1년 귀속 소득세를 납부하지 않음에 따라 관할 세무서장은 갑의 주택을 20x3년 9월 1일에 압류하여 20x4년 3월 14일에 매각하였다. 주택의 매각 대금은 150,000,000원이다. 소득세와 그에 대한 가산금보다 우선 징수하는 채권 및 소득세와 그에 대한 가산금으로 징수할 수 있는 금액을 계산하여 아래의 [답안양식]에 작성하시오. [10점]

> 1. 소득세와 그에 대한 가산금 : 90,000,000원(갑의 소득세 신고일 : 20x2년 5월 10일)
> 2. 강제징수비 : 7,000,000원
> 3. 당해 주택에 설정된 저당권에 담보되는 채권 : 30,000,000원(저당권 설정일 : 20x2년 5월 25일)
> 4. 당해 주택에 대한 임차보증금 : 50,000,000원(이 중 「주택임대차보호법」에 의한 우선 변제금액은 20,000,000원이며, 세입자는 20x2년 5월 29일에 확정일자를 받았다.)
> 5. 갑이 운영하는 기업체의 종업원의 임금채권 : 50,000,000원(이 중 「근로기준법」에 의한 우선 변제금액은 40,000,000원이다.)

[답안 양식]

우선징수하는 채권	금액
소득세와 그에 대한 가산금	

22. 다음의 자료를 이용하여 20x1년 김양도씨의 아파트 양도에 대한 아래의 [답안양식]을 작성하시오. [10점]

> • 양도가액 : 15억원
> • 취득가액 및 필요경비 : 10억원
> • 보유 및 거주기간 : 20년
> • 위 주택은 등기된 주택(1세대 1주택 비과세 요건충족)으로, 20x1년 해당 주택 외의 양도 건은 없다.
> • 김양도씨의 거주세대원 중 위의 양도한 주택 외에 다른 주택을 보유한 사실이 없다.

제112회 세무회계1급 답안 및 해설

세법1부 – 법인세법(조세특례제한법 포함)·부가가치세법

1	2	3	4	5	6	7	8	9	10	11	12	13	14	15
④	①	③	②	④	②	②	④	③	③	④	③	③	②	③

16	8,000,000원	17	48,000,000원	18	6,200,000원
19	15일	20	6,500,000원	21/22	별도 표기

01. 고유목적사업준비금을 **손금에 산입한 사업연도의 종료일 이후 5년이 되는 날까지 고유목적사업 등에 사용**하여야 한다.

02. ② **배당은 원칙적으로 익금 항목**이며, 배당금액 중 일정한 금액을 익금불산입한다.

③ 액면가액이 아니라 **시가를 초과하여 발행된 금액을 익금에 산입**한다.

④ 부당행위계산 부인이 적용되어 유가증권을 감액하고 특수관계인에게 소득처분 한다.

03. **합병대가<주식취득가액 이므로 주주가 손해를 본 상황**이므로, 세법상 경제적 이익이 발생하지 않았으므로 의제배당으로 보지 않는다.

04. 업무용승용차 관련비용 등의 손금불산입 특례

(1) 감가상각비 시부인 : 손금산입 4,500,000원(△유보)

· 회사상각액 = 18,000,000원

· 상각범위액 = 취득가액(150,000,000)÷5년×9/12 = 22,500,000원

· 시부인액 = 상각범위액(22,500,000) - 회사상각액(18,000,000) = 4,500,000원(손금)

☞ 업무용승용차 감가상각비는 상각범위액만큼을 손금에 산입해야 한다(강제상각제도).

(2) 업무 외 사용금액 : 손금불산입 5,500,000원(상여)

· 업무용승용차 비용 = 감가상각비(22,500,000)+유류비등(5,000,000) = 27,500,000원

· 업무 외 사용금액 = 업무용승용차 관련 비용(27,500.000)×[1 - 업무사용비율(80%)]

= 5,500,000원

05. ① 내국법인의 각 사업연도의 손금의 귀속 사업연도는 그 **손금이 확정된 날이 속하는 사업연도**로 한다.

② 내국법인이 매출할인을 하는 경우 **매출할인금액은 상대방과의 약정에 의한 지급기일(그 지급기일이 정하여 있지 아니한 경우에는 지급한 날)**이 속하는 사업연도의 매출액에서 차감한다.

③ 법인이 결산을 확정할 때 이미 경과한 기간에 대응하는 이자 및 할인액(차입일부터 이자지급일까지 1년을 초과하는 특수관계인과의 거래에 따른 이자 및 할인액은 제외한다)은 **해당 사업연도의 손비로 계상할 수 있다.**

06. **불특정 다수에게 지출한 금액은 기업업무추진비가 아닌 광고선전비**이다.

07. ① 합병법인이 **합병등기일에 가지고 있는 퇴직급여충당금을 승계받는 금액**으로 본다.

③ '퇴직급여로 지급되어야 할 금액의 추계액'이라 함은 **정관 기타 퇴직급여지급에 관한 규정에 의하여 계산한 금액**을 말한다. 다만, 퇴직급여지급에 관한 규정 등이 없는 법인의 경우에는 「근로자퇴직급여 보장법」이 정하는 바에 따라 계산한 금액으로 한다.

④ 임원의 경우 **3개월 이상의 질병 치료 또는 요양을 필요로 하는 경우 현실적인 퇴직**으로 본다.

08. 수시부과를 하는 경우에도 각 사업연도의 소득에 대하여 신고를 하여야 한다.

09. 건설업의 부가가치세법상 사업장은 **법인인 경우 법인의 등기부상 소재지, 개인인 경우 사업에 관한 업무를 총괄하는 장소**이다.

10. 사업장이 둘 이상인 사업자가 **사업자단위과세사업자**로 적용을 받는 과세기간에 자기의 사업과 관련하여 취득한 **재화를 판매할 목적으로 자기의 다른 사업장으로 반출하는 경우에는 재화의 공급으로 보지 않는다.**

11. 면세의 포기를 신고한 사업자가 포기기간(3년)이 지난 뒤 다시 **면세적용신고서를 제출하지 아니하면 계속하여 면세를 포기한 것으로 본다.**

12. 〈재고납부세액〉

(1) 상품 = 매입세액(2,300,000 × 10/100) × (1 - 5.5%) = 217,350원

(2) 제품 = 매입세액(5,700,000 × 10/100) × (1 - 5.5%) = 538,650원

∴ 재고납부세액 : 756,000원

13. 내국신용장에 의한 거래는 국내 거래라도 영세율이 적용된다.

14. 〈과세사업과 면세사업등에 공통으로 사용된 재화의 공급가액 계산〉

공급가액 = 해당 재화의 공급가액(10,000,000) × 직진과세기간의 과세공급가액(70,000,000)

÷ 직전 과세기간의 총공급가액(100,000,000) = 7,000,000원

15. 신용카드매출전표등 수령명세서에 공급가액을 과다하게 적은 경우 과다하게 적은 공급가액의 0.5%를 납부세액에 더하거나 환급세액에서 뺀다.

16. 〈재고자산의 평가〉

	계산근거	세법상 평가액
제품	임의변경에 해당함. MAX[①선입선출법(5,000,000), ②총평균법(4,000,000)] ☞ 평가방법을 10월 31일에 신고하였기 때문에 임의변경에 해당함.	5,000,000
재공품	무신고시 선입선출법(3,000,000)으로 평가	3,000,000
계		**8,000,000**

17. 〈감가상각비한도 - 무신고 - 정률법〉

• 즉시상각의제 검토 수선비

수선비(10,000,000) ÷ 전기 장부가액(200,000,000 - 50,000,000) = 6.67% ≥ 5%이고,

6백만원 이상이므로 즉시상각의제에 해당함.

• 세법상 한도 = [취득가액(200,000,000) - 누계액(50,000,000) + 즉시상각(10,000,000)]

× 정률법 상각율(0.3) = 48,000,000원

18. 〈수입배당금액의 익금불산입〉

법인	지분율	배당금액(원)	익금불산입율	익금불산액
A	40%	4,000,000	80%	3,200,000
B	15%	10,000,000	30%	3,000,000
계				**6,200,000**

☞ A법인의 경우 지분율 10%에 해당하는 배당금(8.01)은 배당기준일(9.30) 현재 3개월 미만 보유 주식에 대한 배당금이므로 수입배당금 익금불산입 대상 배당금에서 제외한다.

19. 조기환급에 해당하는 경우에는 **15일 이내에 환급**하여야 한다.

20. ・직전 과세기간인 20x0년 제2기 과세기간의 공급가액이 9천만원이므로 직전 과세기간의 공급가액 합계액이 **1억 5천만원 미만인 소규모법인사업자에 해당하고 x1년 1기 예정고지세액은 x0년 2기 차가감 납부할세액(5,000,000)의 50%인 2,500,000원**이 된다.

・20x1년 제1기 확정신고 시의 차가감 납부할세액 = 매출세액(6,000.000 + 7,000,000) – 매입세액(2,000,000 + 2,000,000) – 1기 예정고지세액(2,500,000) = 6,500,000원

21. 1. 세무조정 (각 2점)

〈손 금 산 입〉전기이월 대손충당금 한도초과액　　　　　　　7,000,000원 (유보)

〈손금불산입〉부도발생일 이후에 발생한 외상매출금 대손처리금액　6,000,000원 (유보)

　　※ 부도발생일(3.10) 이후에 발생한 외상매출금을 대손처리(3.20)한 경우, 대손사유를 충족하지 못하였으므로 손금불산입하고 유보로 처분한 후 대손충당금 한도액 계산 시 설정대상채권가액에 가산한다.

2. 한도초과액 세무조정 (6점)

대손충당금

대손	25,000,000	기　　초	15,000,000
	(부인액 : 6,000,000)		(유보 7,000,000)
	(시인액 : 19,000,000)		
기말잔액	**30,000,000**	설　　정	40,000,000

・당기 세무상 대손액 = 상계액(25,000,000) – 외상배출금(6,000,000) = 19,000,000원

・전기말 세무상 대손충당금 설정대상채권 잔액

　= 장부상(800,000,000) – 채권・채무상계(40,000,000) = 760,000,000원

・대손실적률 = 당기대손금(19,000,000) ÷ 전기말 세무상 채권 잔액(760,000,000) = 2.5%

・당기 대손률 = Max[1%, 실적율(2.5%)] = 2.5%

・당기말 세무상 대손충당금 설정대상채권 잔액 = 장부상 채권잔액(1,000,000,000) + 대손부인채권(6,000,000) – 배서양도어음(10,000,000) – 업무무관가지급금(30,000,000) = 966,000,000원

∴ 당기 대손충당금 한도액 = 세무상 채권잔액(966,000,000) × 대손률(2.5%) = 24,150,000원(4점)

・한도초과 = 설정액(30,000,000) – 한도(24,150,000) = 5,850,000원

∴ 〈손금불산입〉대손충당금 한도초과액　　　　　5,850,000원 (유 보) (2점)

22.

순번	구분	답
1	과세표준 = 신용카드(7,000,000) + 현금영수증(8,000,000) + 마일리지결제(1,000,000)	16,000,000원
2	납부세액 = 과세표준(16,000,000) × 부가가치율(15%) × 세율(10%)	240,000원
3	매입세금계산서 수취세액공제 = 공급대가(5,500,000) × 0.5%	27,500원
4	신용카드 매출전표 등 발행세액공제 = [신용카드(7,000,000) + 현금영수증(8,000,000)] × 1.3%	195,000원
5	전자신고세액공제	5,000원(개정세법 26)

세법2부 – 국세기본법 · 소득세법(조세특례제한법 포함)

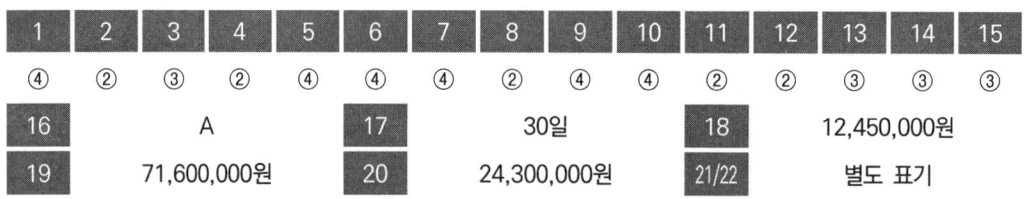

1	2	3	4	5	6	7	8	9	10	11	12	13	14	15
④	②	③	②	④	④	④	②	④	④	②	②	③	③	③

16	A	17	30일	18	12,450,000원
19	71,600,000원	20	24,300,000원	21/22	별도 표기

01. 종합부동산세는 **부과과세제도를 채택하고 있으므로 정부의 부과결정 시 확정**되나, 종합부동산세의 과세표준과 세액을 **신고하는 경우에는 신고하는 때에** 납세의무가 확정된다.

02. ① 과점주주 또는 무한책임사원에 대한 법인의 제2차 납세의무 한도를 계산하는 경우 법인의 자산총액과 부채총액의 평가는 해당 **국세(해당 국세가 둘 이상이면 납부기한이 뒤에 도래한 국세)의 납부기간 종료일 현재의 시가**로 한다.

③ 법인이 해산하여 청산하는 경우 그 법인에 부과된 세금을 다 내지 아니하고 해산에 의한 잔여재산을 분배하였을 때에 해당 법인의 납세의무를 2차적으로 부담하는 자는 **잔여재산의 분배업무를 처리한 청산인과 그 잔여재산을 가져간 출자자**이다.

④ 사업양수인은 사업에 관한 국세가 아닌 **양도소득세에 대해서는 제2차 납세의무를 지지 않는다.**

03. 정부가 결정하여 **납부 고지한 경우 법정기일은 그 납부고지서의 발송일**이다.

04. 체납국세와 강제징수비, 납기전징수의 경우에만 납세자의 의사와 관계없이 세무서장이 반드시 충당한다.

05. 관할 지방국세청장에게 이의신청을 해야 할 사유에 대해 **관할 세무서장에게 이의신청을 한 경우 관할 지방국세청장에게 한 것**으로 본다.

06. 조사기간의 연장은 납세자에게 문서로 통지하여야 한다.

07. 사적연금수령액이 **연 1,500만원을 초과하는 경우 종합과세 결정세액과 분리과세(15%) 결정세액 중 선택**할 수 있다.

08. • ㄱ(계약의 위약 또는 해약으로 인하여 받는 위약금과 배상금), ㄷ : 기타소득

   • ㄴ(정신적 피해로 인한 손해배상금) : 열거되지 않은 소득

   • ㄹ : 비과세 기타소득

09. 납세지의 변경신고를 하고자 하는 자는 납세지 변경신고서를 그 **변경 후의 납세지 관할 세무서장에게 제출**하여야 한다.

10. 장애인의 경우 나이요건은 적용하지 않으나 소득요건(소득금액 100만원 이하)을 충족하여야 하며 **양도소득금액이 100만원을 초과하므로 기본공제대상자에 해당하지 않는다.**

11. 재해손실세액공제는 재해로 **사업용 자산총액(토지는 제외)의 20% 이상이 상실되었을 경우**에 적용이 가능하다.

12. 원천징수의무자가 **12월에 퇴직한 사람의 퇴직소득을 다음 연도 2월 말일까지 지급하지 아니한 경우**에는 그 퇴직소득을 **다음 연도 2월 말일에 지급한 것**으로 보아 소득세를 원천징수한다.

13. 이자소득금액 = 저축성 보험차익(3,000,000) + 신용부금(5,000,000) = 8,000,000원

1. 채권의 매매차익	비과세	
2. 저축성 보험차익(10년 이내)	이자소득	보험금(12,000,000) – 납입보험료(9,000,000) = 3,000,000원
3. 신용부금 이익	이자소득	5,000,000원
4. 개인종합자산관리계좌	비과세	

14. 기타소득 중 종교인소득은 그 지급일이 속하는 과세기간의 **다음 연도 3월 10일까지 지급명세서**를 제출하여야 한다.

15. 폐업한 경우라 하더라도 **사업장 현황신고의 신고기한은 해당 과세기간의 다음 연도 2월 10일**까지이다.

16. 국세징수권의 소멸시효는 **납부고지, 독촉, 교부청구, 압류의 사유로 중단**된다.

17. 과세전적부심사 청구를 받은 세무서장, 지방국세청장 또는 국세청장은 각각 국세심사위원회의 심사를 거쳐 결정을 하고 그 결과를 **청구를 받은 날부터 30일 이내에 청구인에게 통지**하여야 한다.

18. 연간 임대료 = 월임대료(1,000,000) × 12개월 = 12,000,000원

   간주임대료 = [보증금(100,000,000) - 건설비(50,000,000)] × 정기예금이자율(2.9%)

   　　　　　 - 금융수익(1,000,000) = 450,000원

   ∴ 사업소득 총수입금액 = 연간 임대료(12,000,000) + 간주임대료(450,000) = 12,450,000원

19.

항　목	근로소득해당액	비과세	총급여액
1. 월급여액(4,000,000×12)	48,000,000	–	48,000,000
2. 상여금(4,000,000×300%)	12,000,000	–	12,000,000
3. 연월차수당	5,000,000	–	5,000,000
4. 보육수당	3,600,000	3,600,000	–
5. 가족수당	2,000,000	–	2,000,000
6. 자녀학자금	1,000,000	–	1,000,000
7. 식대(250,000×12)	3,000,000	–	3,000,000
8. 자가운전보조금(250,000×12)	3,000,000	2,400,000	600,000
9. 상여처분금액(전년도)	전년도 근로소득	–	–
합　계	77,600,000	6,000,000	71,600,000

☞ 보육수당 인당 20만원/월(개정세법 26), 자가운전보조금 20만원/월 비과세하고, 현물식사 제공시 식대는 과세이다.

20. 〈금융소득의 과세방법분류〉

1. 국외에서 받은 이자(원천징수되지 않음)	무조건종합과세	10,000,000
2. 국외에서 받은 금전배당	무조건종합과세	8,000,000
3. 상장법인 주식배당	조건부종합과세	10,000,000
4. 비상장법인 주식배당	조건부종합과세	5,000,000
합계		33,000,000

〈14%세율 및 기본세율 적용순서〉

원천징수세율(14%) 적용순서		-2,000만원-	
① **이자소득금액**	– 14%	–국외 이자	10,000,000
② Gross-up제외 배당소득총수입금액		–**국외에서 받은 금전배당금**	**8,000,000**
		– **주권 상장법인 배당금**	**2,000,000**
③ Gross-up대상 배당소득총수입금액	–**기본세율**	–**주권상장법인 배당금**	**8,000,000**
		–**비상장법인 배당금**	**5,000,000**

∴ 종합소득에 합산할 배당소득금액 = 10,000,000원 + 13,000,000원 × 110% = 24,300,000원

21.

우선징수하는 채권	금액	비고
1. 강제징수비 (2점)	7,000,000원	
2. 우선변제 임차보증금 (2점)	20,000,000원	
3. 우선변제 임금채권 (2점)	40,000,000원	
4. 소득세와 그에 대한 가산금 (4점)	**83,000,000원**	20x2.05.10(소득세 신고일)

• 소득세와 그에 대한 가산금 = 매각대금(150,000,000) – 강제징수비(7,000,000)
　 – 우선변제 임차보증금(20,000,000) – 우선변제 임금채권(40,000,000) = 83,000,000원

22. 1세대 1주택에 해당하는 고가주택 등의 양도차익은 12억원 초과액에 대하여 양도차익을 계산한다.

$$\text{고가주택 등의 양도차익(1세대 1주택)} = \text{양도차익(5억)} \times \frac{\text{양도가액(15억)} - 12\text{억}}{\text{양도가액(15억)}} = 1\text{억}$$

구분	금액	비고
(1) 양도차익 (3점)	100,000,000	
(2) 장기보유특별공제 (3점)	80,000,000	1세대 1주택의 경우 10년 이상 보유 및 거주 시 장기보유특별공제율은 80% (보유기간 공제율 40%+거주기간 공제율 40%)
(3) 양도소득금액	20,000,000	
(4) 양도소득기본공제 (2점)	2,500,000	그룹별로 연 250만원(미등기 양도자산은 적용배제)
(5) 양도소득과세표준 (2점)	17,500,000	

제111회 세무회계1급

합격율	시험년월
56%	2024.6

세법1부 법인세법(조세특례제한법 포함) · 부가가치세법

객관식 : 문항당 4점

01. 다음 중 법인세법상 납세의무에 대한 설명으로 옳지 않은 것은?

① 내국법인 중 영리법인이 「상법」의 규정에 따라 조직 변경하는 경우 청산소득에 대한 법인세를 과세하지 아니한다.

② 내국법인 중 비영리법인이 토지, 건물 등을 양도한 경우 토지등 양도소득에 대한 법인세를 과세하지 아니한다.

③ 내국법인 중 국가와 지방자치단체는 그 소득에 대한 법인세를 납부할 의무가 없다.

④ 연결법인은 각 연결사업연도의 소득에 대한 법인세를 연대하여 납부할 의무가 있다.

02. 다음 중 법인세법상 자산과 부채의 평가 방법에 대한 설명으로 가장 옳지 않은 것은?

① 재고자산의 평가 방법을 저가법으로 신고하는 경우에는 시가와 비교되는 원가법을 함께 신고하여야 하는데 이 경우 개별법과 선입선출법 중 선택해야 한다.

② 법인이 기한 내에 재고자산(매매목적으로 소유한 부동산 제외)의 평가 방법을 신고하지 않는 경우에는 선입선출법으로 평가한다.

③ 일반 법인이 유가증권 평가 방법을 신고하지 않은 경우에는 총평균법을 적용한다.

④ 개별법은 재고자산의 개별적 취득가액에 따라 산출한 금액을 그 자산의 평가액으로 하는 방법이다.

03. 다음은 ㈜조세의 제20기(20x4.1.1.~20x4.12.31.)에 지급되어서 손익계산서상 비용으로 계상된 김국세씨의 인건비에 관한 자료이다. 이 중 법인세법상 손금불산입되는 금액을 계산하면 얼마인가?

> • 김국세씨는 ㈜조세에서 퇴직할 때까지 ㈜조세의 주주이자 임원이었다.
> • 근무기간은 20x0년 6월 12일부터 20x4년 12월 31일까지이며, 당기말 현실적으로 퇴직하였다.
> • 퇴직급여로 80,000,000원이 지급되었는데, ㈜조세는 임원퇴직금에 대한 규정이 없고, 퇴직급여충당금을 설정하지 않고 있다.
> • 퇴직 직전 1년간 김국세씨에게 지급된 총급여는 100,000,000원이었고, 이 중 비과세소득에 해당되는 금액 10,000,000원이 포함되어 있다.
> • 당기에 김국세씨에게 지급된 상여는 40,000,000원이었으며, 정관규정상 임원 상여금의 한도액은 퇴직 직전 1년간 지급된 총급여(비과세 급여 제외)의 30%이다.

① 26,000,000원   ② 32,000,000원

③ 36,000,000원   ④ 40,350,000원

04. 다음 중 법인세법상 기업업무추진비에 관한 설명으로 옳지 않은 것은?

① 주주 또는 출자자나 임원 또는 직원이 부담하여야 할 성질의 기업업무추진비를 법인이 지출한 것은 기업업무추진비로 보지 않는다.

② 법인이 그 직원이 조직한 조합 또는 단체에 복리시설비를 지출한 경우 해당 조합이나 단체가 법인인 때에는 이를 기업업무추진비로 보며, 해당 조합이나 단체가 법인이 아닌 때에는 그 법인의 경리의 일부로 본다.

③ 내국법인이 한 차례의 접대에 지출한 기업업무추진비 중 3만원(경조금은 20만원)을 초과하는 기업업무추진비로서 증명서류를 수취하지 않은 것은 전액 손금불산입하고 소득 귀속자에 관계없이 기타사외유출로 처분한다.

④ 법인이 기업업무추진비를 금전 외의 자산으로 제공한 경우 해당 자산의 가액은 제공한 때의 장부가액과 시가 중 큰 금액으로 산정한다.

05. 다음 중 법인세법상 기부금의 세무조정 및 소득처분에 대한 설명으로 옳지 않은 것은?

① 국가나 지방자치단체에 무상으로 기부하는 물품의 경우 기부물품의 장부가액으로 평가하여 계산한다.

② 법인이 기부금의 지출을 위하여 어음을 발행한 경우에는 그 어음이 실제로 결제된 날에 지출한 것으로 본다.

③ 법인이 기부금을 가지급금 등으로 이연 계상한 경우에는 이를 그 지출한 사업연도의 기부금으로 하지 않고, 그 후의 사업연도에는 이를 기부금으로 본다.

④ 기부금 한도액을 초과하여 손금에 산입하지 아니한 법인의 특례 및 일반기부금은 해당 사업연도의 다음 사업연도 개시일부터 10년 이내에 끝나는 각 사업연도로 이월하여 그 이월된 사업연도의 소득금액을 계산할 때 기부금 각각의 손금산입 한도액의 범위에서 손금에 산입한다.

06. 다음 중 법인세법상 부당행위계산 부인 및 특수관계인 범위에 관한 설명으로 옳지 않은 것은?

① 비영리 내국법인에 대해서도 부당행위계산의 부인 규정을 적용할 수 있다.

② 금전을 대여한 경우에는 가중평균차입이자율을 시가로 하되, 가중평균차입이자율의 적용이 불가능한 일정한 사유가 있는 경우에는 당좌대출이자율을 시가로 하고, 해당 법인이 법인세 신고와 함께 당좌대출이자율을 시가로 선택하는 경우에는 당좌대출이자율을 시가로 하여 선택한 사업연도와 이후 2개 사업연도는 당좌대출이자율을 시가로 한다.

③ 당해 법인에 100분의 30이상을 출자하고 있는 법인에 100분의 30이상을 출자하고 있는 법인이나 개인은 당해 법인의 특수관계인에 해당한다.

④ 법인이 소유한 사택을 비출자 임원 및 직원에게 무상으로 제공하는 경우 부당행위계산의 부인규정을 적용한다.

07. 다음 자료는 제조업을 영위하는 내국법인 ㈜세무의 제24기(20x1.1.1.~20x1.12.31.)의 자료이다. 당기 세부담 최소화를 가정하여 법인세법상 각 사업연도 소득금액을 계산하면 얼마인가?

> • 결산서상 당기순이익은 8,000,000원이다.
> • 당기 말에 외상으로 판매한 매출액 10,000,000원과 매출원가 7,000,000원이 결산서에 누락되었다.
> • 은행으로부터 받은 이자수익 500,000원이 결산서에 계상되어 있다.
> • 결산 시 원천징수 대상 이자에 대한 미수이자 400,000원을 발생주의에 의하여 수익으로 계상하였다.
> • 결산서에 계상된 기부금 5,000,000원은 전액 국방헌금으로 지출한 것이다. 당기 세무상 특례기부금 한도액은 6,000,000원이고, 일반기부금 한도액은 3,000,000원이며, 전기로부터 이월된 일반기부금 한도초과액 2,000,000원이 있다.
> • 압축기장충당금 4,000,000원을 설정할 수 있지만 손익계산서에 반영하지 않았다.

① 4,600,000원 ② 8,600,000원 ③ 10,600,000원 ④ 11,000,000원

08. 다음 중 법인세법상 세액공제 대한 설명으로 가장 옳지 않은 것은?

① 재해손실 세액공제는 이월공제가 가능지만, 사실과 다른 회계처리로 인한 경정에 따른 세액공제는 이월공제가 불가능하다.

② 재해손실 세액공제는 상실된 자산의 가액을 한도로 하며, 이 경우 자산의 가액에는 토지의 가액은 포함하지 아니한다.

③ 외국납부세액공제의 취지는 국제적 이중과세 조정이다.

④ 재해손실에 대한 세액공제를 받으려는 내국법인은 납세지 관할 세무서장에게 신청하여야 한다.

09. 다음 중 부가가치세법상 사업자등록에 대한 설명으로 가장 옳지 않은 것은?

① 사업자가 사업자등록을 하지 않는 경우에는 사업장 관할 세무서장이 조사하여 등록할 수 있다.

② 사업자는 사업장마다 사업개시일로부터 20일 이내에 사업장 관할 세무서장에게 사업자등록을 신청하여야 한다. 다만, 신규로 사업을 시작하려는 자는 사업개시일 이전이라도 사업자등록을 신청할 수 있다.

③ 사업자등록 신청을 사업장 관할 세무서장이 아닌 다른 세무서장에게 할 경우에는 신청하지 않은 것으로 본다.

④ 사업자 등록신청을 하고 사실상 사업을 시작하지 아니하게 되는 경우에는 사업장 관할 세무서장은 지체없이 사업자등록을 말소하여야 한다.

10. 다음 중 부가가치세법상 과세표준에 관한 설명으로 옳지 않은 것은?

　① 사업자가 법령에 따른 특수관계인에게 대가를 받지 않고 과세되는 사업용 부동산임대용역을 공급하는 경우 공급가액에 포함되지 아니한다.

　② 완성도기준지급조건부로 용역을 공급하는 경우 계약에 따라 받기로 한 대가의 각 부분을 과세표준으로 한다.

　③ 위탁가공무역 방식으로 수출하는 경우 완성된 제품의 인도가액을 과세표준으로 한다.

　④ 재화의 공급과 직접 관련된 국고보조금과 공공보조금은 과세표준에 포함된다.

11. 다음 중 부가가치세법상 면세와 영세율에 대한 설명으로 옳지 않은 것은?

　① 부가가치세가 면제되는 경우에 영세율을 적용받기 위하여 부가가치세의 면제를 포기할 수 있으며, 이 경우에는 과세관청의 승인을 필요로 하지 않고 포기신고만 하면 된다.

　② 사업자가 외국법인인 경우에는 그 외국에서 우리나라의 내국법인에게 동일한 면세를 하는 경우에 한하여 영세율을 적용하지만, 사업자가 비거주자인 경우에는 영세율을 적용하지 않는다.

　③ 영세율이 적용되는 경우에는 이전 단계까지 과세된 부가가치세를 환급해 주는 반면에 면세의 경우에는 이전 단계까지 과세된 부가가치세를 환급해 주지 않는다.

　④ 영세율 적용대상자는 과세 사업자로서 부가가치세법의 제반 의무를 이행하는 반면에 면세 사업자는 이러한 의무를 이행하지 않는 것이 원칙이다.

12. 다음 중 부가가치세법상 세금계산서 관련 가산세율로 옳지 않은 것은?

　① 전자세금계산서 의무발급대상자가 종이세금계산서를 발급한 경우 : 1%

　② 가공세금계산서를 발급한 경우 : 2%

　③ 세금계산서 발급기한 경과 후 해당 과세기간 확정신고기간 내 발급한 경우 : 1%

　④ 세금계산서를 확정신고기한까지 발급하지 않은 경우 : 2%

13. 다음 중 부가가치세법상 주사업장총괄납부제도와 사업자단위과세제도에 대한 설명으로 가장 옳지 않은 것은?

① 계속사업자의 경우 각각의 제도를 적용받고자 하는 과세기간 개시 20일 전까지 신청하여야 한다.

② 주사업장총괄납부제도는 납부와 환급을 주사업장에서 총괄하며 사업자단위과세제도는 부가가치세법에 따른 모든 의무를 사업자 단위로 총괄한다.

③ 두 제도 모두 법인의 경우 본점 또는 지점을 주사업장으로 신청할 수 있다.

④ 두 제도 모두 판매목적으로 다른 사업장에 반출한 재화에 대하여 세금계산서를 발행하지 않은 경우 재화의 공급으로 보지 않는다.

14. 다음 중 부가가치세법상 대손세액공제에 대한 설명으로 옳지 않은 것은?

① 대손세액은 부가가치세가 포함된 대손금액에 110분의 10을 곱해서 계산한다.

② 대손세액공제를 받고자 하는 사업자는 부가가치세신고를 할 때 부가가치세 확정신고서에 대손세액공제신고서와 대손사실을 증명하는 서류를 첨부하여 관할세무서장에게 제출하여야 한다.

③ 대손세액공제는 재화의 공급일로부터 10년이 지난 날이 속하는 과세기간에 대한 확정신고기한까지 대손세액공제 요건이 확정된 대손액에 한한다.

④ 대손세액공제를 받은 사업자가 대손금액의 전부 또는 일부를 회수한 경우에는 회수한 대손금액과 관련된 대손세액을 대손세액공제를 받은 날이 속하는 과세기간의 매출세액에 더한다.

15. 다음 중 부가가치세법상 간이과세자에 대한 설명으로 옳지 않은 것은?

① 부동산매매업을 영위하는 사업자는 간이과세자 적용을 받지 아니한다.

② 간이과세자의 해당 과세기간에 대한 공급대가의 합계액이 4,800만원 미만인 경우 부가가치세 납부의무를 면제한다(단, 재고납부세액은 그러하지 아니하다).

③ 음식점업을 영위하는 간이과세자의 경우 의제매입세액공제 시 108분의 8을 적용한다.

④ 간이과세자가 다른 사업자로부터 세금계산서 등을 발급받아 매입처별 세금계산서합계표를 제출하는 경우에는 발급받은 재화와 용역의 공급대가에 0.5퍼센트를 곱한 금액을 납부세액에서 공제한다.

※ 반드시 OMR 카드 앞면의 주관식 답안란에 답안을 작성하시오(연필 또는 컴퓨터용 사인펜 사용 금지).

16. 다음은 내국법인 ㈜서울의 제11기 사업연도(20x1.1.1.~20x1.12.31.)의 업무 관련 자산 및 비용에 관한 세금과공과금 자료이다. 세무조정 시 기타사외유출로 처분하여야 할 금액은 얼마인가?

> 가. 종합부동산세 납부액 : 12,000,000원
> 나. 신주발행에 따른 등록면허세 : 5,000,000원
> 다. 국유지사용료의 납부지연에 따른 연체료 : 1,000,000원
> 라. 사계약상의 의무불이행으로 인하여 부담하는 지체상금(구상권 행사 불가능) : 2,200,000원

17. 다음은 제조업을 영위하는 중소기업인 내국법인 ㈜경기의 제17기 사업연도(20x1.1.1.~20x1.12.31.)의 지급이자 관련 자료이다. 지급이자 관련 세무조정을 하시오(단, 적수 계산 시 365일로 적용한다).

> • 다음은 ㈜경기가 장부상 계상한 이자비용 내역이다.
>
> | 구분 | 이자비용 | 이자율 | 차입금적수 |
> |---|---|---|---|
> | 운영자금에 대한 이자A | 5,000,000원 | 5% | 36,500,000,000원 |
> | 운영자금에 대한 이자B | 12,000,000원 | 4% | 109,500,000,000원 |
>
> • ㈜경기가 특수관계자인 개인에게 대여한 자금에 대한 내역은 다음과 같다.
>
> | 날짜 | 대여 | 회수 | 잔액 |
> |---|---|---|---|
> | 전기이월분 | 20,000,000원 | | 20,000,000원 |
> | 20x1.7.1. | | 10,000,000원 | 10,000,000원 |

18. 다음은 제조업을 주업으로 하는 내국법인 ㈜부산(중소기업 아님)의 제24기 사업연도(20x1.1.1.~20x1.12.31.) 법인세 신고 납부 관련 자료이다. 다음 빈칸에 들어갈 금액은 얼마인가?

> ㈜부산의 자진납부할 세액이 26,000,000원(가산세 2,000,000원 포함)으로 산출되어, 분납할 수 있는 최대 금액 (   )원을 분납하기로 결정하였다.

19. ㈜국세는 20x1년 12월 1일 상품을 4개월 할부 조건으로 판매하고 인도하였다. 해당 상품의 공급가액은 1,600,000원이며, 매월 부가가치세 별도로 400,000원씩 회수하기로 약정하였다. 할부대금의 실제 회수액과 회수 약정액은 다음과 같다. 20x1년 제2기 확정신고기간(20x1.10.1.~20x1.12.31.)에 해당 할부판매와 관련하여 신고할 과세표준은 얼마인가?

날짜	회수 약정액(공급가액)	실제 회수액(공급가액)
20x1. 12. 1.	400,000원	–
20x2. 1. 1.	400,000원	400,000원
20x2. 2. 1.	400,000원	300,000원
20x2. 3. 1.	400,000원	200,000원
합계	1,600,000원	900,000원

20. 다음 자료는 ㈜회계가 임대하고 있는 상가주택과 관련된 내용이다. 부가가치세가 면세되는 토지의 면적은 얼마인가?

- 상가주택의 구성 : 주택 40㎡, 상가 60㎡
- 부수토지 : 총 300㎡
- 도시구역 내에 위치해 있으며 단층건물이다.

21. 다음은 ㈜대전의 제24기(20x1.1.1.~ 20x1.12.31.) 관련 법인세 신고자료이다. 자료를 바탕으로 다음의 답안 양식에 따라 소득금액조정합계표를 작성하시오. [10점]

---

1. 부동산 임대내역

구분	임대기간	보증금 (수령일은 임대개시일)
상가	20x1.7.1.~20x2.6.30.	200,000,000원

- 상가임대료는 매월 말 2,000,000원(부가세 별도)을 받기로 계약하였으나, 임차인의 사정으로 임대기간 종료 시 임대보증금에서 차감할 예정이다. 따라서 ㈜대전은 제24기에는 임대료에 대한 회계처리는 하지 않았다.
- 임대용 상가는 300,000,000원(토지가액 200,000,000원 포함)에 취득하였다.
- 상가보증금의 운용수입은 수입이자 700,000원과 신주인수권처분이익 300,000원이다.
- 기획재정부령으로 정하는 정기예금이자율은 연 5%, 1년은 365일로 가정한다.
- ㈜대전은 부동산임대업이 주업이며 차입금의 적수가 자기자본적수의 2배를 초과한다.

2. ㈜대전은 대표이사로부터 토지를 10,000,000원에 매입하고, 매입가액을 취득원가로 회계처리하였다. 매입 당시 토지의 시가는 불분명하고, 감정평가법인이 평가한 토지의 감정가액은 9,000,000원, 개별공시지가는 8,000,000원이다.

---

22. 다음은 제조업(과자점업)을 운영하는 개인사업자(20x0년도는 일반과세자에 해당함) 김세무씨의 부가가치세 신고와 관련된 자료이다. 단, 전자신고세액공제 및 전자세금계산서 발급세액공제는 고려하지 않는다. 다음 각 물음에 답하시오. [10점]

과세기간	공급대가(VAT포함)	매입가액(VAT포함)
20x0년 1기예정	22,000,000원	8,800,000원
20x0년 1기확정	11,000,000원	5,500,000원
20x0년 2기예정	27,500,000원	9,900,000원
20x0년 2기확정	16,500,000원	7,700,000원
20x1년 1기예정	14,300,000원	6,600,000원
20x1년 1기확정	19,800,000원	9,350,000원
20x1년 2기예정	13,200,000원	4,400,000원
20x1년 2기확정	17,600,000원	8,250,000원

• 모든 매입자료는 세금계산서 매입분이며, 주어진 자료 이외에는 고려하지 않는다. 제조업의 부가가치율은 20%이다.

〈물음 1〉 20x1년 중 간이과세자로 과세유형이 변경되는 시점은 언제인가? (1점)

〈물음 2〉 20x1년 1기 예정고지세액을 구하시오. (2점)

〈물음 3〉 20x1년 1기 확정신고 시 차가감 납부할 세액을 구하시오. (2점)

〈물음 4〉 20x1년 2기 예정고지세액을 구하시오. (1점)

〈물음 5〉 20x1년 2기 확정신고 시 차가감 납부할 세액을 구하시오. (4점)

세법2부 국세기본법 · 소득세법(조세특례제한법 포함)

객관식 : 문항당 4점

01. 다음 중 국세기본법상 적법한 서류의 송달에 해당하지 않는 것은?

① 강제징수에 관계되는 서류를 일반우편으로 송달하는 경우

② 주민등록표, 법인등기부등본 등에 의하여도 주소 또는 영업소를 확인할 수 없어서 납부고지서의 요지를 공시송달하는 경우

③ 납부고지서를 송달받아야 할 자가 송달받아야 할 장소에서 정당한 사유 없이 수령을 거부하여 세무공무원이 거부하는 사람 앞에 서류를 놓고 나오는 경우

④ 서류를 교부하였을 때에는 송달서에 수령인이 서명 또는 날인하게 하여야 하고, 수령인이 서명 또는 날인을 거부하면 그 사실을 송달서에 적어야 한다.

02. 다음 중 국세기본법상 국세부과와 세법적용의 원칙에 관한 설명으로 옳지 않은 것은?

① 납세의무자가 세법에 따라 장부를 갖추어 기록하고 있는 경우에는 해당 국세 과세표준의 조사와 결정은 그 장부와 이에 관계되는 증거자료에 의하여야 한다.

② 세무공무원이 재량으로 직무를 수행할 때에는 과세의 형평과 해당 세법의 목적에 비추어 일반적으로 적당하다고 인정되는 한계를 엄수하여야 한다.

③ 납세의무자가 세법에 따라 장부를 갖추어 기록하고 있으나 장부의 기록에 일부 누락된 것이 있을 때에는 당해 납세의무자의 과세표준 전체에 대해서 정부가 조사한 사실에 따라 결정할 수 있다.

④ 세법의 해석이나 국세행정의 관행이 일반적으로 납세자에게 받아들여진 후에는 그 해석이나 관행에 의한 행위 또는 계산은 정당한 것으로 보며, 새로운 해석이나 관행에 의해 소급하여 과세되지 아니한다.

03. 다음 중 국세기본법상 납세의무의 승계에 대한 설명으로 옳은 것은?

① 법인이 합병한 경우 합병 후 존속하는 법인 또는 합병으로 설립된 법인은 합병으로 소멸된 법인에 부과되거나 그 법인이 납부할 국세 및 강제징수비에 대해서 합병비율만큼에 대해서 납부할 의무를 진다.

② 상속이 개시된 때에 그 상속인 또는 상속재산관리인은 피상속인에게 부과되거나 그 피상속인이 납부할 국세 및 강제징수비를 한도 없이 납부할 의무를 진다.

③ 피상속인에게 한 처분 또는 절차는 상속으로 인한 납세의무를 승계하는 상속인이나 상속재산관리인에 대해서는 별도 처분과 절차를 진행하여야 효력이 있다.

④ 상속인이 있는지 분명하지 아니할 때에는 상속인에게 하여야 할 납부의 고지, 독촉이나 그 밖에 필요한 사항은 상속재산관리인에게 하여야 한다.

04. 다음 중 국세기본법상 양도담보권자의 물적납세의무에 대한 설명으로 옳지 않은 것은?

① 납세자가 국세를 체납한 경우에 그 납세자에게 양도담보재산이 있고, 다른 재산에 대하여 강제징수를 하여도 체납한 금액에 미치지 못하는 경우에는 그 양도담보재산으로써 납세자의 국세를 징수할 수 있다.

② 양도담보권자의 물적납세의무가 성립하기 위해서는 양도담보가 국세의 법정기일 이후에 설정되어야 한다.

③ 세무서장은 납세자가 제3자와 짜고 거짓으로 재산에 양도담보 설정계약을 하고 등기·등록을 함으로써 그 재산의 매각금액으로 국세를 징수하기가 곤란하다고 인정할 때에는 직권으로 그 행위를 취소할 수 있다.

④ 양도담보권자의 물적납세의무는 양도담보권자에게 납부고지서가 송달되는 시점에 양도담보재산이 존재하고 있어야 한다.

05. 다음 중 국세기본법상 후발적 경정청구에 대한 설명으로 옳지 않은 것은?

① 소득이나 그 밖의 과세물건의 귀속을 제3자에게로 변경시키는 결정 또는 경정이 있는 경우 후발적 경정청구사유가 된다.

② 후발적 사유가 발생한 것을 안 날로부터 1년 이내에 경정 등의 청구를 할 수 있다.

③ 경정의 청구를 받은 세무서장은 그 청구를 받은 날부터 2개월 이내에 과세표준 및 세액을 결정 또는 경정하거나 결정 또는 경정하여야 할 이유가 없다는 뜻을 그 청구를 한 자에게 통지하여야 한다.

④ 무신고자로서 국세의 과세표준 및 세액의 결정을 받은 자 또한 후발적 경정청구가 가능하다.

06. 다음 중 국세기본법상 납세의무 성립시기에 관한 내용으로 옳은 것을 모두 고른 것은?

> ㄱ. 원천징수하는 소득세 · 법인세 : 과세기간이 끝나는 때
>
> ㄴ. 수시부과하여 징수하는 국세 : 수시부과 납부일
>
> ㄷ. 증권거래세 : 해당 매매거래가 확정되는 때
>
> ㄹ. 인지세 : 과세문서를 작성한 때
>
> ㅁ. 수입재화에 대한 부가가치세 : 세관장에게 수입신고를 하는 때

① ㄷ, ㄹ, ㅁ   ② ㄱ, ㄹ   ③ ㄴ, ㄷ, ㅁ   ④ ㄹ, ㅁ

07. 다음 중 소득세법상 납세의무자에 대한 설명으로 옳지 않은 것은?

① 거주자는 국내에 주소를 두거나 183일 이상 거소를 둔 개인을 말한다.

② 국내에 거소를 둔 기간은 입국하는 날부터 출국하는 날의 다음날까지로 한다.

③ 외국인 단기거주자는 해당 과세기간 종료일 10년 전부터 국내에 주소, 거소를 둔 기간의 합계가 5년 이하인 외국인 거주자를 말한다.

④ 국외근무공무원은 계속하여 183일 이상 국외에 거주하여도 거주자로 본다.

08. 다음 중 소득세법상 이자소득에 관한 설명으로 옳지 않은 것은?

① 이자소득으로 과세하는 저축성보험의 보험차익이란 보험계약에 따라 만기에 받는 납입보험료에서 보험금을 차감한 금액을 말한다. 이 때 보험 유지기간이 10년 이상으로서 일정 요건을 갖춘 저축성 보험의 보험차익은 이자소득 과세대상에서 제외한다.

② 비영업대금의 이익이란 금전의 대여를 사업목적으로 하지 않는 자가 일시적 · 우발적으로 금전을 대여함에 따라 지급받는 이자 또는 수수료 등을 말한다.

③ 이자소득은 필요경비가 인정되지 않으므로 이자소득 총수입금액이 이자소득금액이며, 여기에는 비과세소득과 분리과세소득은 제외된다.

④ 보통예금 · 정기예금 등에 따른 이자소득은 원칙적으로 실제로 이자를 지급받은 날이 수입시기이며, 원본전입 특약이 있는 이자는 원본전입일이 수입시기가 된다.

09. 다음 중 소득세법상 부동산임대업에 대한 사업소득과 관련된 내용으로 옳지 않은 것은?

① 소득세법상 간주임대료에 관한 규정은 주업이 부동산임대업인 사업자에게만 적용된다.

② 일반적인 자산의 임대에 대한 수입금액은 계약 또는 관습에 따라 지급일이 정해진 경우에는 그 정해진 날을 수입시기로 하고, 정해지지 않은 경우에는 지급받은 날을 수입시기로 한다.

③ 분리과세 임대주택에서 발생하는 소득은 원천징수의 대상이 아니기 때문에 소득 발생 시 원천징수하지 않고 별도로 계산한 세액을 종합소득세액에 포함하여 신고납부해야 한다.

④ 부동산을 임대하는 경우에 미리 받은 임대료(선세금)에 대한 총수입금액은 월수에 따라 안분계산하여 각 과세기간에 귀속시킨다.

10. 다음 중 소득세법상 과세되는 근로소득에 해당하지 않는 것은?

① 종업원이 받는 공로금·위로금·개업축하금·학자금·장학금 등 기타 이와 유사한 성질의 급여

② 종업원이 계약자이거나 종업원 또는 그 배우자 기타의 가족을 수익자로 하는 보험 또는 신탁·공제와 관련하여 사용자가 부담하는 보험료 또는 신탁부금·공제부금

③ 시간외 근무수당·통근수당·개근수당·특별공로금 등 기타 이와 유사한 성질의 급여

④ 북한지역에서 근로를 제공하고 받는 보수 중 월 100만원 이내의 금액

11. 다음 중 소득세법상 결손금 및 이월결손금에 관한 설명으로 옳지 않은 것은?

① 소득금액을 추계신고하는 경우에는 이월결손금 공제규정을 적용하지 않는다. 다만, 천재지변으로 장부가 멸실되어 추계신고하는 경우라면 이월결손금 공제규정을 적용한다.

② 해당 과세기간 중 발생한 결손금과 이월결손금이 모두 존재하는 경우에는 그 과세기간의 결손금을 먼저 소득금액에서 공제한다.

③ 부동산임대업(주거용 건물임대업 제외)에서 발생한 결손금은 종합소득과세표준을 계산할 때 공제하지 않는다.

④ 부동산임대업(주거용 건물임대업 제외) 외의 일반사업소득에서 발생한 결손금은 이자소득금액 → 배당소득금액 → 근로소득금액 → 연금소득금액 → 기타소득금액 순서대로 공제한다.

12. 다음 중 소득세법상 거주자의 종합소득공제 중 기본공제에 대한 설명으로 옳은 것은?

① 거주자 갑의 배우자가 퇴직소득금액만 1,500,000원 있는 경우 갑은 배우자 공제를 받을 수 있다.

② 기본공제 적용에 대한 판단은 해당 과세기간 종료일 현재를 따르므로 과세기간 중도에 사망한 대상자의 경우 기본공제대상자가 될 수 없다.

③ 사실혼 관계에 있는 배우자의 경우 거주자와 생계를 같이하더라도 공제대상 배우자에 포함되지 않는다.

④ 국민기초생활 보장법에 따른 수급권자의 경우 총급여 6,000,000원만 있는 경우 기본공제대상자에 해당한다.

13. 다음 중 소득세법상 교육비세액공제의 대상이 되는 교육비에 해당하지 않는 것은?

① 중·고등학생의 교복구입비로서 학생 1명당 50만원 이내의 금액

② 초·중·고등학교의 교육과정으로 실시하는 체험학습비로서 학생 1명당 30만원 이내의 금액

③ 초·중·고등학교에서 구입한 교과서 대금

④ 중·고등학생이 학원 또는 체육시설에서 월단위로 실시하는 교습과정의 교습을 받고 지출한 수강료

14. 다음 중 소득세법상 원천징수의무에 대한 설명으로 옳지 않은 것은?

① 원천징수의무자는 근로소득에 대한 연말정산 이후 해당 과세기간의 다음 연도 2월분 근로소득을 지급할 때(2월분의 근로소득을 2월 말일까지 지급하지 아니하거나 2월분의 근로소득이 없는 경우에는 2월말) 소득세를 원천징수하여야 한다.

② 직전 연도의 상시고용인원이 20명 이하인 원천징수의무자는 원천징수한 소득세를 그 징수일이 속하는 반기의 마지막 달의 다음달 10일까지 납부할 수 있으며, 반기별로 원천징수에 대한 내역을 신고한 경우 반기별 납부특례가 적용된 것으로 본다.

③ 법인세법에 따라 법인세 과세표준신고 시 배당으로 처분된 경우 그 신고일 또는 수정신고일에 배당소득을 지급한 것으로 보고 소득세를 원천징수한다.

④ 동업기업과세특례에 따라 배분받는 소득으로 해당 동업기업의 과세기간 종료 후 3개월이 되는 날까지 미지급한 소득은 동업기업의 과세기간 종료 후 3개월이 되는 날 그 소득을 지급한 것으로 보아 원천징수한다.

15. 다음 중 소득세법상 공동사업자임에도 불구하고 주된 공동사업자의 소득으로 보는 특례의 요건에 대한 설명으로 옳지 않은 것은?

① 공동사업자의 경영참가, 거래관계, 손익분배비율 및 자산, 부채 등의 재무상태 등을 고려할 때 조세를 회피하기 위하여 공동으로 사업을 경영하는 것이 확인된 경우에 적용한다.

② 공동사업자가 제출한 신고서와 첨부서류상에 기재한 내용이 사실과 현저하게 다른 경우에 적용한다.

③ 과세종료일 현재 거주자 1인과 생계를 같이 하는 친족관계, 경제적 연관관계, 경영지배관계에 있는 자들의 공동사업장에 적용한다.

④ 특례적용 시 당초 손익분배비율과는 무관하게 공동사업 외의 종합소득금액이 많은 자를 주된 공동사업자로 본다.

주관식(단답형) : 문항당 4점 ※ 반드시 OMR 카드 앞면의 주관식 답안란에 답안을 작성하시오(연필 또는 컴퓨터용 사인펜 사용 금지).

---

16. 과세표준신고서를 법정신고기한까지 제출한 자가 법정신고기한이 지난 후 1개월 이내에 수정신고하는 경우 과소신고가산세의 감면율을 적으시오.

17. 다음은 국세기본법상 조세불복의 방법에 따른 청구기간 및 결정기간에 관한 내용이다. 공통으로 들어갈 일수를 적으시오.

구분	이의신청	심사청구	심판청구
청구기간	처분이 있음을 안 날로부터 ( )일 이내	처분이 있음을 안 날로부터 ( )일 이내	처분이 있음을 안 날로부터 ( )일 이내
결정기간	신청을 받은 날부터 30일 이내 (항변하는 경우는 아님)	신청을 받은 날부터 ( )일 이내	신청을 받은 날부터 ( )일 이내

18. 다음은 제조업을 영위하는 ㈜광주에서 생산직으로 근무하고 있는 거주자 김전산씨의 20x1년 급여자료이다. 김전산씨의 월정액급여를 구하시오.

구분	급여 내역
기본급	월 200만원×12개월=24,000,000원
상여(분기별로 지급함)	30만원×4회=1,200,000원
휴일근로수당	1,500,000원
식대(별도 식사 제공 없음)	월 20만원×12개월=2,400,000원
자가운전보조금(비과세 요건 충족함)	월 20만원×12개월=2,400,000원
합계	31,500,000원

19. 다음은 거주가 갑의 국민연금과 관련된 자료이다. 이를 이용하여 거주자 갑의 20x1년 과세대상 총연금액을 계산하면 얼마인가?

- 거주자 갑(나이 60세)은 20x1년에 「국민연금법」에 의한 연금으로 30,000,000원을 수령하였다.
- 거주자 갑이 국민연금에 납입한 연금보험료 누계액과 환산소득의 누계액은 다음과 같다.

구분	납입한 연금보험료 누계액	환산소득의 누계액
2001.12.31.까지	50,000,000원	500,000,000원
2002.1.1.이후	100,000,000원	1,000,000,000원

- 과세제외 기여금은 5,000,000원으로 가정한다.

20. 다음 자료는 ㈜A에 근무하는 거주자 을의 20x1년 기타소득 내역의 일부이다. 거주자 을의 종합소득금액에 합산될 기타소득금액은 얼마인가? 단, 기타소득을 제외한 거주자 을의 종합소득에 대한 한계세율은 15%이다(소득세 부담 최소화를 가정).

구 분	금 액	실제 필요경비
(1) 공익사업과 관련하여 지역권을 설정하고 받은 대가	3,000,000원	1,500,000원
(2) 잡지에 기고하고 받은 원고료	100,000원	
(3) 대학에 출강하고 받은 시간 강사료(2개월)	3,000,000원	
(4) 광업권의 양도로 수령한 대가	10,000,000원	9,000,000원
(5) 주택입주지체상금	5,000,000원	
(6) 복권당첨금액	2,000,000원	

주관식(약술형)　　※ 반드시 OMR 카드 뒷면의 약술형 답안란에 답안을 작성하시오(연필 또는 컴퓨터용 사인펜 사용 금지).

21. 다음의 자료를 통해 거주자 김회계씨(성실신고대상자 아님)의 소득세와 관련한 다음 물음에 답하시오.
[10점]

- 김회계는 20x0년 귀속 종합소득세 신고와 관련하여 매출누락 1천만원이 발생하였음을 발견하였다 (단, 부정행위에 의한 매출누락은 아님). 이에 따라 20x1년 9월 30일에 과소신고한 종합소득세를 수정신고 및 납부하려고 한다.
- 김회계의 수정신고 전 과세표준은 5천만원으로 이 금액에 대해 종합소득세를 법정신고기한 내에 신고 및 납부하였으며, 신고와 관련된 감면을 제외한 그 외 세액공제 및 세액감면은 고려하지 않는다(단, 20x1년 5월 31일은 공휴일이 아님).
- 기본세율

과세표준	세율
1,400만원 초과 5,000만원 이하	과세표준×15% − 1,260,000원
5,000만원 초과 8,800만원 이하	과세표준×24% − 5,760,000원

- 납부지연가산세는 1일 2.2/10,000로 가정한다,

〈물음 1〉 수정신고로 인해 추가되는 종합소득세 본세는 얼마인가? (3점)

〈물음 2〉 수정신고로 인한 종합소득세 과소신고가산세는 얼마인가? (4점)

〈물음 3〉 수정신고로 인한 종합소득세 납부지연가산세는 얼마인가? (3점)

22. 다음은 거주자 병의 20x1년도 귀속 소득자료이다. 다음 자료를 기초로 세부담 최소화를 고려하여 물음에 답하시오. [10점]

> • 거주자 병은 제조업체(중소기업)를 설립하여 개인사업을 영위하고 있으며 추계에 의해 종합소득세 신고를 하고자 한다.
> • 거주자 병의 20x1년 수입금액은 30,000,000원이다.
> • 경비 지출내역(증빙서류에 의하여 확인되는 지출액)
>
> | 경비 지출내역 | 금액 |
> |---|---|
> | 원재료 매입비용 | 6,000,000원 |
> | 사업용 고정자산 매입비용 | 20,000,000원 |
> | 사업용 고정자산에 대한 임차료 | 5,000,000원 |
> | 기부금 | 2,000,000원 |
> | 거주자 병의 급여 | 4,000,000원 |
> | 종업원 급여 | 3,000,000원 |
>
> • 해당 업종에 대하여 적용하는 기준경비율은 20%, 단순경비율은 80%이다.
> • 국세청장이 정한 배율은 복식부기의무자인 경우 3.4배, 간편장부대상자인 경우 2.8배이다.

〈물음 1〉 20x1년 사업소득금액을 구하시오(단, 거주자 병은 간편장부대상자이며 기준경비율 적용대상자에 해당한다). (5점)

〈물음 2〉 20x1년 사업소득금액을 구하시오(단, 거주자 병은 복식장부대상자이며 기준경비율 적용대상자에 해당한다). (5점)

제111회 세무회계1급 답안 및 해설

세법1부 – 법인세법(조세특례제한법 포함)·부가가치세법

1	2	3	4	5	6	7	8	9	10	11	12	13	14	15
②	①	④	③	③	④	①	①	③	①	②	②	③	④	③

16	5,000,000원	17	〈손금불산입〉 지급이자 635,753원(기타사외유출)	18	12,000,000원
19	1,600,000원	20	120㎡	21/22	별도 표기

01. 국가, 지방자치단체 외에는 **법인의 형식을 불문하고 토지등 양도소득에 대한 법인세를 과세**한다.

02. 저가법으로 신고하는 경우 **시가와 비교되는 원가법을 함께 신고**하여야 하며 원가법 중 개별법과 선입선출법을 특정하지는 않는다.

03. • 상여금 한도초과액 = 지급액(40,000,000) − 한도(27,000,000) = 13,000,000원

  ⓐ 상여금 지급액 : 40,000,000원

  ⓑ 한도액 : 총급여액(100,000,000 − 10,000,000)×30% = 27,000,000원

• 임원퇴직급여 한도초과액 = 지급액(80,000,000) − 한도액(52,650,000) = 27,350,000원

  ⓐ 퇴직금지급액 : 80,000,000원

  ⓑ 한도액 : [퇴직 1년 전 총급여(100,000,000 − 10,000,000 + 27,000,000)]×10%

   ×(48개월 + 6개월)/12개월 = 52,650,000원

• 손금불산입액 = 상여금 한도초과액(13,000,000) + 퇴직금 한도초과액(27,350,000)

   = 40,350,000원

04. 내국법인이 한 차례의 접대에 지출한 기업업무추진비 중 3만원(경조금은 20만원)을 초과하는 기업업무추진비로서 **증명 서류를 수취하지 않은 것은 전액 손금불산입하고 대표자 상여로 처분**한다.

05. 법인이 기부금을 가지급금 등으로 **이연계상한 경우에는 이를 그 지출한 사업연도의 기부금**으로 하고, 그 후의 사업연도에는 이를 기부금으로 보지 않는다.

06. 법인이 소유한 사택을 **비출자 임원 및 직원에게 무상으로 제공하는 경우 부당행위계산의 부인규정을 적용하지 않는다.**

07.

구분	세무조정	금액
결산서상 당기순이익		8,000,000원
외상매출액 누락분	익금산입	10,000,000원
매출원가 누락분	손금산입	(−)7,000,000원
미수이자 계상액	손금산입	(−)400,000원
전기이월기부금 한도초과액	손금산입	(−)2,000,000원
압축기장충당금	손금산입	(−)4,000,000원
각 사업연도 소득금액		4,600,000원

08. **재해손실세액공제는 이월공제 되지 않고**, **사실과 다른 회계처리로 인한 경정에 따른 세액공제는 이월공제가 가능**하다.

09. 사업자는 사업자등록의 신청을 **사업장 관할 세무서장이 아닌 다른 세무서장에게도 할 수 있다**. 이 경우 사업장 관할 세무서장에게 사업자등록을 신청한 것으로 본다.

10. 사업자가 **특수관계인에게** 대가를 받지 않고 **과세되는 사업용 부동산의 임대용역을 공급하는 경우 시가를 공급가액으로 하여 과세**한다.

11. 사업자가 외국법인 또는 비거주자인 경우에는 그 외국에서 우리나라의 내국법인에게 동일하게 면세하는 경우에 한하여 영세율을 적용한다.

12. **가공세금계산서 발급에 대한 가산세율은 4%(개정세법 26)이다.**

13. 사업자단위과세제도를 적용받는 법인의 경우에는 지점을 주사업장으로 선택할 수 없다.

14. 회수한 대손금액에 관련된 대손세액을 **회수한 날이 속하는 과세기간의 매출세액에 더한다.**

15. **간이과세자는 의제매입세액공제를 적용하지 아니한다.**

16. ·신주발행비(기타사외유출) : 5,000,000

　　·종합부동산세는 손금이고, 연체료 및 지체상금 등도 손비에 해당한다.

17. (1) 가지급금 적수 = 20,000,000원×181일+10,000,000원×184일 = 5,460,000,000원

　　(2) 가중평균차입이자율 = (5,000,000+12,000,000)/(1억+3억) = 4.25%

　　(3) 손금불산입 = 가지급금적수(5,460,000,000)×이자율(4.25%)÷365 = 635,753원(기타사외유출)

18. 분납할세액 = [납부할 세액(26,000,000) − 가산세(2,000,000)]×50% = 12,000,000원

☞ 납부할 세액이 2천만원을 초과하는 경우에는 그 세액의 100분의 50 이하의 금액을 분납할 수 있다. 가산세는 분납할 수 없다.

19. **단기할부판매이므로 상품의 인도일(20x1.12.1.)을 재화의 공급시기로** 한다.

20.

	주택(40%)	상가(60%)	비고
1층 면적	40㎡	60㎡	주택과 상가를 구분한다.
부수토지(300㎡)	**120㎡**	180㎡	
주택부수토지한도	200㎡	−	**정착면적 5배**

21. 〈소득금액조정합계표 - 세무조정 당 각 2점〉

익금산입 및 손금불산입			손금산입 및 익금불산입		
과목	금액	소득처분	과목	금액	소득처분
상가임대료	13,200,000원	유보	부가가치세	1,200,000원	△유보
간주임대료	1,520,547원	기타사외유출	토지	1,000,000원	△유보
부당행위 계산부인	1,000,000원	상여			

(1) 〈익금산입〉 상가임대료 13,200,000원(유보)

  • 상가임대료 = 미수임대료(2,200,000)×6개월 = 13,200,000원

  • 계약 등에 따라 **임대료의 지급일이 정해진 경우 그 지급일을 임대손익의 귀속시기**로 한다.

(2) 〈손금산입〉 부가가치세 1,200,000원(△유보)

  • 부가가치세 = 월 부가세(200,000)×6개월 = 1,200,000원

(3) 〈익금산입〉 간주임대료 1,520,547원(유보)

  • 간주임대료 = [임대보증금(200,000,000) - 건설비상당액(100,000,000)]×184일/365일×5%

    - 금융수익(2억×5%) = 1,520,547원(기타사외유출)

(4) 〈손금산입〉 토지 1,000,000원(△유보)

  〈손금불산입〉 부당행위계산부인 1,000,000원(상여)

  • 고가매입 = 매입가액(10,000,000) - 감정가액(9,000,000) = 1,000,000원

  • 시가(9,000,000)와 거래가액의 차액(1,000,000)이 시가의 5%에 상당하는 금액 이상이므로 부당행위계산의 부인규정을 적용하고, 자산의 시가초과액을 △유보로 처분함과 동시에 동일 금액을 특수관계인(대표이사)에 대한 사외유출(상여)로 처분한다.

22.

	20X0			20X1		
	1기	2기	계	1기	2기	계
공급대가	33	44	77	34.1	30.8	64,9
매입가액	14.3	17.6	31.9	15.95	12.65	28.6
사업자	일반과세자			일반과세자	**간이과세자**	

〈물음 1〉 20x1년 7월 1일 [1점]

  • 직전 연도(20x0년도)의 공급대가의 합계액(77,000,000원)이 8,000만원에 미달하므로 다음 연도인 **20x1년 7월 1일부터 간이과세를 적용**한다.

〈물음 2〉 1,200,000원 [2점]

  • 직전 과세기간(20x0년 2기)에 대한 **부가가치세 납부세액의 50%가 예정고지세액**이 된다.
  • 20x0년 2기 납부세액 = 매출세액[(44,000,000)÷1.1×10%]

                    - 매입세액[(17,600,000)÷1.1×10%] = 2,400,000원

  • 20x1년 1기 예정고지세액 = 20x0년 2기 납부세액(2,400,000)×50% = 1,200,000원

〈물음 3〉 450,000원 [2점]

(1) 납부세액 = 매출세액[(34,100,000)÷1.1×10%]

　　　　　　　 - 매입세액[(15,950,000)÷1.1×10%] = 1,650,000원

(2) 차가감 납부할 세액 = 납부세액(1,650,000) - 예정고지세액(1,200,000) = 450,000원

〈물음 4〉 0원 [1점]

·**20x1년 7월 1일부터 간이과세자에 해당**하므로 20x1년 2기 예정고지 대상자에 해당하지 않는다.

〈물음 5〉 552,750원 [4점]

· 매출세액 = 공급대가(30,800,0000)×부가가치율(20%)×10% = 616,000원

· 매입세금계산서 등 수취세액공제 = 매입가액(12,650,000)×0.5% = 63,250원

· 차감납부할 세액 = 매출세액(616,000) - 세액공제(63,250) = 552,750원

■■■■■■ 세법2부 – 국세기본법 · 소득세법(조세특례제한법 포함)

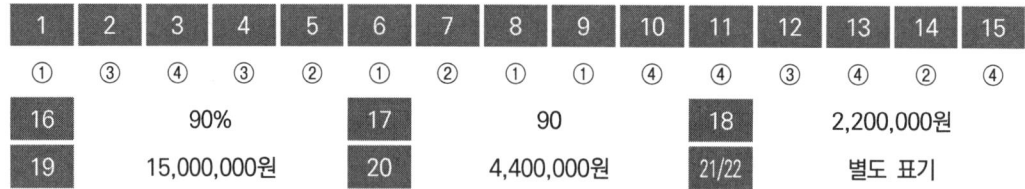

1	2	3	4	5	6	7	8	9	10	11	12	13	14	15
①	③	④	③	②	①	②	①	①	④	④	③	④	②	④

16	90%	17	90	18	2,200,000원
19	15,000,000원	20	4,400,000원	21/22	별도 표기

01. **강제징수에 관계되는 서류는 등기우편으로 송달**해야 한다.

02. 납세의무자가 세법에 따라 장부를 갖추어 기록하고 있으나 **장부의 기록에 일부 누락된 것이 있을 때에는 그 부분에 대해서만 정부가 조사한 사실에 따라 결정**할 수 있다.

03. ① 법인이 합병한 경우 합병 후 존속하는 법인 또는 합병으로 설립된 법인은 합병으로 소멸된 법인에 부과되거나 그 법인이 납부할 국세 및 강제징수비를 납부할 의무를 진다. **승계액에 대한 별도의 한도는 규정되어 있지 않다.**

　　② 상속인 또는 상속재산관리인은 **상속으로 받은 재산의 한도에서 납부할 의무**를 진다.

　　③ 피상속인에게 한 처분 또는 절차는 상속으로 인한 **납세의무를 승계하는 상속인이나 상속재산관리인에 대해서도 효력이 있다.**

04. **직권으로 취소할 수 없고 취소를 법원에 청구**할 수 있다.

05. 후발적 경정청구는 그 **사유가 발생한 것을 안 날로부터 3개월 이내 청구가 가능**하다.

06. · ㄱ. 원천징수하는 소득세 · 법인세 : 소득금액 또는 수입금액을 **지급하는 때**

　　· ㄴ. 수시부과하여 징수하는 국세 : **수시부과할 사유가 발생**한 때

07. 국내에 거소를 둔 기간은 **입국하는 날의 다음날부터 출국하는 날까지**로 한다.

08. 납입보험료에서 보험금을 차감하는 것이 아니라 **보험금에서 납입보험료를 차감한 금액이 이자소득**으로 과세된다.

09. 거주자가 부동산 또는 그 부동산상의 권리 등을 대여하고 보증금·전세금 또는 이와 유사한 성질의 금액을 받은 경우에는 간주임대료를 사업소득금액을 계산할 때에 총수입금액에 산입한다. **주업이 부동산임대업이 아닌 경우에도 적용**된다.

10. 국외(북한 포함) 근로로 인하여 받는 보수 중 월 100만원 이내의 금액은 비과세한다.

11. 부동산임대업(주거용 건물임대업 제외) 외의 일반사업소득에서 발생한 결손금은 부동산 임대(주거용 건물임대업) → 근로소득금액 → 연금소득금액 → 기타소득금액 → 이자소득금액 → 배당소득금액에서 순서대로 공제한다.

12. ① 퇴직소득 금액이 100만원 이하인 경우 배우자에 대한 기본공제가 적용된다.

 ② 사망의 경우 예외적으로 **사망일 전날의 상황에 따르므로** 기본공제대상자가 될 수 있다.

 ④ 국민기초생활 보장법에 따른 수급권자 또한 **총급여 500만원 이하인 경우에만 기본공제대상자**에 해당한다.

13. **초등학교 저학년(과세기간 종료일 현재 9세 미만 또는 2학년 이하 초등학생 - 개정세법 26) 아동**의 학원 또는 체육시설 수강료만 교육비세액공제 대상 교육비에 해당한다.

14. 원천징수세액을 반기별로 납부하고자 하는 **반기의 직전월의 1일부터 말일까지** 원천징수 관할세무서장에게 신청하여야 한다.

15. **손익분배비율이 가장 큰 공동사업자를 주된 공동사업자**로 본다.

16. 법정신고기한이 지난 후 **1개월 이내에 수정신고한 경우 해당 가산세액의 100분의 90**에 상당하는 금액을 감면한다.

18. 월정액급여 = 기본급(2,000,000) + 식대(200,000) = 2,200,000원

 월정액급여란 급여 중 상여 등 부정기적인 급여, 실비변상적 성질의 비과세 급여와 근로기준법에 따른 야간근로, 휴일근로 등 통상임금에 더하여 받는 급여를 제외한 급여를 말한다. 따라서 분기별로 지급받는 상여와 시간외근무수당인 휴일근로수당 그리고 실비변상적 비과세 급여인 자가운전보조금은 월정액급여액에 포함하지 않고, **식사와 식사대는 비과세 여부에 관계없이 월정액 급여에 포함**한다.

19.
$$\text{총연금액} = \text{총수령액} \times \frac{2002.1.1. \text{ 이후 환산소득액 누계액}}{\text{총납입기간의 환산소득 누계액}} - \text{과세제외기여금}$$

$$= 30,000,000원 \times \frac{1,000,000,000원}{1,500,000,000원} - 5,000,000원$$

20. 필요경비 = MAX(① 추정필요경비 ② 실제필요경비)

명 세	총수입금액	필요경비율	실제필요경비	소득금액	비고
1. 지역권 설정	3,000,000	60%	1,500,000	1,200,000	추정필요경비 적용
2. 원고료	100,000	60%	–	–	과세최저한(40,000)
3. 시간 강사료	3,000,000	60%	–	1,200,000	
4. 광업권 양도	10,000,000	60%	**9,000,000**	1,000,000	실제필요경비 적용
5. 주택입주지체상금	5,000,000	80%	–	1,000,000	
6. 복권 당첨금	2,000,000	–	–	–	무조건분리과세& 과세최저한
합 계	23,100,000			**4,400,000**	

21. 〈물음 1〉 2,400,000원(3점)
- 수정 후 과세표준 = 수정 전 과세표준(50,000,000) + 매출누락(10,000,000) = 60,000,000원
- 수정 전 산출세액 = 수정 전 과세표준(50,000,000) × 15% - 1,260,000 = 6,240,000원
- 수정 후 산출세액 = 수정 후 과세표준(60,000,000) × 24% - 5,760,000 = 8,640,000원
- 추가되는 종합소득세 = 수정 후 산출세액(8,640,000) - 수정 전 산출세액(6,240,000)
$$= 2,400,000원$$

〈물음 2〉 120,000원 (4점)
- 과소신고 가산세 = 과소납부세액(2,400,000) × 수정신고가산세율(10%) × (1 - 50%) = 120,000원
☞ 법정신고기한이 지난 후 3개월 초과 6개월 이내에 수정신고 : 50% 감면

〈물음 3〉 64,410원(원단위를 절사하지 않은 64,416원도 정답 인정) (3점)
= 2,400,000원 × 122일(20x1.6.1.~20x1.9.30.) × 0.022%
- 납부지연가산세 = 과소납부세액(2,400,000) × 122일 × 2.2/10,000 = 64,410원
☞ 일수 = 6.1~9.30 = 122일

22. 〈물음 1〉 10,000,000원 (5점)
(1) 기준소득금액 = 수입금액(30,000,000) - 주요경비(14,000,000) - 수입금액(30,000,000) × 20%
$$= 10,000,000원$$

☞ 주요경비 = 원재료(6,000,000) + 임차료(5,000,000) + 종업원급여(3,000,000) = 14,000,000원

(2) 비교소득금액 = 수입금액(30,000,000) × (1 - 80%) × 2.8배(간편장부대상자) = 16,800,000원
∴ 추계소득금액 = min[(1), (2)] = 10,000,000원

〈물음 2〉 13,000,000원 (5점)
(1) 기준소득금액 = 수입금액(30,000,000) - 주요경비(14,000,000) -
$$수입금액(30,000,000) × 20% × 1/2(복식부기의무자) = 13,000,000원$$

(2) 비교소득금액 = 수입금액(30,000,000) × (1 - 80%) × 3.4배(복식부기의무자) = 20,400,000원
∴ 추계소득금액 = min[(1), (2)] = 13,000,000원

합격율	시험년월
29%	2024.04

세법1부 법인세법(조세특례제한법 포함)·부가가치세법

객관식 : 문항당 4점

01. 다음 중 법인세 납세의무에 관한 설명으로 옳지 않은 것은?

① 지방자치단체조합이 보유하고 있던 비사업용 토지를 양도하는 경우 토지 등 양도소득에 대한 법인세 납세의무가 없다.

② 비영리내국법인은 청산소득에 대한 법인세를 납부할 의무가 있다.

③ 법인세법에 따라 법인세를 원천징수하는 자는 해당 법인세를 납부할 의무가 있다.

④ 비영리내국법인의 경우 법인세가 과세되는 소득은 각 사업연도의 소득과 토지등 양도소득이다.

02. 다음 중 법인세법상 세무조정 및 소득처분에 대한 설명으로 옳지 않은 것은?

① 소득의 귀속자가 주주인 다른 내국법인인 경우 기타사외유출로 처분한다.

② 불공정 자본거래로 인한 부당행위계산부인에 따라 익금에 산입한 금액으로서 귀속자에게 「상속세 및 증여세법」에 의하여 증여세가 과세되는 경우 소득처분은 기타사외유출로 한다.

③ 제조업을 영위하는 법인의 기장의 내용이 조업상황 등에 비추어 허위임이 명백하여 과세표준을 추계에 의하여 결정한 경우 재무상태표상의 당기순이익과의 차액(법인세 상당액을 공제하지 않은 금액을 말한다)은 기타사외유출로 처분한다.

④ 소득의 귀속자가 발행주식총수의 3%를 보유하고 있는 직원인 경우 상여로 처분한다.

03. 다음 중 법인세법상 익금과 손금의 귀속시기에 관한 설명으로 옳지 않은 것은?

① 내국법인의 각 사업연도의 익금과 손금의 귀속 사업연도는 그 익금과 손금이 확정된 날이 속하는 사업연도로 한다.

② 중소기업이 수행하는 계약기간이 1년 미만인 건설용역의 제공으로 인한 수익은 그 목적물의 인도일이 속하는 사업연도에 익금에 산입할 수 있다.

③ 결산을 확정함에 있어 이미 경과한 기간에 대응하는 임대료 상당액과 이에 대응하는 비용을 당해 사업연도의 수익과 손비로 계상한 경우 이를 각각 당해 사업연도의 익금과 손금으로 한다.

④ 제조업을 영위하는 법인이 원천징수 대상인 이자에 대하여 결산상 미수이자를 계상한 경우 그 계상한 사업연도의 익금으로 한다.

04. 다음 중 법인세법상 소득처분에 관한 설명으로 가장 옳지 않은 것은?

① 세무조사의 통지를 받고 경정이 있을 것을 미리 알고 사외유출된 금액을 익금산입하는 경우에는 사내유보로 처분한다.

② 기부금의 손금 산입한도액을 초과하여 익금에 산입한 것은 기타사외유출로 처분한다.

③ 채권자가 불분명한 사채의 이자는 손금에 산입하지 아니한다.

④ 개인 사업을 영위하는 대주주의 사업과 관련된 경비를 법인이 부담한 경우 당해 금액을 익금에 산입하고, 기타사외유출로 처분한다.

05. 다음 중 법인세법상 대손금에 대한 설명으로 가장 옳지 않은 것은?

① 채무자의 파산, 강제집행, 실종으로 인하여 회수할 수 없는 채권은 대손금으로 인정된다.

② 상법에 따른 소멸시효가 완성된 외상매출금은 대손금으로 인정된다.

③ 부도 발생일부터 3개월 이상 지난 수표는 대손금으로 인정된다. 다만, 해당 법인이 채무자의 재산에 대하여 저당권을 설정하고 있는 경우는 제외한다.

④ 회수기일이 6개월 이상 지난 채권 중 채권가액이 30만원 이하(채무자별 채권가액의 합계액을 기준으로 함)인 채권은 대손금으로 인정된다.

06. 다음은 영리 내국법인인 ㈜한국이 제24기(사업연도 20x4.1.1.~20x4.12.31.)에 보유 중인 ㈜서울의 주식에 관한 자료이다. 아래의 자료를 이용하여 법인세법상 ㈜한국의 제24기 의제배당액을 계산한 것으로 옳은 것은?

> 1. 20x0년 7월 1일 ㈜한국은 내국법인 ㈜서울의 주식 12,000주(주당 액면가액 5,000원)를 시가인 주당 16,250원에 취득하였다.
> 2. ㈜서울의 잉여금 자본전입으로 인해 ㈜한국이 제23기에 수령한 무상주 3,000주의 내역은 다음과 같다.
>
> | 자본금 전입 결의일 | 무상주 | 금 액 |
> |---|---|---|
> | 20x3년 07월 01일 | 1,500주 | 자기주식소각이익(자기주식소각일 : 20x1.07.10.)
(소각 당시 시가가 취득가액을 초과하지 않음) |
> | 20x3년 09월 01일 | 500주 | 「자산재평가법」에 따른 건물의 재평가적립금 |
> | 20x3년 11월 01일 | 1,000주 | 주식의 포괄적 교환차익 |
>
> 3. ㈜서울이 20x4년 3월 1일(감자결의일)에 유상감자를 실시함에 따라 ㈜한국은 보유주식 3,000주를 반환하고, 감자대가로 주당 30,000원의 현금을 수령하였다.
> 4. ㈜서울이 보유한 자기주식은 없다.

① 48,000,000원   ② 49,500,000원   ③ 51,000,000원   ④ 67,500,000원

07. 다음 중 법인세법상 퇴직급여를 실제로 지급한 경우로서 현실적인 퇴직으로 보는 사유에 해당하지 않는 것은?

① 법인의 직원이 그 법인의 사업양도에 의하여 퇴직한 경우
② 법인의 상근임원이 비상근임원으로 된 경우
③ 임원이 연임된 경우
④ 「근로자퇴직급여 보장법」에 따라 퇴직금을 중간정산하여 지급한 경우

08. 다음 중 법인세법상 이월결손금에 관한 설명으로 가장 옳지 않은 것은?

① 각 사업연도의 결손금은 그 사업연도에 속하는 손금의 총액이 익금의 총액을 초과하는 경우 그 초과하는 금액을 말하며, 이러한 결손금이 차기로 이월된 경우 그것을 이월결손금이라 한다.

② 영리 내국법인의 경우 법인세법상 결손금 또는 이월결손금을 이월공제 또는 소급공제하여 법인세를 감소시키거나 환급받을 수도 있다.

③ 과세표준 계산 시 이월결손금은 각 사업연도의 개시일 전 15년(2019.12.31. 이전에 개시하는 사업연도에 발생한 결손금은 종전 규정에 따라 10년) 이내에 개시한 사업연도에서 발생한 결손금 중 먼저 발생한 순서대로 공제한다.

④ 법인세 과세표준을 추계결정·경정하는 경우에는 이월결손금 공제 규정을 적용하지 않는다. 다만, 천재지변 등으로 장부나 그 밖의 증명서류가 멸실되어 추계하는 경우에는 그렇지 않다.

09. 다음 중 부가가치세법에 관한 설명으로 옳지 않은 것은?

① 재화를 수입하는 자의 부가가치세 납세지는 「관세법」에 따라 수입을 신고하는 세관의 소재지로 한다.

② 신규로 사업을 시작하려는 자가 사업개시일 이전에 사업자등록을 신청한 경우의 최초의 과세기간은 사업개시일로부터 그 신청일이 속하는 과세기간의 종료일까지로 한다.

③ 사업자등록증을 발급받은 사업자는 휴업 또는 폐업을 하거나 등록사항이 변경되면 지체 없이 사업장 관할 세무서장에게 신고하여야 한다.

④ 사업자 단위 과세 사업자는 각 사업장을 대신하여 그 사업자의 본점 또는 주사무소의 소재지를 부가가치세 납세지로 한다.

10. 음식점업(과세유흥장소가 아님)을 영위하는 일반과세자인 김한국 씨의 20x1년 제1기 부가가치세 관련 자료는 다음과 같다. 20x1년 제1기 부가가치세 확정신고 시 부가가치세법상 의제매입세액공제액은 얼마인가?

> • 20x1년 제1기(1월 1일~6월 30일) 면세농산물 구입액 : 12,000,000원
> • 20x1년 제1기(1월 1일~6월 30일) 과세표준 : 300,000,000원
> • 20x1년 제1기 부가가치세 예정신고 대상이 아니며, 고지서를 수령하였다.

① 461,538원　　　② 679,245원　　　③ 888,888원　　　④ 990,825원

11. 다음 중 부가가치세법상 재화의 공급에 대한 설명으로 옳은 것은?

① 재화의 인도 대가로서 다른 재화를 인도받거나 용역을 제공받는 교환계약에 따라 재화를 인도하 거나 양도하는 것은 재화의 공급으로 보지 않는다.

② 사업장이 둘 이상인 개인사업자가 자기의 사업과 관련하여 생산 또는 취득한 재화를 판매할 목적 으로 자기의 다른 사업장에 반출하는 것은 예외 없이 재화의 공급으로 본다.

③ 사업의 포괄양도에 따른 양수자의 대리납부에 따라 그 사업을 양수받은 자가 대가를 지급하는 때에 그 대가를 받은 자로부터 부가가치세를 징수하여 납부한 경우에도 재화의 공급으로 보지 아니한다.

④ 「국세징수법」에 따른 공매에 따라 재화를 인도하거나 양도하는 것은 재화의 공급으로 보지 않는다.

12. 20x1년 5월 1일 ㈜인천은 해외로 직수출하는 제품의 선적을 완료하고, 수출대금 $200는 아래 자료 와 같이 외국통화로 수령하여 원화로 환전하였다. 이 수출과 관련한 ㈜인천의 부가가치세법상 공급가액 은 얼마인가?

구분	20x1년 4월 1일	20x1년 5월 1일	20x1년 6월 1일
수출대금 수령액	선수금 $100	잔금 $100	-
일자별 환가액	$50	-	$150
일자별 기준환율	₩1,100/$	₩1,200/$	₩1,000/$

① 205,000원   ② 230,000원   ③ 235,000원   ④ 240,000원

13. 다음 중 부가가치세법상 면세사업자에 대한 설명으로 가장 옳지 않은 것은?

① 면세를 포기하려는 사업자는 관할 세무서장에게 면세포기신고서를 제출하여야 한다.

② 면세포기신고를 한 사업자는 면세포기신고서를 제출한 달의 다음 달 25일까지 사업자등록을 해 야 한다.

③ 면세 포기를 한 사업자는 신고한 날로부터 3년간은 면세를 다시 적용받지 못한다.

④ 소득세 납세의무가 있는 면세사업자는 세금계산서합계표를 제출해야 한다.

14. 다음 중 부가가치세법상 환급에 관한 설명으로 옳지 않은 것은?

① 영세율을 적용받는 경우 또는 사업설비를 확장하거나 매각하는 경우에는 조기환급을 받을 수 있다.

② 일반환급은 확정신고기한이 지난 후 30일 이내에, 조기환급은 해당 신고기한이 지난 후 15일 이내에 환급한다.

③ 예정신고기간 또는 과세기간 최종 3개월 중 매월 또는 매 2월을 조기환급기간이라 한다. 따라서 제1기 과세기간의 경우 1월, 2월, 4월, 5월 또는 1·2월, 4·5월이 조기환급기간이 될 수 있다.

④ 조기환급기간의 환급세액을 조기환급받고자 하는 사업자는 조기환급기간 종료일로부터 25일 이내에 조기환급기간에 대한 과세표준과 환급세액을 신고하여야 한다.

15. 다음 중 부가가치세법상 세금계산서에 대한 설명으로 가장 옳지 않은 것은?

① 공급받는 자의 등록번호는 세금계산서의 필요적 기재 사항이다.

② 관할 세무서장은 개인사업자가 전자세금계산서 의무 발급 개인사업자에 해당하는 경우에는 전자세금계산서를 발급해야 하는 날이 시작되기 1개월 전까지 그 사실을 해당 개인사업자에게 통지하여야 한다.

③ 처음 공급한 재화가 환입된 경우 재화가 환입된 날을 작성일로 적고 비고란에 처음 공급일을 덧붙여 적은 후 감소된 금액을 검정색 글씨로 쓰거나 음의 표시를 하여 수정세금계산서 또는 수정전자세금계산서를 발급한다.

④ 임의적 기재 사항의 기재 누락은 세금계산서 효력에 아무런 영향이 없다.

주관식(단답형) : 문항당 4점 ※ 반드시 OMR 카드 앞면의 주관식 답안란에 답안을 작성하시오(연필 또는 컴퓨터용 사인펜 사용 금지).

16. 제조업을 영위하는 영리 내국법인인 ㈜중부는 제24기(20x1.1.1.~20x1.12.31.)에 제품 A를 다음과 같이 판매하였다. 당기 세부담 최소화를 가정하여 제24기 회사에 필요한 세무조정을 하시오(단, 세무조정이 필요 없는 경우에는 '세무조정 없음'으로 표시할 것).

> - 제품 A의 판매금액은 100,000,000원이며, ㈜중부는 당기에 40,000,000원을 매출로 인식하였다.
> - 판매대금은 계약금으로 20%를 수령하고, 잔금은 매 6개월마다 20,000,000원씩 4회에 걸쳐 분할하여 회수하기로 약정하였다.
> - ㈜중부는 20x1년 2월 1일(계약일)에 계약금 20,000,000원을 수령하면서 제품 A를 인도하였으며, 그 후 매 6개월이 경과할 때마다 약정일에 20,000,000원씩 4회에 걸쳐 대금을 분할하여 수령하였다.
> - ㈜중부는 세법상 중소기업에 해당하며, 세무조정 시 매출원가는 고려하지 않는다.

17. 다음은 제조업을 영위하고 있는 ㈜대전의 제24기(20x1.1.1.~20x1.12.31) 가지급금 관련 자료이다. 아래 자료를 바탕으로 ㈜대전이 당기에 가지급금 인정이자에 대하여 세무조정으로 익금산입하여야 할 금액은 얼마인가?

> - ㈜대전은 20x1년 2월 1일 대표이사 김세종 씨에게 업무와 관련 없이 10,000,000원을 대여하고, 당기 말까지 회수되지 않았다.
> - 대표이사 김세종 씨는 ㈜대전에 이자 300,000원을 지급하였으며, ㈜대전은 이를 이자수익으로 계상하였다.
> - 인정이자 계산 시 적용할 이자율은 가중평균차입이자율 4%이다.
> - 1년은 365일로 가정하고, 소수점 이하는 절사한다.

18. 제조업을 영위하고 있는 ㈜광주의 제24기(20x1.1.1.~20x1.12.31) 대손충당금에 관한 자료는 다음과 같다. 당기 법인세 부담의 최소화를 가정할 때, 당기의 대손충당금과 관련된 세무조정이 과세표준에 영향을 미치는 금액은 얼마인가? 단, 별도의 언급이 없는 한 전기의 세무조정은 정상적으로 이루어진 것으로 가정하며, 반드시 가산 또는 차감 여부를 기재하시오(답안 작성 예시 : 100,000원 차감).

• 당기 대손충당금 계정의 변동 내역은 다음과 같다.		
기초금액	당기 설정액	당기 상계액
2,000,000원	10,000,000원	9,000,000원

• 대손충당금 전기이월액 중에는 전기에 한도 초과로 부인된 금액 500,000원이 포함되어 있다.
• 당기 상계액은 모두 법인세법상 대손 요건을 충족한 것이다.
• 대손충당금 설정 대상 채권

전기 말 현재 20x0.12.31.	당기 말 현재 20x1.12.31.
100,000,000원	90,000,000원

19. ㈜부산이 보유하던 부동산(건물과 토지)을 다음과 같이 일괄 공급하였을 때, 부가가치세 과세표준은 얼마인가?

• 부동산(건물과 토지) 일괄 양도가액 200,000,000원(부가가치세 포함)
• 감정평가액 – 건물 100,000,000원(부가가치세 제외)
　　　　　　　– 토지 50,000,000원

20. 다음은 20x1년 5월 1일에 사업을 개시한 일반과세자(제조업) 김철수 씨의 20x1년 제1기 과세기간의 자료이다. 김철수 씨가 20x1년 6월 1일에 사업자등록을 하였을 때, 사업자 미등록에 대한 가산세를 구하시오(단, 국세기본법상 가산세 감면 규정은 적용하지 않으며, 주어진 자료 외에는 고려하지 말 것).

구분	5월 1일~5월 31일	6월 1일~6월 30일
매출액(부가가치세 별도)	3,000,000원	5,000,000원
매입액(부가가치세 별도)	5,000,000원	5,000,000원

주관식(약술형)   ※ 반드시 OMR 카드 뒷면의 약술형 답안란에 답안을 작성하시오(연필 또는 컴퓨터용 사인펜 사용 금지).

21. 영리 내국법인인 ㈜대구는 제조업을 영위하는 중소기업으로 제24기(20x1.1.1.~20x1.12.31.) 관련 자료는 다음과 같다. 아래의 자료를 바탕으로 기업업무추진비 관련 세무조정을 하고, 계산과정을 명시하시오. [10점]

---

1. 손익계산서상 매출액은 15,000,000,000원으로, 이 중 특수관계인에 대한 매출액은 3,000,000,000원이다.

2. 손익계산서상 판매비와관리비 중 기업업무추진비는 90,000,000원으로, 다음의 금액이 포함되어 있다.

   ① 전기에 접대가 이루어졌으나 당기에 지급하고 비용 처리한 금액 : 5,000,000원

   ② 「국민체육진흥법」에 따른 체육활동의 관람을 위한 입장권 구입액 : 20,000,000원

   ③ 직원이 조직한 단체(법인)에 복리시설비로 지출한 금액 : 5,000,000원

   ④ 거래처에 접대 목적으로 자사의 제품(원가 7,000,000원, 시가 10,000,000원)을 제공하고 아래와 같이 회계처리 하였다(특수관계인 대상이 아님).

(차) 기업업무추진비	8,000,000원	(대) 매출	7,000,000원
		부가가치세예수금	1,000,000원
(차) 매출원가	7,000,000원	(대) 재고자산	7,000,000원

   ⑤ 해외기업업무추진비 : 5,000,000원

   ※ 일반영수증을 수취하였으며, 그 지역에서 현금 외에 다른 지출수단이 없어 적격증명서류를 구비하기 어려운 국외지역에서 지출한 금액이다.

   ⑥ 거래처에 지급한 경조금 2건 : 200,000원, 250,000원

   ※ 2건 모두 적격증명서류 미수취분에 해당한다.

---

22. 다음은 음식점업을 영위하는 내국법인인 ㈜한세의 20x1년 제1기 부가가치세 관련 자료이다. ㈜한세의 20x1년 제1기 확정신고기간의 부가가치세 차가감 납부할 세액을 구하되, 계산과정을 명시하시오. [10점]

---

1. ㈜한세의 20x1년 제1기 매출내역은 다음과 같다.

구분	공급대가
세 금 계 산 서 매 출 분	15,400,000원
신용카드 및 현금영수증 매출분	247,500,000원
선 불 전 자 지 급 수 단 매 출 분	8,800,000원
기 타 현 금 매 출 분	13,200,000원
합 계	284,900,000원

2. ㈜한세의 20x1년 제1기 매입내역은 다음과 같다.

구분	공급대가	비고
세 금 계 산 서 매 입 분	63,800,000원	(주1)
계 산 서 매 입 분	72,080,000원	면세농산물 매입분임
신용카드 및 현금영수증 매입분	10,400,000원	(주2)
합 계	146,280,000원	

(주1) 세금계산서 매입분 중에는 아래의 내역이 포함되어 있다.
  ① 직원 명절선물로 지급하기 위하여 구입한 물품 2,200,000원(공급대가)
    -1인당 10만원을 초과하지 아니한다.
  ② 대주주인 대표이사가 거소하는 오피스텔의 임차료 6,600,000원(공급대가)

(주2) 신용카드 및 현금영수증 매입분에는 아래의 내역이 포함되어 있다.
  ① 신용카드로 결제한 면세농산물 매입분 5,000,000원
    -계산서를 수취하였으며, 위 외의 면세 매입액은 없다.
  ② 거래처의 워크숍 숙소비용을 대리 결제한 금액 1,000,000원(공급대가)

3. 기타 사항
  ① ㈜한세는 세무대리인을 통하여 부가가치세 확정신고 및 납부를 완료하였다.
  ② 20x1년 제1기 부가가치세 예정신고기간에 대한 예정고지세액 3,100,000원이 있으며, 정상적으로 납부하였다.[*1]

[*1]. 기출문제에서는 "납부하지 아니하였다."라고 되어 있는데 예정고지세액을 납부하지 않으면 확정신고시에 납부지연가산세를 납부하여야 한다.

01. 다음 중 국세기본법상 용어에 관한 설명으로 가장 옳지 않은 것은?

　① 관세도 넓은 의미에서는 국세에 속하지만, 국세기본법상 국세란 국가가 부과하는 조세 중 소득세, 법인세 등 내국세만을 가리키며 관세는 포함되지 않는다.

　② 국세기본법상 세법에는 국세기본법, 지방세법 및 관세법을 포함하지 않는다.

　③ 가산세는 세법에서 규정하는 의무의 성실한 이행을 확보하기 위하여 세법에 따라 산출한 세액에 가산하여 징수하는 금액을 말하며, 해당 세법이 정하는 국세의 세목에 속한다.

　④ 강제징수비란 국세징수법 중 강제징수에 관한 규정에 따른 재산의 압류, 보관, 운반과 매각에 든 비용을 말하며, 국세에 속한다.

02. 다음 중 국세기본법상 규정된 법인 아닌 단체에 대한 설명으로 옳지 않은 것은?

　① 법인 아닌 단체 중 공익을 목적으로 출연된 기본재산이 있는 재단으로서 등기되지 않고 수익을 구성원에게 분배하지 않는 것은 법인으로 본다.

　② 법인으로 보는 법인 아닌 단체의 국세에 관한 의무는 그 대표자 또는 관리인이 이행하여야 한다.

　③ 법인으로 보는 단체 외의 법인 아닌 단체 중 대표자 또는 관리인이 선임되어 있으나 이익의 분배방법이나 분배비율이 정해져 있지 않은 단체는 소득세법상 1거주자 또는 1비거주자로 본다.

　④ 법인으로 보는 법인 아닌 단체 외의 법인 아닌 단체 중 단체의 조직과 운영에 관한 규정을 가지고 대표자 또는 관리인을 선임하고 있는 것은 법인으로 본다.

03. 다음 중 과세전적부심사의 청구에 대한 설명으로 가장 틀린 설명은?

　① 청구기간이 지난 과세전적부심사에 대해서 과세관청은 심사하지 아니한다는 결정을 내린다.

　② 과세전적부심사 청구를 받은 과세관청은 청구를 받은 날로부터 45일 이내에 청구인에게 통지해야 한다.

　③ 과세전적부심사 청구가 이유 있다고 인정되는 경우 채택하거나 일부 채택하는 결정을 할 수 있다.

　④ 과세예고통지를 하는 날부터 국세부과 제척기간의 만료일까지의 기간이 3개월 이하인 경우에는 과세전적부심사를 청구할 수 없다.

04. 국세부과의 원칙 중 실질과세의 원칙이 적용된 사례로 틀린 것을 모두 고르시오.

> 가. 사업자명의등록자와는 별도로 사실상의 사업자가 있는 경우에는 사실상의 사업자를 납세의무자로 본다.
>
> 나. 명의신탁부동산을 매각처분한 경우에는 양도의 주체 및 납세의무자는 명의신탁자가 아니고 명의수 탁자이다.
>
> 다. 거래의 실질내용은 형식상 기록내용이나 거래명의를 토대로 합리적으로 고려하여 판단한다.
>
> 라. 회사의 주주로 명부상 등재되어 있더라도 회사의 대표자가 임의로 등재한 것일 뿐 회사의 주주로 서 권리행사를 한 사실이 없는 경우에는 그 명의자인 주주를 세법상 주주로 보지 않는다.

① 가, 나   ② 다, 라   ③ 가, 라   ④ 나, 다

05. 다음 중 국세징수권의 소멸시효에 관한 설명으로 옳지 않은 것은?

① 5억원 이상의 국세는 10년, 5억원 미만의 국세는 5년 동안 국세징수권을 행사하지 않으면 소멸 시효가 완성되어 국세징수권을 행사할 수 없다.

② 과세표준과 세액의 신고에 의하여 납세의무가 확정되는 국세의 소멸시효는 그 법정 신고납부기 한의 다음 날이 소멸시효의 기산일이다.

③ 체납자가 국외에 6개월 이상 계속 체류하는 경우, 이 기간에는 소멸시효가 정지되며 국외 체류 기간이 지나서 입국하면 입국일을 기산일로 하여 5년 또는 10년의 소멸시효가 새롭게 시작된다.

④ 시효의 진행 중에 권리의 행사로 볼 수 있는 사유가 발생하면 그때까지 진행되어 온 시효기간이 그 효력을 잃어버리게 되는데 이것을 소멸시효의 중단이라 한다.

06. 다음 중 무신고가산세의 감면율과 관련하여 옳지 않은 것은?

① 법정신고기한이 지난 후 1개월 이내에 기한후신고 하는 경우 : 감면율 50%

② 법정신고기한이 지난 후 1개월 초과 3개월 이내에 기한후신고 하는 경우 : 감면율 30%

③ 법정신고기한이 지난 후 3개월 초과 6개월 이내에 기한후신고 하는 경우 : 감면율 20%

④ 법정신고기한이 지난 후 6개월 초과 1년 이내에 기한후신고 하는 경우 : 감면율 10%

07.다음중소득세법상중간예납등에관한설명으로옳지않은것은?

① 토지등매매차익예정신고·납부를한부동산매매업자는중간예납의무가없다.

② 중간예납세액이50만원미만인경우에는해당소득세를징수하지않는다.

③ 중간예납세액이1천만원을초과하는자는그납부할세액의일부를납부기한이지난후2개월이내에분할납부할수있다.

④ 법원의파산선고에의한부동산의처분은양도로보지않는다.

08.다음중소득세법상납세의무자및과세소득의범위에관한설명으로옳지않은것은?

① 과세기간종료일10년전부터국내에주소나거소를둔기간의합계가5년이하인외국인거주자에게는과세대상소득중국외에서발생한소득의경우국내에서지급되거나국내로송금된소득에대해서만과세한다.

② 소득세법상거주자란국내에주소를두거나183일이상의거소를둔개인을말한다.

③ 소득세법상외국법인의국내지점또는국내영업소에해당하는자는소득세법에따라원천징수한소득세를납부할의무가있다.

④ 내국법인이발행주식총수의100%를간접출자한해외현지법인에파견된당해내국법인의직원의경우,생계를같이하는가족이나자산상태로보아파견기간종료후재입국할것으로인정되는경우라도외국의국적을취득하면비거주자로본다.

09.다음중소득세법상비과세소득에해당하는것을모두고르시오.단,다음자료에서제시된소득은모두거주자의20x1년귀속소득에해당하며,각내용은상호독립적이고소득세법에서정한해당요건을모두충족한다.

가.논을작물생산에이용하게함으로써발생한임대소득금액3천만원
나.농민이부업으로음식물을판매하여얻은농어가부업소득금액2천만원
다.조림기간4년인임지의임목양도소득금액5백만원
라.한국표준산업분류표에따른내수면어업에서발생한어로어업소득6천만원

① 가,나 ② 가,다 ③ 나,다 ④ 다,라

10. 다음 중 소득세법상 거주자의 소득금액 계산 특례에 관한 설명으로 옳지 않은 것은?

① 근로소득과 연금소득에 대해서는 부당행위계산의 부인 규정을 적용하지 않는다.

② 피상속인의 소득금액에 대한 소득세로서 상속인에게 과세할 것과 상속인의 소득금액에 대한 소득세는 구분하여 계산하여야 한다.

③ 연금계좌의 가입자가 사망하였으나 그 배우자가 연금외수령 없이 해당 연금계좌를 상속으로 승계하는 경우에는 해당 연금계좌에 있는 피상속인의 소득금액은 상속인의 소득금액으로 보아 소득세를 계산한다.

④ 국세부과의 제척기간이 지난 후에 그 제척기간 이전 과세기간의 이월결손금이 확인된 경우 이월결손금은 경정청구를 통하여 공제받을 수 있다.

11. 다음 중 소득공제에 대한 설명으로 옳지 않은 것은?

① 거주자의 배우자가 재혼한 경우로서 해당 배우자가 종전의 배우자와의 혼인 중에 출산한 사람도 거주자의 기본공제 대상자에 해당한다.

② 해당 과세기간의 종합소득금액이 4,000만원 이하인 거주자가 배우자가 없는 여성으로서 부양가족이 있는 세대주인 경우에는 부녀자공제를 적용받을 수 있다.

③ 주택마련저축 소득공제는 주택임차차입금 원리금상환액 공제와 합하여 연 400만원을 초과할 수 없다.

④ 신용카드 등 소득공제는 근로소득이 있는 거주자가 받을 수 있으며, 부양가족의 신용카드 사용액도 공제 대상에 포함되지만, 형제자매가 사용한 금액은 포함되지 않는다.

12. 다음 중 비과세 근로소득에 해당하는 것은?

① 법인세법에 따라 상여로 처분된 금액

② 법인의 임원 또는 종업원이 해당 법인으로부터 부여받은 주식매수선택권을 해당 법인에서 근무하는 기간 중 행사함으로써 얻은 이익

③ 종업원의 수학중인 자녀가 사용자로부터 받는 학자금 및 장학금

④ 자가운전보조금(종업원의 소유 차량을 직접 운전하여 사용자의 업무수행에 이용하고 소요된 실제 여비 대신 지급기준에 따라 받는 금액) 중 월 20만원 이내의 금액

13. 다음 중 소득세법상 연금소득에 대한 설명으로 가장 옳지 않은 것은?

① 공적연금 관련법에 따라 받는 각종 연금은 연금소득에 포함한다.

② 사망할 때까지 연금수령하는 종신계약에 따라 받는 연금소득의 경우 5%의 원천징수세율을 적용한다.

③ 국군포로 대우 등에 관한 법률에 따른 국군포로가 받는 연금은 비과세한다.

④ 공적연금 소득의 수입시기는 공적연금 관련법에 따라 그 연금을 지급받기로 한 날이다.

14. 다음 기타소득 중 필요경비 의제 규정이 적용되지 않는 것은?

① 계약의 위약 또는 해약으로 인하여 받은 위약금 중 주택입주 지체상금

② 사내장기자랑의 우승상금

③ 통신판매중개를 하는 자를 통하여 물품 또는 장소를 대여하고 연간 수입금액 500만원 이하의 사용료로서 받은 금품

④ 일시적인 문예창작소득

15. 다음 중 소득세법상 퇴직소득에 대한 설명으로 옳지 않은 것은?

① 임원의 2012.1.1. 이후 근무기간의 퇴직소득금액이 퇴직소득 한도액을 초과하는 경우에는 그 초과하는 금액은 근로소득으로 본다.

② 거주자의 퇴직소득금액에 국외원천소득이 합산되어 있는 경우에 그 국외원천소득에 대하여 외국에서 외국소득세액을 납부하였거나 납부할 것이 있는 때에는 외국소득세액을 퇴직소득산출세액에서 공제할 수 있다.

③ 종업원이 임원으로 취임하는 경우에는 실제로 퇴직급여를 받지 않은 경우에도 현실적인 퇴직으로 본다.

④ 일반적인 퇴직소득의 수입시기는 퇴직한 날이고, 국민연금법에 따라 받는 일시금의 수입시기는 소득을 지급받은 날이다.

16. 거주자 정바름 씨(성실신고확인대상자 아님)가 체납한 20x0년 귀속 소득세를 징수하기 위하여 관할 세무서장은 정바름 씨가 소유한 주택을 20x2년 4월 3일 압류하여 매각하였다. 다음 자료에 의하여 관할 세무서가 주택의 매각대금 중에서 징수할 수 있는 소득세는 얼마인가?

> • 압류 주택의 매각대금 : 80,000,000원(강제징수비 3,000,000원)
> • 소득세 체납액 : 30,000,000원
>   − 소득세 신고일 : 20x1.5.31.
> • 압류 주택의 임대보증금 : 50,000,000원
>   −「주택임대차보호법」에 의한 우선 변제 대상 소액 임차보증금 20,000,000원 포함.
>   − 확정일자 : 20x1.3.20.
> • 압류 주택에 설정된 피담보채권 : 20,000,000원
>   − 저당권 설정일 : 20x1.6.10.

17. 제조업과 부동산임대업을 영위하던 일반과세자 갑(甲)은 20x1년 10월 7일 제조업을 특수관계인인 을(乙)에게 포괄적 양도하였다. 다음 자료를 바탕으로 사업양수인 을(乙)이 제2차 납세의무자로서 납부하여야 할 금액은 얼마인가?

> 1. 갑(甲)은 세법에 따라 아래의 부가가치세와 양도소득세를 신고기한까지 신고하였으나, 체납한 상태로 갑(甲)의 자산으로 체납액을 충당하여도 부족한 경우이다.
>   ① 20x1년 제1기 부가가치세 체납액 5억원(제조업 3억원, 부동산임대업 2억원)
>   ② 20x1년 10월 7일 을(乙)에게 부동산을 양도하고 신고한 양도소득세 2억원
> 2. 20x1년 10월 7일 갑(甲)이 포괄적 양도한 제조업 부문의 총자산은 7억원, 부채는 4억 2천만원으로 평가된다.

18. 다음은 거주자 최부자 씨의 20x1년 귀속 금융소득 관련 자료이다. 20x1년 귀속 종합소득세 신고 시 합산하여야 하는 금융소득금액을 구하시오.

(1) 개인에게 금전을 대여하고 수령한 비영업대금이자(원천징수 되지 않음)	3,000,000원
(2) 상장된 내국법인으로부터 수령한 잉여금 처분에 의한 배당액	2,000,000원
(3) 법원에 납부한 경락대금에서 발생한 이자소득	1,000,000원
(4) 외국법인으로부터 수령한 잉여금 처분에 의한 배당액(원천징수 되지 않음)	10,000,000원
(5) 공익신탁의 배당으로 보는 이익	5,000,000원
(6) 거주자 갑은 20x1년 귀속 다른 소득은 없는 것으로 확인된다.	

19. 다음은 거주자 강대표 씨의 20x1년 사업소득과 관련된 자료이다. 강대표 씨가 20x1년 귀속 종합소득 과세표준 신고 시 포함하여야 할 사업소득금액을 계산하시오.

1. 손익계산서상 당기순이익 : 40,000,000원
2. 다음은 손익계산서에 계상된 수익과 비용 중 일부 내역이다.
   ① 강대표 본인에 대한 급여 : 50,000,000원
   ② 배우자(영업부 팀장으로 실제 재직 중임)에 대한 급여 : 30,000,000원
   ③ 사업자금을 거래처에 대여하고 수령한 이자수익 : 10,000,000원
   ④ 자금 운용 목적으로 취득한 내국법인의 주식에서 발생한 배당수익 : 5,000,000원
   ⑤ 사업에 사용하던 기계장치를 매각하고 발생한 유형자산처분손실 : 5,000,000원
   ⑥ 사업과 관련하여 지출한 벌금 : 2,000,000원
3. 사업소득 이월결손금 : 20,000,000원(2020년 발생분)
4. 강대표 씨는 복식부기의무자가 아니다.

20. 다음 자료는 근로소득이 있는 거주자 이차석이 20x1년 중 지출한 의료비 내역이다. 20x1년 귀속 연말정산 시 의료비세액공제액을 구하시오.

구분	나이	금액	내용
본인	40세	700,000원	시력보정용 안경 구입비용
배우자	38세	10,000,000원	난임시술비[*1]
		2,000,000원	산후조리비용
모친	63세	1,000,000원	질병 치료를 위한 한약 구입비용
		12,000,000원	허리 디스크 수술비 및 입원비
부친	70세	5,000,000원	보청기 구입비용

1. 20x1년 의료비 지출 내역(제시된 부양가족은 모두 기본공제대상자에 해당함)

*1 「모자보건법」에 따른 보조생식술에 소요된 비용이다.

2. 이차석(일용근로자 아님)의 20x1년 귀속 총급여액 : 65,000,000원

주관식(약술형)　※ 반드시 OMR 카드 뒷면의 약술형 답안란에 답안을 작성하시오(연필 또는 컴퓨터용 사인펜 사용 금지).

21. 국세기본법상 심판청구 시 조세심판관합동회의의 심리를 거쳐 결정해야 하는 경우 5가지를 나열하시오. [10점]

22. 다음은 거주자 김영수 씨의 20x1년 귀속 소득 내역으로, 거주자 김영주 씨는 중소기업인 ㈜강원에서
중소기업이 아닌 ㈜한국으로 이직하였다. 다음 자료를 바탕으로 아래의 각 물음에 답하시오. [10점]

㈜강원에서 받은 금액	• 근무기간 : 2020년 1월 1일~20x1년 9월 30일 • 급여 : 월 5,000,000원 • 상여 : 매 분기 말에 월 급여액의 100% 지급 • 보육수당 : 월 400,000원 　－사규에 따라 6세 이하 자녀 3명에 대하여 지급되는 금액임 • 중식대 : 월 200,000원 　－중식대와 함께 구내식당에서 현물 식사를 무상으로 제공받음 • 직계존속의 회갑연에 대한 축의금 : 부친과 모친 각각 500,000원 　－사회통념상 타당한 금액으로 인정됨 • 「발명진흥법」에 따른 직무발명으로 인한 보상금 : 총 9,000,000원 　－20x1년 9월 1일에 6,000,000원, 20x1년 11월 1일에 3,000,000원을 수령함 • 주택임차자금을 회사로부터 저리로 대여받음으로써 얻은 이익 : 총 700,000원 • ㈜강원의 퇴직급여지급규정에 따라 받은 퇴직금 : 총 25,000,000원 • ㈜강원의 퇴직급여지급규정에 따라 받은 퇴직공로금 : 총 5,000,000원
㈜한국에서 받은 금액	• 근무기간 : 20x1년 10월 1일~20x1년 12월 31일 • 급여 : 월 7,000,000원 • 중식대 : 월 300,000원 　－중식대와 함께 구내식당에서 현물 식사를 무상으로 제공받음 • 주택임차자금을 회사로부터 저리로 대여받음으로써 얻은 이익 : 총 200,000원 • 보육수당 : 월 700,000원 　－사규에 따라 6세 이하 자녀 3명에 대하여 지급되는 금액임
기타	• 휴일을 이용하여 건설현장에서 일용직으로 일하고 받은 일당 : 500,000원 • 고용관계 없이 잡지에 원고를 기고하고 받은 원고료 : 3,000,000원 　－적법하게 원천징수 후 지급됨 • 로또복권 당첨금 : 100,000,000원 　－총 10매를 구매하여 그 중 1매가 당첨된 것으로 1매당 구입비용은 1,000원임

〈물음 1〉 김영수 씨의 20x1년 귀속 종합과세 대상 근로소득금액을 계산하시오. (6점)

〈물음 2〉 김영수 씨의 20x1년 귀속 종합과세 대상 기타소득금액을 계산하시오. (3점)

〈물음 3〉 김영수 씨의 20x1년 귀속 퇴직소득금액을 계산하시오. (1점)

제110회 세무회계1급 답안 및 해설

■ 세법1부 – 법인세법(조세특례제한법 포함)·부가가치세법

1	2	3	4	5	6	7	8	9	10	11	12	13	14	15
②	③	④	①	③	④	③	②	②	③	④	③	②	①	③

16	세무조정 없음	17	66,027원	18	500,000원 차감
19	125,000,000원	20	30,000원	21/22	별도 표기

01. 비영리내국법인은 **청산시 잔여재산이 국가 등에 귀속되므로** 청산소득에 대한 법인세를 납부할 의무가 없다.

02. 기장의 내용이 원자재사용량·전력사용량 기타 조업상황에 비추어 허위임이 명백한 경우로서 추계에 의하여 결정된 **법인의 과세표준과 재무상태표상의 당기순이익과의 차액은 대표자에 대한 상여**로 한다.

03. 제조업을 영위하는 법인이 원천징수 대상인 이자에 대하여 **결산상 미수이자를 계상한 경우에는 그 계상한 사업연도의 익금에 산입하지 않는다.**

04. 수정신고기한내에 매출누락 등 부당하게 사외유출된 금액을 회수하고 **세무조정으로 익금에 산입하여 신고한 경우의 소득처분은 사내유보로 한다. 다만 경정이 있을 것을 미리 알고 사외유출된 금액을 익금산입하는 경우에는 사내유보로 처분하지 아니한다.**

05. 부도 발생일로부터 6개월 이상 지난 수표가 대손금으로 인정된다.

06.

〈23기 무상주 수령시 의제배당 여부 – 20x4〉

구분	무상주	의제배당 여부
자기주식소각익	1,500주	○(2년 이내 자본 전입)
재평가적립금(3%)	500주	×
주식의 포괄적 교환차익	1,000주	×

- 감자대가 = 감자주식수(3,000) × 감자대가(30,000) = 90,000,000원
- 소멸주식 = (500주 + 1,000주) × 0 + 1,500주 × 15,000원/주 = 22,500,000원

☞ 주식의 포괄적 교환·이전차익과 「자산재평가법」에 따른 건물의 재평가적립금의 자본전입으로 수령한 무상주는 감자 전 2년 이내에 의제배당으로 과세되지 않은 무상주로서 단기소각주식특례가 적용되어 그 주식을 먼저 소각한 것으로 보며, 당초 취득가액은 '0'으로 한다.

　- 자기주식소각익의 1주당 취득가액

　　= (12,000주 × 16,250 + 1,500주 × 5,000) ÷ (12,000주 + 1,500주) = 15,000원/주

- 의제배당액 = 감자대가(90,000,000) - 소멸주식(22,500,000) = 67,500,000원

07. 임원이 연임된 경우는 **현실적인 퇴직으로 보지 않아 현실적으로 퇴직할 때까지 업무무관가지급금**(대여금)으로 본다.

08. **소급공제에 의한 환급은 중소기업만 가능**하다.

09. 신규로 사업을 시작하려는 자가 **사업개시일 이전에 사업자등록을 신청한 경우에는 최초의 과세기간은 그 신청한 날로부터 과세기간의 종료일까지**로 한다.

10. 의제매입세액 = 면세농산물 구입액(12,000,000) × 8/108(개인, 음식점업, 2억 초과) = 888,888원

11. ① 재화의 인도 대가로서 다른 재화를 인도받거나 용역을 제공받는 교환계약에 따라 재화를 인도하거나 양도하는 것은 재화의 공급으로 본다.

   ② 사업자 단위 과세 사업자로 적용을 받는 과세기간에 자기의 다른 사업장에 반출하는 경우와 주사업장 총괄 납부의 적용을 받는 과세기간에 자기의 다른 사업장에 반출하는 경우에는 사업의 공급으로 보지 아니한다.

   ③ 사업을 양도하는 것으로서 그 사업을 양수받는 자가 대가를 지급하는 때에 그 대가를 받은 자로부터 부가가치세를 징수하여 납부한 경우는 재화의 공급으로 본다.

12. 과세표준 = $50 × 1,100원(환기일 환율) + $150 × 1,200원(선적일 환율) = 235,000원

13. 부가가치세가 면제되는 재화 또는 용역에 대하여 부가가치세의 면제를 받지 아니하려는 사업자는 면세포기신고서를 관할 세무서장에게 제출하여야 한다. 이 경우 **지체 없이 사업자등록**을 하여야 한다.

14. 사업설비를 매각하는 경우는 조기환급의 대상이 아니다.

15. 처음 공급한 재화가 환입(還入)된 경우 : 재화가 환입된 날을 작성일로 적고 비고란에 **처음 세금계산서 작성일을 덧붙여 적은 후** 붉은색 글씨로 쓰거나 음(陰)의 표시를 하여 발급한다.

16. 회사는 회수기일도래기준으로 회계처리 한 것이며, 장기할부판매에 해당하므로 회수기일도래기준으로 회계처리하는 경우 세법에서 이를 인정한다. 따라서 세무조정하지 않는다.

   ☞ 법인이 장기할부조건으로 자산을 판매하거나 양도한 경우로서 판매 또는 양도한 자산의 인도일이 속하는 사업연도의 결산을 확정함에 있어서 해당 사업연도에 회수하였거나 회수할 금액과 이에 대응하는 비용을 각각 수익과 비용으로 계상한 경우에는 그 장기할부조건에 따라 각 사업연도에 **회수하였거나 회수할 금액과 이에 대응하는 비용을 각각 해당 사업연도의 익금과 손금에** 산입한다. 다만, 중소기업인 법인이 장기할부조건으로 자산을 판매하거나 양도한 경우에는 그 **장기할부조건에 따라 각 사업연도에 회수하였거나 회수할 금액과 이에 대응하는 비용을 각각 해당 사업연도의 익금과 손금에 산입**할 수 있다.

17. (1) 가지급금적수 = 업무무관가지급(10,000,000) × (365 - 31) = 3,340,000,000원

   (2) 가지급금인정이자 = 가지급금적수(3,340,000,000) × 가중평균차입이자율(4%) × 1/365
      = 366,027원

   (3) 현저한 이익 여부 : 익금산입액(66,027) > MIN[3억원 or 인정이자(366,027) × 5% = 18,301원]

   (4) 익금산입액 = 가지급금 인정이자(366,027) - 회사 계상 이자수익(300,000) = 66,027원

18. (1) 장부상 기말 대손충당금 잔액

대손충당금

대손	9,000,000	기초	2,000,000
기말(세무상 설정금액)	**3,000,000**	대손상각비(설정)	10,000,000
계	12,000,000	계	12,000,000

(2) 대손설정률 = Max[1%, 실적율(9,000,000/100,000,000)] = 9%

(3) 세법상 대손충당금 한도액 = 설정대상채권(90,000,000) × 설정률(9%) = 8,100,000원

(4) 한도액(8,100,000) – 설정액(3,000,000) = △5,100,000원(한도초과 없음)

(5) 세무조정 : 〈손금산입〉 전기 대손충당금 한도 초과 부인액 500,000원 (△유보)

(6) 과세표준에 미치는 영향 : (–)500,000원

19.
$$과세표준 = 200,000,000원 \times \frac{100,000,000원}{100,000,000원 \times 110/100 + 50,000,000원} = 125,000,000원$$

※ 일괄 양도가액에 부가가치세가 포함 되어있는 경우 공급가액은 다음의 산식을 따른다.

$$일괄양도가액 \times \frac{건물가액\ 등}{건물가액\ 등 \times 110/100 + 토지가액}$$

20. 미등록가산세(1%) = 사업자 등록 신청 전일까지 공급가액(3,000,000) × 1% = 30,000원

☞사업개시일부터 등록을 신청한 날의 직전일까지의 공급가액 합계액의 1퍼센트를 가산세로 한다.

21. 〈기업업무추진비〉

(1) 기업업무추진비 = 판관비(90,000,000) – 전기 미지급 기업업무추진비(5,000,000)

　　　　　　　　+ 현물기업업무추진비(3,000,000) – 적격증빙미수취(250,000)

　　　　　　　　= 87,750,000원

(2) 기업업무추진비 한도 : (①+②) = 84,703,200원

　　① 일반기업업무추진비 한도 = 기본(36,000,000) + 100억원 × 0.3%

　　　+[20억 – 사업상 증여(7,000,000)] × 0.2% + 특수관계자 매출(30억) × 0.2% × 10%

　　　= 70,586,000원

　　② 문화기업업무추진비 추가 한도 : Min[일반기업업무추진비(70,586,000 × 20%), 문화기업업무
추진비(20,000,000)] = 14,117,200원

(3) 기업업무추진비 한도 초과액 : (1) – (2) = 3,046,800원

(4) 세무조정

〈 손금불산입〉 적격증명서류미수취　　　　　　 250,000원 (기타사외유출) (2점)

〈 손금불산입〉 전기 기업업무추진비　　　　　 5,000,000원 (유　　　　보) (2점)

〈 손금불산입〉 기업업무추진비 한도 초과액　 3,046,800원 (기타사외유출) (6점)

22. 〈부가가치세 차가감 납부할 세액〉

(1) 매출세액 = 공급대가(284,900,000)/1.1×10% = 25,900,000원(2점)

(2) 매입세액 = 세금계산서 매입분(5,200,000)+신용카드 등 매입분(400,000)
    +의제매입세액 공제액(4,080,000) = 9,680,000원(6점)

 • 세금계산서 매입분 = [세금계산서(63,800,000) - 업무무관(6,600,000)]/1.1×10%
    = 5,200,000원

 • 신용카드등 매입분 = [신용카드(10,400,000) - 면세(5,000,000) - 기업업무추진(1,000,000)]
    /1.1×10% = 400,000원

 • 의제매입세액공제액(면세농산물 매입분) = 계산서 매입(72,080,000)×6/106(법인, 음식점업)
    = 4,080,000원

(3) 차가감 납부할 세액 = 매출세액(25,900,000) - 매입세액(9,680,000) - 예정고지세액(3,100,000)
    = 13,120,000원(2점)

세법2부 – 국세기본법 · 소득세법(조세특례제한법 포함)

1	2	3	4	5	6	7	8	9	10	11	12	13	14	15
④	④	②	④	③	④	①	④	①	④	②	④	②	②	③

16	27,000,000원	17	280,000,000원	18	13,000,000원
19	62,000,000원	20	4,875,000원	21/22	별도 표기

01. 강제징수비는 국세에 속하지 않는다.

02. 법인으로 보는 사단, 재단, 그 밖의 단체 외의 법인 아닌 단체 중 **다음 각 호의 요건을 모두 갖춘 것으로서** 대표자나 관리인이 관할 세무서장에게 신청하여 승인을 받은 것도 법인으로 보아 이 법과 세법을 적용한다. 이 경우 해당 사단, 재단, 그 밖의 단체의 계속성과 동질성이 유지되는 것으로 본다.

1. 사단, 재단, 그 밖의 단체의 조직과 운영에 관한 규정(規程)을 가지고 대표자나 관리인을 선임하고 있을 것

2. 사단, 재단, 그 밖의 단체 자신의 계산과 명의로 수익과 재산을 독립적으로 소유·관리할 것

3. 사단, 재단, 그 밖의 **단체의 수익을 구성원에게 분배하지 아니할 것**

03. 과세전적부심사 청구를 받은 세무서장, 지방국세청장 또는 국세청장은 각각 국세심사위원회의 심사를 거쳐 결정을 하고 그 결과를 **청구를 받은 날부터 30일 이내에 청구인에게 통지**하여야 한다.

04. 나. 명의신탁부동산을 매각처분한 경우에는 양도의 주체 및 납세의무자는 명의수탁자가 아니고 **명의신탁자이다.**

다. 거래의 실질내용은 **형식상 기록내용이나 거래명의에 불구하고** 상거래관례, 구체적인 증빙, 거래 당시의 정황 및 사회통념 등을 고려하여 판단한다.

05. 체납자가 국외에 6개월 이상 <u>계속 체류</u>하는 경우 해당 국외 체류 기간은 소멸시효의 중단이 아니라 <u>정지 기간</u>이므로 해당 사유가 해소된 후에는 소멸시효가 새로 시작하지 않고 잔여 소멸시효가 지나면 소멸시효가 완성된다.

06. 과세표준신고서를 법정신고기한까지 제출하지 아니한 자가 법정신고기한이 지난 후 기한 후 신고를 한 경우에는 가산세의 감면은 다음과 같다.

가. 1개월 이내에 기한 후 신고를 한 경우 : 50%

나. 1개월 초과 3개월 이내에 기한 후 신고를 한 경우 : 30%

다. 3개월 초과 6개월 이내에 기한 후 신고를 한 경우 : 20%

<u>6개월 초과 후 기한후신고시 가산세 감면은 없다.</u>

07. 부동산매매업자가 중간예납기간 중에 매도한 토지 또는 건물에 대하여 토지등 매매차익 예정신고·납부를 한 경우에는 <u>중간예납기준액의 2분의 1에 해당하는 금액에서 그 신고·납부한 금액을 뺀 금액을 중간예납세액</u>으로 한다. 이 경우 토지등 매매차익예정신고·납부세액이 중간예납기준액의 2분의 1을 초과하는 경우에는 중간예납세액이 없는 것으로 한다.

08. 거주자 또는 내국법인의 국외사업장 또는 해외현지법인(100% 직·간접 출자법인)에 파견된 임원 또는 직원이 생계를 같이 하는 가족이나 자산상태로 보아 파견기간의 종료 후 재입국할 것으로 인정되는 때에는 파견기간이나 <u>외국의 국적 또는 영주권의 취득과는 관계없이 거주자</u>로 본다.

09. 가. 논·밭을 작물 생산에 이용하게 함으로써 발생한 소득은 비과세이다.

나. 농민이 부업으로 음식물을 판매하여 얻은 소득으로서 <u>소득금액의 합계액이 연 3천만원 이하</u>인 소득은 비과세이다.

다. 조림한 임목의 양도소득으로서 <u>조림기간이 5년 이상인 경우 연 30백만원</u>(개정세법 26) 이하의 소득금액은 비과세이다.

라. 내수면어업에서 발생한 소득으로서 해당 과세기간의 소득금액의 합계액이 연 5천만원 이하의 소득은 비과세이다.

10. 국세부과의 <u>제척기간이 지난 후에 그 제척기간 이전 과세기간의 이월결손금이 확인된 경우 그 이월결손금은 공제하지 아니한다.</u>

11. 해당 거주자(해당 과세기간에 종합소득과세표준을 계산할 때 합산하는 <u>종합소득금액이 3천만원 이하인 거주자로 한정</u>한다)가 배우자가 없는 여성으로서 부양가족이 있는 세대주이거나 배우자가 있는 여성인 경우 연 50만원의 부녀자 소득공제를 적용한다.

12. 실비변상적 성질의 급여로서 종업원이 소유하거나 본인 명의로 임차한 차량을 종업원이 직접 운전하여 사용자의 업무수행에 이용하고 <u>시내출장 등에 소요된 실제 여비를 받는 대신에 그 소요경비를 해당 사업체의 규칙 등으로 정하여진 지급기준</u>에 따라 받는 금액 중 월 20만원 이내의 금액은 비과세한다.

13. 사망할 때까지 연금수령하는 종신계약에 따라 받는 <u>연금소득에 대해서는 100분의 3(개정세법 26)의 원천징수세율을 적용</u>한다.

14. 기타소득 중 상금에 대한 기타소득금액을 계산함에 있어 <u>법인이 사내체육대회를 개최하여 입상한 종업원에게 상금 및 부상을 지급하는 경우</u>에는 필요경비의제 규정이 적용되지 않는다.

15. 종업원이 임원이 된 경우로서 **퇴직급여를 실제로 받지 않은 경우는 퇴직으로 보지 않을 수 있다.**

16. 〈국세와 일반채권의 순위〉

순 위	금 액	비 고
1. 강제징수비	3,000,000	
2. 소액임차보증금	20,000,000	
3. 주택임차보증금 잔여분	30,000,000	확정일자 : 20x1.3.20
4. 소득세 체납액	**27,000,000**	법정기일 : 20x1.5.31
계	80,000,000	

17. 납부해야 할 금액(2차 납세의무자) = Min(①, ②) = 280,000,000원

① 양수한 사업(제조업) 관련 양수일 이전에 확정된 국세 = 부가가치세(300,000,000)

② 한도액 = 자산총액(700,000,000) – 부채총액(420,000,000) = 280,000,000원

- 20x1년 제1기 부가가치세 : 20x1년 10월 7일 사업양수일 현재 부가가치세 신고기한인 20x1년 7월 25일이 지났기 때문에 확정된 국세에 해당하며, 양수한 사업장인 제조업 3억원에 대하여 제2차 납세의무를 부담한다.
- 양도소득세 : **양수한 사업에 관한 국세가 아니므로 제2차 납세의무 대상에 해당하지 않는다.**

18. 〈금융소득의 과세방법분류〉

1. 비영업대금이익(원천징수하지 않음)	무조건종합과세	3,000,000
2. 잉여금 처분 배당액	조건부종합과세	2,000,000
3. 경락대금의 이자소득	무조건분리과세	1,000,000
4. 원천징수되지 않은 외국법인 배당액	무조건종합과세	10,000,000
5. 공익신탁이익	비과세	–

금융소득금액(종합) = 비영업대금의 이자(3,000,000)

+원천징수 되지 않은 외국법인 배당액(10,000,000) = 13,000,000원

19.

구 분		사 업 소 득 금 액	비 · 고
1. 당 기 순 이 익		40,000,000	
2. 세 무 조 정 사 항			
① 대 표 자 급 여	필요경비불산입	(+)50,000,000	
② 비 영 업 대 금 이 익	총수입금액불산입	(–)10,000,000	
③ 배 당 소 득	총수입금액불산입	(–)5,000,000	
④ 유 형 자 산 처 분 손 실	필요경비불산입	(+)5,000,000	복식부기의무자 아님.
⑤ 벌 과 금	필요경비불산입	(+)2,000,000	
3. 이 월 결 손 금		(–)20,000,000	15년간 이월공제
4. 종 합 소 득 금 액		**62,000,000**	

20. 〈의료비 구분〉

구분	나이	금액	내용	구분
본인	40세	700,000	시력보정용 안경 구입비용(한도 50만원)	특정
배우자	38세	10,000,000	난임시술비	난임
		2,000,000	산후조리비용(1회당 2백만원 한도)	일반
모친	63세	1,000,000	질병 치료를 위한 한약 구입비용	일반
		12,000,000원	허리 디스크 수술비 및 입원비	일반
부친	70세	5,000,000원	보청기 구입비용	특정

• 난임의료비 = 10,000,000원   • 특정의료비 = 5,500,000원   • 일반의료비 = 15,000,000원

(1) 일반의료비 : Min[①, ②] = 7,000,000원

    ① 일반의료비(15,000,000) - 총급여액(65,000,000) × 3% = 13,050,000원

    ② 한도액 7,000,000원

(2) 의료비세액공제 = [특정의료비(5,500,000) + 일반의료비(7,000,000)] × 15%

                  + 난임의료비(10,000,000) × 30% = 4,875,000원

21. 〈조세심판관합동회의 심리사항〉

  1. 해당 심판청구사건에 관하여 세법의 해석이 쟁점이 되는 경우로서 이에 관하여 종전의 조세심판원 결정이 없는 경우

  2. 종전에 조세심판원에서 한 세법의 해석·적용을 변경하는 경우

  3. 조세심판관회의 간에 결정의 일관성을 유지하기 위한 경우

  4. 해당 심판청구사건에 대한 결정이 다수의 납세자에게 동일하게 적용되는 등 국세행정에 중대한 영향을 미칠 것으로 예상되어 국세청장이 조세심판원장에게 조세심판관합동회의에서 심리하여 줄 것을 요청하는 경우

  5. 그 밖에 해당 심판청구사건에 대한 결정이 국세행정이나 납세자의 권리·의무에 중대한 영향을 미칠 것으로 예상되는 경우

22. 〈물음 1〉 근로소득금액 (6점)

1. 총급여액 = (주)강원급여(61,800,000) + (주)한국급여(22,400,000) = 84,200,000원

• ㈜강원(중소) : 급여(5,000,000 × 9) + 상여(5,000,000 × 3) + 중식대(200,000 × 9) = 61,800,000원

• ㈜한국(비중소) : 급여(7,000,000 × 3) + 중식대(300,000 × 3) + 주택자금 관련 이익(200,000)
                        + 육아수당(700,000 - 600,000) × 3 = 22,400,000원

☞ 보육수당 : 자녀 1명당 월 200,000원(개정세법 26)을 한도로 비과세한다.
   중식대 : 현물 식사를 제공받을 경우 전액 과세한다.
   경조사비 : 사회통념상 타당한 범위 내의 금액은 비과세한다.
   주택임차자금 저리 대여이익 : 중소기업에서 받은 주택임차자금 저리 대여이익은 비과세한다.
   직무발명보상금 : 근무 중에 받으면 근로소득, 퇴직 후에 받으면 기타소득에 해당하며, 합계액 7,000,000원까지 비과세(근로소득부터 먼저 적용)한다.

2. 근로소득공제액 = 12,000,000원 + (84,200,000원 - 45,000,000원) × 5% = 13,960,000원

3. 근로소득금액 = 총급여액(84,200,000) - 근로소득공제액(13,960,000) = 70,240,000원

〈물음 2〉 기타소득금액 (3점)

1. 종합과세 대상 기타소득

   (1) 직무발명보상금 = 총수입금액(9,000,000) - 비과세(7,000,000) = 2,000,000원

   (2) 원고료 = 3,000,000원

☞ 복권당첨금은 무조건 분리과세한다.

2. 기타소득금액 = 직무발명보상금(2,000,000) + 원고료[3,000,000 × (1 - 60%)] = 3,200,000원

〈물음 3〉 퇴직소득금액 (1점)

퇴직소득금액 = 퇴직금(25,000,000) + 퇴직공로금(5,000,000) = 30,000,000원

☞ 퇴직금지급규정에 따른 퇴직공로금은 퇴직소득에 해당한다.

저자약력

- **김영철 세무사**
  - 고려대학교 공과대학 산업공학과
  - 한국방송통신대학 경영대학원 회계·세무전공
  - (전)POSCO 광양제철소 생산관리부
  - (전)삼성 SDI 천안(사) 경리/관리과장
  - (전)강원랜드 회계팀장
  - (전)코스닥상장법인CFO(ERP. ISO추진팀장)
  - (전)농업진흥청/농어촌공사/소상공인지원센타 세법·회계강사

로그인 세무회계1급 기출문제집

초 판 발 행 : 2026년 2월 25일

저 자 : 김 영 철

발 행 인 : 허 병 관

발 행 처 : 도서출판 어울림

주 소 : 서울시 영등포구 양산로 57-5, 1301호 (양평동3가)

전 화 : 02-2232-8607, 8602

팩 스 : 02-2232-8608

등 록 : 제2-4071호

Homepage : http://www.aubook.co.kr

저자와의
협의하에
인지생략

ISBN   979-11-7616-016-2   13320   정 가 : 20,000원